まえがき

　本書は中央大学に通う学生（通学課程の各学部生、通信教育課程学生の皆さん）を中心とする大学生を対象としたテキストとして、デジタル社会、ストレス社会の中でも、元気に生きがいを持って活動する原動力となる「健康・スポーツ」に関する話題を集めて編集しました。

　第1章ではスポーツの起源や本質的な意味合いについて、第2章ではスポーツの価値を、第3章・4章では健康の概念と心身の機能について述べております。さらに第5章ではトレーニングを、第6章・7章ではスポーツの文化・社会的な側面を言及し、第8章において安全なスポーツ実践要点をまとめております。これらを最初から読み進めるのはもちろん、タイトルに50講と掲げておりますので、興味ある項目から目を通していただいても結構です。また、コラムには中大出身のオリンピックアスリート、プロアスリートによる読み物も挟んでいますので、目次を見ながらコラム中心に目を通しつつ、スポーツや健康に関する興味を広げ、理解を深めていっていただけたら幸いです。

　文中、頻出する用語で、特にPlay（プレイ）と障害者につきましては表記を統一しました。Playは発音に近い表記としました。障害は一部の正式名称を除き、行政用語の表記にしました（詳細は第6章第2節）。

　Sportの意味を調べると、運動、喜び、娯楽、戯れ、冗談……など身体的要素よりも、ポジティブなメンタル的要素に作用するものが数多く見つかります。本質的には、まさに日々の活力を生み出すものが詰まって、スポーツという語の意味を成しているのだと思います。

　動物でもあるわれわれ人間が日々活動的でいるために、本書を通して心身や栄養面、トレーニングやコンディショニング、スポーツ本来の楽しさを知っていただき、生きがいある人生の一助になれれば嬉しいです。

編集代表　村井　剛　（法学部准教授）

目　次

まえがき

第1章　スポーツ・身体活動の意味と意義 …………………………………………… 1
　　第1節　スポーツとは何か ………………………………………………………… 1
　　第2節　スポーツの始まり ………………………………………………………… 8
　　第3節　我が国における学校体育と保健の展開 ……………………………… 16
　　第4節　身体活動の意味と意義 ………………………………………………… 25
　　コラム　スポーツから学んだこと　中村憲剛 ………………………………… 33
　　コラム　スポーツを享受する権利 ……………………………………………… 35

第2章　スポーツの価値 ……………………………………………………………… 37
　　第1節　スポーツマンシップとフェアプレイ ………………………………… 37
　　第2節　リーダーシップとフォロワーシップ ………………………………… 45
　　第3節　コミュニケーションとチームビルディング ………………………… 52
　　第4節　体力・生きる力・人間力・社会人基礎力の涵養 …………………… 59
　　コラム　スポーツから学んだこと　飯塚翔太 ………………………………… 67
　　コラム　目標設定とPDCAサイクル …………………………………………… 70
　　コラム　アウトドアスポーツの可能性①② ………………………………… 72

第3章　現代社会と健康 ……………………………………………………………… 77
　　第1節　健康の概念 ………………………………………………………………… 77
　　第2節　高齢化社会と健康 ……………………………………………………… 85
　　第3節　飲酒・喫煙・薬物と健康 ……………………………………………… 93
　　第4節　睡眠と健康 ……………………………………………………………… 101
　　第5節　食事と健康 ……………………………………………………………… 110
　　第6節　遺伝と健康 ……………………………………………………………… 116
　　第7節　性・感染症と健康 ……………………………………………………… 123
　　第8節　心の健康 ………………………………………………………………… 131
　　第9節　大学生の精神衛生 ……………………………………………………… 139
　　第10節　加齢と体力 …………………………………………………………… 145
　　コラム　スポーツから学んだこと　千田健太 ……………………………… 153
　　コラム　目的に応じた栄養摂取のあり方 …………………………………… 155
　　コラム　効果的な水分補給のあり方 ………………………………………… 158

第4章　身体活動と心身の機能 ···················· 161
　第1節　筋の構造と特性 ························ 161
　第2節　呼吸循環器系のはたらき ················ 169
　第3節　脳・神経系のはたらき ················· 175
　第4節　こころのはたらき ···················· 182
　コラム　身体知 ···························· 190
　コラム　中大生の体力 ······················ 192

第5章　スポーツ・トレーニング概論 ················ 195
　第1節　体力の構成要素 ······················ 195
　第2節　トレーニング原則 ···················· 202
　第3節　筋力トレーニング ···················· 207
　第4節　持久力トレーニング ·················· 214
　第5節　応用的トレーニング ·················· 221
　第6節　認知・心理的トレーニング ············· 227
　第7節　バイオメカニクス ···················· 236
　第8節　コーチング原則 ······················ 246
　第9節　コンディショニング ·················· 253
　コラム　スポーツから学んだこと　今井博幸 ····· 260
　コラム　高所トレーニングの実際 ·············· 263
　コラム　コーディネーション ·················· 266

第6章　スポーツと社会 ························· 271
　第1節　オリンピックとオリンピズム ··········· 271
　第2節　障害者スポーツ ······················ 278
　第3節　スポーツによる国際貢献 ··············· 286
　第4節　スポーツマネジメント ················· 294
　コラム　アダプテッド・ジムナストが
　　　　　オリンピック・チャンピオンだった！ ··· 304
　コラム　我が国におけるスポーツ施策 ··········· 311
　コラム　Jリーグの映像ビジネス ··············· 314
　第5節　スポーツツーリズム ·················· 317
　第6節　スポーツと政治問題 ·················· 330
　第7節　総合型地域スポーツクラブの現状と課題 ··· 340
　第8節　スポーツと環境問題 ·················· 349
　第9節　スポーツとアンチ・ドーピング ········· 362
　コラム　スポーツと暴力 ···················· 371
　コラム　日本版NCAAを目指す「日本の大学スポーツ」 ··· 373

iv

第7章　スポーツと文化	377
第1節　文化としてのスポーツ	377
第2節　祭りとスポーツ	384
第3節　美とスポーツ	391
第4節　競技化とスポーツの行方	398
第5節　武道とスポーツ	406
コラム　ドイツにおける「みんなのスポーツ」	415
コラム　長期的アスリート育成について	419

第8章　安全なスポーツ実践に向けて	423
第1節　ウォーミングアップとクールダウン	423
第2節　熱中症の予防と対応	431
第3節　スポーツ障害の予防とテーピング	436
第4節　救急救命と応急処置	447
第5節　スポーツ事故の法的責任	454
コラム　ストレッチングによる柔軟性向上	466
コラム　スポーツ事故の分析	468

あとがき

索引

執筆者紹介

授業受講記録表

レポート

第1章
スポーツ・身体活動の意味と意義

第1節　スポーツとは何か

【概　要】

　「スポーツとは何か」に明確に答えることは難しい。そしてまた、答えはひとつではない。意味づけ、価値づけ、あるいは関連づけ等によって答えはその都度変化する。まず、スポーツの語源をふり返る。次いで、スポーツの特徴づけや分類が例示される。

1. スポーツの由来

　「スポーツ」は「世界共通語」である[1]。それは、世界中のかなりの人々が、程度の差こそあれ、常日頃スポーツと関わり、スポーツがどこか当たり前のものになっているからであろう。「○○スポーツ」とか「スポーツ□□」など「スポーツ」がついた言葉が膨大な数であることからも、スポーツが身近な存在であることがわかる。しかしながら、しばしば気軽に発せられる「スポーツって何ですか?」という質問に対して、はっきりと答えることは、たいていの場合、非常に難しい。

　学術的な文献[*1]を通観すると、2分する傾向がある。一方では、語源的なアプローチでスポーツを定義づけしようとし、そこでは、現実からやや乖離した抽象さを感じる。他方、スポーツとは何かという（上位）概念を説明することなしに、「スポーツ（と）文化」とか「生涯スポーツ」のように直に個別論が展開され、スポーツの外枠がない。

　スポーツがすでに日常化し一般化しているため、あ

*1
個別に挙げないが、大学のスポーツ・体育学部ないしは研究室編による「体育・スポーツに関する文献」を指す。

第1章　スポーツ・身体活動の意味と意義

らためて問い直されないし、またその必要性も小さいのである。スポーツが社会生活の中のあらゆる領域に浸透し、その意味内容を厳密かつ恒常的に定義しきれないということでもある。言い換えれば、スポーツという語は不変でも、スポーツの実態は時間と状況の中で絶えず変化し続けているので、あらゆる時代に対応できる通観的な定義や理解は事実上困難なのである[2]。それぞれの時代にそれぞれのスポーツが存在し、そして現代には現代のスポーツがあり、さらに将来、スポーツは変貌して行くのであろう。また、どこかひとくくりできる時代のスポーツでも、領域 / 分野によって「色彩や濃淡」は異なるのである。

　しかしながら、「スポーツ」という語の由来を知ることは無益ではなかろう。同時に、スポーツをどのように特徴づけあるいは説明してきたのかについての概要をトレースすることも有意義である。

2. スポーツの由来

　「スポーツ（英語：sport/sports）」は、19世紀から20世紀にかけて国際的になった言葉で、中世ラテン語の「デポルターレ（deportare）」が語源である。フランス語では"desporte/r"、英語では"disport"と転じ、16世紀以降、"sporte"ないしは"sport"となったのである[3]。

　「デ（de）」は「アウェイ（away）」、「ポルターレ（portare）」は「キャリィー（carry）」であるように、「人間生存に必要不可欠なものから一時的に離れる」を意味する。具体的には、「気晴らしする」、「休養する」、「遊ぶ」ということである。もともとは、日常生活に必要なものからの離脱を意味したが、徐々に身体活

スポーツの語源

中世ラテン語　deportare（デポルターレ）
de: away + portare: carry
日常から離れる
↓
・気晴らしする・休養する・遊ぶ

図 1-1-1 スポーツの語源

動を含む娯楽や運動行為を指すようになった。その後、狩猟や賭け、見せ物などをも意味するようになり、19世紀中ごろ以降になると競技性のあるゲームや運動を総称するように変わってきたのである。

3. スポーツの特徴づけ[4]

　古代ギリシャの哲学者／思想家プラトン（Platon）は、自らが（今で言う）スポーツマンだった。レスリング選手として競技に参加したらしい。「文武両道」の先例か。プラトンの考えは、いわゆる体育・スポーツにとどまらず、近代に大きな影響を与えた。彼は、体育（ギムナスティケー）、遊戯（パイディア）、身体（ソマ）の「徳」にしばしば言及し、体育と文芸の調和を重要視した。そして自らの教育思想に体操術を位置づけた。節度ある生活から生まれる健康を基礎とし、あらゆる運動訓練によって均整のとれた身体美と戦闘能力を備えた市民の養成を目指したのである。

　また、ホイジンガ（Huizinga）[*2]ならびにカイヨワ（Caillois）[*3]は、それぞれの著作の中で、「遊戯（プレイ）」を基礎に据え、そこからスポーツとの関わりを示した。これは、マルクス（Marx）やエンゲルス（Engels）が遊戯ならびにスポーツが「労働」に由来するとしたことと正反対である。

　そして、アレン・グットマン（Guttmann）[*4]は、

参考文献中の数字：（オリジナル刊行年／邦訳刊行年）

[*2]
ホイジンガ（1938/63）ホモ・ルーデンス。

[*3]
カイヨワ（1958/71）遊びと人間。

[*4]
グットマン（1978/81）スポーツと現代アメリカ。
アレン・グットマン（Allen Guttmann）はシカゴ生まれのアメリカ人である。パラリンピックの生みの親もグットマンである。こちらのルードヴィッヒ・グットマン（Ludwig Guttmann）はドイツ人だが、英国へ亡命した人物である。

表 1-1-1 プレイとスポーツの特徴づけ

ホイジンガ	カイヨワ	グットマン
自由な活動	アゴーン（競争）	世俗化
没利害性・非日常性	アレア（偶然）	競争の機会と条件の平等化
完結性・限定性	ミミクリー（変身・模倣）	役割の専門化
規則のある活動	イリンクス（めまい）	合理化
		官僚的組織化
		数量化記録万能主義

第1章　スポーツ・身体活動の意味と意義

＊5
グルーペ／クリューガー
(1997/2000) スポーツと教育。

表 1-1-2　身体と運動の持つ意義

道具的意義
知覚的・経験的意義
社会的意義
人格的意義

儀礼的な性格の喪失から記録ないしは結果重視傾向へと移り変わった競技スポーツを特徴づけた。

4. 身体と運動についての特徴づけ

　実際のスポーツ活動場面においては、人間の身体とその身体によってなされる運動が不可欠である。グルーペ(Grupe)＊5は、人間学的かつ教育学的視点から、身体と運動の意義を4点挙げている。

　『我々は、自身の身体と運動を用いて何かを獲得したり創り出したりすることで何かを経験したり変えたりすることができる（道具的意義）。

　運動を通して我々は自身の身体性というべきものや他者や環界について知って行く（知覚的・経験的意義）。他者との相互コミュニケーション、運動を通して感情を表出・表現するなど（社会的意義）。そして、運動とともに自分自身を識り、さらに変えること（人格的意義）。これらは、互いに交錯しあうものであり、いわゆる全人的な「人間の陶冶」につながるものである。』

5. スポーツの多様性と階層性

　「スポーツとは何か」という問いに対し、スポーツという言葉の由来と変化ならびに識者の特徴づけを踏まえれば、「楽しみや健康を求めて自発的に行う身体運動活動[5]」と包括的かつ無難に答え得ようか。または、制度化組織化されたもの＝ルールに基づいて競い合う身体運動活動の総称がスポーツだとすることもある。さらに、いわゆる「ウェルネス」として、肉体的な健康状態の保持／維持や増進、爽快感など精神的／心理的な気分転換を求める活動もスポーツである。すなわち、言葉のシンプルさに反し、スポーツは多様かつ重層的なものなので、「スポーツとは何か」についての答えは、意味づけ、価値づけ、あるいは関連づけ

等によってその都度変わることを再度認識しなくては
ならない。

6. スポーツの分類例

スポーツの分類は難しい。どんな視点に立つか、何
を基準にするのか等で分け方は異なる。例えば、「人
的構成」を基準にすれば、「個人スポーツ」、「対人スポー
ツ」、「集団スポーツ」という分類ができる。「実施場所」
を考えれば、「室内／屋内スポーツ」、「野外／屋外スポー
ツ」、「水上スポーツ」、「雪上スポーツ」などに分けら
れよう。あるいは、当事者の「社会的立場」から見れ
ば、「ホビースポーツ」とか「プロフェッショナルスポー
ツ」に、「競技や技能のレベル」からは、「チャンピオ
ン（高度化）スポーツ」や「大衆スポーツ」というよ
うに区分されよう。

今日のスポーツは、大きく3つに分類可能である。
ひとつは、制度組織化されたスポーツで、その例は「競
技スポーツ」である。ふたつ目は、心身の健康を求め
る「ウェルネス」で、グループ活動でもどちらかと言
えばインフォーマルな私的要素が大きい。最後に、チェ
スや将棋や囲碁、さらにカルタなどを「頭脳（マインド）
スポーツ」と総称するようになっている。近年世界的
に隆盛している"eSports（エレクトロニック・スポー
ツ）"は、古典的な身体運動中心の「リアルスポーツ」
に対比させ「ヴァーチャルスポーツ」と分類できよう
か。

7. 競技スポーツの判断基準[6]

競技スポーツには、必ず優劣の判断ないしは順番づ
けが伴う。競技や種目ごとに同一ではないが、競技ス
ポーツは「測定」、「評定」、「判定」を通じてランクづ
けされる。

第1章　スポーツ・身体活動の意味と意義

測定スポーツは、陸上競技や水泳競技のように時間や距離（長さや高さ）を計測して優劣を決めるもののみならず、ボールゲームやボクシングのようにシュート得点や適正にヒットしたポイント数として定量化されるものも属する。評定スポーツは、いわゆる芸術スポーツといわれる体操競技や飛び込み競技、フィギュアスケートなどのように、演技または実施の出来栄えを判断・評価するものである。審判という人間の価値判断を重要視する格闘技などは、測定的な要因がありながらも「判定スポーツ」として区別されることもある。ある競技や何らかの種目が、測定、評定、判断のいずれかのみで成り立つことは極めて少ない。例えば、陸上競技の走り幅跳びでは、「踏み切り」がファールかセーフかという判定がなされ、セーフを前提にして、跳んだ距離が測定され、順位が決定されるのである。

8.　ウェルネスのスポーツ

古くから世界のいたるところで、健康や体力向上のために身体活動が取り上げられてきた。心身両面の健康（ウェルネス）のためのスポーツは学校教育に位置づけられ、さらに生涯スポーツとして社会生活の中で重要な役割を果たす。現在の日本が長寿高齢社会であることとウェルネススポーツとの間にどの程度のエビデンスがあるのかは明らかではない。だが、生物かつ動物としての人間には自ら動くという行為（運動）が不可欠であり、平均寿命[6]と健康寿命[7]の差を縮めるために身体運動（スポーツ）が現代利便社会の中で重要なのである。逆説的ではあるが、「中高年世代にこそ『バリアあり―（障害物有り）』が有効」なのかもしれない。同時にまた、高度テクノロジー化社会では、日常における精神心理面のストレスが大きいため、まさに気分転換（デポルターレ）の意味においてもウェ

[6]
平均寿命とは、0歳の人が生きる時間の期待値である。

[7]
心身ともに自立した活動的状態で生きられる期間を健康寿命という。

第1節 スポーツとは何か

ルネススポーツの果たす役割は重要である。

9. 頭脳（マインド）スポーツ

　物理的な時間空間の中で、もっぱら物質的肉体の移動が目につく古典的なリアルスポーツがスポーツの代表格ではある。しかし、由来の説明で述べたようにデポルターレからスポーツへの変化の中では、「賭け」も含まれていた。このことを踏まえれば、身体運動が主たるものも頭脳運動が主たるものも、ともにスポーツと考えてよい。「頭を使う・使わない」というのは愚問中の愚問である。悩み考え、決断し行為することは、どんなスポーツにも共通なのである。

　引用文献
　1）井上・菊（2012）よくわかるスポーツ文化論．ミネルヴァ書房，2.
　2）日独英仏対照スポーツ科学事典（1993）．大修館，279-281ほか．
　3）スポーツ大事典（1987）．大修館，521以下．
　4）スポーツ科学事典（2006）．平凡社，15, 16, 127；井上・菊（2012）よくわかるスポーツ文化論．ミネルヴァ書房，8, 180；21世紀スポーツ大事典（2015）．大修館，28ほか．
　5）4参照．
　6）金子（2002）わざの伝承．明和出版，430-439.；金子（2009）スポーツ運動学．33-34.

問　題

（1）あなたが考えるスポーツとは、どんな特徴をもっていますか。

（2）あなたの身体と運動は、グルーペの4つの意義のどこにあてはまりますか。

（市場　俊之）

第1章 スポーツ・身体活動の意味と意義

第2節　スポーツの始まり

【概　要】
　未開社会では、生活すること自体が身体活動であり、例えば、人間は狩猟による暮らしの中で、獲物に対する動きや道具の使用から身体活動が発展していった。さらに、未開社会から古代にける身体活動・スポーツは、呪術的、訓練的、娯楽的な要素を含みながら多様化していく。

1. 未開社会の生活、身体活動・スポーツ

図 1-2-1
トナカイの毛皮をかぶって踊る呪術師
「岸野雄三『体育の文化史』不昧堂、1959.9」より転載

＊1
「初めの豊かな社会」とは、アメリカの経済人類学者サーリンズの造語であり、栄養と余暇に恵まれた生活をしていた社会であることから名付けられた。

＊2
考古学では、未開社会を10数万年前から1万年前としている。

　「初めの豊かな社会」[*1]といわれた未開社会は、現生人類が出現したといわれる5万年前から約1万2,000年前のことを指す。この時代区分の認識は、学問領域によって異なり、スポーツ史・体育史では、文化人類学の時代区分と同じである[*2]。
　未開社会の生活は、山や川、谷などの自然の中で、狩りをしたり採集をしていたことから体力が必要であり、労働自体が身体活動であったと考えられる。労働は、男性が狩り、女性が採集を1日2〜3時間ほど行い、彼らの食料の7割は植物性、3割は動物性であった。自然の中で移動しながら生活していた未開人は、動物を捕まえることができなければ食料はなく、天候が悪ければ採集することができなかった。したがって、未開社会では、雨乞いや豊穣などのために、呪術的な儀式が行われていた。その呪術的な儀式は、例えば、図1-2-1は2万年以前に原始人が描いた岩盤画で、トナカイの毛皮を人が着て、ダンスをしている絵である。ダンスをすることで、悪霊を取り払うと考えられていた。
　呪術的な儀式は、時が経つにつれて儀式的な意味が

8

薄れ、競技的になっていったものもある。例えば、アフリカのバランテ族では、女性同士がレスリングのように激しく組み合って、「血」が出れば出るほど、「雨」が降るとされる雨乞いが行われていた。さらに、北米インディアンのヒューロン族では、「病んだ社会を回復させるために」、ラクロスが催されるという呪術的な意味合いでスポーツが行われた。また、スポーツは呪術的な関係だけでなく、軍事訓練として行われ、アメリカのチェロキー族の「ボールゲーム」という語の意味には、「戦争」という意味があったほどである。

　未開社会に見られる呪術的な儀式や競技と軍事訓練の双方を垣間見ることができるものとして、戦舞を挙げることができる。現在でも戦舞は、ニュージーランドのラグビーチーム・オールブラックスが試合前に行うことで広く知られている。オールブラックスの戦舞は、原住民・マオリ人に許可を得て、「ハカ」を行っているが、オールブラックスのハカとマオリ人のハカでは、発している言葉の内容が違っている。マオリ人のハカは呪術的な意味合いがあり、オールブラックスのハカは競技的な意味合いとなっており、このように、呪術的なことが競技的になり、スポーツ化されたことで現代にもつながっている。

2. 古代文明における身体活動・スポーツ

　古代文明では、働く者、戦う者、支配する者、生産する者のように、人々の役割が明確になり、階級制が見られるようになる。この階級は、生活自体に影響していたため、身体活動やスポーツが環境や階級によって異なっていた。したがって、貴族は社交や娯楽として、兵士は軍事訓練としてスポーツを行える環境であった。そして、階級制の上に位置していた貴族により、スポーツは洗練されていったといわれている。一

第1章　スポーツ・身体活動の意味と意義

【参考1】宮廷で行われていたゲームが碁や将棋、雙六などのボードゲームであった。スポーツの歴史では、ボードゲームも含めて考えられている（下記写真参照）。エジプトやメソポタミアで紀元前3,000年頃から行われていたというボードゲームは、数千年かけて東へ伝わっていき、紀元前6世紀には支那、その後、朝鮮、日本に伝わったと考えられている。

写真1-2-1　碁
国立中央博物館（大韓民国）所蔵、撮影：及川佑介

写真1-2-2　雙六
国立中央博物館（大韓民国）所蔵、撮影：及川佑介

方で、農民は、武術的訓練などは無駄なことと見なされていたため、大手を振って身体活動・スポーツを行える状況ではなかったので、昔ながらの信仰や生活に関係させて身体活動が行われていた[*3]。

ただし、社会的には階級制であっても、子どもらの遊びは、未開社会と変わらず、階級に関係なく、自然の環境を利用して遊んでいた。

社会が発達したことにより、階級制ができたように、社会は発達しながら分化していき、スポーツを行う者らの考え方が変化していく。それは、スポーツが仕事や信仰に関係して行われていたことから純粋な娯楽として行われるようになったことで、スポーツが独立したと考えられるのである。これらの変化は、宮廷の貴族を中心にして広がっていった。宮廷娯楽として最も活動的で好まれていたゲームが狩猟であった。東洋の君主や貴族は、広い狩猟園を持っていた。現在、楽園を意味するパラダイス（Paradise）という語は、狩猟園（ギリシャ語Paradeisos）の意味にも用いられていた言葉である。この時代の貴族社会では、狩猟がスポーツ的な余暇の楽しみに変化していき、乗馬術や武器の操法、野獣を捕らえる行為は模擬戦のような楽しさがあり、最も好まれたスポーツといわれている。中国のスポーツで最も古い歴史を持つのが射箭（弓術）である。狩猟で弓矢が使われていたのは旧石器時代後期（約28,000年前）までさかのぼることができ、その技術は長い年月をかけて発達し、射芸に高められた。

ボールゲームの起源は、未開社会までさかのぼることができ、様々な種目が行われていて、ボールを打つ、蹴る、転がす、弾ませるなど、現在のサッカー、ホッケー、バレーボール、ボウリングなどに似た種目があっ

第2節　スポーツの始まり

た。古代から行われていたボールゲームで有名なのが
ポロやフットボール、蹴鞠*4である。なお、ポロな
ども、ボードゲームの伝わり方と同じようであったと
いわれている（左ページと次ページ【参考1・2】を
確認）。

　また、古代エジプトでは娯楽的舞踊としてアクロ
バット・ダンスが行われ、運動を仕事とする職業運動
家の起源であるといわれている。この文化は他国に伝
わり、例えば、クノッソス（ギリシアのクレテ島）で
は国技として牛跳び*5のショーが行われ、東洋では
曲芸的なショー、つまり、大道芸のような綱渡り、弄
丸、弄刀、吐火、呑刀、手品などが行われていた。

　古代には、仕事や生活習慣の問題で、貴族など地位
が高い者の運動不足が問題視されている。階級制の中
では高い位置にいたが決して裕福な暮らしはしていな
かった僧侶も運動不足であったといわれている。そこ
で、僧侶らが健康のため、体力向上のために体操を行
い、呼吸法を重んじていたといわれている。これが後
に世界的に広がり、現在、ヨガとして日本でも行われ
ている。

3. 古代ギリシャの身体活動・スポーツ、古代オリンピック

　古代ギリシャ*6では、ポリス（Polis）間での競争
意識から、オリンピア（Olympia）で開かれた競技を
はじめ、大小の祭典競技が盛大に行われた。参加資格
はギリシャ人であることが基本的な条件であったが、
これは徐々に緩和され、様々な民族が参加できるよう
になった。

　「美しい身体にこそ善良な精神が宿る」と信じてい
たギリシャ人は、スポーツによって鍛えられた美しい
身体に憧れを抱いていた。その憧れは、大理石の彫刻

＊3
凧揚げ、綱引き、球遊び、か
けっこ、石投げなどが行われ
ていた。

＊4
蹴鞠のボールは芯に毛髪を詰
めたものであった。娯楽とし
て行われた表現性のある数々
の蹴り方がある舞踊と結びつ
いた優美な蹴鞠や兵士の訓練
を目的とした競技場で行われ
るサッカー的な蹴鞠も存在し
た。日本の蹴鞠の特徴は、数
と懸（かかり）の木であると
いわれ、鞠を蹴り上げた回数
を競い、蹴鞠のコートとして4
本の木（これを懸という）が
用いられた。

＊5
牛跳びの起源は危険な牛狩り
であった。牛を跳び越すこと
で豊穣が保証されると信じら
れていた。

＊6
古代ギリシャでの婦人は政治
的な権利は何もなかった。そ
して、奴隷には市民権がなく、
奴隷は私有財産であり、商品
として取り扱われていた。アテ
ネには紀元前450年頃におよ
そ10万人の奴隷（大人の住民
の約55%）が住んでいた。

11

第1章　スポーツ・身体活動の意味と意義

【参考2】ボールゲームの発生時、種目により、ボールの作り方が違っていて、カンガルーやネズミの皮を巻いたボール、生ゴムを固めたボール、石を削ったボール、豚や牛の膀胱に空気を入れたボールなど、いろいろな種類のボールがあった。豚や牛の膀胱に空気を入れたボールを再現した物が以下である。

写真 1-2-3　豚の膀胱ボール

撮影：右近公洋

写真 1-2-4　牛（ホルスタイン）
　　　　　の膀胱ボール

撮影：右近公洋

＊7
プラトンは青年時代にアリストテレスからレスリングを学び、イストミアの競技会に出場している。

として美を表現している作品にもなっている。さらに、スポーツを愛好したプラトン＊7などの哲学者によって理論的にスポーツが解釈されるようになる。このように、古代ギリシャではスポーツが生活や芸術、考え方などと密接に関係している。近代に入り、古代ギリシャ人の思想やスポーツが西欧人に評価された理由はこうした環境にあったと考えられる。それは、ギリシャ都市、ポリスに必ずあったとされるアゴラーとギムナシオンという施設が関係している。

　そのアゴラーとは、人々が集まって、政治を語ったり、意見を交換し、市場を開き余暇を楽しむところであった。そして、ギムナシオンは若者がコーチの指導を受けてスポーツを行い、その様子を観て、年寄りは語り合い、芸術家は美の構想をねっていたという。心と身体を磨くというギリシャ人の考えが、アゴラーやギムナシオンの建設に至り、そこから思想や文化を発信するような環境がつくられたと考えられる。

　古代ギリシャ人のスポーツ、競技への眼差しは、国民的教養の場として考えられていたことから、軍事的な目的だけで身体活動は行わなかったこと＊8や競技で勝者に対して金銭や物質的なものではなく名誉であったことなどが他国とは異なっていた。したがって、古代ギリシャでの競技祭で、勝者には樹葉の冠だけが与えられ＊9、「競技者らしい」といわれることは、金銭ではなく、名誉のために生きるギリシャ人を最も示す例として詩でも謳われている＊10。しかしながら、古代ギリシャ人にとって勝者には、名誉だけであったと体育・スポーツ史学ではいわれた時期もあったが、勝者には賞金を与えていたこと、高価であったオリーブ油が与えられたこと、国費で飲食のサービスを行っていたこと、演劇で特別席を用意されたことなど、その後の研究で明らかになっている。古代では、

第2節　スポーツの始まり

近代以降でいう、「アマ」と「プロ」というはっきりとした区別はなかったと考えられ、さらには、『「アマ」と「プロ」の概念は近代における特殊な現象である』といわれている[11]。

ギリシャ人にとって競技者は誇らしく、都市対抗で行われた競技祭は、同胞感を深め、民族意識を高めることになった。これが、古代オリンピックであり、その復興としてピエールド・クーベルタン（1863-1937）は近代オリンピックを始めた。古代オリンピックは、ゼウスの聖地、オリンピアで紀元前776以降4年ごとに開催され、都市国家は慢性的な戦争状態であったが、競技祭では、選手や観客の安全を保証する停戦を順守した。

それでは、古代ギリシャで実際に行われていた種目を幾つか紹介する。当時ギリシャで行われていた幅跳びでは、石や金属の素材でできた2〜10ポンドほどのハルテーレスを両手に持っていた（写真1-2-5参照）。フルートやハーブの演奏の中で幅跳びが行われていた。また、円盤投げ、槍投げも行われていた。円盤投げで使用していた円盤は、直径6〜9インチ、重さ3〜9ポンドくらいであった（写真1-2-6参照）。円盤やハルテーレスの大きさや重さが統一されていなかったのは、大人や子どもによって分けられていたり、競技祭によって使用される用具が一定しなかったといわれている。槍投げは、アンキュレーという革紐を指にかけて槍に回転を与えていたことが今日とは違う点である。

レスリングはギリシャで最も好まれた種目であったとされる。競技場を示す「パライストラ」という語の意味は、「レスリングの練習場」という意味であったことを考えると、古代ギリシャ人にレスリングが浸透して親しまれていたのが想像できる。なお、レスリン

＊8
例外として、スパルタのように軍事的特色の強い、古代ギリシャ都市はあった。

＊9
勝者に与えられた樹葉の冠は、都市によって異なり、オリンピアではオリーブ、ピュティアでは月桂樹、ネメアではオランダ三葉（セロリ）、イストミアでは松葉であった。

＊10
ギリシャの詩人であるホメーロスは、英雄と競技者は同等であると考えていて、「競技者らしくない」といわれることは最大の恥と詩で謳っている。

＊11
稲垣正浩、谷釜了正編著『スポーツ史講義』大修館書店、1995.4、p.48

＊12
パンクラティオンは、爪や歯を使う以外は、何でも許されていた格闘技であったといわれている。

第1章　スポーツ・身体活動の意味と意義

＊13
「ローマの体育は、ギリシアにくらべ単純に人間を強健ですぐれた軍人にするために行われたもので、戦争のための健康、勇気、力、持久性、技術に強く限定されていた。」(岸野雄三編著『体育史講義』大修館書店、1984.2、p.33)

グに似ている、パンクラティオン＊12という別の競技も存在した。

五種競技という種目もあり、走る、跳ぶ、円盤投げ、槍投げ、レスリングの五種目であった。この種目は、あらゆる能力を備えた完全な身体美を作り上げ、ギリシャ競技の典型と考えられていた。

ボクシングは、レスリングよりも激しい種目であり、古代ローマでは金属製のグラブを使用する危険な種目で、スポーツの範囲を超えていたと考えるが、古代ギリシャでは金属製のグラブは使われず、牛革を手に巻いたり、グラブをつけて、スポーツとして行われていた。このように、古代ギリシャと古代ローマのスポーツは、非常に対照的であった＊13。

以上のことから、未開社会から古代を身体活動・スポーツの視点で見た時に、未開社会では生活の中に身体活動があり、古代に入って社会が発達して分化していく中でスポーツは独立していき、それを仕事とする職業運動家が現れ、身体活動・スポーツ自体が文化として生活の中に入り込んでいったように思える。そして、古代ギリシャでは、競技者であることが誇らしく、「美しい身体にこそ善良な精神が宿る」と考えられ、スポーツの場に多くの人たちが集まり、そこから文化が発信されていった。古代ギリシャを現代から見ると、スポーツの価値や意義、社会の中でのスポーツの在り方などを、より一層、磨き上げたと考えられる。さらに、現代では、オリンピックをはじめ、世界であらゆるスポーツが行われ、様々な価値を見出している。古代ギリシャのスポーツにおける競争・競技（アゴーン）への態度が高度な文化を発展させたことは、現代のスポーツ、これからのスポーツを考える種となり、支えになるだろう。

写真 1-2-5　ハルテーレス

ボストン美術館所蔵、撮影：及川佑介

写真 1-2-6　円盤

ボストン美術館所蔵、撮影：及川佑介

第2節　スポーツの始まり

引 用 文 献

岸野雄三著（1959）体育の文化史　不昧堂.

岸野雄三編著（1984）体育史講義　大修館書店.

ユルウス・ボフス著，稲垣正浩訳（1988）入門スポーツ史　大修館書店.

稲垣正浩・谷釜了正編著（1995）スポーツ史講義　大修館書店.

木村吉次編著（2001）体育・スポーツ史概論　市村出版.

福永哲夫・山田理恵・西園秀嗣編（2011）体育・スポーツ科学概論　大修館書店.

問　題

（1）未開社会や古代では、身体活動・スポーツが呪術的なことや軍事的なことに関係していた。そのことについて、いくつか例を挙げて説明しなさい。

（2）古代ギリシャの身体活動・スポーツは、近代や現代に何が評価されたのかを説明しなさい。

（及川　佑介）

第1章　スポーツ・身体活動の意味と意義

第3節　我が国における学校体育と保健の展開

【概　要】
　我が国の近代学校教育制度は、近代国家建設における重要政策のひとつとして、明治政府発足直後から積極的に近代欧米教育制度を導入する形で整備が進められていった。それは、1872（明治 5）年に太政官から発布された学制[1]から始まり、明治 12 年には学制に代わり教育令が制定された。そして明治 19 年には、小学校令、中学校令、帝国大学令、師範学校令などのいわゆる学校令が公布され、現在に至る学校の体系と教育制度の原型が整えられていく。

　この草創期において、体や運動に関わる教育すなわち「体育」[2]と「保健」[3]は、それぞれ「体術」および「養生法」という名称で学制の中に独立教科として設置された。「体術」は明治 6 年に「体操」へ、1941（昭和 16）年には「体錬」、昭和 22 年には「体育」、昭和 24 年からは中・高で「保健体育」[4]へと教科名が変更され、教育目標や内容を変えながら展開された。一方「養生法」は、その後「衛生」に置き換えられるが、長く教科としての位置づけから外された。そして昭和 18 年に、ようやく「体錬」教科の科目として設置され、昭和 24 年には「保健」として「保健体育」科目の「体育」との融合型科目として導入された。

　以下それぞれの変遷を、日本の教育の転換点とされる第二次世界大戦終結（昭和 20 年 8 月）の前後に分けて概観する。

[1]
日本で最初の近代学校制度を定めた法令。

[2]
Physical education の訳語で、用語自体は明治 10 年代から普及してきた。

[3]
Health education の訳語。

[4]
英語表記は、Physical and Health education。

1. 第二次世界大戦終結以前の学校体育と保健の展開

■1　「体育」の変遷
　学制において「体術」は小学校課程中に設置されたが、内容についての具体的な指示はされていない。翌明治 6 年の改正小学教則によって、「体操」へと教科名を変更するとともに、『榭中体操法図』や『体操図』などで初めて内容についての説明がされたものの、教育現場での体操実施状況はしばらく低迷状況が続く。近代学校発足当初は、欧米教育の全面的模倣に奔走していたこと、前近代までの日本に体や運動に関する教育制度・文化がなかったこと、また西洋運動文化を摂

16

第3節 我が国における学校体育と保健の展開

取していなかったことなどから生じる弊害が背景にあった。

しかし、明治11年に政府が学校体育法の研究と体育教師養成の目的で体操伝習所を設立したことが契機となり、少しずつ教科の質は向上し始める。教授として招聘されたアメリカ人医学士リーランド（G.A.Leland）が、欧米人より小柄な日本人向けに指導した軽体操（徒手体操と木亜鈴・球竿・棍棒・木環などの手具体操）は、卒業生などによって普通体操として全国に普及していく。そして明治19年の学校令で、「体操」科目は普通体操と兵式体操が中心となった。兵式体操は、初代文部大臣の森有礼が奨励し振興に努めたもので、これは国民皆兵を目指した徴兵令が改正されたことを背景に、強い軍隊編成のための体づくりを目指してのことであった。

明治30年代になると、生理学や解剖学などを基盤としたスウェーデン体操[*5]が導入されたり、体操伝習所主任教員坪井玄道を中心として遊戯（＝スポーツ種目）の研究も盛んになる。また武道の教科への採用も叫ばれるようになった。文部省はこうした動向を整理・統合するため、明治37年に体操遊戯取調委員会を発足させた。

そして大正2年に学校体操教授要目が制定され、「体操」はスウェーデン体操を中心に、教練、遊戯、撃剣（のちに剣道と改称）・柔道などの教材編成となった。大正15年には学校体操教授要目が改正され、先の教材にドイツ体操[*6]が加えられた。

昭和6年満州事変が勃発し、ここから日本の教育体制は軍事色に拍車がかかることになる。昭和16年に

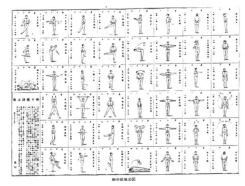

図1-3-1　樹中体操法図[1)]

[*5]
19世紀初頭、リング（P.H.Ling）によって考案された体操で、世界50か国ほどで採用されて各国の近代学校の確立に大きな役割を果たしたとされる。一定の運動の順序を持ち、単純なものから複雑なものへ、簡単なものから難しいものへと系統化された多種類の運動で構成されていた。

[*6]
19世紀初頭、ヤーン（F.L.Jahn）によって創始された体操で、スウェーデン体操とともに近代体育の大きな流れを形成した。

第1章　スポーツ・身体活動の意味と意義

図 1-3-2　大正〜昭和初期の小学校の男子体操[1]

図 1-3-3　昭和初期の学校の女子体育授業[1]

国民学校令が公布されると、教科名は「体操」から「体錬」へと変更され、戦時体制下の重要教科となった。これ以降終戦までの間、「体錬」は体操・遊戯・競技・教練・衛生を教材とする体操と、剣道・柔道からなる武道に分けられ、水泳（海軍の影響）や戦技的な性格の遊戯競技、徒手や器械の体操・土嚢運搬・手榴弾投げなどの軍事訓練、攻撃的武道が重視されることになる。

　明治期から終戦までの日本は、天皇制近代国家を確立するために富国強兵・国粋主義の傾向が高まり、やがて日清戦争から第二次世界大戦へと進むにつれて、軍国主義・国家主義が支配的となっていく。こうした時代背景のために、学制で近代的な欧米教育が導入されたものの、結局は日本独自の価値観によって、「体育」の教材はスポーツ種目ではなく体操や軍事訓練が中心とされ、しかも国家のための「体育」として展開された。この時期の学校体育は、運動が単なる身体活動と見なされ、国家を支える若者の身体や動作の鍛錬から精神面の教育につなげようという考えに支配されていた。

2 「保健」の変遷

　学制において講義科目として設置された「養生法」は、当時の衛生学書である『養生法』（松本良順、山内豊城共著）[*7]と『健全学』（ロベルト・ゼエムス・メン著、杉田玄端訳）[*8]を教材として口授された。しかし、学習内容の未整備や教授をする教師の力不足などから、明治19年の中学校令の公布からは教科として姿を消すことになり、これ以降は「衛生」の名称のもと、「修身」・「理科」・「体操」の科目でそれぞれの

*7
初めて西洋衛生学を紹介した書物で、環境衛生を医学の範疇に組み入れたとされる。

*8
我が国の公衆衛生学の先駆け的書物。

第3節　我が国における学校体育と保健の展開

範疇において取り扱われることになった。

　「衛生」はその後、国民学校令において「体錬」教科を構成するひとつの重要な科目とされて、体錬科の独立科目となる。そして終戦まで、身体の清潔、皮膚の鍛錬、救急看護などの衛生訓練が実施されていく。

　このように、日本の近代学校にあって「衛生」は、いろいろな教科にまたがる分野として長く複数教科の中で教授されてきた。しかし決して衛生自体が軽視されていたわけではなく、明治8年に文部省医務局が衛生局と改称されたことをはじめ、明治26年には文部省からの委託を受けた三島通良[9]が『学校衛生学』をまとめたことを契機に、学校衛生行政が整備されていく。そしてそれは学校において、「衛生教育」という形で発展をしていくことになる。「衛生」の教科とは別に、各学校では疾病の予防・管理、学校教育環境の改善、世界に先駆けた学校医の導入、学校看護婦[10]の導入、身体検査（健康診断）の実施、学校給食の実施、などの学校や生徒児童の衛生管理と指導が進展する。この「衛生教育」は、戦後になると「保健教育」へと受け継がれる。

2. 第二次世界大戦終結以降の学校体育と保健の展開

■1■「体育」の変遷

　第二次世界大戦が終結すると、GHQによる非軍事化・民主化を目指した占領行政が行われ、学校体育にも大きな変革が起こる。まずは教練の廃止、軍事的要素の強い教材や指導法の排除、武道の休止、徒手体操の制限といった戦時教育の撤廃と軍事色の払拭が行われた。そして、昭和21年にはアメリカ教育使節団が来日し、アメリカ民主主義教育を基盤とした教育改革の方向性が定められた。

*9
明治～大正期にかけての衛生学者、医師。

*10
昭和16年に養護訓導、昭和22年からは養護教諭となる。

第1章　スポーツ・身体活動の意味と意義

これを受けて、翌22年に教育基本法と学校教育令が公布され、新学制（6・3・3・4制）が発足するとともに戦後初の学習指導要領が発表された。ここで、「体錬」は「体育」へと名称が改められ、中・高では昭和24年から「保健体育」となる。また同年、新制大学でも「体育」が一般教育課程における必修正課科目（実技2単位・講義2単位）となった。大学での教科名は、昭和31年に「体育」から「保健体育」に改称された。

昭和22年の指導要領は、「体育」が人間性の発展を企画する教育であると規定したこと、スポーツ中心の教材を採用して発達段階に応じた運動の提示をしたこと、体育理論を設けたこと、画一的な教師中心の指導ではなく児童生徒中心の学習を奨励したこと、などの特色を持っていた。これによって我が国の学校体育の新しい方向が具体化され、以後教育の指針としての学習指導要領が、時代や社会の要請に応じて約10年に1度の頻度で改訂されていく。昭和25年には日本体育学会が設立されたことで、「体育」や「保健」の科学的研究が進められることになり、研究の成果は以後授業の発展の一翼を担うことになる。

昭和33年に小・中の学習指導要領が、翌年には高等学校の学習指導要領が改訂された[11]。これまでの学習指導要領が教育基本法の観点から示された教師の手引書であったのに対して、この改訂からは文部省の告示となり、教育課程の基準として法的拘束力を持つようになった。

昭和43年から45年の学習指導要領の改訂は、社会問題に対応する教育の現代化を目指すものであった。この改訂で特に力点が置かれたことは、体力づくりであった。背景には、東京オリンピック大会を通じてクローズアップされた外国人との体力差、高度成長期の

*11
「体育」の内容は、徒手体操、器械体操、陸上競技、格技、球技、水泳、ダンス、体育に関する知識（高校は体育理論）の8領域に分類された。さらに、格技は男子のみの教材として相撲、柔道、剣道が示され、ダンスは女子のみとされた（高校のフォークダンスは男女共習を奨励した）。「体育」・「保健体育」教科の目標は、昭和39年の第18回オリンピック東京大会が目前に控えていたこともあり、運動技能の向上に重点が置かれ、運動の科学的理解と活動力の向上、生活を豊かにするレクリエーション的態度の育成などが目指された。

第3節　我が国における学校体育と保健の展開

豊かさと利便性向上の社会から出現し始めた運動不足による体力の低下現象があった。体力づくりの奨励策として、従来の徒手体操を体操に改称し、これまでの主流であったスウェーデン体操に新たな内容を加えた全身運動教材としたり、腹筋台・背筋台・平均台などを利用してのサーキットトレーニングが導入された。

昭和52年の小・中、翌年の高等学校の学習指導要領改訂[12]は、後に批判を受けるゆとりの充実を目指したものであった。

平成3年、文部省は大学設置基準の改正を行い、設置認可の基準である大学設置基準の大綱化を実施した。これによって昭和24年から必修科目として位置づけられてきた大学の「保健体育」は、教科名や内容、必修／選択の位置づけや単位数などが大学独自の判断に任されて展開されることになった。

平成20年の小・中・高の改訂は、ゆとり教育批判への対応と、体力の低下傾向対策が中心であった。教育基本法（平成18年）や学校教育法（平成19年）の改正に伴い、生きる力を育成すること、知識・技能の取得と思考力・判断力・表現力の育成のバランスを図ること、豊かで健やかな心と体を育てることを基本的なねらいとした。また、卒業後に少なくともひとつの運動やスポーツを継続できるようにすることや、健康や体力の状況に応じて自らの体力を高める実践力と知識を育てることも重視された。この改訂から、中学校では武道とダンスが男女ともに必修となった。

戦後の日本は、軍国主義・国家主義から民主主義へと転換を果たした。そうした社会を反映して、学校体育も戦前の教育に対して大きな変化を遂げてきた。戦前の国家のための教科から個人のための教科へと進展し、単なる身体の教育から運動を通した教育へ、さらには『運動やスポーツを手段とする教育から、運動や

[12]
「体育」では基本の運動とゲームが新たに加えられ、「保健体育」では運動領域が、体操、個人的スポーツ、集団的スポーツ、格技、ダンス、体育に関する知識の6領域に簡素化された。ゆとり教育の推進期としての位置づけから、平成1年の改訂では、児童生徒が自ら学び、自ら考え、計画的に運動を行う習慣を育てることを目標に、個性を伸ばしながら生涯にわたってスポーツを楽しむ基礎的な資質を育てることが重視された。

第1章　スポーツ・身体活動の意味と意義

スポーツを目的・内容とする教育への転換』[2]、つまり運動やスポーツの教育へと発展してきたのである。

■2■「保健」の変遷

昭和22年の学校体育指導要では、「体育」は運動と衛生を通して実践する教育であると規定された。つまり、「衛生」は戦後教育のスタート時において重要な位置が与えられたものの、教科の形態は「体錬」時代と大きな変化は見られない。要綱では、「衛生」の指導領域を衣食住の衛生、姿勢、身体の測定、病気の予防、社会生活の衛生、精神衛生、性教育などとし、これらを理論と実習から展開するように指示している。

昭和24年になると、中・高での「衛生」は「保健」へと改称され、「体育」と並んで「保健体育」教科を構成する科目となった。他方、小学校の教科名は「体育」のままで、5・6年生で「保健」の知識を学習するカリキュラムに変更された。融合型の教科[*13]になったことで、これより「保健」は「保健体育」の教員免許を有する教師が担当することになる。ただし小学校では、学級担任が授業にあたることになった。

「保健」の学習目標は、児童生徒の発達段階に応じて小・中・高で意図的に変化を持たせるようにされてきたが、共通した基本的なスタンスは、心身や健康に関する知識を幅広く学習し、自ら健康な生活を獲得できる能力を養うことであり、これは今日まで継続されている。「衛生」時代と決定的な相違点は、健康教育を支流とする科目になったことである。まさに欧米の健康教育の吸収・導入であった。

学習内容は、社会の動向などにも対応して時代によって若干変化してはいるが、小・中・高ともに特別大きな転換はない。平成20年の学習指導要領の改訂から展開されている現行の「保健」は、それぞれ次の

---

*13
融合型教科になったとは言え、学習時間の割合は「体育」の方が多く、高等学校では、「体育」は3年間の継続学習で245単位（授業）時間（×50分）/7単位ないし315単位（授業）時間/9単位、「保健」は1・2年時の学習で70単位（授業）時間/2単位とされ、今日まで大きな変更はない。中学校においては、3年間を通して「体育」が305単位（授業）時間（×50分）の学習であるのに対して、「保健」は70単位（授業）時間であった。平成10年の中学校学習指導要領公布以降、中学校の「保健」の配当時間は、3学年間で48単位（授業）時間と縮小されることになった。小学校での学習時間は、今日まで一貫して5・6年生の適切な時期にある程度まとまった時間を配当することとされている。

第3節　我が国における学校体育と保健の展開

ような学習内容である。小学校は、①心の発達及び不安・悩みへの対処、②けがの防止と手当、③病気の予防の学習。中学校は、①心身の機能と心の健康、②健康と環境、③傷害の防止、④健康な生活と疾病の予防の学習。高等学校は、①現代社会と健康、②生涯を通じる健康、③社会生活と健康の学習である。

　戦後の健康教育は、「保健」の授業だけではなく、「保健教育」でも展開されてきた。戦前の「衛生教育」の発展型であり、児童生徒の実態の把握と健康問題の分析をし、学校保健計画に基づきながら課題解決を図る教育分野である。「保健教育」は、アメリカ教育使節団の報告書を契機に本格的な取り組みが始まり、学校保健法の制定（昭和33年）以後強化されてきた。現在、保健指導には養護教諭と学校担任などがあたっている。

3. 学校体育と保健のこれから

　我が国における学校体育と保健は、国家の要請や時代の変化に対応する形で今日まで展開されてきた。つまり、時代や社会の変化に対応できる国民の育成に貢献してきた教科であるといえるし、国民や国家に対して果たしてきた役割も決して小さくはない。近年ではスポーツや健康に対する関心が高まり、それに伴って例えばスポーツ科学（スポーツ文化を含む）や健康科学を理解すること、体力や健康に関して自己管理ができるようになること、年齢や体力あるいは目的に応じて主体的に生涯スポーツを実践できること、体力を向上させて健康寿命を延ばすことなど、健康で豊かな社会生活の実現が叫ばれており、学校体育と保健はこれらの命題を解決する重要な役割と責任を担っている。

　ただし文科省も指摘しているように、現行の教科には課題が存在している。「体育」と「保健」の関連性

第1章　スポーツ・身体活動の意味と意義

の改善と、『小・中・高の系統性、校種の接続を踏まえた上での』[3] 学習の体系化が急がれるところであるし、体力の低下現象や、運動・健康への関心や意欲の二極化現象の改善など、個性や特性を尊重しながらも様々な能力を育成するための効果的な方策が展開されなければならない。直近の学習指導要領の改訂で、小学校は2020年度から、中学校は2021年度から、高等学校は2022年度から新たな取り組みが始まる。スポーツ庁が、『新学習指導要領が日本の体育を変える』[4] と期待を寄せている通り、運動やスポーツが楽しいと感じる授業や、スポーツを「知る」ことにも重きを置く指導が望まれる。

引用文献
1) 成田十次郎編著（1988）『スポーツと教育の歴史』不昧堂出版.
2) 團琢磨（1990）「これまでとこれからの学校体育」体育科教育，38（3），p14.
3) 文部科学省教育課程部会（第44回，2006年8月）配布資料より抜粋
4) スポーツ庁 Web 広報マガジン DEPORTARE，日本のスポーツビジョン 2018年3月15日版より抜粋

問　題

(1) 近代の日本において、体操伝習所以外に「体育」・「保健」の発展に寄与した教育機関や体育（スポーツ）団体について説明しなさい。

(2) 近代以降の日本において、女子生徒や学生に対する「体育」・「保健」はどのような変遷をたどってきたか説明しなさい。

（青木　清隆）

第4節　身体活動の意味と意義

【概　要】

　スポーツは時代によって享受の仕方が変わってきた。21世紀、先行き不透明な時代、職業も生活もドラスティックに変わる時代において、どのように身体活動と関わるか、そして、その意味は何であるかを考察したい。

1. 日常と非日常のバランスがとれているときに関心が向く。

　戦後、特需景気、神武景気、いざなぎ景気、所得倍増計画、日本列島改造論など、日本は、「もはや戦後ではない」（経済企画庁、1956、経済白書）といわれるほどに高度経済成長期を経験した。1953年にテレビ放送が始まり、1964年にはオリンピック東京大会、1970年には大阪で日本万国博覧会が開催され、これらは経済・文化面での日本の発展を世界に示す、壮大な国家的イベントであった。1985年のプラザ合意後、内需に主導され市民生活へ大きな影響を及ぼした。例えば、コンピュータと通信機器を利用した生産・流通・販売のネットワーク化が進み、コンビニや量販店が急成長し、重化学工業でも技術革新が進み、積極的な設備投資が図られた[1]。レジャー、スポーツ、旅行、外食産業といった第3次産業の比重が増加したのもこのことによる。この内需景気は、地価や株価の暴騰を伴って進行し、後に呼ばれる「バブル経済」が生まれた。国民が舞い上がる中、不動産融資総量規制後、急激な経済の後退が進んだ。株価や地価の暴落が進み、値上がりを見込んで投資されていた株式や土地は不良資産となり、銀行は多くの不良債権を抱えることになった。

第1章 スポーツ・身体活動の意味と意義

企業は事業の整理や人員削減（リストラ）、海外展開の大胆な経済の効率化を図ったが、大量の失業者、非正規雇用やフリーターを生み、国民生活は厳しい状況に置かれた。ドミノ倒しのように破綻する企業・銀行が生まれ、公的資金が投入されてもそれを止めることはできなかった。大量の失業者が生まれたのもこの時である。いわゆる「失われた30年」（失われた平成30年間）である。先行きが不透明な時代、Ｊリーグが開幕、日韓ワールドカップ、長野オリンピックが開催されたものの、莫大な資金が投じられた箱物（施設）は、その維持に今もなお莫大の資金を毎年支出することとなった。

先にも述べたが、日常、つまり、仕事や学業が順調であれば、非日常へ飛び込むことができる。まさに、高度経済成長期、バブル期など、野球、テニス、ゴルフ、スキーなど多くの国民がスポーツをする・みるにかかわらず謳歌した。国民が豊かであるときにスポーツへの関心が高まるのである。

1970年代、我が国は生涯教育、あるいは生涯スポーツへと関心が向けられ（行政主導であったかもしれないが）、多くのニュースポーツが誕生した。

グラウンド・ゴルフは、1980年代、鳥取県の泊村（過疎化が急激に進んだ村）で、「誰でも、どこでも、誰とでも」をキャッチフレーズに、開発された。1990年代には日本協会が発足し、全国で展開されるようになった。現在、会員数は約20万人で、会員にはなっていないがグラウンド・ゴルフのプレイヤーは、500万人を超えるともいわれている。その多くは高齢者で時間に余裕のある国民が参加している状況である。そのグラウンド・ゴルフも発足が80年代であり、実質当時プレイヤーとして活動していた会員は高齢化が進み、徐々に会員数を減らしているのも現状である。そ

れでは、若年層や青年層のスポーツ実施率はどうであるか。文部科学省の調べによると、週に1回スポーツを実施している割合は30％程度で、中学生の場合、特に女子生徒では4人に1人が体育の授業以外で運動をしないことがわかっている[2]。この傾向は、小学校でも見られている。

2. 第四次産業革命によるスポーツ離れと 豊かさの変化

　若者のスポーツ離れの要因として、IT革命（ICT、IoT）が進み、AI技術の発展により携帯電話やPCでSNSを使った交流、あるいはバーチャルによるスポーツ実施（eスポーツ）、児童生徒の興味関心が多様化していることも挙げられる。もっと言うと、国民全体の価値観の多様化、「豊かな生活」の捉え方に変化が見られるようになったと考えられる。情報化が進み、多種多様な情報を即時に収集でき、レジャーやスポーツへの関わり方に有意味（意味のある経験）や付加価値を見出そうとしている。そこには、グローバル化も起因しているだろう。今まで出会ったことのないスポーツが輸入されたり、これまで日の目を見なかったスポーツが社会的スポーツとして確立したりするなど、スポーツに関して島国であった我が国のスポーツ界に大きなインパクトを与えている。これまで豊かな生活は、終身雇用の中、安定した収入で、マイホームを持ち、余裕のある範囲でレジャーやスポーツを楽しむ傾向が、社会状況の大きな変化によって、成り立たなくなっている。若者の中で、「豊かな生活」とは、お金があればよいのか、よい企業に勤めることがよいのかなど、これまでの概念を覆すような心理を垣間見ることができる。だからと言って、若者がレジャーを楽しまない、スポーツを楽しまないというわけでもな

第1章　スポーツ・身体活動の意味と意義

写真 1-4-1　マーケットでのチェス

写真 1-4-2　地下鉄ホームでのチェス

い。時間的・空間的余裕があれば SNS で知り合った仲間でフットサルを行ったり、キャンプに出掛けたり、登山をしたりする若者も増えつつある。情報革命は、コミュニティの形を大きく変革化させ、興味・関心の合う仲間が集い、その場で仲間となって楽しんでいる。豊かさの概念が変わってきているのだろう。

　人間は現実社会（日常）、つまり生業を営むことで、生活基盤を安定させ、それを中心に生活してきた。しかし、人間が人間であるが故に、日常だけにすべてを注ぐのではなく、非日常（遊びやスポーツ）へ身を置くことを発見した（写真 1-4-1、写真 1-4-2）。

　現代社会や今後の社会において、30 年から 40 年にわたって同じ職場で働くことができる、いわゆる正規雇用の考え方が消滅していくことは間違いない[1]。21 世紀は、子どもたちは学校や大学を卒業してから、その職業人生の中で 10 〜 15 の様々な仕事を経験することが予想されている[1]。今後、情報を獲得し、その情報が何を意味するのかを理解し、行動を起こすためにその意味を他者に納得できるよう説明するために、人々とコミュニケーションできるエキスパートになる必要がある[3]。

3. 多様化していく社会だからこそ求められる、スポーツに人間を合わせるのではなく、人間にスポーツを合わせていく考え方とその役割

　今後、地域や会社で集まり、スポーツをして「楽しかったね」で終わるという短絡的な文脈でこれからのスポーツは実施されないだろう。近年、健康ブームに乗り、「スリムで、マッチョ」をうたい文句にダイエッ

第4節　身体活動の意味と意義

トのためのトレーニング企業が増加し、また、個人でランニング・ウォーキングする人口が年々増えている。21世紀においては、このスポーツを個人の範疇で納めるのではなく、多様化した人々とコミュニケーションをとりながら共有する資質・能力が求められる。なぜならば、スポーツには、グローバル化、多様化する社会の中で、心身を交えてコミュニケーションをとる文化のひとつで、それを有しているからである。ある意味、市民性の確立であるともいえよう。自立し、主体的で、多種多様な人々と身体接触を保ちながら平和的に最善解を導く唯一の文化といっても過言ではない。そのことはどこで学ぶことができるのだろうか。個人の活動に任せていいのだろうか。

　文部科学省は、2017年に新学習指導要領（以下、「指導要領」とする）を告示した。その後、体育科、保健体育科（中学校）の解説が示され[4]、学校では順次指導要領に則した学習過程で授業を行っている。指導要領では、「急激な少子高齢化が進む中で成熟社会を迎えた我が国にあっては、一人一人が持続可能な社会の担い手として、その多様性を原動力とし、質的な豊かさを伴った個人と社会の成長につながる新たな価値を生み出していくことが期待される」と記載されている。また、体育では「運動や健康についての自己の課題を見付け、その解決に向けて思考し判断するとともに、他者に伝える力を養う」とある。基礎的・基本的な知識・技能を含めた教科等の内容を学習した中から、特に「生きて働く道具」として日々使うことができるリテラシーの育成を目指している[4]（図1-4-1）。ここで指導要領では育成を目指す資質・能力として、①「何を理解しているか、何ができるか（生きて働く『知識・技能』の習得）」、②「理解していること、できることをどう使うか（未知の状況にも対応できる『思考力・判断力・表現力等』の育成）」、③「どのように社会・世界と関わり、よりよい人生を送るか（学びを人生や社会に生かそうとする『学びに向かう力、人間性』の涵養）」[4]の3つの柱に整理している。

図1-4-1[4]　資質・能力を深める学習サイクル

第1章 スポーツ・身体活動の意味と意義

写真 1-4-3 セストボールの授業

重要なことは、「子供たちの実態に基づいた計画の作成・実施・評価・改善」と「主体的・対話的で深い学びの実現に向けた授業改善」である。学校では、バスケットボールは、5対5でバックボードのある高いリングを使ったゲームをイメージし、ドリブル、パス、シュートの練習をさせ、ゲームをするというのが大半であろう。先駆的に授業研究をしている学校では「セストボール」を適用している学校もある。セストボールとは、コートの若干中央寄りにある一定の高さのゴールを置き（技能水準の低い児童でも練習すれば入りやすい高さ）、360度からシュートが打つことでき、ドリブルを使わず、3対3や4対4で行う（写真1-4-3）。

セストボールは、アルゼンチン発祥のスポーツで、それを子どもでもできるように修正したものである。また、バレーボールというと、6対6（9対9）で高いネットで隔たれたチーム同士がボールをいかに打ち込むか、相手が失敗するかを競う競技である。これも、オーバー、アンダーハンドパス、スパイク、サーブなどを学びゲームをする学校が大半である。最近では、ワンバウンド可、キャッチ可などのルールで、バドミントンくらいのネットとコートで3対3あるいは4対4でゲームを行う学校も増えつつある。これは、ドイツ発祥のファウストボールを起源にしている。セストボールもファウストボールもヨーロッパでは盛んに行われており、学校で取り上げられなかったのは既得権あるいは既成概念があるためであろう。バレーボールでいえば、なぜボールをワンバウンドさせてプレイしてはいけないのか、そもそも、部活動で一生懸命に練習してやっとできるようになることをわずか10時間程度の学習時間を繰り返したところでできるようにな

第4節 身体活動の意味と意義

るわけがない。その結果、ボールが来るとすぐに相手に返球したり、ボールから逃げたり、仲間同士で見合ってしまったりする子供が増える。体育は一体何を教える教科なのかあらためて問われなければならない。12年間を通じて、児童生徒に最低限ルールやマナーを理解させ、ゲームに参加できる程度の知識・技能を保証し、場合によっては、主体的にルールを変換させることのできるスポーツに自立した人間の育成が求められる。スポーツに人間を合わせるのではなく、人間にスポーツを合わせる考えにシフトし、知識・技能はもちろんのこと、そこで必要な思考力の形成、作戦やルールに関して最善解を導き出すコミュニケーション能力の育成を段階に応じて学習させなければならない。そうするためには、スポーツの情報を分析し、何を意味するのかを理解し、望ましい方向に導けるよう、その意味を時にはアレンジも加えて他者に説明しながら、人々とコミュニケーションすることができるエキスパートを今後育てていかなければならない。

そういった学習を通じて学んだことは、大学の体育授業で発揮したり（ここでは技能だけではなく、ルールを変える主体性なども含む）、仲間でみんなが楽しくプレイできるような資質・能力が発揮されたりするだろう。

2030年問題、2045年問題など先行き不透明で、コミュニティが形成されにくい現代において、スポーツが果たす役割は大きい。そのような時代、一人では解決できない問題を他者に相談したり、複数の人間で何かしらの解決へ向けての最善解を導き出したり、あらためて、家族、コミュニティ、社会全体を構成する市民として、必要な資質・能力を獲得する上でも重要な役割を果たすのがスポーツである。

ユネスコは、スポーツは文化のひとつであるとし、「体育・身体活動・スポーツに関する国際憲章」では、体育・身体活動・スポーツの実践は、基本的人権であるとし、体育・身体活動・スポーツが個人、コミュニティ、社会全体に及ぼす恩恵を詳細に記している。それは、身体的効果ばかりでなく、社会的効果、薬物依存などの医療的効果など多岐にわたる[5]。

第1章　スポーツ・身体活動の意味と意義

引用文献

1) 笹山春生ほか（2016）詳説日本史改訂版　山川出版社
2) スポーツ庁（2018）http://www.mext.go.jp/sports/（2018.9.8 現在）
3) 三宅なほみ監訳（2014）21 世紀型スキル：学びと評価の新たなかたち　北大路書房
4) 文部科学省（2018）小学校学習指導要領（平成 29 年告示）解説体育編　東洋館出版社
4) 国陸教育政策研究所（2016）資質・能力：理論編　東洋館出版社
5) 日本ユネスコ協会連盟（2018）http://unesco.or.jp/（2018.9.8 現在）

問　題

(1) 20 世紀と 21 世紀のスポーツに期待される価値の違いについて説明しなさい。

(2) スポーツには、「する」以外に、どのような価値があるか説明しなさい。

（福ヶ迫　善彦）

スポーツから学んだこと

中村　憲剛（サッカー）

　私は6歳からサッカーを始め、今に至るまで30年以上サッカーに関わっている。今でこそプロのサッカー選手だが、私のキャリアは順風満帆とは程遠く、新しいカテゴリーに上がる度に常に壁に立ち向かわなければならないような選手だったと申し上げておく。体は小さく小学校卒業時で136センチ、高校入学時でやっと150センチを超えるような体格だったので、どうしたら自分のような選手でも試合に出られるか、チームにとって有益な選手になれるかを必死に模索していた。今思えば挫折、困難ばかりのスポーツ人生だったが、それがなければ今の自分には到達しなかったと思うし、挫折や困難に直面した時にこそ自分が成長できると思えるかどうかが成功の鍵になるではないかと思う。

　よく自分の限界や目標設定について聞かれることがある、私は自分の限界は決めなくていいと思っている。限界を決めた時点でそれ以上の成長はないと思うし、大事なのは「現時点での自分」を知ること。そしてその「自分」が理想とする自分にどうやったら近づけるかを考え行動に移すことだと思う。目標設定も私はしたことがない。今日、今、目の前のことを自分の納得いくようにできるかの積み重ねでここまでやってきた。体格のハンデもあったのだが、中学生以降、目の前のことを必死に一生懸命やることでなんとか追いついてきたような人生だったのでそれも影響しているかもしれない。

　それに通じる考え方かもしれないが、モチベーションは維持するものではなく、湧き出てくるものであるべきと思う。私の年齢でサッカー選手を続けているとモチベーションを維持する秘訣を聞かれることも多いのだが、好きなことをやっている以上、それは自然と湧き出るものだと思う。私の場合は根本的にサッカーが好きで日々上手くなりたい、昨日の自分よりも成長していたいと思っているのでそれ以上のモチベーションはないのである。

　今までは上達し試合に出られるような選手になるためにどのような考え方でここまでやって来たかを書いたが、ここから少しチームスポーツとしてのサッカーから何を学んだかについて書きたいと思う。サッカーは11人でどれだけ相手よりゴールを多く取るかを競うスポーツである。こう書くととてもシンプルだが、これがサッカーの真理だと思う。スーパースターひとりでは勝つことができないスポーツなのである。ゴールを決めるストライカー以外に地味かもしれないけれど汗かき役やつ

ぶれ役、様々な役割を持った選手たちが1つになって勝利に向かうのがチームである。そこにはベンチメンバーや試合に出ることができないメンバーも含まれる。もちろん監督、コーチなどのチームスタッフ、プロのチームだとこれに運営のスタッフ、さらにチームを支えるスポンサーやサポーターもそこに加わる。純粋に勝負に勝つという目標に向かってこれだけ多くの人が一致団結する、そうして育んだ絆は自ずと深くなる。それは学生時代の時から変わらない。サッカーというスポーツが作ってくれた絆だと思っている。

　長いサッカー人生でスポーツから学んだ大きなこと。それは「スポーツは人を感動させられる」ということである。私たちスポーツ選手がプレイで見ている人を感動させられるということではなく、私たちも含めてその場にいる人たちに感動を生むのがスポーツであるということだ。それがスポーツの本質だと思う。だから私たちはプレイすることを辞められないし、見るものを惹きつけるのだと思う。だからこそ私たちは常に真摯にスポーツと向き合うべきだと思う。

　最後に今現在スポーツに取り組んでいる学生の皆さんには、自分で限界を作らず明日の自分に期待してより成長するために24時間をフルに使ってほしいと思う。また、今までスポーツに関わってこなかった人やスポーツそのものにあまり興味がない人もいると思う。もちろん無理にとは言わないが、私は人生の四分の三以上スポーツに関わってきて実にいろんなことを経験し学んできた。具体的にはチームマネジメントや困難を乗り越える思考や手段などだが、これらは社会に出たときの処世術とも重なる。何かひとつきっかけがあれば、それは新しい自分と出会うチャンスかもしれない。スポーツでたくさんの人の人生がより豊かになるならば、スポーツに関わる者としてこんなに嬉しいことはない。

（C）KAWASAKI FRONTALE

中村憲剛（なかむら・けんご）
1980年10月31日生まれ
東京都小平市出身
東京都立久留米高校（東京都）— 中央大学（東京都）
— Jリーグ川崎フロンターレ所属（背番号14）
ポジションはミッドフィールダー、元日本代表(国際Aマッチ68試合出場。2010年南アフリカW杯出場。)
2016年JリーグMVP獲得、ベストイレブン8回

コラム

スポーツを享受する権利

「スポーツ権」のあゆみ

　1961 年、我が国で初めてのスポーツ固有の法律として「スポーツ振興法」が定められた。これは 1964 年の東京オリンピックに向けた体制整備の一環として制定されたものであったため、「助成」と「振興」の意味合いが強いものであった。そのためスポーツに参加する自由という一面はあったものの、「スポーツを享受する権利（スポーツ権）」は明確に宣言されてはいなかった。

　世界に目を向けると、1975 年、欧州協議会によって採択された「ヨーロッパみんなのスポーツ憲章」は第 1 条で「すべての個人は、スポーツに参加する権利を持つ」として、また、1978 年、国際連合教育科学文化機関（UNESCO）によって採択された「体育およびスポーツに関する国際憲章」第 1 条は「体育・スポーツの実践はすべての人にとって基本的権利である」と宣言して、スポーツをすることは人の権利であることを明記している。フランス、スイス、スペインなど諸外国においては憲法や法律でスポーツに関する権利について明記する例があり [1]、その権利性は広く認められてきている。

　国内におけるスポーツ権論は、1970 年代に、権利・人権としての法的な根拠はどこにあるのかを議論の対象として展開されてきた。憲法第 13 条「幸福追求権」、憲法第 25 条「社会権」、憲法第 26 条「教育を受ける権利」（表 1）を中心として、憲法第 26 条と憲法第 25 条を根拠とする説、スポーツの自由権的側面（たとえばスポーツをする権利）を憲法第 13 条から、社会権的側面（たとえばスポーツをする自由を保障される権利）を憲法第 25 条から説明しようとする説などが主張された [2]。さらには、憲法第 27 条「労働権」に根拠を求めるものもあった。

　こうした中、2011 年にスポーツに関する施策をもって「国民の心身の健全な発達、明るく豊かな国民生活の形成、活力ある社会の実現及び国際社会の調和ある発展」をもたらすことを目的として「スポーツ基本法」が制定された。この前文および第 2 条には、「スポーツを通じて幸福で豊かな生活を営むことは、全ての人々の権利である」ことが記されている。そこでこれをもっていわゆる「スポーツ権」が人権として認められたとする見解があらわれる。しかし、これに対しては、「スポーツ権」が人権・権利として認められたわけではなく、幸福追求権を実現するための一つの

手段としてスポーツが明記されたにとどまるとする見解もあり[3]、法的根拠に関する学説が分かれるところでもある。また、憲法学の分野においては、その「体系において位置するところは存在せず、議論の対象にさえなっていない」という指摘[4]さえあり、いまだ「スポーツ権」はひとつの人権としての地位を確立していないということもできる。

　ここまでみてきたように、スポーツ権に関する議論はいまだ発展途上にある。「スポーツを享受する権利（スポーツ権）」とよばれるものが、どういった内容を含むのか、あるいは、どのような法的位置づけにあるのか。そして、どのようにして権利性を確立していくのか。こうしたことを明確にすることで、実際のスポーツ政策の後ろ盾としていくことがこれからの課題となるであろう。

表1　スポーツ権の根拠をめぐる主な考え方

憲法	条文	学説、主張
第13条 （幸福追求権）	すべて国民は、個人として尊重される。生命、自由及び幸福追求に対する国民の権利については、公共の福祉に反しない限り、立法その他の国政の上で、最大の尊重を必要とする	包括的人権規定であり、新しい人権としてのスポーツ権を含むと考える説
第25条第1項 （生存権）	すべて国民は、健康的で文化的な最低限度の生活を営む権利を有する	スポーツに参加する機会や条件整備を求める権利と考える説
第26条第1項 （教育を受ける権利）	すべて国民は、法律の定めるところにより、その能力に応じて、ひとしく教育を受ける権利を有する	学校教育における体育・スポーツの視点からスポーツ権を認める説

（武田　作郁）

参 考 文 献
1) 齋藤健司（2011）スポーツ法とスポーツ政策の課題 体育の科学 61（1）34-39
2) 内海和雄（2013）スポーツ基本法の処方箋 広島経済大学研究論集 36（2）1-34
3) 関春南（2012）「スポーツ立国戦略」から「スポーツ基本法」へ 現代スポーツ評論 26 68-77
4) 松宮智生（2013）「スポーツ権」の人権性に関する考察 国士舘大学体育研究所報 32 1-12

第2章
スポーツの価値

第1節　スポーツマンシップとフェアプレイ

【概　要】

　スポーツマンシップとフェアプレイは、スポーツを親しむ上で欠かせない用語である。スポーツマンシップは精神、フェアプレイは行動をあらわしている。スポーツは、精神と行動が伴って、スポーツマンシップやフェアプレイであると認識される。その精神と行動には、どのような歴史的背景や意味があり、どのようにその意味が変化されてきたのだろうか。スポーツマンシップとフェアプレイを歴史的背景から考察を深めていきたい。

---

1. スポーツとルール

1 あそび

　今日に見られるスポーツは、勝利至上主義ということばがあるように競争や勝敗に重きがおかれがちである。本来「スポーツ」の語は、今日に見られる競技スポーツだけでなく遊戯などの娯楽や気晴らしの意味があり、狩猟やダンスも含まれていた[1]。確かに、「スポーツをする」を直訳すると動詞には、「遊ぶ」を意味する "play" が使われることがある。われわれが何気なく「プレイ（スポーツ）しよう」という言葉は、「あそぼう」という意味も持ち合わせている。このように、スポーツが遊戯としての意味を持ったのは、スポーツが誕生した古代からになる。

2 古代スポーツ

　古代スポーツは、家畜飼養から動物スポーツが生まれ、闘牛、闘羊、闘馬、闘鶏、闘犬、また鷹狩、戦車

第2章　スポーツの価値

競争、競馬などがおこなわれていた[2]。また、古代ス
ポーツは、「日本で武士のスポーツ、ヨーロッパで騎
士のスポーツや都市民のスポーツなど、多彩なスポー
ツ文化を生んだ[3]」。

　古代で用いられていた今でいうスポーツは、動物を
用いたものが多く、豊作などを願った祭典として親し
まれていた。その方法は、各地域、開催者によって異
なるものであった。古代スポーツで実施されていた
フットボールは、ゴールの場所が決まっているだけで、
フィールドの広さや参加人数、試合時間などは定まっ
ていなかったため、乱暴や店舗破壊など乱暴なゲーム
であった[4]。古代スポーツは、祭典やあそびとしての
役割が大きく、フェアプレイが今ほど重要ではなかっ
たといえる。

3　規律

　スポーツの規律が厳しく定められたのは、イギリス
のパブリックスクールでのスポーツ教育からになる。
厳しい秩序が支配する校内で乱暴なゲームを実施す
るには、ルールを設ける必要があった[5]。古代で親し
まれていた乱暴なゲームをより安全に実施するために
ルールが用いられた。

　スポーツにルールが設けられたとはいえ、ここでの
ルールは、各学校で定められたルールに過ぎなかった。
スポーツは非日常的時・空間で実施される「あそび」
であって現実の利害とは関係がなく、ともにプレイす
る者たちの技能水準や興味・関心、あるいはプレイ空
間の物理的・地理的条件などによって自由に変えてよ
いものであった[6]。

　スポーツは、乱暴なゲームから厳しい秩序が求めら
れるパブリックスクールの考えのもと安全なゲームに
なるようスポーツに変化がもたらされた。ルールが確

第1節　スポーツマンシップとフェアプレイ

立されはじめたとはいえ、スポーツの「あそび」としての役割は、大きなものであった。

2. フェアプレイ

1 スポーツマンシップ

イギリスで誕生したパブリックスクールで教育を受ける生徒は、将来、官僚などリーダー的存在を目指し、教育がなされていた。リーダー的役割を果たせる人間形成を目指したパブリックスクールでは、チームスポーツを中心とした運動競技による教育活動を取り入れた。イギリスでもたらされたスポーツでは、フェアな立ち振る舞いを理想とする紳士の生き方と不可分であり、**スポーツマンシップとしての人間形成の可能性を自覚させている**[7]。

スポーツマンシップは、スポーツにおけるマナーやエチケットを総称し、その基礎となっている言葉であり、単にスポーツマンにのみ必要な行動の基準ではなく、社会生活全体にわたって遵守されるべき行動規範とされている[8]。スポーツマンシップは、「ジェントルマンシップと同義語で、元来はイギリスの貴族階級の間でおこなわれた、社交としてスポーツにおけるマナーから発している。これは、ジェントルマンとして守らねばならぬマナーであった[9]」（図 2-1-1）。

図 2-1-1

スポーツマンシップとジェントルマンシップは同義語である。

スポーツマンシップは、この一単語で「精神」や「公平さ」という意味を持っている（図 2-1-2）

第 2 章　スポーツの価値

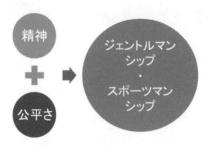

図 2-1-2

スポーツマンシップには、精神と公平さの意味が含まれている。

　さらに、スポーツマンシップは、ジェントルマンシップであり、ジェントルマン的思想がフェアプレイのはじまりであった。

2　フェアプレイ

　スポーツマンシップは、イギリスで誕生したジェントルマンシップが原点であり、イギリスの教育活動によってフェアプレイは広く知られるようになった。フェアプレイは、感情の抑制、相手に対する人間的な思いやり、巧まざる人間味が求められていた[10]。「フェアプレイという言葉には、真実と誠実の精神の態度を表明することの必要性が含まれている[11]」。

　フェアプレイが普及したのは、19世紀末から20世紀初頭にかけてフェアプレイを中心とする一種の倫理的な規範の遵守を表す要素が付与されるようになったからである[12]。また、スポーツマンシップは、クリケットの精神そのものであるといわれ、現在世間で一般的に理解されている"スポーツマンシップ"とは、このクリケットから生まれたものである[13]。このことから"It's not cricket"は「フェアではない」という意味が現在でも使用されている[14]。

　フェアプレイは、ジェントルマンシップに必要な要

素が多く含まれており、この思想が今日にみるフェア
プレイでも同じように支持されているか考察する必要
がある。

3 脱フェアプレイ

　イギリスは、近代スポーツの母国、アメリカはその
スポーツを「現代的な競技スポーツとして発展・改
変させた国」として関係づけられている[15]。「グッド
マン（A. Guttmann）がイギリスの慣用句 "It's not
cricket"（礼儀作法にかなわない、フェアではない）
に対照させて取り上げた語句 "Nice guys finish last"
（ナイスガイが最後に飾る）は、アメリカにおける民
間伝承の逸話に由来する[16]」。

　「アメリカスポーツ」は野球やアメリカンフットボー
ル、バスケットボール、バレーボールなどが挙げられ
る。アメリカスポーツの特徴は、選手交代により常に
ベストメンバーで試合ができ、自己主張が認められた
ことから審判に抗議が許され、勝利至上主義的の思想
が強くなり、スピーディーなゲーム展開が求められ、
プレイヤーと観衆とを結ぶ興奮状態などがあげられ、
これらは、イギリススポーツにはなかった特徴であ
る[17]。イギリススポーツは、選手が審判員のように、
アンフェアなプレイを自ら申告するのに対し、アメリ
カスポーツは、選手と審判員が同等の関係であるかの
ように試合が展開される（図2-1-3）。

　『「アメリカスポーツ」では、考え方や生活習慣の異
なる多様な人々を対象に、禁止事項や罰則などを含め
たルールを徹底させることによって、明確な勝ち負け
の場を確保しようとする意向が、より明白に反映され
ていると理解されてきた[18]』。アメリカスポーツは、
脱フェアプレイによって発展したのである。

　アメリカスポーツの思想は、今のスポーツに大きく

第2章　スポーツの価値

関わっている。例えば、勝利至上主義や審判員に抗議する姿は、イギリススポーツで誕生したスポーツでも見受けられる。

図 2-1-3

イギリスで誕生したフェアプレイは、選手が審判員のようにアンフェアなプレイを自ら申告するのに対し、アメリカスポーツは、選手と審判員が同等の関係であるかのように変化した。

3. まとめ

1 フェアプレイの在り方

スポーツマンシップ（行動）にのっとったフェアプレイ（精神）は、今やスポーツをする者、みる者にとって重要な役割を果たしている。言い換えれば、フェアプレイ（精神）がなければ、スポーツマンシップ（行動）がないといえるが、フェアプレイであることは、ジェントルマン思想であり、その思想が今もなお同じように捉えられているか疑問である。その象徴としてアメリカで誕生した脱フェアプレイがあげられる。

われわれが、今、スポーツに求めているフェアプレイは、脱フェアプレイの中にあるフェアプレイなのである（図2-1-4）。たとえば、イギリススポーツで誕生したサッカーは、選手との接触において違反行為（故意に転ばせたなど）があった場合、その行為があったことを審判員にアピールするかのように派手に転ぶ選手がいる。審判員は、その行為に惑わされるわけではないが、審判員に対して違反があったことをアピールすることは脱フェアプレイを取り入れた行為ではなか

第 1 節　スポーツマンシップとフェアプレイ

ろうか。

図 2-1-4

今、スポーツに求めているフェアプレイは、脱フェアプレイの中にあるフェアプレイになる。

2　フェアプレイの判断

　審判員が絶対的権限を持っていた古代スポーツを考えると審判員に抗議する権限があることは、フェアプレイの考え方が大きく変わったといえる。審判員に抗議が可能となった今、審判員は、フェアな審判をより求められている。もしかすると、スポーツマンシップ以上に「ジャッチーズシップ」(図 2-1-5) なるものがスポーツのフェアプレイを判断し、保っているのではなかろうか。

　オリンピック大会では、選手宣誓と同じく審判員宣誓をおこなう。また、世界体操協会で実施している競技では、試合前に審判員宣誓をおこなう。採点競技は、得点（ゴール）や記録競技に比べて、審判の示した得点が順位に大きく反映されることから、審判員の公平な判断がより求められる。

　スポーツにおいて、フェアか、アンフェアかを判断するのは、多くの場合、審判員に委ねられている。フェアな戦いを判断する審判員こそフェアでなければならないのである。

43

第 2 章　スポーツの価値

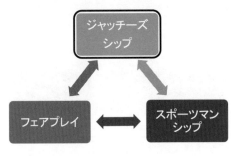

図 2-1-5

ジャッチーズシップは筆者が考えた造語になる。審判員の采配が，現在のフェアプレイやスポーツマンシップを決定している。審判の行動や精神がフェアプレイやスポーツマンシップを導くのに欠かせないといえる。

引用文献

1), 2), 3), 4), 5), 7), 12), 15), 16), 17), 18) 中村敏雄・ほか編 (2015) 21世紀スポーツ大事典 大修館書店 569-567, 639-641
6) 中村敏雄 (1995) スポーツ・ルール学への序章 大修館書店. 10
8), 9), 10), 11) 中村敏雄・高橋健夫 (2009) 体育原理講義 大修館書店. 107-108
13), 14) 佐竹弘靖 (2012) スポーツの源流 文化書房博文社. 85-86

問　題

(1) スポーツマンシップの言葉の中に隠された役割は、どのようなときに、どのような意味を持っているのか説明しなさい。

(2) フェアプレイの変遷について説明しなさい。

（浦谷　郁子）

第2節　リーダーシップとフォロワーシップ

【概　要】
スポーツ活動の中でコーチ選手間、選手間などで生起するリーダーシップとフォロワーシップについて、理解を進めつつ、望ましい方向性について考察していきたい。

1. リーダーシップとは

リーダーシップとは、広辞苑では「①指導者たる地位または任務。指導権。②指導者としての資質・能力・力量。統率力。」と記されており、また研究者によれば、設定した目標へ集団や個々の人間を向かわせる影響力を持つ行動プロセス[1]、もしくは、■集団目標を設定する活動、■集団目標を実現する行動、■成員間の相互作用の質を高める活動、■集団の凝集性を作りだす活動、という4つの集団機能を持つもの[2]などと定義されている。

リーダーと呼ばれる人々は、このリーダーシップを発揮する人物のことであり、スポーツはもちろん、あらゆる分野において、より良いリーダー及びその人が発揮するリーダーシップが求められている。

上記のような概念から、リーダーシップは集団メンバー個々の行動と集団活動に決定的な影響をあたえるものとして一般に理解され、これまでに産業の場や一般心理学の分野で理論的、実証的研究が活発に進められてきた。そのアプローチはきわめて多様であるが、大別すると、過去の優れたリーダーが持つ特徴をリーダーシップとして有効なものと捉え、リーダー固有の資質を追求しようとする特性アプローチ（表2-2-1）と、リーダーの行動自体を追求する行動アプローチ（図

表 2-2-1 リーダーの特性分析[3]
活動的
精力的
高い社会・経済的背景
優れた判断力
好戦的
独断的
客観的
情熱的
自信
責任を取れる
協力的
平均身長より高い
高い教養
雄弁
独立心が強い
才略のある
清廉
高潔
実績のある
相互に影響しやすい
優れた対人関係スキル

45

第2章　スポーツの価値

2-2-1)、リーダーシップが作用するフォロワーの能力、意欲の状態との関連において望ましいもの追求する状況適応型アプローチ、さらに上記の特性・状況それぞれ相互の影響からリーダーシップを把握しようとする相互アプローチ（図2-2-2）の4つの流れから主に研究が進められてきた。

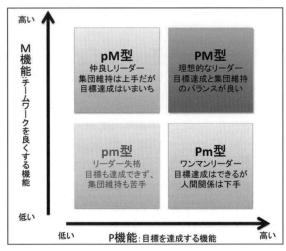

図2-2-1　リーダーシップPM理論[4]

リーダー行動を目標達成機能（Performance機能）と集団維持機能（Maintenance機能）の高低それぞれの組み合わせからPM型、Pm型、pM型、pm型の4つのタイプに分類している。

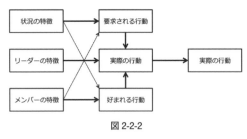

図2-2-2
相互アプローチの一つ、リーダーシップ多次元モデル[5]より筆者改変

現在、スポーツやエクササイズの場でリーダーシップを効果的に発揮する上で、最も関係が深いと考えられているのは相互アプローチであるとされている。

競技スポーツという、いわゆる競争して相手に勝利することを目的とする集団において、リーダーシップは環境要因と指導者、競技

第2節　リーダーシップとフォロワーシップ

者間で作用する影響を受ける。さらに指導者と競技者の関係が、集団・個人の目的を達成するために、リーダーと、従う者としてのフォロワーそれぞれの関係を維持する権力構造であるとされている[6]。またスポーツ集団内の規範を決定するリーダーが誰であるかによって、4つのタイプでチーム内の権限構造が分類されている（図 2-2-3）。

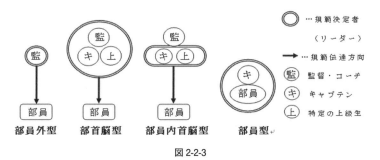

図 2-2-3
規範決定の権限からみたスポーツ集団構造[7] を筆者改変

2. 競技スポーツの2つのリーダー

競技スポーツ集団のリーダーには2つのタイプがあり、集団外部発生的リーダーと、集団内部発生的リーダーが存在する。集団外部発生的リーダーはいわゆるコーチや監督のことであり、日本では企業やチーム、学校によって指名されて就任する形のリーダーであ

第2章　スポーツの価値

る。集団内部発生的リーダーはほとんどスポーツ特有で見られるものであり、スキルや能力等の優位からある選手に自然とリーダーシップの権限がそれとなく与えられる場合か、もしくははっきりグループ内での推薦、選挙、投票という形でチームキャプテンとして権限が与えられる場合がある。

　ある調査では、多くのコーチは、この運動競技者間で働くリーダーシップ行動が、競技成功の重要な構成要素であり、チームメイトをやる気にさせ、牽引できる一人か二人の選手の存在がなければチームの結束や、やる気は欠如すると考えていることを明らかにした[8]。海外よりもキャプテンの注目度が高いと思われる日本の競技スポーツ現場において、一般的にこういう選手は、リーダーシップをチーム内で発揮することを期待され、キャプテンや副キャプテンとして機能するケースが多いと考えられる。

3. キャプテンシー

　勝利を目指すスポーツ集団で求められるキャプテン像とはいかなるものだろうか。調査結果によれば、集団における目標達成・課題解決へ志向した行動、競技に対する個人的な態度に関する「目標志向性」、他人の感情に気配りし、人間関係の調和に必要な資質に関する「人間関係の維持発展」、競技に対するやる気を高める行動に関する「メンバーへの激励」、「競技知識」、「競技能力」がキャプテン要素であるとしている[9]。

　これらの要素をキャプテンが現場で発揮しているかどうか、フォロワーからどのように求められ、実態が評価されているかを見極めることで、先のリーダーシップ相互アプローチの視点で影響力を把握することができる。具体的な測定法としては、フォロワーに対し、表2-2-2の項目ごとに、キャプテンの実態とフォ

第2節　リーダーシップとフォロワーシップ

ロワー自身のキャプテンへの要求度を5段階評価などで確認、集計することがひとつの方法として挙げられる。これによってチーム全体のキャプテン評価、チームが独自に求めているキャプテン像をある程度解釈することが可能となる。

4. フォロワーシップ

　近年、リーダーシップに関連して、フォロワーシップという言葉が用いられるようになった。後発的に注目され、まだ認知度が低い状況ではあるが、組織がリーダーシップによって生産性やパフォーマンスを大きく高める時というのは、古来よりリーダーのみの偉大さで達成されるだけではなく、時にはフォロワーたちがチームへ主体的に貢献していく過程がなければ達成されないケースもありうることは誰もが想像できるだろう。

　そこで理想的なフォロワーシップを追求していくことが、リーダーシップと併せて大切だと考えることができるが、社会にはスポーツ集団のみならず、様々なフォロワーが存在する現実があるため、理論上整理していく。

1 模範的フォロワー：ただ与えられた指示のみをこなすのではなく、組織目標達成のため、自主性・主体性も持ち合わせる者。

2 批判・評論家的フォロワー：組織の問題はすべてリーダーにあるという考えをベースにリーダーを批判し、フォロワー同士で被害者意識を共有しようとする。また、組織目標達成のため積極的には働かないが、自分の頑張りと責任は果たしていると自負している。

表 2-2-2
キャプテンの理想像に関する調査結果[9]
から一部分を抜粋

目標志向性
練習を批判し、改善策を出せる
誰よりも熱心に取り組んでいる
有言実行の人物
厳しい意見をちゃんと言え、優しさも備えている
練習を怠けているのを注意できる
気分に左右されない人物
人間関係の維持発展
明るい性格である
ユーモアのセンスがある
好かれている
周りへの面倒見が良い
個人的なことでも世話をしてくれる
メンバーへの激励
人を誉める事ができる
練習中みんなを励ましてやる気にさせる
声が出せる
周りのみんなに気を配る
苦しいときに周りを元気付けられる
競技知識
プレイの指導ができる
競技をする上で工夫ができる
そのスポーツに関する知識が豊富
競技能力
スターティングメンバーである
競技力がある
ケガをしない

第2章　スポーツの価値

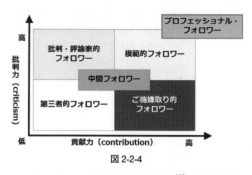

図 2-2-4

フォロワーシップの基本類型　文献10)を筆者改変

3 第三者的フォロワー：指示されたことはやるが、責任や煩わしい仕事から逃れ、組織の目標達成のために、自ら積極的に働きかけることはない。

4 ご機嫌取り的フォロワー：リーダーに対して賛同し行動するが、批判・評論家的フォロワーに対しても賛同して誰からも評価を得ようとする。

5 中間フォロワー：上記タイプの中間的な立場に位置する。

6 プロフェッショナル・フォロワー：自己の評価や報酬のためではなく組織目標達成のため、常に当事者として自主性・主体性を持って積極的に発言・行動し、リーダーならびに組織を支えていく[11]。

　フォロワーの質を高めるためには、リーダーがフォロワーからの尊敬を集め、日々の言動が響くように注力しながら育てていく視点も大切であろう。

　最後にプロフェッショナル・フォロワーの一人、副キャプテンやサブリーダーについて言及して締めくくりたい。大学レベルの運動部活動においては、副キャプテンがキャプテンの補佐行動をすることが重要だと報告されている[12]。その内容は、キャプテンのメンタルフォローをしてキャプテンが抱く不安を解消し、リーダシップ発揮を促すこと、準備・雑用で貢献すること、フォロワー・キャプテンそれぞれのネガティブな行動を制止する役目を担うことだとしている。スポーツチームの生産性を高めるためには、リーダーシップ、フォロワーシップ、さらには副キャプテンの補佐行動（リーダーシップ）にも配慮して取り組む必要があるだろう。

第2節　リーダーシップとフォロワーシップ

引用文献

1) Barrow, J. (1977). The variables of leadership: A review and conceptual framework. Academy of Management Review, 2, 231-251.
2) 三隅二不二・佐々木薫（訳編）(1959) グループダイナミックス，誠信書房．
3) Stogdill, R. M. (1974). Handbook of Leadership:A survey of theory and research, Free Press: New York.
4) 三隅二不二（1984），リーダーシップ行動の科学（改訂版），有斐閣．
5) Chelladurai,P.and Saleh,S.D.(1980). Dimensions of leader behavior in sports: Development of a leadership scale. Journal of Sport Psychology, 2, 34-45.
6) Carron, A, V.(1980). Social Psychology of Sport: Mouvement Publications, N. Y, 103-105.
7) 丹羽劭昭（1972）スポーツ集団の研究，1. 概要　体育集団の研究，タイムス　243.
8) Glenn, S.D., & Horn, T. S.(1993) Psychological and personal predictors of leadership behavior in female soccer athletes. Journal of Applied Sport Psychology, 5, 17-34.
9) 村井剛, 猪俣公宏（2010）. 勝利志向型スポーツチームにおける理想のキャプテン像について，実験社会心理学研究 50（1），28-36.
10) 花城清紀（2016）大学の競技スポーツチームにおけるフォロワーシップの概要　高松大学研究紀要 64・65，73-98.
11) 淺野淳（2012）『リーダーシップは部下で育つ～最新フォロワーシップ入門～』秀和システム．
12) 鈴木繕将（2009）部活動集団におけるサブリーダーの補佐行動についての検討：補佐行動尺度の作成およびリーダーシップ行動との関連，北星学園大学大学院論集 12，141-156.

問　題

(1) スポーツ集団の規範を決定する権限が誰であるかによってタイプを分類することができるが各特長を説明しなさい。

(2) リーダーシップとフォロワーシップについて、重要だと思われる点をまとめて説明しなさい。

（村井　剛）

第2章　スポーツの価値

第3節　コミュニケーションとチームビルディング

【概　要】
　チームとしての能力を最大限に発揮するためには、集団内でのコミュニケーションが重要な役割を担っており、そのための個人のスキルが求められる。チームビルディングのための、コミュニケーションスキル向上の様々な取り組みの中で、体験学習理論[*1]に基づいた、野外教育の手法を用いた活動があり、効果を上げている。

*1　体験学習理論
体験学習とは、生徒の自己活動に基づく自然性の尊重、共同的な社会活動を実践、直接的な作業を通した学習を特色とするDeweyらの進歩主義教育思想に基づいて、Kolbは、進歩主義教育思想を元に、体験学習モデルを開発した（図2-3-1）。このモデルによれば、直接的な体験が学習の基礎となり、これを内省・観察することにより一般化し、次の新しい場面で学習者が具体的に試みるために行動の仮説化を行う学習の循環過程があることを示している。

　スポーツは多くの場合集団で行われ、サッカーやバスケットボール、ラグビーといった協同を必要とする競技種目においてはチーム内のコミュニケーションが競技力に大きく影響するといっても良い。チームスポーツではその競技の専門知識・技術、戦術、体力などの直接的スキルを向上させるのは当然であるが、コミュニケーション力、課題解決力、協調性などの間接的スキルが低ければ、個々の能力をチームとして機能させることや、チーム力の向上が難しいことがある。その中でも、コミュニケーション力はチームスポーツにおいてなくてはならない重要なスキルであり、具体的には相手に伝えようという気持ちを持ち、「話す」「聴く」「視る」を行う能力である[1]。

　スポーツ集団の集団パフォーマンスを心理的側面から説明するような研究において、**集合的効力感**（Collective efficacy）が着目されている。集合的効力感は、「あるレベルに到達するため必要な一連の行動を体系化し、実行する統合的な能力に関する集団で共有された信念」[2]と定義されている。これまで、スポーツ集団を対象とした実証研究を含む、集合的効力感と集団パフォーマンスの関連性に関する研究が幾

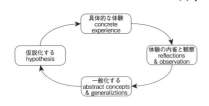

図2-3-1　Kolbの体験学習モデル

第3節　コミュニケーションとチームビルディング

つか行われているが、集合的効力感は集団パフォーマンスと正の関連性を有していることが報告されている。つまり、集合的効力感が高いスポーツ集団は、競技においてのパフォーマンスが高いのである。

　スポーツチームの競技力向上・実力発揮をもたらす心理要因として、集合的効力感と同様に強い関与が指摘されている概念に、**集団凝集性**がある。集団凝集性は「メンバーを自発的に集団内に留まらせる力の総体」[3]と定義される。Carron は凝集性に及ぼす要因として、環境要因、個人要因、リーダーシップ要因、チーム要因の4つからなる構造モデルを提起した。チームの組織構造や求められる競技レベルなどの社会的なプレッシャー、集団がさらされている環境的な外的要因としての環境要因、コーチや指導者などの集団の中心的立場にある者のリーダーシップやリーダーと選手の関係性を示すリーダーシップ要因、集団を構成するメンバー個々の個人的属性、態度、信念、動機づけ、責任感や不安、社会的手抜きなどの個人要因、集団の種目特性や志向性、規範などのチーム要因、それぞれが凝集性に影響を及ぼす要因とされている[4]。

1. チームビルディングアクティビティーと冒険教育

　チームビルディングとは、行動科学の知識や技法を用いてチームの組織力を高め、外部環境への適応力を増すことをねらいとした一連の介入方略である[5]。そのひとつの方法として、サッカーＪリーグのチームをはじめ、様々なスポーツチーム、さらには、企業での人材育成研修や、学校教育、社会教育現場において、チームビルディングのための**コミュニケーションゲーム**が導入され、成果を上げている。これらは、小集団で実施するもので、課題を解決する過程で集団内のコ

第2章 スポーツの価値

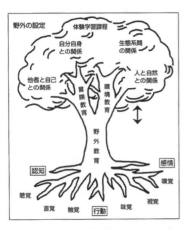

図 2-3-2 野外教育の木 (Priest, 1986)

＊2 フルバリューコントラクト
参加者に自分も含めた全員を、尊重し大切にするという約束をしてもらう。具体的には、「今ここにいる」物理的にいるというだけでなく、積極的に参加する。「安全に」心身ともに安全に活動できる環境を作る。「正直に」体験を素直に受け入れ、自分の感じたままを正直に伝える努力をする。「目標設定」目標を決め、その実現に向けて努力する。「前向きに」否定的なことにとらわれず前向きに取り組む。「思いやり」自分や他者に対して思いやりと心配りの気持ちを持つ。

ミュニケーションを促進し、また、自己内省や自己開示を通し集団の中の自己に目を向けることで、社会性を育む活動である。野外教育の分野において実践されてきたこの活動は、社会化や社会性を育むための実際活動という意味の Action Socialization Experience の頭文字をとって「ASE」とも呼ばれている。井村ら[6]はサッカーS級コーチ養成プログラムにおける ASE の効果について、①身体的改善に有効であること、②班の雰囲気が有意に改善されたこと、③ウォール（後述）やビームなどの身体的負荷の高い活動が楽しみながら効果的に仲間づくりが行える活動として評価されており、自己の新しい面（体力、コミュニケーション能力、リーダーシップ、創造的思考）を発見する機会を得ていたことを明らかにしている。

Priest が描いた「野外教育の木」（図 2-3-2）では、野外教育・環境教育・冒険教育の関連を木のモデルを用いて表現している。野外教育には、冒険教育と環境教育の2つの大きな枝があり、その枝には体験学習過程という葉が生い茂っている。野外教育の木は、太陽（野外の場）と土壌である六感（視覚、聴覚、味覚、嗅覚、触覚、直覚）や3つの学習領域（認知、感情、行動）からの養分を吸い上げどちらの枝を登ろうとも体験学習過程を通し、4つの関係（自然と人の関係、生態系間の関係、他者と自己の関係、自分自身との関係）の理解が得られることを意味している[7]。もともと、ASE などの社会性を育む活動は、冒険教育の分野におけるプログラムのひとつとして行われてきた経緯がある。冒険教育とは冒険が持つ要素を教育場面に取り込み、一定の目的を持って行われる教育のことである。現在、世界33か国において開校され、組織的な冒険

第3節　コミュニケーションとチームビルディング

　教育の草分け的存在ともいえるアウトワード・バウンド・スクール（OBS）の教育プログラムは、イギリスの海運業で働く船乗りが、第二次世界大戦中の北大西洋で生き残るためのトレーニングが始まりだった。ドイツ生まれの教育者、クルト・ハーンは、若い船乗りが危機に直面した時、より的確に、強い気持ちをもって対処できるようにトレーニングするため、OBSを設立した。それは、強靭な肉体や様々な技術を身につけるためだけのものではなく、自分や仲間の命を守り、絶対に生き残るという強い気持ちを持つための、野外体験型の教育プログラムだった。

　また、OBSの冒険教育の手法を自然の中のセッティングだけではなく、学校教育現場に持ち込むためプロジェクトアドベンチャーが1971年にマサチューセッツ州にあるハミルトン―ウェンハム高校の校長J.ペイを中心とするスタッフの手で設立された。プロジェクトアドベンチャーの活動を行う上で、基本となる3つの考え方がある。まずは、体験学習法の理論である。ふたつ目は、フルバリューコントラクト*2、そして、チャレンジバイチョイス*3である。

*3　チャレンジバイチョイス　自分の挑戦をする。これは、自分の意志で活動に参加する、やるかやらないかは自分で決めるということ。人に言われて強制的に、仕方なくやるのではなく、自分で選んで行うという立場に立つことが重要である。自分で選ぶということは、成功も失敗もすべての責任は自分にあるということである。

2. コミュニケーションゲームの実際

　チームビルディングの効用を最大限に引き出すために、ゲームを行う場合は、対象や集団内の関係性に応じて、発展的に活動を選択していく必要がある。また、その流れは、アドベンチャー・スパイラル[8]（図2-3-3）に示されているように一巡して終わりということではなく、一連の流れを繰り返すことで、レベルアップしていく。2巡目に入ると、グループの状態は明らかに最初のアイス・ブレーキングの時とは違ってくる。トラストや

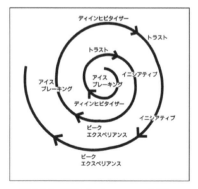

図2-3-3　アドベンチャー・スパイラル

第2章　スポーツの価値

イニシアチブをおこなっても、より深いレベルでお互いの信頼関係を深めたり協力していくことができる[5]。また、グループの状態によっては、活動を一方向に進めていくばかりでなく、前の段階に戻ることも重要で、ファシリテーターと呼ばれる活動を促進する役がグループの状態を把握して、それに合わせた活動を行うことが大切である。

3. コミュニケーションゲームにおける　ふりかえり

　Kolb の体験学習理論やアドベンチャースパイラルに見られるように、一連の活動はサイクルになっていることで、数人で楽しむ単なるゲームではなく、そこで得られた体験が他の活動においても活きてくる。活動の目的は、課題を解決することだけではない。課題解決までに、いかに様々な学習過程が起こるか、トライ＆エラーを体験できるかが重要である。グループが課題を解決できなくても、最後に、メンバー同士の意欲性や協調性などについて問いかけを行う。発言の機会の平等性に考慮して、ファシリテーターは、グループの課題に対しての有利性、不利性の活かし方、克服の仕方、積極性などについて、それぞれのメンバーの考えや思いを引き出すようにしていく。この、ふりかえり、または、シェアリングという過程が非常に重要である。

■アイス・ブレーキング（緊張をほぐす）：身体や気持ちをほぐしていく活動。
　ネームトス：14、5人で円を造り、まずはニックネームなど、読んでもらいたい名前で自己紹介をする。その後、ボールやぬいぐるみなど投げてあたってもいたくないものを準備して、好きな人に「○○さん」と呼びかけ、さらに「△△です」と自分の名前を言って、ボールをやさしく投げる。これを繰り返し、スムーズにボールと名前のやり取りが進むように続ける。

第3節　コミュニケーションとチームビルディング

2ディインヒビタイザー（気持ちの上での抑制をゆるめる）：互いに笑えるような内容で、リラックスしながら安心感を育んでいく活動。

　進化じゃんけん：相手を見つけて次々にじゃんけんをしていく。じゃんけんに勝つと、たまご→ひよこ→ニワトリ→人間などのように、進化（？）していく。進化の順序はアイデア次第でよい。負けるとワンランク退化したり、同じ進化の度合いの相手としかじゃんけんできないという制限を設ける。

3トラスト（信頼構築）：緊張がほぐれ、安心感が生まれてきた段階で、互いの信頼感を深めていく活動。

　トラストフォール（右イラスト）：台の上から後ろ向きに倒れこむ人を他のメンバーが受け止めるという活動。倒れる人は地蔵倒しの要領で、身体を一直線に硬直させ倒れる練習を行う。受け止める側は、4名程度が向き合った状態で、両手を差し伸べて、下から支える姿勢をとる。

4イニシアチブ（課題解決）：信頼や安心感を土台とし、互いに協力し合って課題を解決していく活動。

　くもの巣（左下イラスト）：3mほどの間隔のある立木などを利用して、地面から30～210cmくらいの高さの範囲で、ロープなどで「くもの巣」を作る。ネットの一マスは、人がすり抜けられる程度の大きさとする。全員が一方から反対側に通り抜けていく。ただし、身体がロープに触れたら最初から全員がやり直す。ネットのマスは、一度しか通り抜けられない。メンバーのうち誰がそのマスを抜けていくのか、通り抜けにくい小さなマスや高いところをどのように体を支えるかがポイントとなる。

　ウォール（右上イラスト）：幅1.8m 高さ4mほどの壁を、全員が一方から反対側に乗り越えていく。乗り越えた人は、壁の上からしか下にいる人を助けることはできない。最後に残った一人をどう引き上げるかがカギとなる。

第2章　スポーツの価値

引用文献

1) 濱谷弘志（2017）大学女子サッカーチームの合宿がコミュニケーション力やチーム力に及ぼす影響—メタ認知学習とアドベンチャープログラムを取り入れた合宿の効果—，北海道教育大学紀要（教育科学編），67（2），pp.257-265.
2) Bandura, A.（1997）Self-efficacy: The exercise of control, p. 477, W. H. Freeman & CO, New York.
3) 亀田達也（1999）集団凝集性．中島義明ほか編，心理学辞典．有斐閣，p. 185.
4) 竹村りょうこほか（2013）スポーツ集団における学生アスリートのセルフマネジメントに関する研究 スポーツ・セルフマネジメントスキル尺度の開発，体育学研究 58，pp.483-503.
5) 土屋裕睦（2016）チームワーク向上のトレーニング，日本スポーツ心理学会（編）スポーツメンタルトレーニング教本 三訂版，pp. 146–150，大修館書店，東京.
6) 井村仁ほか（1999）JFA・S級コーチ養成コースにおける ASE 活用に関する基礎的研究，野外教育研究，2（2），pp.37-42.
7) 岡村泰斗ほか（2005）体験学習法を応用した体育授業が学習者の内発的動機付けに及ぼす効果，奈良教育大学紀要．人文・社会科学，54-1.
8) 高久啓吾（1998）楽しみながら信頼関係を築くゲーム集，学事出版，東京.

問　題

(1) スポーツ場面以外でのチームの役割、チームビルディングの重要性を説明しなさい。

(2) コミュニケーション力は、本文中の活動以外でどのように高められるか説明しなさい。

（高村　直成）

第4節　体力・生きる力・人間力・社会人基礎力の涵養

【概　要】
　体力が増進すると単純な身体のアドバンテージを生むだけではなく、心身に余力が生まれてストレスや負荷への対応力も増し、「エネルギッシュな人／バイタリティー溢れる人」と形容されるようなこともあるだろう。逆にこのように形容される人に体力が備わっていないことは稀である。生命力のみならず、人としての生きる力、活力の源となり、人間力、社会人基礎力を充実させるうえでも有意義な要素として繋がりを考えていきたい。

1. 体力は人間生活の原動力

　「体力」とはなんだろうか。辞典で調べると「身体の力、身体の作業・運動の能力、または疾病に対する抵抗力」〔広辞苑（第5版）、岩波書店、1998〕とある。詳細は第5章第1節にて紹介するが、これまで多くの研究者たちが体力の定義を論じてきた。そのほとんどが、単に日常生活や運動・スポーツに関する能力だけでなく、病気などの様々なストレスに対する抵抗力をも体力と考えるものである。なかには、体力に精神的要素を加えたものもあるが、様々な賛否両論がある（図2-4-1）。

　近年は、文部科学省中央教育審議会にて「体力は活動の源であり、健康の維持のほか、意欲や気力の充実に大きくかかわっており、人間の発達・成長を支える基本的な要素である」という表現もある。身体の力という限定的な枠組みを大きく超えた概念になっていることがうかがえ

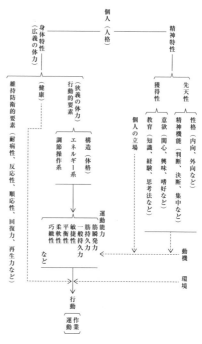

図2-4-1

身体的要素に精神的要素を加えた体力[1] より引用の図を筆者改変

第 2 章　スポーツの価値

る。

2. 社会人基礎力

▮1 社会人基礎力とは

　経済産業省 [2] によると、社会人基礎力とは「職場や地域社会で様々な人と共に仕事をしていくために必要な基礎的な力」とある。調査では数年間にわたり、複数の大学をモデル校として、大学の教育プログラムの中で人間力育成の試みを行った。このモデル大学での試みは、大学の授業やゼミナール、課外活動や様々な行事を通して自ずと身に付くものとされてきた「人間力」を、あえて明示的な形で教育活動の中で育成することができるかを試したものである。

　なぜ「当たり前」とも感じられる社会人基礎力の育成を、国の政策として、そして大学教育プログラムとして取り組むようになったのか。それは「大学を取り巻く環境の変化」が考えられる。平成 21 年度に大学（学部）への進学率が 50 ％を超え、社会に出る直前に大学という教育機関を通過してくる者が飛躍的に増加した。それに伴い大学の教育の質や卒業生の質に、これまで以上に大きな期待が寄せられるようになってきたのである。その期待の内容が、学歴や学力のみならず、社会人基礎力に代表される「人間力」であることは容易に考えられる。

▮2 人間力とは

　2003 年に内閣府が発表した「人間力戦略研究会報告書」 [3] によると、人間力は「知的能力的要素」、「社会・対人関係力的要素」、「自己制御的要素」の 3 つの要素で構成されるとある。

　「知的能力的要素」は、基礎学力、専門的な知識・ノウハウ、倫理的思考、創造力の 4 つで構成されてお

「社会人基礎力に関する研究会」は経済産業省産業政策局長の私的研究会として設置された。職場や地域社会で活躍する上で必要となる能力を類型化し、その内容を具体的に明示すべく検討が進められた。「中間取りまとめ」を公表し、政府の「再チャレンジ推進会議」が 12 の能力要素（主体性、働きかけ力、実行力、課題発見力、計画力、創造力、発信力、傾聴力、柔軟性、状況把握力、規律性、ストレスコントロール力）からなる社会人基礎力をまとめた。

第4節　体力・生きる力・人間力・社会人基礎力の涵養

り、問題・課題の解決に対して、基本的知識を基に応用・活用できる要素として定義づけされている。これらは大学の教育プログラムでいうと、一般・専門科目として主に授業で学ぶ内容が大半を占める。

「社会・対人関係力的要素」は、コミュニケーションスキル、リーダーシップ、公共心、規範意識、他者を尊重し互いを高め合う力などに分類される。これらは団体行動、集団生活の中で、自分以外の人とどのようにコミュニケーションを図るかで養われるものである。本やメディアの情報のみで学習していることや、SNS（ソーシャルネットワークサービス）の文字のみによる交流だけでは、決して向上することのない能力である。相手と顔を合わせ、目を見て、言葉を交わし合い、自分の気持ちと相手の気持ちを重ね合わせていく行動こそ、社会生活の基本であり、人間力の高さが問われる能力だといえる。大学の教育プログラムでは、ワークショップ形式の授業や、実習や演習、クラブ・サークル活動などで、養うことができると考えられる。

「自己制御的要素」は、「知的能力的要素」「社会・対人関係力的要素」をそれぞれ発揮するための意欲、忍耐力、自分らしい生き方や成功を追求する力と考えられる。自らの人間力を高めるために、どれだけの意欲を持って臨めるか、高い目標を持ち、高い意識を持つことができるかが問われる要素である。また、それが強すぎて自己中心的になってしまうと、かえって人間力が疑われることになりかねない。流行の言葉を使うと、ある程度「忖度」しながら相手と一緒に、また組織の中で調和を取りながら、自分に与えられた仕事ができることが望まれる。

意見を出し合いながら試合の進め方を決めているところ。運動やスポーツの身体的効果もさることながら、互いにコミュニケーションを図り、社会性を向上させることが何より大事な時間である。
（筆者撮影　卓球の授業風景）

第2章　スポーツの価値

　人間力を高めるということはどういうことか。先に示した要素をまとめると「自分なりの目標を設定し、自分自身の知識や経験を高めつつ、社会の中ではコミュニケーションを重視して相手のことを思いやる」ことだといえる。これは大学内の活動に限らず、家族や友人と過ごす時間、趣味・余暇活動やアルバイト先での経験など、他者と接する時は常に想定しながら行動するべきである。自身の設定した目標が高ければ高いほど、自らを高めることができる学習のチャンスであると考えられる。

3. スポーツ活動の有益性

■1　スポーツ活動が及ぼす体力・精神への期待効果

　古くから運動やスポーツ活動を実施することが、体力の向上に有益であることは認識されてきた。具体的には筋力の増加、柔軟性の向上、骨量増加、最大酸素摂取量の増加などである。また身体活動量増加に伴う適度な疲労は、深い睡眠を導くことも明らかであり、不眠症の予防や治療にもつながる。体力面だけでなく精神面にも効果があり、軽い運動でも気分転換やストレス解消に有効である。

　近年、レジリエンスという用語が心理学領域でよく使われるようになった。概念としてはまだ明確な定義に至っていないものの、大学生を対象とした研究では「逆境に耐え、試練を克服し、感情的・認知的・社会的に健康的な精神活動を維持するのに不可欠な心理特性」と定義[4]されており、既に述べた人間力を高めていこうとする中で、困難を乗り越えて生き抜く能力としてとらえることができる。さらに、レジリエンス

スポーツはその経験を通して様々な感情を豊かにする。喜びや楽しさ、時には悲しみや辛さも人生のエッセンスである。非日常的な感覚を楽しめるのもスポーツの大きな魅力である。
（筆者撮影　サッカーの授業風景）

第4節　体力・生きる力・人間力・社会人基礎力の涵養

とスポーツ活動経験の関連を調べた研究[5]もあり、その中では、自分自身の身体が優れていると知覚できることは未来を肯定的に捉えることに関連し、さらにスポーツ活動経験が長いという量的なことよりも、スポーツによる成長感という質的な側面の方がレジリエンスに関連が強いことが報告されている。これらの研究結果より、スポーツや運動の有益性は、体力の向上のみならず人間力や社会人基礎力の土台として重要な役割を果たし得るものだといえる。

2　スポーツ活動における「ルール」と「マナー」

　スポーツ活動の実施は、自分以外の他者とのコミュニケーションを多様に創出する。スポーツには様々な種目があり、それぞれに特性がある。大別すると個人競技と団体競技に分けられる。個人・団体競技を問わず、スポーツには必ず「ルール」と「マナー」が存在する。これらを順守すること、尊重することこそが他者への配慮コミュニケーションの前提となり、人間力・社会人基礎力の向上にも寄与すると考えらえる。

　「ルール」とは、規則、規制、慣例、しきたりなどを意味する。これはスポーツ以外の一般的な社会生活の中でも重要である。法律や法令を守ることは当然とされ、それらを破ると罰せられることがある。ルールの重要性は、家庭や教育機関により教えられることが多い。

　さまざまなスポーツで、ルールは必ず存在するものであり、そのルールを破ることでペナルティーを科せられることがある。スポーツ指導の現場では正しいルールを教えること、そしてそのルールを順守することが重視されるため、スポーツに勤しむことはルール順守の精神を心がけるきっかけになると考えられる。

　では「マナー」とは何か。調べると態度、礼儀、行

～卓球　元日本代表
　福原愛選手のエピソード～

リオデジャネイロオリンピック卓球女子団体決勝戦で、福原選手の行動は話題となった。試合は相手のエッジボール（卓球台の角に当たってポイントとなるプレイ）で試合が終了した。相手選手は、同様のケースでの得点時にマナーとされている、謝罪のジェスチャーをせずに勝利のパフォーマンスをした。試合後に相手選手は握手を求めてきたが、福原選手はそれを拒否し、マナー違反の警告を態度で表現したといわれている。

福原選手は関係者に促され、最終的には相手の握手に応じ、自らに課した最低限のマナーを順守した。握手をしなかった理由は「台に当たっていたことを認めなかった」「負けを認めたくなかった」など、この件に関しては諸説あるが、ルールには記載されない「マナー」に関する象徴的な出来事であった。

儀、作法などとある。「ルール」はほとんどが明確化、明文化されており、共通の認識として知られているものである。しかし「マナー」は国や地域、民族、文化、時代、時には宗教などの様々な習慣によって形式が異なる。よって明確化、明文化は非常に困難であり、広く共通認識を持つことが難しい。スポーツの中では、相手に対する敬意として使われることがある。

例を挙げると、バドミントンや卓球におけるネットイン（シャトルやボールがネットに当たってから相手のコートに落ち、ポイントになるプレイ）時の相手に対する謝罪行為である。これはルールとして明文化はされていないが、日本国内の試合に限らず、国際大会でも多く見かける「暗黙の」マナーである。

「社会・対人関係力的要素」の中の、公共心、規範意識、他者を尊重し互いを高め合う力などに該当する項目は、ワークショップ形式の授業や、実習や演習、クラブ・サークル活動などで、養うことができると考えられる。特にスポーツ活動であれば、集団でリーダーシップやコミュニケーションを重視しつつ、「ルール」や「マナー」を学び、社会人基礎力を向上させることができるひとつの有意義なツールとなりうるだろう。

3 スポーツで「生きる力」を養う

ライフスキルという概念は「人生で生じる様々な困難や問題を解決していく能力」[6]であり、まさに「社会を生き抜く力」と言い換えられる。先に述べたレジリエンスの概念にも通じていると捉えることもできる。WHO（世界保健機関）では「日常生活で生じる困難な問題や要求に対して、建設的かつ効果的に対処するために必要な能力」[7]とライフスキルを定義づけしている。その具体的スキルとして、意思決定、問題解決、創造的思考、批判的思考、効果的コミュニケー

第4節　体力・生きる力・人間力・社会人基礎力の涵養

ション、対人関係スキル、自己意識、共感性、情動への対処、ストレスへの対処が挙げられている。

　ライフスキルは様々な経験を通して学習できるという特徴がある。特に対人関係を構築するためのプログラムとして教育現場で取り入れられているケースが見られ、その多くが体育授業におけるスポーツを通したコミュニケーションの精通、人間関係の構築において効果的であるとの成果が報告されている[8]。スポーツは単に他者との優劣や、相手との勝敗を決するものではなく、今や体力や健康の維持増進のみならず、社会化のツールとして、さらには様々な活力を育む大切なものである。日常生活に習慣的にスポーツや運動を取り入れ、生命力溢れる「生きる力」[9]を積極的に身につけたいものである。

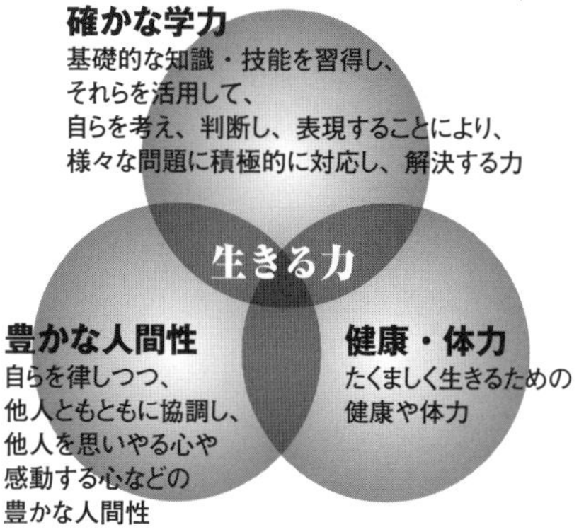

確かな学力
基礎的な知識・技能を習得し、それらを活用して、自らを考え、判断し、表現することにより、様々な問題に積極的に対応し、解決する力

生きる力

豊かな人間性
自らを律しつつ、他人とともに協調し、他人を思いやる心や感動する心などの豊かな人間性

健康・体力
たくましく生きるための健康や体力

図 2-4-2
生きる力[9] より引用の図を筆者改変

引用文献

1) 朝比奈一男（1979）日本人の体力と健康
2) 経済産業省（2005）「社会人基礎力に関する研究会　～中間取りまとめ～」
3) 内閣府（2003）「人間力戦略研究会報告書」
4) 森 清水 石田 冨永 Chok C.（2002）大学生の自己教育力とレジリエンスの関係 学校教育実践学研究 8，179-187
5) 葛西 澁江 宮本 松田（2010）スポーツ経験とレジリエンス ―時間的展望，身体的自己知覚の視点から―．教育実践学論集（11），39-50
6) アスリートのためのライフスキルプログラム研究会（2007）アスリートのためのライフスキルプログラム―スポーツを通じた人づくり スタート教材
7) WHO編 川畑徹朗他訳（1997）WHO ライフスキル教育プログラム
8) 島本好平 石井源信（2009）体育の授業におけるスポーツ経験がライフスキル獲得に与える影響．スポーツ心理学研究 36
9) 文部科学省（2011）学習指導要領

問　題

(1) 継続的なスポーツ活動によって体力が向上した時、付加的に様々なメリットが生じる。これらのメリットを説明しなさい。

(2) スポーツ活動を用いて、社会人基礎力と人間力をどうやって育んでいくべきか。考えを述べなさい。

(塩見　哲大)

スポーツから学んだこと

飯塚　翔太（陸上競技）

　私が競技人生の中で常に心に頭に入れているのは1人では微力であるということだ。

　自分1人の力ではオリンピックでメダルを取る事はもちろん代表にすらなることは不可能だと思う。家族、コーチ、身体のメンテナンスをするスタッフ、刺激をくれるライバル、応援をしていただける人たち、結果を広めてくれるメディアの方たちなど挙げたらキリのない数の周りの方々に助けられっぱなしの毎日である。私はスポーツという立場だが、すべての人に共通しているはずである。自分の周りにどれだけ頑張るエネルギーを与えてくれる人たちがいるか、その環境にいるためにやるべきことはたくさんあると思う。

まずは目標設定から

　上記の理由から、目標は周りにも喜んでもらえるものであって自分だけのために立てるものではないと思う。例えばお金を稼いで好きなものを買いたい！というのは自分のためだが、お金を稼いで良い車を買ってみんなとドライブしたり、素敵な家に住んで友人を呼んでBBQしたい！と考える方が、エネルギーが湧いてくるし、応援者も増えてくると思っている。そしてできるだけ目標を周りに伝えることが大切だと思っている。

　私が競技をしていて1番嬉しい瞬間は勝つ時ではなく、周りが笑顔になってくれるときである。つまり「他喜力」が1番と言うことだ。対価を求めず、give and giveの精神を持つ！目標に向かう中で順調にいかないかもしれない。何かを成し遂げたり、ステップアップする前はたいてい試練が訪れる。私は2016年、日本選手権を自己記録で優勝し、リオ五輪でメダルを取った前年、日本選手権で肉離れをして車椅子で帰った。さらにリオ五輪でリレーを走った残りの3人も怪我で結果を出せていない状況だった。だからどんなことが起きても歓迎するくらいの心構えでいこう！

成功者と付き合うこと

　人間にはミラーニューロンという神経細胞から、成功している人を見ると自分も成功すると思い込む性質があるという。

僕が 2014 年に始めてダイヤモンドリーグという陸上で 1 番名誉のあるレベルの高いレースに出た際は、周りはメダリストがほとんどで自分は場違いと思うような状況だった。食事は丸テーブルで一緒に食べる。もちろんそこに入るより 1 人で食べる方が楽だ。

しかし、1 人で食べる席が空いておらず仕方なくみんなのいるテーブルに座り食べ始めた。その時の居心地の悪さは相当なものだった。勇気を持って自己紹介をして、快く歓迎され、食事をするにつれて自分が少し大きくなった気がした。

上に述べたミラーニューロンと同じだと今感じる。楽な空間から飛び出した瞬間に成長するのだと思う。リオ五輪や世界陸上でメダルを取れた一つの要因かもしれない。

周りには同じような人が集まって来るので、上手くいかない時は尚更、心掛けたい。成功している人の周りには成功している人が集まり、そこに身を置く事で自然と考えも成功につながってくると思う。

未来を見てチャレンジし続けること

競技で不調な時、よく過去の走りなどを見て、あの頃に戻ろうと試みる事がたくさんあったが、一度も戻る事ができなかった。

逆に未来を見て常に新しい自分を目指してチャレンジし続けることで、行動が広がるようになった。チャレンジし続けていると、想像の枠を超えたところに連れて行ってくれる事がある。思わぬ成長や出会いがある。最初に述べた通り私は助けてもらってばかりである。だから少しでもその方々に競技で結果を出し、喜んで頂きたいと思っている。スポーツを通じて常に勉強させていただいている。

スポーツにはたくさんの力がある

スポーツには輝かしい実績より世界中の人たちと全力でプレイする姿に意味がある。もちろん出るからには結果を求め、競技する。だが、スポーツの本質はまさに平和でよりよい世界を作ることだと思う。オリンピック憲章の中には以下の言葉がある。

「オリンピック・ムーブメントの目的は、いかなる差別をも伴うことなく、友情、連帯、フェアプレーの精神をもって相互に理解しあうオリンピック精神にもとづいて行なわれるスポーツを通して青少年を教育することにより、平和でよりよい世界をつくることに貢献することにある。」

コラム

　スポーツを頻繁に観る方はおわかりかと思うが、勝者ももちろんだが、諦めず全力でプレイしたり、友情を感じる部分にむしろ心を動かされているはずだ。私も観て、エネルギーをもらっている1人である。スポーツは人生を輝くものにすると信じている。普段体を動かしている人の姿は、何か活気に満ち溢れているように見える。世界中で、スポーツに親しむ人が増えることを願っている。そして、世界を平和にし、戦争を0にするという目標に1%でも貢献するために、走り続けたいと思う。

飯塚翔太（いいづか・しょうた）
陸上競技 100m・200m
中学時代から頭角を現し大学時代には世界ジュニア選手権で優勝し「和製ボルト」の愛称を持つ
2012年、中央大学生としてロンドンオリンピック出場
2016年、日本選手権200m 日本歴代2位の20秒11で優勝
2016 リオオリンピック、2017 ロンドン世界陸上 400m リレーで第2走者をつとめ銀・銅の連続メダル獲得
2018年アジア大会では1600mリレーで銅メダルを獲得
自己ベスト記録 100m 10秒08、200m 20秒11
ミズノトラッククラブ所属

目標設定と PDCA サイクル

目標設定（達成したいことは長期→中期→短期の順で設定を）

　目標設定とはなんだろうか。英語ではゴールセッティングとも呼ばれている。スポーツの世界以外に、ビジネスや人生においても、様々な領域で目標が設定され、その目標を達成するために努力や工夫が重ねられている現実がある。しかしながら、個人、組織の両方において、その目標を達成できる場合と達成できない場合があることも容易に想像できるだろう。

　目標設定をするとしたら、例えば何を思い描くだろうか。「法律学の単位を取る」、「卒業する」、「営業成績を上げる」、「年商 10 億円を達成する」と内容は実に様々で、多様であろう。スポーツの世界ではどうだろうか。「プロ野球選手になる」、「試合に勝つ」、「サッカーボールのリフティングを 30 回連続達成する」など、これも様々な目標が想像できる。この目標設定方法を、オリンピック選手の事例に沿って、実現性をできる限り高める手法を紹介したいと思う。オリンピックは周知のとおり 4 年に 1 度の国際イベントである。競技者は出場したいと思ったところで簡単に出られるものではない。出場してメダルをも狙うのであれば、最短でも 4 年以内に訪れるオリンピックの日程に合わせて、メダルを取るため、出場するために必要な準備や条件を整えていかなければならない。若い選手であれば、8 年後や 12 年後の時間軸で目指している可能性もあるだろう。

　具体的には達成したい最終目標（オリンピック金メダル）を設定し、そこから時系列を逆算しながら直近の目標に至るまで、順次達成しなければならない条件や準備を中期目標（選考基準を満たし、日本代表に選出される）、短期目標（技術や体力を向上して日本選手権に出場）として定めていく。これによって、直近の目標を達成する度に最終目標へ徐々に近づくことになり、言わば、近くの目標の階段を一つひとつ昇らせつつ、迷わずに最終目的地へたどり着かせるための道しるべとなる。このようなオリンピック選手の目標設定手法は、特徴的と思われる一方で、非常に示唆に富んでいる。これは単年度で達成したい最終目標にも置き換えることができ、運動学習、技術習得過程において効果的であることが報告されている。またスポーツのみならず、個人でも組織でも、どのような場面でも、応用が可能である。

　最終目標とそこへ至る短期、中期目標が設定されると、やるべきことが明確になっ

てくる。自分の意志で設定した目標であれば、この一連の計画は自己実現欲求に関連したものであるため、意欲的に取り組むことが可能となる。他者から目標が与えられ、行動を強いられるような外発的な動機付けではなく、<u>自己の自由意志の下で自ら選択し、詳しく、具体的に決定する目標は、心の内から内発的に動機づけられており、安定的で目的を失いにくい</u>からである。

目標の階段を PDCA サイクルでのぼっていく

ビジネス現場においては以前から、最近は大学の授業環境においても、PDCA という言葉がよく聞かれるようになった。要はプラン（Plan）した計画をドゥ（Do）、実行し、振り返って成果をチェック（Check）し、軌道修正含めて再度アクション（Action）、動いていくという一連の行動手順の略称として活用されている。この

図1 目標設定の階段を、PDCA サイクルを繰り返してのぼっていくイメージ

PDCA を短期目標の中で循環（サイクル）させ、さらに中期目標から最終目標に至るまで連続的に循環させ続けて目標達成を目指すことが大切だと考える。

図1に示すように最終目標（GOAL）を設定した後に、長期、中期、短期目標まで細分化して各目標を明確にできたら、PDCA の P が完了することになる。次は直近で達成すべき短期目標に対して実行（D）することになる。詳細かつ具体的な短期目標が達成されたかどうかを確認（C）して、達成できていれば中期目標へ、未達成であれば再度 A につなげていく。この手法を繰り返し用いることで、それこそオリンピックで金メダルという目標に近いことも達成可能かもしれない。

（村井　剛）

参　考　文　献
　　石井源信　楠本恭久　阿江美恵子　編（2012）　現場で活きるスポーツ心理学，杏林書院.
　　中込四郎　伊藤豊彦　山本裕二　編（2012）　よくわかるスポーツ心理学，ミネルヴァ書房.
　　日本スポーツ心理学会編（2005）　スポーツメンタルトレーニング教本，大修館書店.

アウトドアスポーツの可能性①

アウトドア…戸外、屋外、野外？

　アウトドアスポーツと聞いて、皆さんはどんなスポーツのことを思い浮かべるだろうか？　インドアの反対、と考えると、外で行うスポーツはすべてアウトドアスポーツとなる。例えば、サッカー。ほとんどの場合、屋根のないグラウンドで行われている。そして、野球、ドーム球場を除いては、これもまた、オープンエアで行われている。ゴルフ、緑に囲まれて、自然を感じながらのプレイはまさに、アウトドアスポーツといえるのではないか？

　似たような意味の言葉として「野外活動」というものがある。小森[1] は、野外活動とは、自然環境を背景として行われる身体的、知的、情緒的、文化芸術的諸活動の総称とするのが一般的であると述べている。アウトドアスポーツは、野外活動のうちの身体的活動に内包されるといえる。ではまず、実施される「場」について考えてみたい。単に屋外で行われているからといって、アウトドアスポーツといえるのだろうか。それでは、サッカーや野球もアウトドアスポーツになってしまう。屋外ということではなく、前述されているように“自然環境を背景として”、という点がキーワードとして外すことのできないものとなる。大辞林によると自然とは、人為によってではなくおのずから存在しているもの。山・川・海やそこに生きる万物。天地間の森羅万象。人間をはぐくみ恵みを与える一方災害をもたらし、人間の介入に対して常に立ちはだかるもの。人為によってその秩序が乱されれば人間と対立する存在となる。

　そのような言葉の定義に従うと自然環境の中で行うスポーツというのはどんなものがあるだろうか。ゴルフとスキーを例にして考えてみよう。国内の多くのゴルフ場は、山を切り開きフェアウェイを造り、芝生を張り付け、バンカーや池を造ってコースとする。ゴルフ発祥の地ともいわれている、スコットランドのセントアンドリュースのオールドコースなどでは、より人の手が入らない形でゴルフ場が作られている場合もあろうが、通常、ゴルフ場は、かなり人の手が入った自然、つまり広大な庭に近い場所といえる。では、スキー場はどうか、ゴルフ場と同様、木を伐採しコースを造り、場合によっては、土地を造成しゲレンデを造り上げる。そこに、近年では、多くのスキー場で人工降雪機を導入し、気温さえ下がればヒトの力で雪

コラム

を作って、スキーを楽しむ場所を造り上げてしまう。そうなると、ゴルフもスキーも厳密な意味で自然環境を背景として行うスポーツではないのだから、アウトドアスポーツではないという見方になる。では、こんな考え方はどうだろう。スキーには、本来、雪の上を移動するための道具として発展してきた経緯がある。これを使えば、十分な雪さえあればスキー場に限らず、どんなところでも移動できてしまうのだ。人の手が全く入っていない雪山でも、スキーは楽しむことができる。実際、最近の自然回帰の動きに合わせて、バックカントリースキーと呼ばれる、リフトの力を借りずに自分の力で斜面を登り、整備されたゲレンデではないところでの新雪滑走を楽しむ愛好者が増えている。つまり、同じスポーツが、場所の制約を受けることなく、手付かずに近い自然環境において実施することができるのである。この考え方に従えば、プールで行う水泳はアウトドアスポーツには含めることはできないが、海で行う遠泳やオープンウォータースイミングは、アウトドアスポーツの要素を満たしているといえるだろう。これを"活動する場の連続性"とする。それに対して、ゴルフというスポーツは、全くの自然においては成り立ちにくいことから、アウトドアスポーツの範疇から外れているととらえることができる。

　活動原理からみた分類の仕方はどうだろう。登山やロッククライミングは、克服型のスポーツと呼ばれている。登山もクライミングも、今日では競技としても実施され、他者より好成績をあげることによって勝敗が決まる人との争いで成り立っているという側面は確かにある。しかし、その競技の成り立ちは、環境によってもたらされる（競技の成立のために、人間によってその困難度を規制される場合もあるが）、困難を克服することが最大の目的であり、競技の場合、どれだけ高いハードルを越えたかが好成績につながることになる。オリンピック種目にもなったスポートクライミングは、人工壁を使用するという点が自然環境とは異なるが、もともとは、天然の岩場を登攀することから発祥していることを考えると、前に挙げた実施場所の制約を受けない活動する場の連続性があるといえる。比較の対象としての対戦相手は存在するものの、本質的な部分においては、より難易度の高いルートを攻略し、登りきるという活動は、自分自身と岩壁（自然）とが一対一で対峙することで成り立つ。自然がもたらす困難や課題を乗り越える体験は、実施者に達成感をもたらし、自尊感情や自己効力感を高める効果があるといえる。クライミングに関する心理状態を表したものに、チクセントミハイのフロー概念がある。フローはスポーツ場面での究極の集中力を発揮している、いわゆる「ゾーン」の状態ともいえる体験である。チクセントミハイは、限定された刺激の場への意識集中について、ロッククラ

イミングの特徴を以下のように述べている。ほとんどの形態の深い遊びと同様、ロッククライミングでの強い注意集中と注意領域の限定は、その活動に知的に関与する側面に、危険が加わることによって完全なものとなる。ロッククライミングにおける物理的危険は、被験者がそれに対してどのような結果論的意味づけをしようとも、原則的には当面する状況に対処するための、1つの強制的動機として機能する。注意集中のゆるみや日常生活への顧慮は、それがいかなるものであっても常に遭難の可能性を秘めている[2]。岩場という、自然が与える物理的危険性を伴う"場"があるからこそ集中が必要であり、それを克服するという点がアウトドアスポーツに必要なもう1つの要素であると考えられる。（アウトドアスポーツの可能性その2に続く…）

参考文献
1) 小森伸一（2011）野外教育の考え方，星野敏男・金子和正監修，自然体験活動研究会編，野外教育の理論と実践，野外教育入門シリーズ第1巻，pp.1-11，杏林書院，東京．
2) M.チクセントミハイ（2001）楽しみの社会学，新思索社，東京．

アウトドアスポーツの可能性②

アウトドアスポーツと野外教育

　アウトドアスポーツを含む野外活動をその目的といった観点から分類すると、レクリエーション、競技、そして教育の3つに大別できる（図1）。これら、3つの領域は、大変密接に関連しており、境界線を明確に引くことは極めて難しい特性を持っている[1]。教育的な意図をもって行われる自然体験活動のうち、チャレンジベースドプログラムと呼ばれるものの特徴として、自然をフィールドとしたグループ活動の中で、精神的にストレスを感じ、身体的に危険を伴うような、冒険

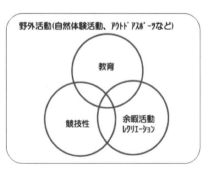

図1　野外活動の目的による分類
岡村（2011）に筆者加筆

的な活動を行うことによって、自分自身の成長や仲間との人間関係を構築していくことが挙げられている。教育的な意図をもって自然体験活動をツールとした冒険教育と呼ばれる分野は、野外教育の重要な一領域として位置づけられており、教室とは違う環境で課題解決能力やコミュニケーション能力を高め、生きる力を育むことに寄与することが注目された。また、ここから派生した、プロジェクトアドベンチャーと呼ばれる活動は、学校教育現場で冒険教育の社会性や自己の成長に寄与する体験を提供している。

　中央大学経済学部では、健康・スポーツ実習という実技授業の位置づけながら、特定のスポーツ種目に固定することなく、「テーマ」を優先し、自然環境を利用して活動を行う授業構成を採用している「ディスカバー多摩川」という授業がある。これは、特定スポーツの技術習得といった要点にとらわれることなく、活動を通した複眼的な視点を持つことで、学部専門教育や他分野の教養教育と健康・スポーツを結びつける可能性がある。この授業は「多摩川」をテーマにし、河口付近の干潟での自然観察、中流域でのカヌー・イカダによる川下り、源流域での沢登りハイキングなどの野外活動を通して、方法や技術、安全管理といった実技的内容だけではなく、歴史、環境、地域おこし、社会における河川の存在について多摩川にまつわる事柄について複眼的な意図のもと体験を通して様々な学びにつなげていく。これも、アウトドアスポーツや自然体験活動を通して、活動そのものではなく、様々な学びに結び付けることが可能という点で、教室では得られにくい体験を提供するアウトドアスポーツの可能性の1つといえる。

スポーツツーリズムとアウトドアスポーツ

　「スポーツツーリズム」とは、スポーツの参加や観戦を目的とした旅行や、地域資源とスポーツを融合した観光を楽しむツーリズムスタイルである。スポーツ庁がレジャー情報サイト内に開設した「ENJOY! SPORTS TOURISM」では、「その地域ならではのスポーツを楽しむ新しい旅行の形」と表現されている。スポーツをする、大会に参加する、参加者を応援する、プロスポーツを観戦する、イベントのボランティアをするなど、スポーツにはさまざまな関わり方があるが、こうした体験と観光をかけ合わせた旅行をスポーツツーリズムと呼ぶ。スポーツ庁では、「スポーツによる地域活性化」を目指し、スポーツと地域の観光資源が融合した旅を楽しむという点で、これを推進している。その中で注目されているのが「アウトドアスポーツ」である。それは高低差が激しく南北に長い日本には、上質なパウダースノー、6,000

を超える島々、急峻な山岳地帯など、世界に誇る恵まれた自然環境と四季の魅力があり、各地でバラエティ豊かなアウトドアスポーツを楽しめるという日本の自然環境が背景になっている。

図2は、スポーツツーリズムに関する海外マーケティング調査報告書[2]に掲載された、日本で経験してみたい「する」スポーツツーリズムの調査結果である。この調査は国外のスポーツツーリズムにおける動向やニーズを把握するために行われた調査で、中国、韓国、台湾、香港、アメリカ、タイ、オーストラリアの7か国・地域を対象とし、直近3年以内に訪日経験がある方を調査対象としている。この結果からも日本の自然環境と、そこで体験できるスポーツアクティビティに注目していることが示されている。東京オリンピック・パラリンピックを控え、インバウンドの観光客がますます増加していくであろうこれからの時期に、自然に親しみ、安全に楽しむことができるアウトドアスポーツの需要はさらに高まるであろう。

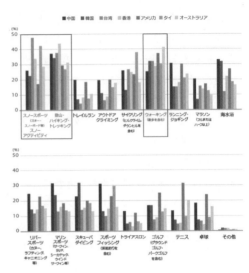

図2　日本で経験してみたい「する」スポーツツーリズム

（高村　直成）

参考文献

1) 岡村泰斗（2011）野外活動と野外教育，日本野外教育研究会編，野外活動—その考え方と実践—，pp.18-21, 杏林書院
2) スポーツ庁（2018）スポーツツーリズムに関する海外マーケティング調査報告書，http：//www.mext.go.jp/prev_sports/comp/b_menu/shingi/toushin/__icsFiles/afieldfile/2018/03/27/1402797_00004.pdf

第3章
現代社会と健康

第1節　健康の概念

1. はじめに

「核家族化社会」では、身近に病を抱えた病者や身体の自由が制限されている高齢者がいない世帯が増えており、特に若者は通常、健康や病気という事柄への関心は薄い。しかし、「病気になってみて、はじめて健康の有り難さがわかる」といわれるように、健康は人生における最大の資産である。実際、幸福であるために重要なこととして、健康を挙げるものは多い（図3-1-1）。この統計は1996年のもので、随分と古いものであるが、平成26年度厚生労働白書によれば、幸福感を判断するのに重視した項目では、「健康状態」を挙げるものが54.6％と最大であり、次いで「家計の状況」、「家族関係」と続いており、幸福であるためには健康であることが必要である、という意識は変わらないことがわかる。本節では、これまで、あるいは今でも参照される様々な健康観を中心に概説し、健康と幸福感がどのように関係しているかを述べていく。

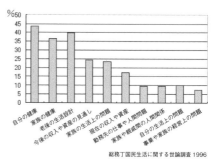

図3-1-1　国民生活における関心事項の割合

2. 健康の概念の変遷

健康の定義は時代とともに変遷しているが、あまりにも古い健康観にまでさかのぼることは避け、WHO

第3章　現代社会と健康

により1948年に健康憲章前文に規定された「Health is state of complete physical, mental, and social well-being and not merely the absence of disease or infirmity.　健康とは、身体的・精神的および社会的に完全に良好な状態であって、単に疾病がないとか虚弱でないということではない。(日本語訳は筆者)」より始めてみる。この規定は、従来の健康の考え方が個人の身体的な面からのみとらえられていて、「病気ではない状態」といった、いわば消極的な態度であったのに対し、より広い観点から、精神的および社会学的な側面をも含み、健康を積極的にとらえる方向性を示すものと評価されている。なかでも個人の身体や精神にとどまらず、「社会的に完全に良好な状態」としたのは、当時の疾病の中心が感染症であり、感染症を予防するための抵抗力の強化や健康教育の推進が重要な課題であったことから、おのずと社会的側面を含む規定になった。

　しかし、このWHOの宣言は、あまりにも完全な状態を求めすぎているともいわれている。たとえば生まれながらに身体や知的に障害を持つ者、中途で事故や疾患などで障害を得たものは、健康が、「身体的・精神的および社会的に完全に良好な状態」であるとするならば、健康とは無縁の生活を強いられるのであろうか。このような疑問から、この宣言以降、健康—不健康、健常者—障害者といった二律背反的な対立概念ではなく、個人の生活と環境（社会）との関係など、より包括的な概念を含んだ健康推進が目指されるようになった。

　1960年代にアメリカのDunnらによって始められたウェルネス運動[1]は、各人が置かれている状況のなかで、各人がもつ潜在的な能力を、可能な限り、最大限に引き出すことを目指した総合的な働きかけであ

第 1 節　健康の概念

り、自分の人生には自分で責任を持つことを知り、より幸福でより充実した人生を送るために、自分の現在の生活習慣を点検し、自分で変えなければならないことに気づき、これを変革し続けていく過程である、とされている。ウェルネス運動では、5つの領域にわたる生活習慣の改善を目指すことにより、各人がもつ潜在的な能力を可能な限り最大限に引き出すことを目指している*1。

　1974（昭和49）年、カナダの保健大臣であったラロンドは、公衆衛生活動をそれまでの疾病予防から健康増進（ヘルスプロモーション、health promotion: よりよい健康状態にすること）へ重点を移した報告書を発表した。この報告を出発点に、新しい健康増進政策が欧米に広がっていった。

　1977（昭和52）年、WHO 総会において、「2000 年までにすべての人に健康を」（Health for All by the Year 2000）（ヘルス・フォー・オール）が設定され、翌 1978（昭和53）年、アルマアタ（現カザフスタン共和国）で「プライマリー・ヘルスケアに関する国際会議」（WHO と UNICEF の共催）が開催され、ヘルス・フォー・オールを達成する戦略としてプライマリー・ヘルスケアの導入が提唱された（アルマアタ宣言）。プライマリー・ヘルスケアとは、住民にもっとも身近な段階のものとして地域社会における主要な健康問題に取り組むため、健康増進、予防、治療、リハビリテーションの各種サービスを提供するものである。

　1979（昭和54）年、アメリカ保健福祉省より打ち出された国民的健康政策に「ヘルシーピープル（Healthy People）」がある。この政策の特徴は、個人の生活習慣の改善による健康の実現に重点を置き、科学的に立証された数値目標を人生の年代別で設定し、国民運動としてその目標を達成することを目指したも

*1
ウェルネス運動が改善を目指す5つの領域にわたる生活習慣[1]

①情緒の領域　自分に現れる怒り、悲しみ、喜びなどの感情を自覚し、コントロールすること。

②精神の領域　人生観、生きがい、どのように死を迎えるかを考えること。

③身体の領域　運動、睡眠、栄養に関する知識を得て、適切に実行すること。また喫煙、薬物、過度の飲酒の害を知り、それらを避けること。

④環境の領域　家庭、地域、学校、職場などの社会的環境と自分との関係を考え、良い状態への変革を考えること。また、生活環境や自然環境に関心を持ち、持続的な環境保全を考えること。

⑤価値の領域　自分の価値観を絶えず意識し、上記①〜④の各領域での認識の深まりと行動により、自分の価値観が変わっていくことに気づき、さらによりよい生活習慣を実践できるようになること。

（野崎康明「ウェルネスの理論と実践」丸善メイツ 1997）

第3章　現代社会と健康

のである。

　1986（昭和61）年、カナダのオタワで開催された
WHOの国際会議において、ヘルス・フォー・オール
を達成するための行動指針として「ヘルスプロモー
ションに関するオタワ憲章」が採択された。この中で、
ヘルスプロモーションとは、人々が自らの健康をコン
トロールし、改善することができるようにするプロセ
スであると定義され、健康増進を個人の生活習慣に限
定してとらえるのではなく、その前提として平和、教
育、食料、環境等について安定した基盤が必要である
など、社会的環境の改善を含んだものとなった。

　1998年、WHOは、健康の定義について以下の字句
を付加する提案をした。

　Health is a dynamic state of complete physical,
　mental, spiritual and social well-being and not merely
　the absence of disease or infirmity. *2

*2
健康とは身体的、精神的、ス
ピリチュアル（宗教・信念）的、
社会的に完全に良好な状態で
あって単に疾病がなく、虚弱
でないということではない動
的な状態である。（日本語約
は筆者）

　ここで、静的に固定した状態ではないということ
を示す「dynamic」とは、健康と疾病は別のものでは
なく連続したものであるという意味づけから、また
「spiritual」は、人間の尊厳の確保や「生活の質」を
考えるために必要で本質的なものだという観点から付
加された。

　このように、健康増進という考え方は時代によって
内容が変遷し、近年では、健康と疾病の連続性や人間
の尊厳、生活の質、という新しい観点が出てきている。

3. 主観的概念を含んだ新しい健康観

　上述したように、「生活の質」が健康を考える上で
考慮されるようになってきたが、この考えは、1970
年にさかのぼることができる。

　1970年代に入ると、先進国では、技術の進歩によ
る生産性が向上し、物質的豊さが保証されるように

なった。生活の豊かさを、量的なものから質的なもので評価することに関心が高まり、「QOL（Quality of Life、生活の質）」という概念が出てきた。QOLとは、「日常生活や社会生活のあり方を自らの意思で決定し、生活の目標や生活様式を選択できることであり、本人が身体的、精神的、社会的、文化的に満足できる豊かな生活を営めることを意味する」とされる[2]*3。

QOLは、健康と直接関連のあるQOLと健康と直接関連のないQOLとに大別される[3]。前者には、具体的には身体的状態、心理的状態、社会的状態、霊的状態、役割機能、『全体的well-being（WHOの憲章にある「良好な状態」）』などが含まれる。後者には、環境、経済、政治などが含まれる。QOLの評価法としては、前者には、SF-36（Medical Outcome Study Short form 36）[4]が挙げられる。また、後者については、医療分野よりむしろ保健分野、特にヘルスプロモーション（健康推進）を展開していく中で、地域社会に関連したQOLとして近年その取り組みが進められてきている[5]。

また、障害者のQOLに関連する理念として、「ノーマライゼーション」と「エンパワーメント」がある。身体障害者介護等支援サービス指針（平成10年5月厚生省大臣官房障害保健福祉部企画課）によれば、ノーマライゼーションは、障害のある者が障害のない者と同等に生活し活動する社会を目指す理念であり、そのためには、生活条件と環境条件の整備が求められる。この理念は、1950年代にデンマークの知的障害児の親の会の運動に端を発し、その後、スウェーデンやアメリカにおいて発展した、障害に関わるのみでなく、社会福祉のあらゆる分野に共通する理念である。エンパワメントは、アメリカにおける公民権運動との関わりの中で、社会福祉の分野で取り入れられた理念であ

*3
WHOは、QOLを「個人が生活する文化や価値観のなかで、目的や期待、基準及び関心に関わる、自分自身の人生の状況についての認識である」と定義し、QOLを構成する領域を分類（身体的側面・心理的側面・自立のレベル・社会的関係・生活環境・精神面・宗教・信念）し、100項目より構成される尺度を作っている[8]。ここで、「宗教・信念」はこの時加わった新しい領域（宗教・信念の2つで1領域）で、原語では「spirituality」と呼ばれる。

第3章 現代社会と健康

る。社会的に不利な状況に置かれた人々の自己実現を目指しており、その人の有するハンディキャップやマイナス面に着目して援助するのではなく、長所、力、強さに着目して援助する。このような援助方法により、サービス利用者が自分の能力や長所に気づき、自分に自信が持てるようになり、ニーズを満たすために主体的に取り組めるようになることを目指す。

4. 国際生活機能分類（ICF：International Classification of Functioning, Disability and Health）

ICFは、2001年5月、世界保健機関（WHO）総会において採択された。この特徴は、これまでのWHOの国際障害分類がマイナス面をもとに分類していたのに対し、ICFは、プラス面から見るように視点を転換したことである[6]。ICFでは、人が生きていくための機能全体を「生活機能」としてとらえ、それは、「心身機能・身体構造（身体と精神の機能、身体構造の障害も含む）」、「活動（日常生活・家事・職業能力、野外歩行など生活行為全般）」、「参加（家庭や社会生活で役割を果たすこと）」の3つの要素からなるとしている。また、これらの生活機能に影響を及ぼす因子としては、「健康状態（病気、けが、ストレス）」「環境（物的環境、人的環境、制度的環境）」「個人因子（性別、年齢、個人の価値観）」が挙げられている。ICFは、「障害」という定義をより広く捉え、「生活機能に困難や不自由さが生じた状態」としている（図3-1-2）。このことにより高齢者をはじめ、様々な種類や程度の「生活機能上の問題」を持つ人たちを、「障害のある人＝生活機能の低下した人」と

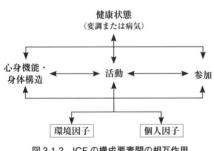

図3-1-2　ICFの構成要素間の相互作用

82

捉える。さらに、「○○ができない」という「障害」の捉え方から、「○○があれば△△ができる」という考え方を可能にするものである。

5. 現代の健康推進の施策

　日本は現在、平均寿命は世界一であり、今後ともしばらくはこの傾向は続くであろう。しかし、出生率が停滞しているため総人口は減少し、社会の高齢化がますます進行する。また、離婚率が増加し、生涯未婚率も増える傾向にあるため、現在の核家族中心の家族形態から、単身世帯が増え、高齢者の単身世帯も増えていくことが予想される。このような社会的変化を踏まえ、21世紀において日本に住む一人ひとりの健康を実現するための、新しい考え方による国民健康づくり運動である「健康日本21」[7] が進められている。その施策のひとつに、壮年期死亡の減少、健康寿命の延伸及び生活の質の向上を実現することを目的とした9分野からなる生活習慣病の予防に向けた取り組みがある。

　「健康日本21」では、自らの健康観に基づく一人ひとりの取り組みを社会の様々な健康関連グループが支援し、健康を実現することを理念としている。この理念に基づいて、疾病による死亡、罹患、生活習慣上の危険因子などの健康に関わる具体的な目標を設定し、十分な情報提供を行うことが重要とされている。そして、自己選択に基づいた生活習慣の改善および健康づくりに必要な環境整備を進めることにより、一人ひとりが実り豊かで満足できる人生を全うできるようにし、併せて持続可能な社会の実現を図ることを目標にしている。希望や生きがいを持てる基盤となる健康を大切にする社会、疾患や介護を有する方も、それぞれに満足できる人生を送ることのできる社会の実現が望まれる[*4]。

*4
健康日本21における9分野[7]
①栄養・食生活
②身体活動・運動
③休養・こころの健康づくり
④たばこ
⑤アルコール
⑥歯の健康
⑦糖尿病
⑧循環器病（脳卒中を含む）
⑨がん
＜例＞
○20～60歳代男性で、肥満者を15％以下にする
○20歳代女性で、やせの者を15％以下にする
○野菜の1日当たり平均摂取量を350g以上にする
○多量に飲酒する男性の割合を3.2％以下にする
○朝食を食べない20歳代男性を15％以下にする
○男性の歩数を1日9,200歩以上にする
○公共の場では分煙を100％実施する

第 3 章　現代社会と健康

引 用 文 献
1) 野崎康明（1997）「ウェルネスの理論と実践」丸善メイツ
2) 厚生省大臣官房障害保健福祉部企画課「身体障害者介護等支援サービス指針」平成 10 年 5 月
3) Spikler B, Revicki DA (1996). Taxonomy of quality of life. In: SpilkerB, edited. Quality of life and pharmacoeconomics in clinicaltrial. New York: Lippincott Williams & Wilkins; pp.25-31.
4) 福原俊一ら（2001）SF-36 日本語版マニュアル ver 1.2（財）パブリックヘルスリサーチセンター　東京
5) Doi, Y., J. Natl (2004). Inst. Public Health, 53 (3), 176-180.
6) 厚生労働統計協会編　国民生活の動向 2014/2015
7) 平成 26 年度厚生労働白書
8) WHOQOL Group: (1994) Development of WHOQOL; Relation and current status. *International Journal of Mental Health*, 23: 24-56.

問　題

(1) 1948 年に発表された WHO の健康の定義について、その意義と問題点について述べなさい。

(2) 2001 年の世界保健機関（WHO）総会において採択された国際生活機能分類（ICF: International Classification of Functioning, Disability and Health）の特徴を述べなさい。

（宮崎　伸一）

第2節　高齢化社会と健康

1. はじめに

WHO の定義によれば、高齢者とは 65 歳以上を指し、65 歳以上が総人口に占める割合を高齢化率という。高齢化率が 7％を超える社会を高齢化社会 aging society、14％を超える場合を高齢社会 aged society という。本節では、高齢者に起こりやすい疾患を述べるとともに、高齢者を社会全体で支える仕組みを中心に述べる。

2. 高齢社会の到来

日本における高齢化の推移と将来推計を図 3-2-1 に示した。これによれば、日本の高齢化率は、1950 年には 5％に満たなかったが、1970 年には 7％を超え、1994 年には 14％を超えた。2016 年現在、我が国の総人口は 1 億 2693 万人であり、高齢者人口は 3459 万人なので、高齢化率は 27.3％である。すなわち、日本は 1970 年には高齢化社会を迎え、1994 年以降は高齢社会にあるといえる。さらに 75 歳以上を後期高齢者と呼ぶことがあるが、2016 年では 1691 万人（総人口比 13.3％）である。日本の総人口は長期減少過程にあり、2053 年には 1 億人を割ると見られているが、高齢者人口はしばらくは増加傾向が続き、2042 年には 3935 万人でピークを迎えると見られ

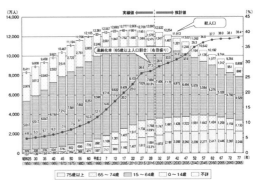

図 3-2-1　高齢化の推移と将来推計[1]

第3章　現代社会と健康

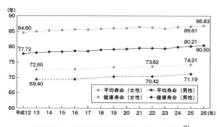

図 3-2-2　平均寿命と平均余命の推移[2]

ている。しかし、高齢化率はさらに上昇を続け、2065年には38.4%、75歳以上の割合は25.5%に達すると見られている。

高齢社会の到来の要因のひとつは平均寿命の上昇である。2015年の日本の男性は80.75歳、女性は86.99歳であったが、2065年には、男性84.95歳、女性91.35歳となると見込まれている（図3-2-2）。

3. 高齢者の健康

表 3-2-1　器官系統ごとに有効な介入

器官系統	介入方法	効果
運動器疾患	運動介入	①転倒を減少 ②骨折予防 ③転倒恐怖による閉じこもりの改善 ④ロコモティブシンドロームを改善
認知症	MCI段階での運動介入	認知症予防（発症遅延）
フレイル	運動、栄養介入	運動と栄養を組み合わせた介入がより効果的
循環器疾患	高血圧者の早期把握、保健指導による生活習慣改善、受療勧奨、薬物治療	脳卒中の発症率低下
糖尿病	重症化の予防	①糖尿病性血管合併症リスクの低下 ②認知症等の発症リスクの低下 ③QOLの維持

高齢になると様々な疾患を抱え、生活の質が低下してくるが、高齢であっても、健康状態をなるべく良好に保つことが重要なのはいうまでもない。健康寿命とは、人の寿命において「健康上の問題で日常生活が制限されることなく生活できる期間」のことである（平成26年度厚生労働白書 p.135）。平均寿命と健康寿命の差は、日常生活に制限のある期間を意味し、2010（平成22）年で、男性9.13年、女性12.68年であった。今後、平均寿命と健康寿命との差が拡大すれば、医療費や介護費用が増大することになり、また、個人の生活の質も低下する。これを予防するには、高齢化により起こりやすい疾患やその準備段階において様々な介入が必要になる。器官系統ごとに有効な介入を表3-2-1に示す。

高齢者の多くは、MCI[*1]、フレイル[*2]、あるいはサルコペニア[*3]を経て介護状態になる。フレイルとサルコペニアは低栄養との関連も強く、高齢者の低栄養を防止することも重要である。

*1
MCI（Mild Cognitive Impairment：軽度認知障害）
MCIとは、認知機能（記憶、決定、理由づけ、実行など）のうち1つの機能に問題が生じてはいるが、日常生活には支障がない状態をいい、正常と認知症の中間段階である。

第2節　高齢化社会と健康

4. 高齢者の精神状態

　高齢者の精神状態は、脳機能を含む様々な身体的変化や、心理社会的な要因により、その形成過程は複雑である。身内など重要な人物との死別などのライフイベントや、これまで行ってきた社会的役割の喪失と身体機能の低下の相乗作用により、外出の必要性が少なくなって活動範囲が狭まることなどの生活面での変化の影響は大きい。加齢とともに、脳萎縮や脳内ネットワークの機能的結合の低下が起こり、認知機能や覚醒レベルが低下する。状況の変化にうまく対応できず、そのことがストレスとなり、場合によっては攻撃的になったり、激しく興奮したりすることもある。

　認知症、脳血管障害、転倒などによる頭部外傷など、老年期に増加する疾患は直接精神症状を呈する。また、統合失調症やうつ病なども高齢者に見られるが、同じ疾患でも高齢者の精神症状は多彩であり、成人期やそれ以前の症状と異なることが多い[*4]。

5. 認知症

　認知症とは、一旦正常なレベルまで発達した知能が正常以下のレベルにまで低下し、社会生活に支障をきたすようになった状態をいう。なお、認知症は以前は痴呆と呼ばれていたが、2004年12月に名称が変更された。認知症に見られる症状は、中核となる記憶障害や認知機能の障害、随伴症状である精神症状・行動異常が見られる（図3-2-3）。

1 認知症の中核症状

　中核症状は、脳細胞の死滅とともに徐々に進行していくもので、現在のところ治療法がないものである。

[*2] フレイル
フレイルとは、「加齢に伴う予備能力低下のため、ストレスに対する回復力が低下した状態」を表す"frailty"の日本語訳として日本老年医学会が提唱した用語である。フレイルと診断するには、以下の5項目（Friedの基準）のうち3項目以上該当する場合をいい、1または2項目だけの場合にはフレイルの前段階であるプレフレイルとする[3]。
1. 体重減少：意図しない年間4.5kgまたは5%以上の体重減少
2. 疲れやすい：何をするのも面倒だと週に3-4日以上感じる
3. 歩行速度の低下
4. 握力の低下
5. 身体活動量の低下

[*3] サルコペニア
サルコペニアとは、加齢に伴う筋力の減少、または老化に伴う筋肉量の減少のことを指す。

図3-2-3　認知症の中核症状と行動・心理症状

第3章　現代社会と健康

＊4　高齢者のうつ病
高齢者のうつ病は、①抑うつ気分は目立たず、不安・焦燥が強い、②「自分は重い病気にかかっているに違いない」などの心気妄想を形成しやすい、③身体科疾患の併発が多く、各種治療薬の副作用が出やすい、などの特徴がある。また、思考の抑制があり、質問に対してすぐに答えが来ないため、認知症に間違えられることがあるので注意が必要である。

①**記憶障害**…記憶とは新しい出来事を覚え（記銘）、それを保ち（保持）、必要に応じて思いだす（想起）ことであるが、認知症では記銘力の障害がはじめに起こる。

②**見当識障害**…自分まわりのことがわかる能力（見当識）の障害。下記の順で進行する。時間の見当識（時刻、日付、季節など）の障害、場所（自分がどこにいるか）の障害、人（自分の周囲にいる人は誰か）の障害。

③**失語**…「話す」、「聞く」、「読む」、「書く」の4つの機能のうち、いずれかが障害された状態をいう。認知症が始まると、固有名詞（人名、地名）がまず想起できなくなる。そのうち、普通名詞（日常的な物の名など）も想起できなくなり、「あれ、それ、あそこ」などの代名詞でその場をしのぐ。そのうち、言語そのものが崩壊し、理解も発語もできなくなる。

④**失行**…洋服を着ることができない着衣失行が多い

⑤**失認**…家族がわからなくなり、「どちらさまでしょうか」と言ったり、鏡に映った自分が自分であるとわからなくなり、話しかけたり、喧嘩を仕掛けたりする（鏡像現象）。

⑥**理解・判断力の障害**…考えるスピードが遅くなり、2つ以上のことを同時に処理できなくなる。些細な変化やいつもと違う出来事に遭遇すると混乱しやすい。

2 認知症の行動・心理症状（周辺症状）

　認知症に伴い、中核症状以外の様々な症状が出現することを周辺症状という。「行動・心理症状（behavioral and psychological symptoms of dementia（BPSD））」がその代表的なものである。行動・心理症状の出現に

関しては了解できるものが多い。たとえば、認知症の初期には、もの忘れに対する不安や自責感が見られるが、これらは「抑うつ」をもたらす。また、介護者の不適切な対応に対しては「易怒性」が見られる。着衣や入浴など、認知症が進行して、日常生活の介護（入浴や更衣の介助）が多くなると、本人の意にそぐわない身体介護に「抵抗・暴言・暴行」が出現する。また、せん妄とは、様々なレベルの意識障害に、興奮、幻覚、不安などが加わった状態をいい、環境が変わった時などに現れやすい。しばらくして自分のおかれた状況がわかってくると症状は消失していくことが多い。

BPSDは介護者にとって負担の大きい症状であるが、高齢者の立場に立って冷静に対応することが必要である。また、症状に応じた向精神薬が有効な場合もあり、回復しうる症状といえる。なお、後述する認知症の末期の状態では、BPSDが生じることはなくなる。

3 認知機能の評価

認知症の疑いのある高齢者の認知機能を調べ、その重症度を知るためにはなるべく簡便で被験者の負担が軽い評価法が望ましい。よく使われる評価法として、改訂長谷川式簡易知能評価スケール（HDS-R　図3-2-4）とミニメンタルステイト検査（MMSE: Mini-Mental State Examination）がある。長谷川式では、見当識に関する問いが3問、記銘・再生力が4問、計算力1問、言語の流暢性（ある決まりに従って、できるだけ多くの言葉を発する力）1問からなり、総点数は30点となる。20点以下を軽度以上の認知症がある、と診断するものである。MMSE

表6-5　改訂長谷川式簡易知能評価スケール（HDS-R）
（検査日：　年　月　日）　（検査者：　）

氏名：	生年月日：　年　月　日	年齢：　歳
性別：　男/女	教育年数（年数で記入）：　年	検査場所
DIAG：	（備考）	

1	お歳はいくつですか？（2年までの誤差は正解）		0 1
2	今日は何年の何月何日ですか？　何曜日ですか？ （年月日，曜日が正解でそれぞれ1点ずつ）	年 月 日 曜日	0 1 0 1 0 1 0 1
3	私たちがいまいるところはどこですか？（自発的にでれば2点，5秒おいて家ですか？　病院ですか？　施設ですか？　のなかから正しい選択をすれば1点）		0 1 2
4	これから言う3つの言葉を言ってみてください。あとでまた聞きますのでよく覚えておいてください。 （以下の系列のいずれか1つで，採用した系列に○印をつけておく） 1：a）桜　b）猫　c）電車　2：a）梅　b）犬　c）自動車		0 1 0 1 0 1
5	100から7を順番に引いてください。（100−7は？，それからまた7を引くと？　と質問する。最初の答が不正解の場合，打ち切る）	(93) (86)	0 1 0 1
6	私がこれから言う数字を逆から言ってください。（6-8-2，3-5-2-9を逆に言ってもらう，3桁逆唱に失敗したら打ち切る）	2-8-6 9-2-5-3	0 1 0 1
7	先ほど覚えてもらった言葉をもう一度言ってみてください。 （自発的に回答があれば各2点，もし回答がない場合以下のヒントを与え正解であれば1点）　a）植物　b）動物　c）乗り物		a：0 1 2 b：0 1 2 c：0 1 2
8	これから5つの品物を見せます。それを隠しますのでなにがあったか言ってください。 （時計，鍵，タバコ，ペン，硬貨など必ず相互に無関係なもの）		0 1 2 3 4 5
9	知っている野菜の名前をできるだけ多く言ってください。 （答えた野菜の名前を右欄に記入する。途中で詰まり，約10秒間待っても答えない場合にはそこで打ち切る）0〜5=0点，6=1点，7=2点，8=3点，9=4点，10=5点		0 1 2 3 4 5
	認知症重症度別平均得点	合計得点：	

図3-2-4　改訂長谷川式簡易知能評価スケール（HDSR）

第3章　現代社会と健康

もほぼ同様の検査で、所用時間は両者とも 10 分程度
である。

４ Alzheimer（アルツハイマー）型認知症の経過

代表的な認知症であるアルツハイマー型認知症の典
型的な経過を以下に述べる。

初期（発症から 1 年 ~2 年）は、もの忘れ、見当識
障害が目立ってくるが、社会的機能はほぼ保たれてい
る。しかし、以下のような症状が見られる。

①同じことを何度も話したり聞いてきたりする。

②大事な人との約束を忘れる。

③判断力が低下し、少し複雑なことが理解できな
　かったり間違えたりする。

④自発性が低下し、活動の幅が狭くなる。

⑤他人に対する細かな配慮がなくなる。

逆に、もともとの性格傾向が先鋭化し、几帳面、頑
固、潔癖、性急さが極端になる。脳では、海馬という
記憶に関連する部位の萎縮が見られる。

中期（3 〜 8 年くらい）になると、記憶障害、見当
識障害が顕著になり、最近の出来事が覚えられなくな
る。しかし、古い記憶は比較的保たれている。以下の
症状が見られる。

①着衣がうまくできなかったり、指示された図を書
　いたり、積み木による立体の構成ができなくなる。

②物をしまった場所を忘れて、「盗られた」「泥棒が
　入った」といって騒ぐ（もの盗られ妄想）。

③食事をしたことを忘れて、「嫁が自分に食べさせ
　てくれない」といって騒ぐ。

④目的なく外出して徘徊し、帰り道がわからなくな
　る。

⑤昼間はうとうとしているが、夕方になると落ち着
　かなくなる（日没症候群）。

第2節　高齢化社会と健康

　感情の変化は乏しくなるが、時に自己中心的で攻撃的になり、介護者に対しては、反抗的、拒否的になる。脳では、側頭・頭頂葉の病変が加わる。

　末期（8年〜）になると、排泄を含め日常生活が全面介助となり、家庭での介護も次第に困難になる。意味のある言語がほとんど失われ、歩行も困難になって食事もとれなくなり、栄養障害による衰弱や感染症のため寝たきりとなることが多い。大脳に広汎な病変が見られる。

6.　今後の高齢社会に向けて

　認知症の患者あるいは、その予備軍としての高齢者が増えていくことは確実である。しかし、認知症の症状の進行を止める薬は今のところないので、支援者の関わりの状況と認知症患者の重症度により、家庭での介護、施設入所、入院といった処置がなされているのが現状である。そこで、高齢者全体を社会で支える制度の設計が重要となってくる。

　厚生労働省は、団塊の世代が75歳以上となる2025（平成37）年に急に高齢者が増えることを見据え、「新オレンジプラン」と称する認知症への社会の理解を深めるためのキャンペーンや対策を進めている[4]。

　そのひとつの柱が「認知症サポーター」の養成である。認知症サポーターは、「認知症に関する正しい知識と理解を持ち、地域や職域で認知症の人や家族に対してできる範囲での手助けをする人」をいい、「認知症サポーター養成講座」の講師役である「キャラバンメイト」とあわせ、平成30年12月31日時点で11,101,518人が養成されている。認知症の人やその家族が、地域の人や専門家と相互に情報を共有しお互いを理解し合う「認知症カフェ」も、地域の状況に応じて、様々な共有主体により実施されており、41都道

第3章　現代社会と健康

府県 280 市町村にて、655 カフェが運営されている。

　このような試みはまだ始まったばかりであるが、高齢者や認知症患者を地域の一員として受け入れていくような仕組みを各地域の実情に応じて作り上げていくことが、未だ人類が経験したことのない高齢社会を魅力的なものにしていくために必要である。

引 用 文 献

1) 平成 29 年度版高齢社会白書　内閣府
2) 平成 28 年度版男女共同参画白書 内閣府
3) 荒井秀典（2014）フレイルの意義, 日老医誌, 51, 497-501
4) 厚生労働省 HP
　https://www.mhlw.go.jp/stf/seisakunitsuite/bunya/0000064084.html 2018.9.1 閲覧

問　題

(1) 認知症の中核症状と周辺症状について述べなさい。

(2) 認知症者を支える社会の仕組みの現状を述べ、今後に向けてどのようなことをおこなったらよいか自分自身の考えを述べなさい。

（宮崎　伸一）

第3節　飲酒・喫煙・薬物と健康

1. はじめに

　酒（アルコール）は古今東西を問わず、人類に親しまれてきた嗜好飲料である。その健康への効用については多くいわれてきているが、ここでは取り上げず、アルコールの健康への害について述べていく。タバコについてもその害について述べる。薬物については代表的な違法薬物について述べることとする。

2. アルコールの吸収と分解

　酒類に含まれているアルコールは主にエチルアルコール（エタノール）である。以下、特にことわりない限り、「アルコール」はエチルアルコールを指す。アルコールは20％が胃から、80％が小腸から吸収される。吸収されたアルコールの約10パーセントは呼気、尿、汗の中に直接排泄され、80％は肝臓で、10％は筋肉で分解される。まずアルコールは、アルコール脱水素酵素（ADH）系か、ミクロソームエタノール酸化系（MEOS）*1の2系統のどちらかによりアセトアルデヒド*2に変化する（図3-3-1）。

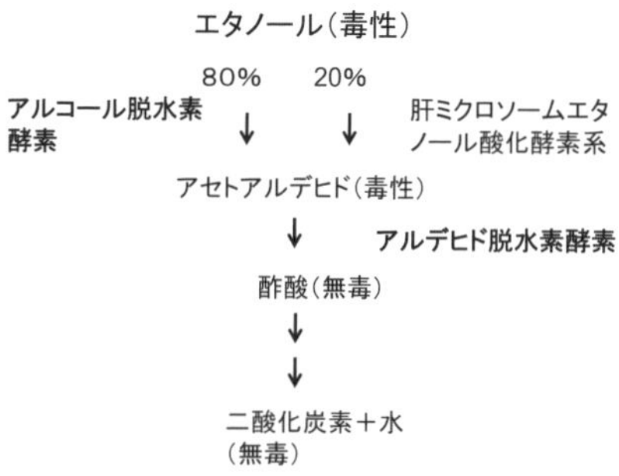

エタノール（毒性）

80%　　20%

アルコール脱水素酵素　　　　　　　肝ミクロソームエタノール酸化酵素系

アセトアルデヒド（毒性）

アルデヒド脱水素酵素

酢酸（無毒）

二酸化炭素＋水（無毒）

図3-3-1　アルコールの代謝経路

3. アセトアルデヒドの分解

　アセトアルデヒドは、アルデヒド脱水素酵素（ALDH）により無害な酢酸に変換される。ALDHには多くのアイソザイム*3があるが、アセトアルデヒドの分解では2型（ALDH2）が最も重要である。

第3章　現代社会と健康

＊1　ミクロソームエタノール酸化酵素とは
体内に入ってきたアルコールを処理する酵素の一種。アルコール脱水素酵素やアセトアルデヒド脱水素酵素だけでアルコールを処理しきれない時に活性化する。また、このシステムは他の薬物分解にも利用され、飲酒の耐性増強や、薬物の交叉耐性の増強に関連がある。つまり、酒を飲むと「酒に強くなる」のはこの系の活性化による。

＊2　アセトアルデヒドの毒性
アセトアルデヒドは毒性の強い物質で、急性作用として、血管が拡張し（顔面紅潮）、血圧が低下し、動悸、頭痛などを起こす。また消化管運動を亢進させ、嘔気、嘔吐をもよおさせる。数時間以上経ってもこの状態が続いている場合を「二日酔い」という。さらに毛細血管の拡張が続くと、心臓に還流する血液量が大きく低下し、心臓が空ポンプ状態になって血液を駆出できなくなる。この状態が続くと心不全状態になり死亡するおそれがある。

＊3　アイソザイム
同じ触媒反応を行うが、化学構造や分布する臓器などが異なる酵素群。

人により ALDH2 の酵素機能が欠損している遺伝子タイプ ALDH2＊2 があり、酵素機能を持つ遺伝子タイプは ALDH2＊1 と呼ばれる。通常の飲酒ができるのは父母由来の両染色体にある ALDH2 を作る2つの遺伝子がともに ALDH2＊1 の場合であり、アセトアルデヒドの分解能力が高い。ALDH2＊1 と ALDH2＊2 を1個ずつ持つ場合は、アセトアルデヒドの分解能がそれほど高くないため、顔が赤くなりやすいが少しは飲める。ともに ALDH2＊2 を持つ場合は、アセトアルデヒドを分解できないため、酒が全く飲めない。このタイプの人はいくら飲酒訓練をしても酒が飲めるようにならず、むりに「一気飲み」をさせられるとアルデヒドの毒性が持続して死亡事故につながる[＊4]。

4. アルコールによる身体への影響

1 酩酊

酩酊とは「酔った状態」の意であるが、これはアルコールに限らず、薬物に起因する場合にも用いる。

①単純酩酊

いわゆる普通の酩酊で、「アルコール血中濃度と単純酩酊度」[＊5] に記したような酩酊がアルコール血中濃度に従って生じる。

②異常酩酊

異常酩酊は、その程度により複雑酩酊と病的酩酊とに分けられる。異常酩酊中のアルコール血中濃度は急激に上昇するが、必ずしも高くはないこともある。

③複雑酩酊

アルコールによる興奮が単純酩酊に比べて著しく、被刺激性が亢進し、いわゆる「酒癖が悪い」などといわれる状態をいう。人格も平素と比べ変化が大きい。複雑酩酊中の見当識障害も大きくなく、酩酊中の行為の概略は想起が可能である。

第3節　飲酒・喫煙・薬物と健康

④病的酩酊

急激で強い意識障害が起こり、見当識障害が著しく、周囲の状況を全く理解できない状態にある。平素とは全く違う人格になり、酩酊中の行為を全く覚えていない[6]。

2　アルコール症

①アルコール依存症の成立

長期にわたり大量飲酒を続けると身体依存が成立し発症する。人が1日にエチルアルコールを分解できる量は、体重1kg当たりアルコール約2.4gであるので、体重60kgの人は1日に約144g、すなわち100%アルコールに換算して約150ccが1日の分解量の限度である。これは、日本酒に換算すると940cc以上、ウイスキーに換算すると360cc（ボトル半分）以上を長期間、毎日飲み続けると絶えず体の中にアルコールが残っている状態になる。男性の場合は約10年間、女性の場合は約6年間で依存が成立するといわれている。

②離脱症状

依存症者が飲酒を急に中止すると、今までアルコールが存在することで保たれていた体の恒常状態（ホメオスタシス）が崩れ、振戦、けいれん、せん妄などの離脱症状が起こる場合がある[7]。

③アルコール性精神病

依存症が続いた場合に生じてくる精神障害で、上記のせん妄中に、健忘、発熱、傾眠、昏睡などの症状が間欠的に出現し、眼球運動の異常、歩行失調、けいれんなどの神経症状を伴う急性のウェルニック脳症がある。ビタミンB_1を摂取しないと急速に症状が悪化して死に至ることもあり、仮にそうならなくても慢性化するとコルサコフ症候群に移行する[1]。視床下部を中心に脳細胞の壊死が見られる[8]。

＊4
ALDH2を作る2つの遺伝子が2つともALDH2＊1となっているのは、欧米人のほとんどと日本人の約50%、ALDH2＊1とALDH2＊2を作る遺伝子を1個ずつ持つ人は日本人の約40%、2つの遺伝子ともALDH2＊2を作るタイプは日本人の10%である。

＊5　アルコール血中濃度と単純酩酊度（およその日本酒換算飲酒量、1合＝180ml）
0.　非臨床期　（〜日本酒1合）ほとんど無症状
1.　発揚期　0.01〜0.05%（同1〜2合）顔に赤み、気分快活、多弁、抑制力低下
2.　酩酊期　0.05〜0.10%（同2〜4合）ふらつき、ろれつ良く回らず、物わかり悪い
3.　泥酔期　0.10〜0.40%（同4〜5合）歩行困難、精神活動抑制、意識混濁
4.　昏睡期　0.40%（同5合以上）外界の刺激に全く反応しない。さらに延髄の呼吸中枢が麻酔され死に至る場合がある

○道路交通法では「酒気帯び運転」のアルコール濃度は、呼気1Lにつき0.15mg以上または血液1mLにつき0.3mg≒0.03%以上）と規定されている。

第3章　現代社会と健康

＊6　酩酊と刑事責任
酩酊は自分の意志により飲酒して起こった状態（「原因において自由な行為」）であるので、単に酩酊というだけで刑事責任が免責されることにはならない。ただし、その酩酊が通常の酩酊の様態から逸脱する病的な場合のみ、その程度に応じて免責されることがある。単純酩酊は完全責任能力、複雑酩酊は部分責任能力、病的酩酊は責任能力なしとされることが多いようであるが、実際は個々の例ごとに裁判官その判断による。

＊7　離脱症状
・振戦；飲酒中止後、数時間で出現し、発汗を伴い、手指、手足、全身の振えが出現する。自律神経活動の一時的な混乱によるもので、1日程度で消退する。
・けいれん；飲酒中止後、数時間から2日くらいまでに出現するもので、アルコールにより活動を抑えられていた大脳運動野神経細胞が過活動状態になって全身性けいれん発作を起こす。
・せん妄；変動する意識混濁の状態をベースに、不安、焦燥、運動不穏を起こし、幻覚を伴った状態をいう。飲酒中止後1～3日で出現することが多く、虫やネズミなどの小動物がたくさん動きまわるなどの幻覚が出現し、患者は幻覚を追って「虫取り動作」をするなど落ち着かない。振戦に続

④身体症状

大量飲酒を長く続けると、身体の各臓器に障害をきたす。慢性肝炎、肝硬変、神経炎（四肢のしびれや、筋力低下など）、アルコール性心筋症、膵臓炎、糖尿病、高血圧症、栄養失調などを引き起こす。

5. 妊娠・授乳中の女性とアルコール

妊娠中の飲酒は胎児に発育遅滞、精神遅滞を発症させる可能性がある。アルコールに限らず、薬物摂取は特に妊娠8～10週の器官形成期は危険である。起こりうるこのような胎児への影響を薬物摂取によるメリットが上回らない限り、この間の摂取はしない方がよい。また授乳中の飲酒は、アルコールが母乳に移行し、新生児がアルコールを飲むことになるため、注意が必要である。

6. 薬物による精神障害

はじめに、薬物による精神障害で汎用される用語について、側注＊9に示しておく。以下、代表的な薬物について述べていく（表3-3-1）。

Ⅰ 覚醒剤

代表的な覚醒剤であるアンフェタミン、メタンフェタミン（商品名ヒロポン）は、神経伝達物質であるドーパミンを活性化させ、精神運動興奮、気分の高揚、多

表 3-3-1　依存性薬物の分類[1]を一部改変

依存の型	身体依存	精神依存	耐性	薬物
アルコール型	++	+++	+	
モルヒネ型	+++	+++	+++	モルヒネ、ヘロイン、コデイン
バルビツール酸系薬物型	+++	++	++	フェノバルビタール、ベンゾジアゼピン
コカイン型	−	+++	−	コカイン
印度大麻型	−	++	−	マリファナ
アンフェタミン型	−	+++	++	アンフェタミン、メタンフェタミン、MDMA
幻覚薬型	−	+	++	LSD

第3節　飲酒・喫煙・薬物と健康

幸感、万能感などの精神作用を引き起こす。しかし、薬効が数時間して切れると反動が現れ、疲労、不快感、無気力が出現するため、これらを除くために再び使用するようになる。また、覚せい剤は耐性が形成される。覚醒剤を大量（数10mg／日）、長期（2～3か月以上）に使用すると、幻視、幻聴、被害妄想、追跡妄想などの統合失調症に酷似した精神症状が出現することがある。こうした精神症状は覚醒剤の使用中止により、しばらくして消失するが、何年も経過した後、覚醒剤を使用しなくても、被害妄想などが再発することがある。この現象をフラッシュバックという。

　覚醒剤の乱用を防ぐため、1951年に覚醒剤取締法が制定された。しかし覚醒剤は合成が容易なため、非合法の中で暴力団やネットなどを通じて覚醒剤を乱用する者は少なくない。最近では覚醒剤類似の合成麻薬であるMDMA（3,4 methylenedioxyl methamphetamine）が、「エクスタシー」という名の錠剤で若者の間に広まっており、新たな問題となっている。

■2 アヘン

　アヘンは、ケシの種子の浸出液を乾燥したものである。アヘンは古くから鎮痛薬として用いられてきたが、19世紀に入りアヘンは嗜好物となり、アヘン依存症が広まった。アヘンの抽出物であるモルヒネやコデインは天然アルカロイド、そのモルヒネの構造の一部を改変したのがヘロインである。使用すると多幸感、陶酔感があり、容易に依存症となる。止めると離脱症状は、嘔吐、下痢、呼吸促拍、全身不快感、筋けいれん等が起こる（非常に激しい自律神経症状なので、「自律神経の嵐」といわれている）。癌の疼痛緩和など医療に用いられているが、日本では少数の医療関係者に

発するので、振戦せん妄ともいう。発生後3～7日で通常は消失する。

＊8　コルサコフ症候群[2]：健忘、作話、見当識障害の3症状が主。2～3分前のことも健忘してしまい、質問されると、即座にまことしやかな作り話をして健忘を誤魔化す。作り話の内容は、場所や時間がでたらめで、すぐに作話とわかる。例を挙げると、額に擦り傷を負った入院患者に、「その傷はどうしたか」と問うと、即座に「屋根で雪下ろしをして、落ちた時に切った」と答えた。季節は初夏、入院患者が屋根に登ることはあり得ないことで、場所と時間の見当識が障害されている。

第3章　現代社会と健康

＊9　薬物による精神障害で
　　汎用される用語
乱用：薬物を社会的許容から
　　逸脱した目的や方法で自己
　　使用すること。

依存：乱用の繰り返しの結果、
　　自己コントロールできずに
　　乱用を止められない状態。

身体依存：その薬物を使用
　　することによってかろうじて
　　生理的均衡を保っている状
　　態。中止すると離脱症状が
　　出現する。

耐性：初めは少量で得られた
　　精神的効果を得るために、
　　使用量を増やさなければな
　　らなくなった状態。

急性中毒：乱用の結果、直ち
　　に中毒症状を呈すること。

慢性中毒：依存に基づく乱用
　　の繰り返しの結果、精神症
　　状や身体症状を呈するよう
　　になった状態。

依存症が見られる。海外では一般人にヘロイン乱用者が多くみられ、社会問題になっている。

■3 コカイン

コカの葉から抽出されたコカインは、多幸感、陶酔感、自己能力増大感を生じさせる作用があり、依存症を起こしやすい。慢性的に使用すると、錯乱、幻覚、被害妄想、追跡妄想が出現し、反社会的行為に及ぶことがある。

■4 マリファナ（大麻）

マリファナは大麻草を乾燥したもので、大麻草からエキスを抽出し樹脂状にしたものはハシッシュと呼ばれる。気分が発揚し、陶酔、酩酊状態を起こし、知覚が鋭敏になり時に幻覚を生じる。気分発揚感、陶酔感を得るため依存が起こることがある。大麻を長期間使用していると、動因喪失症候群（労働意欲低下）が起こるが、使用を急に中止しても離脱症状は起こらない。欧米では一部で使用が禁じられていないが、日本では麻薬に指定されている。

■5 揮発性有機溶剤

シンナー、ベンゼン、トルエンなど合成樹脂などを溶解する揮発性化合物を揮発性有機溶剤と総称する。揮発性有機溶剤を吸引すると、酩酊状態になり多幸感に充たされ、酔った気分が気持良く依存が生じやすいだけでなく、わずかな刺激で異常な反応を起こしたり、幻覚、妄想、錯乱状態になることがある。乱用すると依存が生じ、吸引しないと無気力、不安になり、怠学、欠勤をするようになる。長期連用すると、脳波異常や脳萎縮が出現することがある。

第3節　飲酒・喫煙・薬物と健康

6 その他の幻覚剤

① **LSD**

自然界になく化学合成された薬物である。多くは視覚性の幻覚が現れ、恍惚状態となりサイケデリック（超越的な）体験をすることがある。

② **ムスカリン**

サボテンに含まれるアルカロイドで、サボテンを乾かしたPeyoteがアメリカインデアンの祭礼の際に恍惚を得る目的で用いられた。幻覚と気分変容が生じる。

③ **マジック・マッシュルーム**

シロシビンなどの幻覚物質を含み、幻覚、気分変容、精神錯乱を引き起こす。

7. タバコ

平成29年現在、習慣的に喫煙している者の割合は、19.3%である。性別に見ると、男性32.2%、女性8.2%であり、男女ともに10年間で減少傾向にある（図3-3-2）。喫煙すると、酸素を運搬する赤血球のヘモグロビンの1割が一酸化炭素と結合し、酸素の運搬能力を低下させる。

タバコの煙にはニコチン、一酸化炭素、繊毛障害性物質、発がん物資など多くの有害物質が含まれている。ニコチンは、血管系に作用し、血圧上昇、脈拍数増加など、心臓への負担を大きくする。また、精神面では覚醒、注意力の向上と、不安の軽減が見られる。ニコチンには中毒性があり、過剰摂取では、嘔吐、ふるえが見られ、時に呼吸障害を起こす。依存性もあり、長期摂取が肺気腫の危険性を高める。大量喫煙者が喫煙を急に中止すると、軽いニコチン離脱症状が起こり、不快感、イライラ感、集中困難、食欲増進などが生じる。

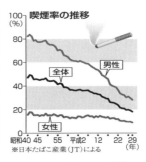

図3-3-2　喫煙人口の推移（推計値）[3]

第3章　現代社会と健康

引用文献

1）大熊輝雄原著　「現代臨床精神医学改訂第12版」金原出版
2）舟橋一郎（2017）健康理論　p38　中央大学通信教育部
3）全国たばこ喫煙者率調査結果（日本たばこ産業）https://www.sankei.com/life/news/180327/lif1803270005-n1.html　2018.9.1 閲覧

問　題

（1）飲酒ができない人の遺伝的原因とアルコール代謝の特徴について述べなさい。

（2）覚せい剤による精神障害について述べなさい。

（宮崎　伸一）

第4節　睡眠と健康

1. はじめに

　睡眠は、身体や脳の休息および機能の回復の役割を持つ。それは、生物の生命維持に欠かすことのできない現象であり栄養や運動と並んで、健康を支える重要な要素である。このため人間の正常な社会活動には十分な睡眠が必要であり、健康の維持増進に関わるライフスタイルの改善に必須であるばかりでなく、労働環境の改善、疾病予防や事故防止にとっても重要である。

2. 睡眠の基礎

■1■ 睡眠研究の歴史

　睡眠とは、「人間や動物の内部的な必要から発生する、意識水準の一時的・可逆的な低下である。」と定義されている[1]。

　人は古来、日中活動し夜に寝る生活を続けてきた。他の生物においても、昼夜の変動に対応した活動と休息の周期が見られる。人も動物もまぶたを閉じ、独特の眠りの姿勢（寝相）をとって寝ることが観察できる。これは、行動睡眠と呼ばれる。しかしながら、行動睡眠からでは、睡眠と覚醒の正確な区別はできない。そこで睡眠を科学的に定義するに至った経緯を簡単に説明する。

　1929年ドイツの精神医学者 Berger [2] によって脳波が発見され、覚醒水準*1 を定量化することができるようになった。

　その後、アメリカの Loomis ら [4] [5] によっ

*1
睡眠から興奮に至る覚醒の程度を覚醒水準という。

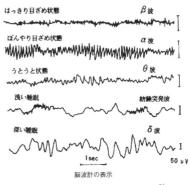

図3-4-1　ヒトの脳波と意識水準[3]

て、脳波から睡眠段階をある程度客観的に判別できることを示し、覚醒か睡眠かを科学的に判別することができるようになった。1953年になってAserinskiとKleitman[6]が急速眼球運動を伴うREM睡眠を発見し、1955年Dement[7][8]によってNREM睡眠とREM睡眠が周期的（約90分ごと）に繰り返されること、さらにはREM睡眠と夢の関連性が報告されて以来、脳波は睡眠研究の中心的な指標の1つとされてきた。脳波によって判別された睡眠は、脳波睡眠と呼ばれる。その後、Jouvet[9]によってREM睡眠中に頸筋の筋電図が消失すること、自律神経指標の乱れが大きいことなどが次第に明らかにされ、1968年にはRechtschaffenとKalsによって脳波、眼球運動および筋電図等による標準的な記録方法と睡眠段階の判定基準が提唱されるに至り[10]、睡眠研究の進歩に大きく寄与した。これらの研究成果によって、睡眠状態とそれ以外の意識の消失を分類することができるようになった。

2 睡眠段階の判定

脳波が意識水準とよく対応して変化し、特に睡眠中は著明な変化を示すことから、脳波パターンによって睡眠状態を分類し、眠りの深さの指標とする試みがなされてきた。これが睡眠段階（sleep stage）である。眼球運動と頤筋の筋電図などを同時に記録する睡眠ポリグラフ（polysomnography：PSG）の変化を総合し覚醒、ノンレム睡眠4段階およびレム睡眠の6つの段階で判定するようになった。

その各睡眠段階の特徴は、以下の通りである。

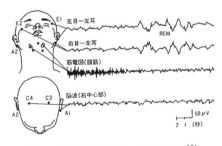

図3-4-2　睡眠脳波における電極の位置[10]

第4節　睡眠と健康

①**覚醒**：8～12Hzのα波と13Hz以上のβ波活動が主成分をなすが低振幅速波が混入する。

②**段階1睡眠**：α活動が消失し、4～7Hzのθ波を主とする低振幅（20μV以下）、不規則で種々の周波数の脳波が出現し、早い眼球運動は伴わない。若い人では、瘤波と呼ばれる3～8Hz、100μV以上の頭頂部鋭波が低い振幅の背景脳波上に散発して、著しく目立つ脳波像を示す。脈拍数や呼吸数は覚醒時の水準より低下し、眼球は水平方向にゆっくりと揺れ動く。この揺れは通常、緩徐な眼球運動（Slow Eye Movements）と呼ばれ、3～5秒くらい持続し、筋電位活動も低下する。段階1睡眠では、わずかな外界の刺激で容易に目覚め、ほとんど"寝ていた"という自覚がなく、「体が下の方に引き込まれた」とか意識が遠のくような独特の感じを体験することが多い。

③**段階2睡眠**：脳波は、低振幅で不規則な徐波を背景として2つの特徴的な波形である紡錘波とK複合波（K-complex）が出現する。紡錘波は、12～14Hzの中間速波が連続して出現する脳波像で、その平均振幅は15～25μVで、出現頻度には個人差がある。また、紡錘波の直後に1つの大きな波が出現することがある。このような高振幅徐波と紡錘波の組み合わせをK複合波といい、身体内あるいは外界における何らかの刺激に応じて出現するとされている。心拍数や呼吸数は、急速に減少する。また、緩徐な眼球運動はなくなり、筋電位活動は、多くの場合段階1睡眠より低下する。刺激に対する反応時間は段階1睡眠より長くなるので、睡眠の深度は中程度と考えられている。全睡

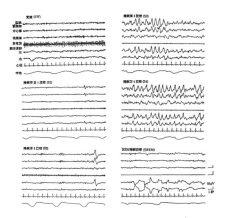

図3-4-3　睡眠脳波による睡眠段階[11]

第3章 現代社会と健康

眠中もっとも出現量の多い睡眠段階である。

④段階3睡眠および段階4睡眠：脳波は、振幅の大きい大徐波が増加し、もっとも深い睡眠期と考えられている。少々の刺激では目を覚ますことがなく、全睡眠期間の前半期に多く出現する。夜驚症や夢遊病の症状がこの時期に出現し、突然起きたり、目的のない動作をしたりすることがある。国際基準により、脳波は2Hz以下のδ波と呼ばれる高振幅（75μV以上）徐波がある睡眠区間（通常は20sec）の20～50％を占める時期を段階3睡眠、50%以上を占める時期を段階4睡眠とされている。段階3と4をあわせて、徐波睡眠（Slow Wave Sleep）と称することもある。

⑤段階REM睡眠：脳波は、比較的低振幅で種々の周波数を含み、段階1睡眠と同様な脳波を示すが、急速眼球運動（Rapid Eye Movement: REM）が挿間的に出現し筋電図は最低値を示す。脈拍数や呼吸数はこの段階で軽度に増加し、著明に不規則化することが特徴である。したがって、脳波パターンから考えると大脳皮質の活動水準は他の睡眠段階に比較してかなり高いが、抗重力筋の緊張が著しく低下していることから、身体面での深い睡眠状態または休息状態にあると考えられている。

ノンレム睡眠とレム睡眠が約90分周期で交互に現れ、睡眠サイクルを形成する。睡眠の前半にはノンレム睡眠、中でも深い睡眠である徐波睡眠が特に多く出現する。逆に睡眠後半にはレム睡眠が多く出現し、徐波睡眠の出現は少なくなる。

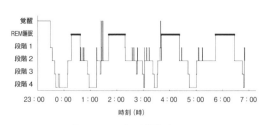

図3-4-4 一夜の睡眠経過図

3 睡眠・覚醒リズム

睡眠は時刻依存性の概日リズム機構による調節と、時刻

第4節 睡眠と健康

非依存性のホメオスタシス機構による調節との2つでコントロールされているという説が有力である[12]。

第1の調節機構は、睡眠は1日を単位とするリズム現象であり、脳内に存在する生物時計に管理されているというものである。これをサーカディアン（概日）性の調節方式あるいは時刻依存性の調節方式と呼ぶ。第2の調節機構は、先行する断眠時間の長さによって、睡眠の質と量とが決定されるというものである。これを時刻非依存性の調節方式あるいは恒常性維持機構（ホメオスタシス）性の調節方式といわれるものである。

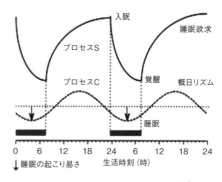

図 3-4-5　睡眠の Two process model [12]

3 -1 サーカディアンリズム（概日リズム）による調節

生物が示す諸現象のなかに見られる、おおよそ24時間周期で繰り返される変化のことであり、サーカディアンリズム（circadian rhythm）[*2]ともいう。このリズムは生体内から発振される生得的、内的な体内時計のようなもので、細胞の代謝のリズムに基づくものと考えられる。

サーカディアンリズムに代表される生体リズムは、昼行性、夜行性の差はあれほとんどの生物に見られるものである。このリズムに従って、睡眠覚醒、体温や血圧の調節、またホルモンの分泌などが行われる。特に体温やメラトニンと呼ばれるホルモンは、睡眠の調節に密接に関係している。サーカディアンリズムの周期は正確に24時間ではなく、個人差があり24～25時間といわれている。この違いには時計遺伝子が関係している[*3]。この差を修正する機能として体内時計

*2
ラテン語のcircaは"おおよそ"、dies はラテン語を語源とした"日"の意味から作られた造語である。

*3
概日リズムを制御する遺伝子群

第3章　現代社会と健康

には、光によって時刻を合わせる仕組みがある。これを光同調という。

■3■-2　恒常性維持機構（ホメオスタシス）による調節

恒常性維持機構とは、生物が生命を維持するために体の内部を一定の状態に保とうとする働きのことである。睡眠に置き換えて言えば、脳や体が疲れると休ませる機能である。活動していた時間の長さ（睡眠不足の度合い）によって、睡眠圧（眠気）が強くなり睡眠の長さや質が変化する。約15時間覚醒状態が続くと睡眠圧が高まってくる。睡眠を取ると、睡眠圧は下がり眠気が少なくなる。脳が高度に発達した人間は、脳を休ませないといわゆるオーバーヒートを起こし、機能が低下する。徹夜した次の日の夜には、よく眠れるのも、この恒常性維持機構のためである。

■4■　睡眠と日中のパフォーマンス

慢性的な睡眠不足が持続される結果、運動能力の低下、気力や思考力・記憶力の低下、注意力の低下など各種の身体的・精神的な機能低下が起こり、作業ミスや災害を引き起こしやすい状況になることが予想される[13)14)]。6時間睡眠を2週間続けさせ、作業能力を計測した実験の結果によると、実験終了後には徹夜明けと同等まで作業能力が低下していた[15)]。また、4時間睡眠を1週間過ごさせた結果、作業能力の低下に加え、耐糖能力の低下や免疫能力の低下といった生理機能の低下が報告されている[16)]。

個人が必要とする睡眠時間より実際の睡眠時間が少ない場合、この差が睡眠不足になる。その不足分が蓄積することを睡眠負債と呼ぶことがある。睡眠不足状態が慢性的に継続することにより、睡眠障害や生活習

第4節　睡眠と健康

慣病の恐れがある。

3.　睡眠障害

　睡眠障害を大きく分けると次の4つのタイプに分類することができる。

■1 不眠

　夜寝つきが悪い、眠りを維持できない、朝早く目が覚める、眠りが浅く十分眠った感じがしないなどの症状が続き、よく眠れないため日中の眠気、注意力の散漫、疲れや種々の体調不良が起こる状態を指す。症状としては、

　　1.　床に就いてもなかなか眠れない（入眠困難）。
　　2.　眠りについても途中で何度も目が覚めてしまう（中途覚醒）。また、早く目が覚める（早朝覚醒）といった症状がある。
　　3.　眠りが浅く、熟眠感がない（熟眠障害）などがある。

■2 過眠

　夜眠っているにもかかわらず、日中に強い眠気が生じ起きているのが困難になる状態。ナルコレプシーや特発性過眠症などがある。

■3 概日リズム睡眠障害

　昼夜のサイクルと体内時計のリズムが合わないため、1日の中で社会的に要求される、あるいは自ら望む時間帯に睡眠をとることができず、活動に困難をきたすような睡眠障害。就床、起床時刻が遅くなり昼夜が逆転してしまう、睡眠位相後退症候群。反対に早くなる睡眠位相前進症候群などが挙げられる。

107

第3章　現代社会と健康

＊4
覚醒状態から眠りに入るまでの所要時間のことである。眠気の強さや寝つきの良し悪しを示す客観的指標として使われる。

＊5
「健康づくりのための睡眠指針 2014」
1. 良い睡眠で、からだもこころも健康に。
2. 適度な運動、しっかり朝食、ねむりとめざめのメリハリを。
3. 良い睡眠は、生活習慣病予防につながります。
4. 睡眠による休養感は、こころの健康に重要です。
5. 年齢や季節に応じて、ひるまの眠気で困らない程度の睡眠を。
6. 良い睡眠のためには、健康づくりも重要です。
7. 若年世代は夜更かし避けて、体内時計のリズムを保つ。
8. 勤労世代の疲労回復・能率アップに、毎日十分な睡眠を。
9. 熟年世代は朝晩メリハリ、ひるまに適度な運動で良い睡眠。
10. 眠くなってから寝床に入り、起きる時間は遅らせない。
11. いつもと違う睡眠には、要注意。
12. 眠れない、その苦しみをかかえずに、専門家に相談を。

▉4▉ 睡眠呼吸障害

　睡眠中に異常な呼吸を示す病態の総称。代表的な疾患は睡眠時無呼吸症候群。肥満による気道の閉塞や呼吸中枢の異常によって睡眠中の呼吸が止まることにより、十分な睡眠が取れないこと。主症状としては、日中の眠気、大きなイビキ、睡眠時の窒息感やあえぎ呼吸、夜間の頻尿、覚醒時の倦怠感、頭痛などが挙げられる周期性四肢運動障害。

▉5▉ その他の睡眠障害

　眠ろうと床に就くと、足に、むずむず感・何ともいえない不快感・虫が這う感じなど異常な感覚があり、じっとしているのがつらく入眠できなくなるむずむず脚症候群。夜間睡眠中に、足や手がぴくついて何度も目が覚め深く眠れない。睡眠中、あるいは入眠時、睡眠からの覚醒時に起こるさまざまな望ましくない現象の総称である睡眠時随伴症がある。

　これらの症状が出たときには、速やかに医師の診察を受けることが望ましい。

4. 良い睡眠を取るためには

　良い睡眠の条件として、
1. すぐ眠ることができる（入眠潜時が短い＊4）
2. ぐっすりと眠ることができる（中途覚醒が少ない）
3. すっきりと目覚めることができる（睡眠状態からスムーズに覚醒へと移行できる）

といった条件が挙げられる。

　2014年3月、厚生労働省から「健康づくりのための睡眠指針 2014」＊5が発表された。適切な睡眠量の確保、睡眠の質の改善、睡眠障害への早期からの対応ができるよう記載された。

第4節　睡眠と健康

引 用 文 献

1）鳥居鎮夫　編（1999）：睡眠環境学，朝倉書店.

2）Berger H:（1935）Uber das Elektrenkephalogramm des Menschen（I-VI V Mitteilugen）. Arch of Psychiat 1929-1938. 1, Mittl, 87, 257.

3）Penfield W & Jasper HH:（1954）Epilepsy and the functional anatomy of the human brain. Little Brown.

4）Loomis AL, Harvey EN, Hobart G:（1937）Cerebral states during sleep as studied by human brain potentials. J Exp Psychol 21: 127-144.

5）Loomis AL, Harvey EN, Hobart G:（1935）Potential rhythms of the cerebral cortex during sleep. Science 81: 597-598.

6）Aserinsky E, Kleitman N:（1953）Regularly occurring periods of eye motility, and concomitant phenomena during sleep Science 118: 273-274.

7）Dement WC:（1955）Dream recall and eye movements during sleep in schizophrenics and normals. J Nerv Ment Dis 122: 263-269.

8）Dement WC:（1958）The occurrence of low voltage, fast EEG patterns during behavioral sleep in the cat. Electroencephaligr Clin Neurophysiol 10: 291-296.

9）Jouvet M:（1962）Recheres sur les structures nerveuses et les mecanismes responsables des dufferentes phases du sommeil physiologique. Arch Ital Biol 100: 125-206.

10）Rechtschaffen A, Kales A（eds）（1968）. A manual of standardized terminology, techniques, and scoring system for sleep stages of human subjects. Washington, DC: Public Health Service, U.S. Government Printing Office.

11）遠藤四郎　編著（1979）：臨床精神医学2, 星和書店，東京.

12）AA Borbély AA（1982）, two process model of sleep regulation. Human neurobiology 1: 195-204.

13）Moore-Ede M（青木薫　訳）：大事故は夜明け前に起きる，講談社，東京，（1994）.

14）Coren S（木村博江　訳）：睡眠不足は危険がいっぱい，文芸春秋，東京，（1996）.

15）Van Dongen HP, Maislin G, Mullington JM, Dinges DF:（2003）The cumulative cost of additional wakefulness: dose-response effects on neurobehavioral functions and sleep physiology from chronic sleep restriction and total sleep deprivation. Sleep. 15; 26（2）: 117-26.

16）Spiegel K, Leproult R, Van Cauter E:（1999）Impact of sleep debt on metabolic and endocrine function. Lancet. 23; 354（9188）: 1435-1439.

問 題

（1）あなたは、良い睡眠をとるために気をつけていることはありますか？

（2）あなたは、睡眠不足であると感じたときに取る解決法はありますか？

（永嶋　秀敏）

第3章　現代社会と健康

第5節　食事と健康

1. 貧食から豊食、崩食の時代へ

　第二次世界大戦後、日本は食糧難から「貧食」の時代を経験した。その後高度経済成長により生活が豊かな「豊食」の時代となり、食物に不自由のない「飽食」の時代を経て、現在は、食事内容や食習慣の乱れた「崩食」の時代ともいわれている。

　日本国民の不規則な生活や栄養の偏りにより、生活習慣病*1増加など健康面への影響が深刻になったことや、BSE（牛海綿状脳症）*2、鳥インフルエンザの発生、食品企業による不祥事など、食の安全・安心が揺らいだことなどを背景に、2005年に食育基本法*3が国会で成立し、施行された。これは、食育に関する世界で初めての法律とされている。食育基本法の中で食育は、①生きる上での基本であって、知育、徳育及び体育の基礎となるべきものであり、②様々な経験を通じて「食」に関する知識と「食」を選択する力を習得し、健全な食生活を実践することができる人間を育てること、を重要視している。

　食育基本法でも取り上げられている、現代社会の食生活に関する問題点と、健康への影響について、詳しく述べていく。

2. 朝食欠食

　近年、我が国において朝食の欠食率は全体的に増加しており、特に20歳代で最も高く、女性より男性の方が高くなっている[1]。朝食欠食は子どもにおいても増加しており、小学6年生で13%、中学3年生で17%

*1
生活習慣病とは、食事や喫煙、睡眠などの生活習慣が原因で発症する病気の総称で、糖尿病、高血圧、高脂血症、大腸がんなど様々な病気が含まれる。

*2
BSE（牛海綿状脳症）は、BSEプリオンと呼ばれる病原体に牛が感染し、牛の脳の組織がスポンジ状になり、異常行動、運動失調などを示して死亡する。BSE感染牛から食品を介して人に伝達する可能性があると考えられている。

*3
食育基本法は2005年6月に国会で可決・成立し、同年7月に公布・施行された。

110

第5節 食事と健康

となっている[2]。

朝食を欠食すると、体温が上がらず、脳へのエネルギー不足のために午前中の学校での活動に集中できず、学力や体力にも影響があるとされている。実際に、朝食欠食しない子どもの方が、欠食する子どもよりも学力調査の得点率が高くなるという報告がなされている[2]。

近年のダイエット志向で朝食を摂取しない若者も増えているが、アメリカのミネソタ州の研究では、平均年齢15歳の男女を対象に5年間の追跡調査を行い、朝食をとる頻度の高い若者ほどBMI[*4]が低く、肥満傾向が少ないことが明らかになった[3]。つまり、朝食をしっかり摂取することで、夕食での過食を防ぎ、体重増加を抑制すると考えられている。

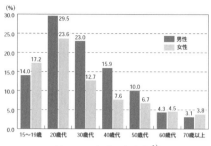

図 3-5-1　朝食の欠食率[1]

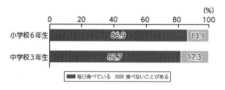

図 3-5-2　朝ごはんを食べないことがある
　　　　　小・中学生の割合[2]

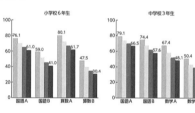

図 3-5-3　朝食摂取と学力との関係[2]

3. 栄養の偏り

和食（日本人の伝統的な食文化）は平成25（2013）年にユネスコ無形文化遺産に登録され、我が国が世界に誇れる食文化である[4]。しかしながら、この多様で新鮮な食材を用い、一汁三菜[*5]の健康的な栄養バランスが評価されている和食を、当の日本人が食べなくなり、消えつつあるといわれている。

三大栄養素（タンパク質：P, 脂質：F, 炭水化物：C）の理想的なエネルギーバランスはP:F:C=15:25:60とされている[5]。1960年頃は米を中心とした食事で炭水化物の割合が高く、脂質が不足していたが、欧米の

*4
BMI (body mass index) は、体格指数であり、体重(kg)÷身長(m)の2乗で表される。

*5
一汁三菜とは、日本料理の献立の1つで、ご飯の他に汁物一品と料理三品という意味である。

111

第3章　現代社会と健康

図 3-5-4　日本人食事における栄養バランスの変化[6]

食文化が広まり高脂質の食事を好む傾向へ移行していき、現在では脂質過多の状態になっている[6]。ハンバーガーやピザ、フライドポテトといったファストフードが手軽で安価に手に入るようになり、子どもや若年層を中心に多く利用されているが、脂質や塩分の過剰摂取、野菜類の摂取不足などが問題となっている。

4. 野菜の摂取不足

野菜に多く含まれる食物繊維や抗酸化ビタミン[*6]の摂取は、循環器疾患やがんの予防に効果的にはたらくと考えられている。これらの栄養素を確保するためには、1日350～400gの野菜の摂取が必要とされている[7]。しかしながら、日本人の野菜摂取量の平均値は276.7gで、最も多く摂取している60歳代男性で309.9g、最も少ない20歳代女性で228.6gであり[8]、特に若年層で野菜不足が顕著になっている。

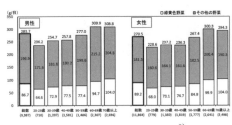

図 3-5-5　野菜摂取量の平均値[8]
(20歳以上、性・年齢別、全国補正値)

[*6] 抗酸化ビタミンとは、活性酸素の有害作用を抑える抗酸化作用を持つビタミンで、カロテノイド、ビタミンE、ビタミンCなどが含まれる。

「野菜を1日350g」といわれても、実際にどのぐらいとればよいのかわからない人も多いと思われる。野菜の量は、ほうれんそうのおひたし、きんぴらごぼう、野菜サラダなどの小鉢・小皿料理は1皿70g（野菜1皿相当）、野菜炒めなどの大皿料理は1皿140g（野菜2皿相当）というふうに数え、1日に野菜5皿相当分摂取するようにすると、70g×5皿＝350gで、目標値を達成できる[9]。

5. こ食問題

平成5年の国民栄養調査[10]において、子どもだけで朝食を食べている割合が約31%という現状が明らかとなり、子どもがひとりだけで食べる「孤食」を含

第5節 食事と健康

めたいわゆる「こ食問題」が深刻になってきた。他にも食べる量が極端に少ない「小食」、自分の好きなものを各々が食べる「個食」、めん類やパン類など、粉を主原料とした主食となる食品を好んで食べる「粉食」、固定した自分の好きなものしか食べない「固食」、味の濃い食べ物を好んで食べる「濃食」など、さまざまな「こ食」が問題となっている。

特に孤食（ひとり食べ）の子どもが抱える問題点としては、食欲が弱い、献立の数が少ない（特におかずの数が少ない）、朝食欠食が多い、不定愁訴[*7]を訴える数が多い、食事のマナーが身に付かない、といったことが挙げられる。

[*7]
不定愁訴とは、頭が重い、肩が凝る、腰が痛い、いらいらするというような自覚症状があるが、検査をしても原因となる病気が見つからない状態。

[*8]
虚血性心疾患とは、冠動脈の閉塞や狭窄などにより心筋への血流が阻害され、心臓に障害が起こる疾患の総称。冠動脈疾患とも呼ばれる。狭心症や心筋梗塞がこの分類に含まれる。

6. 極端なやせ

思春期の女子や若年女性を中心に、やせの増加が問題視されており、健康への影響も心配されている。成人でやせの者（BMI < $18.5 kg/m^2$）の割合は20歳代女性で最も高く、22.3%である[11]。若年女性のやせの増加は胎児への影響も大きく、低出生体重児（2500g未満）の出生率は5.5%（昭和50年）から10.6%（平成28年）になり、この約40年間で倍増している[12]。

疫学調査の結果から、出生体重が低い者ほど、虚血性心疾患[*8]による死亡率が高くなっており[13]、胎児期の低栄養により、将来の肥満、糖尿病、脂質代謝異常、高血圧などの生活習慣病になりやすくなることがわかっている。これは倹約表現型仮説とも呼ばれ、胎児期の低栄養の影響で、出生後の飢餓に備えて、エネルギーを

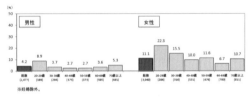

図3-5-6 やせの者の割合[11]
（20歳以上、性・年齢別）

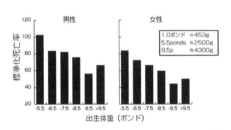

図3-5-7 出生体重と虚血性心疾患死亡の相関性[13]

体内に溜めこみやすいような遺伝子が選択的に発現しているのではないかと考えられている。

7. 不規則な食事

携帯電話やスマートホン、インターネット、ゲームなどの普及で、遅寝遅起きの生活をしている若年層が増えている。また夜勤やアルバイトなどで、生活時間が不規則になるケースも多くある。シフトワーカー(交代勤務者)のように不規則な生活を送っていると食事も不規則になり、肥満になりやすく、また冠動脈疾患による死亡率も高くなる[14]。また、生活時間が不規則であると慢性時差ぼけ状態となり、日中の眠気、精神作業能力低下、集中力低下、疲労感、食欲低下、頭重感など、さまざまな症状を呈して日中の作業効率が低下すると考えられる。

不規則な生活による、体内時計の異常を整えるためには、ふたつの方法がある。ひとつは、朝の光を浴びることで、脳内にある中枢神経系の時計を整えることができる。もうひとつはバランスのよい朝食を摂取することで、筋肉や臓器などの末梢の時計を整える。このふたつが同調することで、神経・内分泌系が円滑に活動を開始して、心身の機能が高まると考えられる。

8. 食の安全性

日本の食料自給率は約38%であり、アメリカ130%、フランス127%、ドイツ95%、イギリス63%といった主要先進国の中では最低の水準にある[15]。このため、我が国の食は、海外に大きく依存する状況となっている。しかしながら、安心して食生活

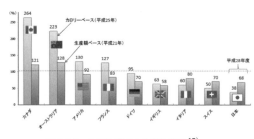

図3-5-8　主要先進国の食料自給率[15]

第5節　食事と健康

を楽しむためには、食料が安定的に確保される必要が
あり、食料自給率を向上させていく必要がある。地産
地消＊9 を推奨していくことは、食品の安全面だけで
なく、地場産物への理解、食文化の継承、自然の恵み
や勤労の大切さの理解といった観点でも、重要と考え
られる。

＊9
地産地消とは、地域で生産された農林水産物を、その生産された地域内において消費すること。

引用文献

1) 厚生労働省（2003）平成 15 年国民健康・栄養調査.
2) 文部科学省（2018）平成 29 年全国学力・学習状況調査.
3) Timlin, M. T., Pereira, M. A., Story, M., & Neumark-Sztainer, D. (2008). Breakfast eating and weight change in a 5-year prospective analysis of adolescents: Project EAT (Eating Among Teens). Pediatrics, 121 (3), e638-e645.
4) 農林水産省（2013）「和食；日本人の伝統的な食文化」の内容
5) 厚生労働省（2015）日本人の食事摂取基準（2015 年版）
6) 農林水産省（2005）平成 17 年食料需給表.
7) 厚生省（2000）21 世紀における国民健康づくり運動（栄養・食生活）.
8) 厚生労働省（2017）平成 28 年国民健康・栄養調査.
9) 農林水産省（2017）野菜をめぐる情勢.
10) 厚生省（1994）平成 5 年国民栄養調査.
11) 厚生労働省（2016）平成 27 年国民健康・栄養調査.
12) 厚生労働省政策統括官（2018）我が国の人口動態.
13) Osmond, C., Barker, D. J., Winter, P. D., Fall, C. H., & Simmonds, S. J. (1993). Early growth and death from cardiovascular disease in women. Bmj, 307 (6918), 1519-1524.
14) Fujino, Y., Iso, H., Tamakoshi, A., Inaba, Y., Koizumi, A., Kubo, T., & Yoshimura, T. (2006). A prospective cohort study of shift work and risk of ischemic heart disease in Japanese male workers. American Journal of Epidemiology, 164 (2), 128-135.
15) 農林水産省（2017）平成 28 年食料需給表.

問　題

(1) 食育基本法制定の背景となった、現代の食の問題点について説明しなさい。

(2) 朝食欠食や不規則な生活は、健康にどのような影響を及ぼすかについて、説明しなさい。

（笹原　千穂子）

第3章　現代社会と健康

第6節　遺伝と健康

1. はじめに

　遺伝子の物質的本体がDNAであり、その立体構造が報告されたのは、1953年のワトソンとクリックによる論文である[1]。その後、2004年にヒトゲノム塩基配列がすべて解明され、人の持つ遺伝子数もおおよそ計算された[2]。現在では、遺伝子は研究レベルのみならず、実際の医療現場で扱われるようになった。また、DNA鑑定など、司法の分野にも応用されており、遺伝子が我々の生活の中に深く入り込んでいる時代となっている。そのような時代に生きる我々が知っておくべき最小限度の知識を本節で述べていく。

2. DNA・遺伝子・ゲノム

　まず、これら3つの用語を定義しておく。DNAはDesoxyriboNucleic Acid の略で、日本語で「デオキシリボ核酸」といい、その一部に遺伝子を含む高分子化合物である。

　遺伝子は、DNAの一領域を占め、特定の生物機能を発現するものである。遺伝子の機能は2つあり、親の形質を子や孫以下の世代に一定の規則性をもって発現させる（これを「遺伝」という）ことと、遺伝情報を適宜発現させて、生命活動を支えることである（これを「発現」という）。ヒトの遺伝子は約2万2千個あるが[1]、DNAのすべての部分が遺伝情報を持っているわけではなく、それはDNA全体の5〜10%くらいにすぎない。残りの90〜95%には遺伝情報はなく、この部分の機能ははっきりわかっていない。我々の

第6節 遺伝と健康

体を構成するすべての臓器の細胞は同一のDNAを持つが、各臓器の構造、機能はそれぞれ異なっている。それは、各臓器ではそれぞれ特定の遺伝子だけが活動し、他の遺伝子は活動を休止しているからである。

ゲノムとは、「生命体を作るのに必要な全遺伝子を持つ1セットのDNA」をいう。ヒト体細胞（生殖細胞以外の細胞のこと）は2組の染色体を持っているので、2ゲノムを持っているが、生殖細胞（精子と卵）は1ゲノムしか持っていない

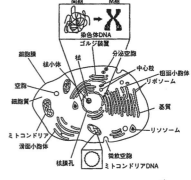

図3-6-1　細胞とDNAの模式図[3]

3. DNAは何処にあるか

核のない赤血球と血小板の例外を除く、すべての細胞の中にある（図3-6-1）。同一個体では、すべての体細胞（約60兆個）の中に同一のDNAがある。そして細胞の中を見ると、ヒトの場合、細胞核内に約30億塩基対[*1]の直線状の主DNA（染色体DNA）が2組ある。また、細胞核外のミトコンドリアに16569塩基対の環状DNAがある（図3-6-2）。

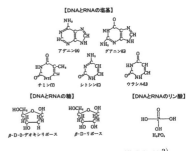

図3-6-2　DNA、RNAの構成物質[3]

4. DNAの形態

DNAは、直径2ナノメートル、長さ2メートルの2重らせん構造をしており（図3-6-3）、ヒストン等のたんぱく質と結合して（この結合体をクロマチンという）直径10マイクロメートルの核内に納められている。DNAの形態は細胞分裂周期の過程で大きく変化している。間期（分裂期ではない時期）には、クロマチンは核内に広く散らばって分布し、一部の遺伝子は遺伝情報を発現している。

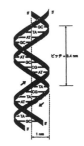

図3-6-3　細胞とDNAの2重らせん構造[3]

第3章　現代社会と健康

*1　DNA と RNA の塩基
DNA の塩基は、アデニン、チミン、グアニン、シトシン（頭文字をとって、それぞれ A、T、G、C と略記）の4種類からなり、3つの連続する塩基配列（これをコドンという）が、たんぱく質を構成する20種類のアミノ酸を決定する。この塩基配列を鋳型としてそれと相補的な pre-mRNA、すなわち、A が U（ウラシル：DNAの T に相当する塩基）、T がA、G が C、C が G に写し取られた RNA が作られる。

*2　開始コドンと終止コドン
DNA のどの部分から RNAが読み始めるかを規定する開始コドンは、ATG（これはメチオニンというアミノ酸を規定する）であり、どこで読み取りを終えるかを規定する終止コドンは TAG、TAA、TGAの3つがある。終始コドンには対応するアミノ酸はない。

*3　遺伝情報を持たない
　　　DNA の領域
遺伝子配列の上流と下流には「制御配列」が存在する。これは DNA の転写を制御し、上流の転写開始配列（プロモーター）により転写が始まり、下流の転写終了配列（ターミネーター）により終わる。イントロンや制御配列以外にも、DNA には、反復配列など遺伝情報を持たない領域が多量に存在する。反復配列の部分は個人による違いが大きいの

細胞分裂直前になると、クロマチンは凝縮し特有の形をした染色体となって細胞分裂の準備を行う。

5. DNA の遺伝情報の発現

　DNA の持っている遺伝情報は、伝令 RNA（メッセンジャー RNA、messsengerRNA、 mRNA などと記載される）に転写され、それがアミノ酸の配列情報に翻訳されて、アミノ酸の結合体であるたんぱく質が生成されて遺伝情報が発現される。たんぱく質は生体細胞の主成分であり、酵素はすべてたんぱく質からできている。酵素は体内物質の生成、分解などあらゆる生命活動に関与しており、体外から取り入れた食物を分解、加工して、骨格を作り、活動エネルギーを作り出す。ヒトの細胞では数万種類のタンパク質が合成されており、すべてのたんぱく質は、わずか20種類のアミノ酸が多様に結合してできたものである。DNAの塩基配列は、20種類のアミノ酸を指定する情報を持っているが、その情報を基に、以下のような仕組みでたんぱく質が合成される。

① DNA の2本鎖が1本鎖になる：情報を発現したい遺伝子を含む領域の DNA の2本鎖が、ヘリカーゼという酵素によって1本鎖にほどかれる。

② DNA と相補的な RNA の形成：1本鎖になった部分の DNA 塩基配列を鋳型に、RNA ポリメラーゼ（RNA 合成酵素）が、相補的な塩基配列を持った pre-mRNA（プレ -mRNA）を作る*2。

③ pre-mRNA から mRNA へ：アミノ酸を指定する配列、すなわち遺伝情報を持つ配列を「エクソン」という。しかし、1つのたんぱく質を作るエクソンが、必ずしもひと続きになっておらず、ところどころに遺伝情報を持たない配列（これを「イントロン」という）が割り込んでいる場合が多い。pre-mRNA

第6節　遺伝と健康

は、一度は転写したイントロンを切り捨て、遺伝情報のあるエクソンのみを再結合したmRNAを作る。この操作をスプライシングという*3。

④ mRNAは細胞核を出て、細胞質内にあるリボゾーム粒子に入り、tRNA（transferRNA、転移RNA）に、相補結合により情報を移す。すでに特定のアミノ酸に結合していたtRNAは、mRNAから与えられたコドンによるアミノ酸配列情報に従い、アミノ酸を配列させ、そのアミノ酸を数珠をつなぐように結合させ、たんぱく質が形成される。この過程を「翻訳」という（図3-6-4）。

で、法医学領域にて個人識別のDNA鑑定として用いられている。

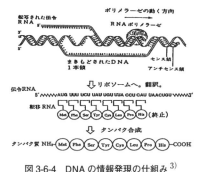

図3-6-4　DNAの情報発現の仕組み[3]

6. DNAの複製と修復

1個の細胞の分裂の際には、必ず1回のDNAの複製が起こる。DNAの複製は、2重らせんのDNAがヘリカーゼ（酵素）により解かれて、1本鎖になった部分で行われる。DNAの塩基配列を鋳型として、それぞれの1本鎖をDNAポリメラーゼ（DNA合成酵素）がA、T、G、Cの4種類のヌクレオチドを相補結合でつないでいき、2つの2重らせんDNAを完成させる。もし新生DNAに相補でない塩基が結合した場合、いわば、ミスプリントがあった場合には、DNA修復酵素がそれを発見し正しい塩基に修復する（図3-6-5）。

図3-6-5　DNAの複製[3]
黒白が新規に合成されているDNA

7. ミトコンドリアDNA

ミトコンドリアは細胞核外の細胞内にあり、有酸素性代謝に関わっている器官である。16569塩基対の環状DNAに37個の遺伝子がある。受精の後、精子細

第3章　現代社会と健康

胞のミトコンドリア DNA は消滅し、卵子細胞のミトコンドリア DNA しか残らないので、ミトコンドリア DNA は母親のみから、母親と同一のものが子に受け継がれる。それ故ミトコンドリア DNA は母子鑑定に用いられる。

8. 染色体の異常による病気

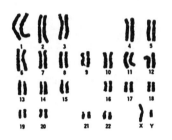

図3-6-6　ヒトの染色体[3]
（男性の場合）

　ヒトの染色体は 46 本あるが、相同染色体が 2 本ずつ 22 組あり、これらは常染色体と呼ばれる。各組の 2 本の常染色体は、1 本が母由来、もう 1 本が父由来であり、ほぼ大きさの順に 1 番から 22 番までの名称で呼ばれている。常染色体以外の 2 本は性染色体である。性染色体は X と Y があり、2 本とも X の場合は女性であり、X と Y が 1 本ずつの場合は男性となる（図 3-5-6）。受精卵に染色体の数や構造に異常が生じると、異常が大きいと卵は成長できず死産となるが、異常が小さい場合には出産に至ることができる場合がある。染色体異常の原因は、卵子細胞が減数分裂するときに染色体の分離に異常が起こる場合がほとんどで、まれに受精後初期に起こることがある。染色体異常は先天性異常であるが後述する遺伝病ではない。代表的な染色体異常による疾患のダウン症候群では、21 番染色体が 1 本過剰で 3 本ある。この相同染色体が 3 本になること（トリソミー現象）は、どの染色体についても起こりうるが、21 番染色体は最も小さい常染色体（番号からは 22 番の方が小さいはずだが、実際には 21 番が最小）のため、それに乗っている遺伝情報も少なく、大きな遺伝情報のアンバランスを引き起こさないため、出生が可能と考えられている。ダウン症候群では、目尻が上がり鼻が低い特徴のある顔貌を持ち、低身長で精神遅滞を伴い、心臓奇形を合併することが多

い。母親の出産年齢が高くなるほど頻度は高率になる。

9. 遺伝病

　遺伝子の異常による疾患を遺伝病という。単一遺伝子疾患と多因子疾患とに分類される。

■1 単一遺伝子障害
　単一の遺伝子の欠損または機能不全により発病する。単一の遺伝子障害には、幾つかの発現パターンがある。常染色体優性遺伝病は、両親から受け継いだ対の常染色体の遺伝子のうち、どちらか一方が正常であっても片方に異常があれば発現する遺伝病である。代表的な疾患に筋強直性ジストロフィー1型がある。筋強直性ジストロフィー1型は筋力低下・筋萎縮、ミオトニア[*4]などの筋症状に加え白内障・糖尿病・不整脈などの多臓器障害を特徴とし、成人の筋ジストロフィー疾患の中でもっとも頻度が高い。19番染色体上にあるたんぱく質リン酸化酵素を作る遺伝子の非翻訳領域において、CTGという3塩基の繰り返し構造が異常に伸長していることが原因で発症する（岩田朋晃ら、臨床神経、49：437-439, 2009）。この異常DNAから転写されたRNAの異常に伸びた塩基配列の繰り返し部分はヘアピン構造を形成し、スプライシングを行うたんぱく質を吸着してその機能を停止する。多臓器障害はこのスプライシング異常により起こる。
　常染色体劣性遺伝病は、両親から受け継いだ対の常染色体の遺伝子のうち、ともに異常があれば発現する遺伝病である。代表例に鎌形赤血球症がある。鎌型赤血球症は、11番染色体上にあるβヘモグロビンをコードするDNAが、CTCからCACに変異したため、アミノ酸がグルタミン酸からバリンに置換され、そのために赤血球が円形から鎌形に変形する劣性遺伝病であ

[*4]
ミオトニアとは筋強直（筋のこわばり）のことをいう。代表例に「把握ミオトニア」があり、これは、手を強く握るとスムーズに手を開けない現象をいう。

第3章　現代社会と健康

る。鎌形赤血球は正常な赤血球に比べ寿命が短く、その
ために貧血になる。また赤血球に弾力性がなく、血
管閉塞を起こしやすい。しかし、鎌型赤血球にはマラ
リア原虫が感染できないため、マラリアがよく流行し
たアフリカの熱帯地方で異常遺伝子の保有者が多い。

2 多因子障害

単一の遺伝子で発病する病気でなく、多数の遺伝子
の複合作用と環境要因も合わさって発病する障害であ
る。がん、高血圧、糖尿病、アルツハイマー病、精神
病の一部などがこれにあたる。

引用文献

1) J.D.Watson, F.h.Crick: (1953) Nature April 25 737-738.
2) International Human Genome Sequencing Consortium. (2004) Finishing the euchromatic sequence of the human genome. Nature, 431: 931–945.
3) 舟橋一郎 (2004)「保健理論」中央大学通信教育部

問　題

(1) DNA の遺伝情報が発現してたんぱく質が合成されるまでの仕組みを述べなさい。

(2) DNA 鑑定がなぜ可能なのかを述べなさい。

（宮崎　伸一）

第7節　性・感染症と健康

1. はじめに

　性の別があることは、子孫の多様性をもたらし、種全体として生き延びていく上で有利である。しかし、ヒトでは生物学的な雌雄と人格的な雌雄は必ずしも一致しないことがある。このような性の多様性も現代的な問題として重要である。本節では性行為感染症も取り扱うこととする。

2. 性の生物学的役割

　2つの個体間で遺伝子群のやり取りをして、遺伝的に元の2つの個体（両親）の遺伝子群が適宜混在した新しい個体（子）を産生するような生殖を有性生殖という。有性生殖では、分配される遺伝子群に多様性があるため、遺伝背景の異なった子孫が生まれる。遺伝子に多様性があれば、環境が変化したり、何らかの病気が蔓延したとしても、その環境や病気に強い遺伝子を持つものは生き残り、種全体としては子孫を繁栄させることができる。このように、ヒトに雌雄の別があることは、環境への適応や進化を可能にしてきた。

3. 身体的な性の決定

　遺伝の節で述べられているように、性染色体により身体的な性が決定される。すなわち、女性はXX、男性はXYの性染色体を持つ。これらの染色体数の異常が起こると身体的な性関連障害を呈する。なお、性決定染色体はYであり、Yが1本以上あれば男性となり、そうでなければ女性となる。性染色体の異常の代表的

第3章　現代社会と健康

＊1
クラインフェルター症候群：
性染色体が XXY の染色体異
常（正常は XY）。男性である
が、小睾丸、無精子症、女性
化乳房を特徴とする。これら
の症状は青年になって表面化
し、性生活異常、不妊、女性
化乳房によって気づかれるこ
とが多い。一般に背が高く、
知能は軽度低下が多いが、正
常の場合もある。

ターナー症候群：
性染色体が X が1個（XO）
の染色体異常（正常は XX）。
女性で子宮もあり外陰部は女
性形であるが、卵巣機能が障
害され無月経である。低身長
で頸や手足の指間に水かき様
の膜状皮膚が見られるなど、
小奇形を伴うことが多い。軽
度知的障害も見られることが
ある。

な疾患はクラインフェルター症候群とターナー症候群
がある＊1。

4. 性の発達

■1 胎児の性の発達

受精後7週目前までに胎児には、性には関係なく男
性性器に成る生殖腺（ヴォルフ管）と、女性性器に成
る生殖腺（ミューラー管）の両方が作られている。

男児の場合、7週目になると Y 染色体上の精巣
決定遺伝子）が作用して、ヴォルフ管を精巣に分化
させる。その後精巣から男性ホルモンが分泌され始
め、それが身体と脳を男性化させ、ミューラー管を
退縮させる。このホルモンの刺激がなければ、ヴォ
ルフ管は受精後14週目までに自然消滅する。女児
の場合は、この時期のホルモン刺激がなく、ヴォル
フ管が自然消滅した後16週目からミューラー管が
卵巣に分化し、身体や脳が女性となる。この過程で
の異常により、停留精巣や精巣性女性化症が起こ
る＊2。小児期になると、男女間に好む遊びの違いが
出てくる。一般に男児は活動的な遊びを好み、女児は
優しい遊びを好む傾向がある。このような指向の違い
は、男と女の脳の違いによるものであるといえなくも
ないが、性格の違いにもよると考えられる。男女によ
る脳の形態や機能の差については、一定の結果を得て
いない。

■2 思春期の性の発達

小児期には性ホルモンに男女差はないが、思春期に
なると、それぞれの性ホルモンが大きく分泌されるよ
うになる。女性は10歳から12歳頃より性ホルモンの
分泌が増し、月経を伴う約28日の性周期が生じ、閉
経期まで続く。乳腺が発達し、皮下脂肪がつき、骨盤

第7節　性・感染症と健康

が広くなる。男性も女性よりやや遅れて性ホルモンの分泌が増え、その後も初老期まで分泌が続く。男性は声が低くなり、筋肉が発達し、肩甲帯が広くなる。なお、性ホルモンには大別して男性ホルモンと女性ホルモンがあるが、男性にも女性ホルモンが、女性にも男性ホルモンが微量ではあるが分泌されている。

　思春期には精子と卵子の形成の形成も始まる。精子や卵子のもととなる始原生殖細胞は、体細胞であり受精から発生数週後に出現する。その後体細胞分裂を始めるが、男児の場合は思春期よりその一部が減数分裂により精子を作るようになる。女児の場合は、発生の途中で体細胞分裂を停止し、数が減少していく。そして、思春期になると減数分裂により卵子を作り、月経周期が始まる。そして50歳前後には卵子の生成も停止し閉経となる。

5. 女性の性周期・妊娠

　成人女性（10～50歳）では、下垂体から分泌される卵胞刺激ホルモン（FSH）と黄体形成ホルモン（LH）により、女性ホルモンである卵胞ホルモン（エストロゲン）と黄体ホルモン（プロゲステロン）の分泌量がおよそ28日周期で増減している。月経（詳細は後述する）が終了すると、FSHは卵巣内の1つの卵の卵胞を成熟させ、卵胞ホルモン（エストロゲン）の分泌が最大に達すると、LHの分泌が促進されて黄体ホルモン（プロゲステロン）が分泌され、排卵が起こる。卵子は卵管内に移行し、そこで精子に遭遇して受精すれば、約4日で子宮に到達し、子宮粘膜に着床し妊娠に至る。妊娠中は卵胞から変化した黄体が発達、存続して妊娠の維持に努め、FSHを抑制して次の卵胞の発育を抑制する。しかし妊娠しない時は、黄体は萎縮する。その結果、エストロゲン、プロゲステロンの分

＊2
停留精巣：
精巣が陰嚢まで下降せず、腹腔内に停滞している状態を停留精巣という。胎生期に男性ホルモンが十分分泌されないと発生する。幼児期に手術をすれば治る。

精巣性女性化症：
性染色体もXYの男性で、精巣から男性ホルモンが分泌されているにもかかわらず、男性ホルモンの受容体を作るの遺伝子が欠けているため、男性生殖器が形成されず、体型も外部生殖器も女性であるが、ミューラー管が退化したため、膣は3分の2しかなく、子宮はない。

125

第3章　現代社会と健康

泌が低下して、子宮内膜血管が収縮して、子宮粘膜が剥離する。これが月経である。その後再び子宮膜は再生増殖し28日周期で同じことが繰り返される。

6. セクシュアリティー（sexuality）

　セクシュアリティーとは「性のあり方」のことであるが、これには、①生物学的性（sex）、②性自認（gender identity）、③性指向（sexual orientation）の3つの面があり、これらの組み合わせにより、単に男女二分法ではなく、セクシュアリティーの多様性（ジェンダーマイノリティー）が存在することになる[1]。典型的男性・女性とジェンダーマイノリティーの例を表3-7-1に示す。ここで、トランスジェンダーとは、自分の生物学的性を認知しているものの、人格・社会・文化的には別の性に属していると考えている人々のことを指し、最新の疾患分類[3]によれば、性別違和（Gender Dysphoria）という名称になった（表3-7-2）。なお、表中にある第一次性徴とは、男女の性器に見られる特徴（男性の精巣や陰茎、女性の子宮、卵巣や外性器）をいい、これらは出生時にわかるものである。一方、第二次性徴とは思春期になって現れる、性器以外の身体の各部分に見られる男女の特徴のことをいう（本節の4.　**2**「思春期の性の発達」の項を参照のこと）。

表3-7-1　セクシュアリティーの多様性[2]

	典型的男性	典型的女性	レズビアン	ゲイ	バイセクシュアル	FTMトランスジェンダー	MTFトランスジェンダー
生物学的性	男	女	不問	不問	不問	女	男
性自認	男	女	女	男	不問	男	女
性指向	女	男	女	男	男女両方	不問	不問

注：FTM：female to male 女性から男性
　　MTF：male to female 男性から女性

第7節　性・感染症と健康

表 3-7-2　青年および成人の性別違和 [3]

A. その人が体験し、または表出するジェンダーと、指定されたジェンダーとの間の著しい不一致が、少なくとも6か月、以下のうちの2つ以上によって示される。

① その人が体験し、または表出するジェンダーと、指定されたジェンダーと、第一次および／または第二次性徴（または若年青年においては予想される第二次性徴）との間の著しい不一致。

② その人が体験し、または表出するジェンダーとの著しい不一致のために、第一次および／または第二次性徴から解放されたい（または若年青年においては予想される第二次性徴の発現をくい止めたい）という強い欲求。

③ 反対のジェンダーの第一次および／または第二次性徴を強く望む。

④ 反対のジェンダー（または指定されたジェンダーとは異なる別のジェンダー）になりたいという強い欲求。

⑤ 反対のジェンダー（または指定されたジェンダーとは異なる別のジェンダー）として扱われたいという強い欲求。

⑥ 反対のジェンダー（または指定されたジェンダーとは異なる別のジェンダー）に定型的な感情や反応を持っているという強い確信。

B. その状態は、臨床的に意味のある苦痛、または社会、職業、または他の重要な領域における機能の障害と関連している。

7. 性感染症 STD（Sexually Transmitted Diseases）

STD は性行為により感染する疾患群をいう。性的パートナーが変わりやすい性の社会文化的変化が、感染拡大をもたらしており、特に若者がかかりやすい感染症として重要である。多くはコンドームの使用により予防ができる。また、ほとんどが定点報告の対象感染症（5類感染症）であり、指定届出機関（全国約1,000カ所の泌尿器科、産婦人科等の性感染症定点医療機関）から月ごとに保健所に届け出がなされている。

▌1▐ クラミジア感染症

クラミジア・トリコマチス（細菌の一種）による性感染症で、我が国の性感染症の中で一番多い。男女とも性的活動の活発な若年層に多いが、特に女性に多い。女性では　感染を受けても自覚症状に乏しいため、診断治療に至らないことが多く、無自覚のうちに男性パートナーや出産児（クラミジア肺炎、眼球炎）へ感染させることもある。また、口腔性交による咽頭への

第3章　現代社会と健康

感染もある。感染した男性は尿道炎（排尿痛など）を
起こすことが多い。女性では、子宮頸部炎を起こし、
卵管に波及して卵管炎を起こし、卵管性不妊症になる
ことがある。抗生物質が有効で早期に治療すれば治る。

■2■ 淋菌感染症

以前は淋病と呼ばれていたものである。淋菌感染症
は、淋菌（細菌の一種）感染による性感染症である。
淋菌は日光、乾燥、温度の変化で簡単に死滅するので、
性行為以外で感染することはまれである。男性の尿道
に淋菌が感染すると、2～9日の潜伏期を経て通常膿
性の分泌物が出現し、排尿時に疼痛を生ずる。女性で
は初期にはほとんど無症状であるが、感染が進むと尿
道から膿が出たり、子宮頸管炎や子宮内膜炎を起こし
不妊になることがある。抗生物質が有効である。

■3■ 後天性免疫不全症候群（Acquired Immunodeficiency Syndrome, AIDS, エイズ）

AIDS は、ヒト免疫不全ウイルス（Human Immu-
nodeficiency Virus；HIV）感染によって生じる。
HIV は直径約 110 nm の RNA を遺伝子とするウイル
スで、免疫担当細胞であるヘルパー T 細胞やマクロ
ファージを標的として侵入し、宿主の免疫力を低下さ
せる。長い経過を経て宿主に重篤な全身性免疫不全に
より日和見感染症（通常は感染力のない常在菌によっ
て引き起こされる感染症のこと）や悪性腫瘍を引き起
こす。近年、治療薬の開発が飛躍的に進み、早期に服
薬治療を受ければ免疫力を落とすことなく、通常の生
活を送ることが可能となってきた。国連合同エイズ
計画（UNAIDS）によれば、世界中で感染者はおよ
そ 3670 万人であるが、2016 年の新規 HIV 感染者数
は 180 万人で 2010 年当時より 40 万人減少している[3]。

第 7 節　性・感染症と健康

また、死亡者数は年間 100 万人であるが、2010 年よりは 50 万人減っている[4]。日本国内では、2016 年の新規報告数は 1448 件（新規 HIV 感染者が 1011 例、新規エイズ患者は 437 例）となり（図 3-7-1）、調査を開始してからの累計報告数（凝固因子製剤による感染例を除く）は 2.7 万件を超えた（図 3-7-2）。HIV 感染後 AIDS 発症まで（いわゆる無症候期間）が数年以上あり、この間受診をしない例が相当数あると思われ、実際の国内 HIV 感染者数はもっと多いであろう。上述のように、現在では、HIV 感染症は治療により AIDS の発症を抑えることができるので、早期に発見することが個人の病気の進行を抑え、社会全体の感染防止にもつながるのである。

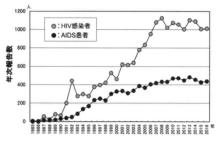

図 3-7-1　日本の新規 HIV 感染者数[5]

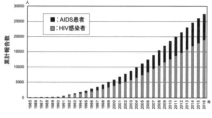

図 3-7-2　日本の累計 HIV 感染者数[5]

4　梅毒

梅毒スピロヘータを病原体とする。感染すると 3 週間後頃に性器に硬結、潰瘍、無痛性リンパ節腫脹を生じる（第Ⅰ期）。その後 4 〜 10 週間の無症候期を経て、9 週間後頃に全身に発疹をはじめとする様々な症状が出現する（第Ⅱ期）。再び無症候となり、無治療で 10 年以上経過すると 3 分の 1 に心血管梅毒、進行麻痺（梅毒性認知症、脳梅毒ともいう）などが出現する。抗生剤が有効である。

5　尖形コンジローマ

尖形コンジローマは、ヒトパピローマウイルスが原因となる性感染症で、生殖器とその周辺に表面が角化した隆起性病変が形成されるのが特徴である。一般に

第3章　現代社会と健康

自覚症状は少なく、病変が視察できるようになって気づかれる場合が多い。治療には、病変部位を外科的に除去する方法や抗ウイルス薬の軟膏を塗布する。潜伏期間が最大3か月あるので、治癒後もこの期間は慎重に観察する必要がある。

　6 性器ヘルペスウイルス感染症

性器ヘルペスウイルス感染症は、単純ヘルペスウイルス（HSV）の感染による。HSVは唾液等性行為以外でも感染し、感染箇所の粘膜に水疱や潰瘍などの病変を形成すると同時に知覚神経を上行して、三叉神経節や仙髄神経節に入って潜伏状態に入る。そして、保菌者の免疫が低下すると再活性化して神経を下行し、前と同じ場所に病変を形成する。抗ヘルペスウイルス剤（アシクロビル）を服用すれば症状は治癒するが、再発を繰り返すことが多い。

引 用 文 献

1）松本洋輔（2012）「性同一性障害とは」日産婦誌　64巻　9号　p220
2）同上　p.221
3）高橋三郎、大野裕監訳（2014）DSM-5（精神疾患の分類と診断の手引），東京書院
4）UNAIDS Fact sheet, Latest statistics on the status of the AIDS epidemic; http://www.unaids.org/en/resources/fact-sheet　2018.9.1閲覧
5）国立感染症研究所ホームページ：
https://www.niid.go.jp/niid/ja/kansennohanashi/400-aids-intro.html　2018.9.17閲覧

問 　題

（1）セクシュアリティーの多様性について述べなさい。

（2）AIDSについて述べなさい。

（宮崎　伸一）

第8節　心の健康

1. はじめに

　我が国の医療施策において重要な疾患は、医療法に「5疾病5事業」として定められている。これは、がん、脳卒中、急性心筋梗塞、糖尿病、精神疾患の5疾患と、救急医療、災害時における医療、へき地の医療、周産期医療、小児医療（小児救急医療を含む）の5事業を定めたものである。なかでも精神疾患は患者数とその増加数が最も多い疾患である（図3-8-1）。このように精神障害は、現代日本人の健康を考える上で、避けては通れない重要な問題である。しかし、本節で膨大な精神疾患全般を扱うことはとてもできない。ここでは、多くの人が身近に感じるであろう「ストレス」に関連した疾患と、代表的な精神疾患である統合失調症とうつ病に絞って扱うことにする。精神疾患一般に興味のある方は文末に挙げてある書物を参考にして興味のある箇所だけでも読んでみることをお勧めする。

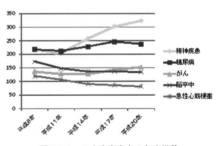

図3-8-1　5大疾患患者の年次推移

厚生労働省の患者調査をもとに福岡市医師会が作成[1]

2. ストレスと病気

　ストレスとは、物理学の「応力」に由来する用語で、元来は外から加えられた力に対して、内部に生じる歪んだ力をいう。そして、ストレスをもたらす外部の力を「ストレッサー」という。日常生活で、例えば「期末試験がストレスだ」とか「○○課長がストレスだ」などと使うが、正しくは、「期末試験」や「○○課長」は

第3章 現代社会と健康

ストレスではなくストレッサーである。生理学的には、自己に危機をもたらすような刺激があったとき、それに打ち勝とうとして生じるホルモン系、自律神経系を中心とした緊張を高める体内の反応をストレスという。ストレスの現象を最初に発見したのは、W.B.キャノン（1881～1945）で、彼はオリの中に入れられたネコがイヌに吠えられると、心拍数増大、血圧上昇、呼吸数増大、瞳孔散大、脳、筋肉の血管拡張、足の裏の発汗、胃腸運動低下などの現象が生じ、血中にアドレナリンが増加していることを発見した。キャノンはネコに起こったこの現象を「ストレス」と名付けた。

ストレスは適度な緊張により困難を乗り切るための適応現象であるが、困難を解決できない状況が続くと心身ともに疲弊する。セリエ（生理学者、1907～1982）は、ネズミに無理な力や寒さなどのストレッサーを長く与え続けると、胃・十二指腸潰瘍、副腎皮質の肥大（副腎皮質ホルモンというストレスホルモンの分泌過多を意味する）、脾臓・胸腺の萎縮（免疫力の低下を意味する）が生じることを発見した。また、セリエは、こうしたストレス状態には3つの段階があるとした（図3-8-2）。第1段階は警告反応期で、ショックを受けて体の活動力が低下する時期である。これはすぐに第2段階へ移行する。第2段階は抵抗期と呼ばれ、体が緊張を高め、抵抗力を強める時期である。血液中には副腎皮質ホルモン、アドレナリン、ノルアドレナリンなどのホルモンが分泌され、交感神経が緊張して脈拍が速くなり、小動脈が収縮して血圧が上昇する。また、脂質や糖などの栄養分が血中に動員され、いつ

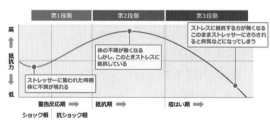

図3-8-2　ストレスの3つの段階（セニエ）
「新宿ストレスクリニック」ホームページより[2]

第8節　心の健康

でも活動（闘争）できる準備を整えた状態になる。し
かし、この状態が長く続くと第3段階に入る。第3段
階は疲弊期と呼ばれ、身体及び精神が疲弊し、疾患形
成に至る時期である。各種の身体の病気を発症させる。
代表的な身体疾患に心身症がある。

3. 心身症

　心身症とは、「身体疾患の中で,その発症や経過に
心理社会的な因子が密接に関与し,器質的ないし機能
的障害が認められる病態をいう。ただし神経症やうつ
病など,他の精神障害に伴う身体症状は除外する」と
されている[3]。ここで、「その発症や経過に心理社会
的な因子が密接に関与し」とは、まさにストレスの持
続を原因とする疾患であることを示しており、「器質
的ないし機能的障害が認められる病態」とは、身体の
ある臓器に、それらを構成する細胞や組織が変性（器
質的変化）したり、機能が低下（機能的変化）するこ
とを示している。また、「神経症やうつ病など,他の
精神障害に伴う身体症状は除外する」とあるのは、ス
トレスを原因とする疾患が、身体疾患（心身症）と精
神障害に大別され、このうち身体疾患に含まれるもの
が心身症と呼ばれることを意味している。ただ、心身
症に含まれる疾患はそれぞれすでに身体医学の立場か
ら分類整理されているので、心身症とは、その疾患形
成に心理社会的要因を考
えて、この要因が高い疾患
を集めた疾患群であり、独
立・排他的な疾患概念では
ないことに注意する必要
がある。心身症に分類され
る主な疾患を表3-8-1に示
す。

表3-8-1　心身症の例

器官系統	疾患例
皮膚系	アトピー性皮膚炎、円形脱毛症、多汗症、蕁麻疹、湿疹
特殊感覚系	耳鳴
筋・骨格系	緊張性頭痛、関節リウマチ、痙性斜頸
呼吸器系	気管支喘息
心血管系	高血圧、狭心症
消化器系	胃潰瘍、十二指腸潰瘍、潰瘍性大腸炎、過敏性腸症候群
生殖・泌尿器系	月経困難症、排尿障害、夜尿、勃起不全
内分泌系	甲状腺機能亢進症、糖尿病
中枢神経系	頭痛、めまい

第3章　現代社会と健康

4. ストレス関連精神疾患

1 ストレス社会

　日本の勤労者が感じるストレッサーとその強度を表3-8-2に示す。これは、「結婚」のストレス強度を50とした場合の各ストレッサーの強度を日本の勤労者がどの程度感じているかを示したものである。ここではストレス強度の強いイベントを強い順に10挙げているが、イベントのほとんどは本人の努力ではどうにもならないものであり、現代がストレス社会といわれる所以であろう。また、これらは複合的に起こることが多く、累積ストレス強度が高くなるほどストレス関連精神疾患にかかる可能性が高くなる。以下主なストレス関連疾患について解説する。

表3-8-2　勤務者のストレッサーとその強度
引用文献4）を一部改変

順位	ストレッサー	強度
1	配偶者の死	83
2	会社の倒産	74
3	親族の死	73
4	離婚	72
5	夫婦の別居	67
6	転職	64
7	自分の病気や怪我	62
8	多忙による心身の疲労	62
9	300万円以上の借金	61
10	仕事上のミス	61

2 適応障害

　人事異動、転職、転校、転居、移住など生活環境の変化があり、新しい環境からのストレスで、不眠、不安、抑うつなど種々の症状が発生し、新環境に適応困難になった状態をいう。症状が6か月以上続く場合は、その時の主症状により診断名が変更になる。

3 急性ストレス反応

　大きな事故や災害、身近な人の死、あるいは火災による財産の損失などの重度のストレッサーにより、困惑状態（意識と注意力の一時的低下や、今受けている刺激が何であるかを理解できない状態）、不眠、抑うつなど種々の症状を示すが、数日以内で治まるストレス関連障害をいう。

第8節 心の健康

4 心的外傷後ストレス障害
（PTSD：Post-traumatic Stress Disorder）

戦争、地震などの自然災害、テロや強姦などの犯罪の犠牲になることなど、生命や安全が脅かされ、破局的な出来事により起こり、その出来事の終息後も長期間症状が持続するストレス関連障害をいう*1。

PTSDは遷延化すると数か月から数年症状が持続することがあるので、外傷体験の早期（たとえば震災直後）から介入する。早期介入のポイントは、安全の確保と安心感を確立すること、利用可能な人的・物質的資源を活用すること、ストレスによって引き起こされる反応を軽減するための適切な心理療法（認知行動療法など）を提供し、適応的な対処法を促進して自然な回復力を強化すること、などである5)。

5. レジリエンス

レジリエンス（Resilience）は、もともとは物理学の用語で、「弾力、復元力、回復力」などと訳されている。近年は特に「病気や変化、または不幸から素早く回復する力」といった心理学的な意味でも使われる。たとえば、大震災にあって身内を失い、住むところもなくなった、という状況を考えていただきたい。これは大きな外傷体験になりうる出来事であるが、共通に体験した人でも、ある人は上記のPTSDになり、またある人は精神的な障害にかからない、という現象が起こる。これを、レジリエンスという考え方で解釈すれば、PTSDにかからなかった人は、個人が持っている「弾力、復元力、回復力」が発揮されて外傷体験から素早く回復したと考えられる（図3-8-3）。レジリエンスに関係する個人の特性としては、楽観主義、利他主義、使命感、他人との社会的

*1 PTSDに見られる症状
①再体験症状…外傷的出来事に関する苦痛な記憶が、本人の意図とは別に侵入的回想（フラッシュバック）や夢の形で繰り返し思い出され、外傷を繰り返し再体験すること。
②回避…外傷的出来事について考えたり話したり感情を起こすのを極力避けようとしたり、外傷を思い出させる活動・場所・人物を避けようとする。
③麻痺…一般的事柄に対して無感覚状態になって興味・関心が乏しくなり、物事を楽しめなくなる（アンヘドニア）、他者との密接な感情の交流がなくなり、孤立感を感じる。幸福感や将来に対して希望が持てなくなる。
④覚醒亢進状態…自律神経が過活動状態になり、不眠、強い驚愕反応、不安、抑うつが出現する。自殺念慮もまれではない。

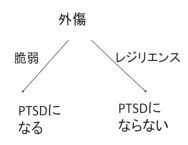

図3-8-3 レジリエンスの概念
引用文献6)を一部改変

第3章　現代社会と健康

サポートを有している、何らかのトレーニングを受けている、などが関連するとされている[7]。

6. 統合失調症

統合失調症は、我が国では約16万人の患者が入院しており、全疾患の中でもっとも入院数が多い。しかし、以前いわれていたような「一生病院から出られない精神病」ではなく、受け皿があれば、多くは家庭や地域での生活が可能である。症状の特徴は、ICD-10（疾病及び関連保健問題の国際統計分類：International Statistical Classification of Diseases and Related Health Problems 第10版）によれば、「思考と知覚の歪曲、および感情の不適切さや鈍麻」によって特徴づけられる疾患である。症状は多彩であるが、幻覚、妄想、興奮などの陽性症状と、感情の鈍麻、思考内容の貧困、意欲減退の陰性症状に分けられる。成因は現在のところわかっていないが、神経伝達物質であるドーパミンの機能異常とする仮説（ドーパミン仮説）があり、実際、ドーパミン受容体をブロックしてドーパミンの活動を低下させるはたらきのある薬が、幻覚、妄想などの陽性症状を抑えるのに有効であることがわかっている。最近では、このドーパミンの機能異常などの中枢神経系の脆弱性がベースにあって、心理社会的ストレスが重なると発症するという「脆弱性・ストレスモデル」が有力な仮説になっている。このモデルに従って、治療法も、薬物療法だけでなく、生活技能や対人関係の対処技能を向上させる訓練や、家族や社会からの適切な支援が受けられる仕組みづくりが重要と考えられている。

7. うつ病

気分障害は、躁状態とうつ状態の病相期を繰り返

第8節 心の健康

し、病相期の間はほぼ正常に戻ることが特徴である。我が国おける患者数は100万人を超え、年々増加傾向にある。男女別では男性より女性の方が1.67倍と多い。年齢別には、いずれの年齢層でも女が男を上回っている（図3-8-4）。女性の場合は中高年にうつ病・躁うつ病の患者が多い点が男性と異なる点である。なお、この図に示した統計には、すべての気分障害が含まれているが、その9割はうつ病である。

　症状は、感情面、意欲面、思考面、身体面に現れる。うつ病では気分はゆううつで、疲労感が強い。意欲は低下し、逆に焦燥感が高まることがある。思考面では思考がうまく進行していかないという思考制止と、自己評価の過剰な低さなどの思考内容の異常が見られる。身体面では、睡眠障害はほぼ必発で、頭重感、頭痛、背部痛、胃部不快、便秘や下痢などが見られる。治療は抗うつ薬などの薬物療法の他に、否定的になりがちな考え方を現実的な見方に変える認知行動療法などが中心となる。また、うつ病では特に自殺に注意しなければならない。症状が最も悪くてほとんど動けない時期よりも、少し快方に向かった時に最も注意すべきである。

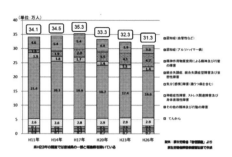

図3-8-4　精神疾患を有する入院患者の推移
厚生労働省ホームページ[8]より引用

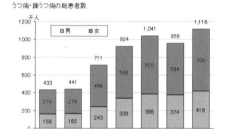

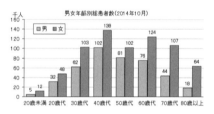

図3-8-5　うつ病・躁うつ病の患者数[9]

第3章　現代社会と健康

引用文献

1) http://www.city.fukuoka.med.or.jp/jouhousitsu/report192.html　2018.9.1 閲覧
2) https://www.shinjuku-mental.com/stresscare/　2018.7.30 閲覧
3) 日本心身医学会用語委員会／編 心身医学 1991 年 10 月第 31 巻 第 7 号 日本心身医学会
4) 夏目誠（2008）「出来事のストレス評価」精神神経学会誌　110（3）pp182-188
5) 災害・大事故被災集団への早期介入――「サイコロジカル・ファーストエイド実施の手引き」日本語版作成の試み――明石加代，藤井千太，加藤寛（2008）心的トラウマ研究 第 4 号：17-26
6) 田亮介，田辺英，渡邊衡一郎（2008）精神医学におけるレジリエンス概念の歴史 精神神経学会誌　110（9）pp757-763
7) 田亮介「PTSD におけるレジリアンス研究」加藤敏編著（2009）『レジリアンス 現代精神 医学の新しいパラダイム』金原出版，pp.75-92
8) https://www.mhlw.go.jp/file/05-Shingikai-12201000-Shakaiengokyokushougaihokenfukushibu-Kikakuka/0000108755_12.pdf 2018.9.1 閲覧
9) 社会実情データ図録　https://honkawa2.sakura.ne.jp/2150.html　2018.9.1 閲覧

問　題

（1）心身症について述べなさい。

（2）レジリエンスについて述べなさい。

（宮崎　伸一）

第9節　大学生の精神衛生

【概　要】

　本節では、大学生活に対する不適応の事例として、五月病やスチューデント・アパシーなどを示した上で、大学生と環境（大学）との相互関係をとらえる理論的枠組みとして、ブロンフェン・ブレンナーの「人間発達の生態学」を紹介した。最後に、大学生活の過ごし方のタイプによって、大学への適応状態が異なることを調査データに基づいて示した。

1. 大学生活への適応・不適応

　大学入学という事態は、それ以前の高校生活や浪人生活とは大きく異なる新たな環境への移行である。学生たちは、大学入学にともない、さまざまな環境的変化を体験することになる。

　大学入学を機に、親元から離れて一人暮らしを始める学生もいる。大学では、自分で履修する授業を選び、時間割を作らなければならない。授業ごとに違う教室に行き、あるときには大教室で受講生の一人として講義を受けることもある。学業以外のサークルやアルバイト、ボランティアなどの活動を行うこともできる。

　大学生活には、自分の裁量で決められることが沢山あり、何よりも自主性や自発性が求められる。大学生とは、「生きることを学んでいく」存在なのである。

　大多数の学生は、このような大学生活に適応し、有意義な時間を過ごしている。その一方、さまざまな精神衛生上の問題を抱え、不適応の状態にいる学生も少なくない。その中には、次のような学生がいる。

　入学後しばらくして身辺が落ち着いてきた頃、五月病にかかって、大学生活への興味を失い、大学に来なくなってしまう学生。サークル活動やアルバイトなど、

第3章　現代社会と健康

学業以外の活動には積極的だが、肝心要の学業には全く身が入らないスチューデント・アパシー。本命の大学には不合格になり、取り敢えず別の大学に入学したものの、再度挑戦するために受験勉強に精を出す仮面浪人。何度も留年を繰り返す学生。中退して大学を去って行く学生もいる。

このような大学生活への不適応的な問題行動は、パーソナリティなどの個人特性と大学という環境とのマッチングがうまくいかないために生じることも少なくない。近年、大学が入学早々のガイダンスやオリエンテーション、初年次教育に力を入れるようになってきている。それも、大学側が環境を調整することによって、学生の不適応な行動を予防するという面を持っている。

2. 大学生と大学をとらえる理論的枠組み

前項で述べた個人（大学生）と環境（大学）との相互関係をとらえる重要な理論的枠組みとして、ブロンフェン・ブレンナーの「人間発達の生態学」*1（図3-9-1）1) がある。

その理論の特徴は、次の3点である。第1に、発達しつつある人間が生活環境の中に漸進的に入り込み、再構成を図るように成長していくこと。第2に、人間と環境の相互作用は、相互調整の過程を必要とする相互影響性を持つこと。第3に、人間の発達過程に関連する環境は、直接的な行動場面に限定されるものではなく、行動場面が組み込まれている広範な文脈に影響を受けること。このような生態学的環境は、同心円上の入れ子構造を成すマイクロ、メゾ、エクソ、マクロシステムである。

大学生の場合、この4つのシステムは、以下

*1
ブロンフェン・ブレンナーの人間発達の生態学における4つのシステムの構造の図。

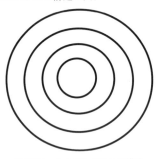

図3-9-1　4つのシステムの構造

内側から順に、
マイクロシステム、
メゾシステム、
エクソシステム、
マクロシステム

のようなものである。

マクロシステムとは、具体的な行動場面で個人が経験する活動、役割、対人関係のパターンである。大学生活、アルバイト、ボランティア、実家など、学生が参加しているさまざまな活動が、それに当たる。

メゾシステムとは、個人が参加している2つ以上の行動場面間の相互関係である。大学生活とアルバイト、大学生活とボランティア、大学生活と家庭などの活動の相互関係が、それに当たる。

エクソシステムとは、個人が直接は参加していない行動場面であるが、マクロシステムに影響を及ぼす（あるいは及ぼされる）行動場面のことである。国家行政が立案する高等教育政策や労働政策が、それに当たる。

マクロシステムとは、下位文化や文化全体のレベルで存在している下位システム間の一貫性であり、その背景にある信念体系やイデオロギーに対応している。大学の専攻学問分野によって学生の男女比に偏りが見られるが、その背後には男女の「適性」に関して社会に存在している「考え」が影響しているものと思われる。

ここで、このようなシステム間の構造にもとづいて、大学生の現状をあらためてとらえ直してみたい。

今日、我が国の高等教育はユニバーサル化*2の時代を迎えている。大学・短大進学率が51.8％と、初めて過半数を超えたのは2005年のことであった。その後も進学率は上昇を続け、2017年には57.3％にまで達している。今や、高校卒業年齢に当たる18歳の2人に一人以上、人数にして70万人近い若者が毎年大学生になり、大学生活を送っている。学生の中には、入学前に持っていた学業に対するイメージや期待と実際に経験した入学後の学業との間のズレを感じ、そうしたリアリティティショックによって学業や授業に対

*2
アメリカの社会学者マーチン・トロウは、高等教育の発展段階を高等教育進学率にもとづいて、①エリート段階（15％未満）、②マス段階（15％以上50％未満）、③ユニバーサル段階（50％以上）に分類している。

第3章　現代社会と健康

する意欲低下および学業的自己疎外感が引き起こされることがわかっている[2]。こうしたリアリティショックは、前項で述べたような学生の不適応に結びつく可能性を持っている。

さらに、大学生の量的な拡大とともに、多様な大学生が入学してきている現状がある。日本学生支援機構が毎年実施している「障害のある学生の修学支援に関する実態調査」によれば、図3-9-2 に示したように、大学に在籍する障害のある学生の人数は年々増加し、2017年には3万人となっている。2016年4月に、「障害者差別解消法」が施行されたことによって、障害のある学生が大学教育を受ける際に、さまざまな合理的配慮を提供することが大学に求められるようになった。入学試験における時間延長や個別受験会場の提供、入学後の教育的サポートの提供（例えば、ノートテークやIC機器の利用）など、障害のある学生に対する環境調整を行う大学も増えてきている。

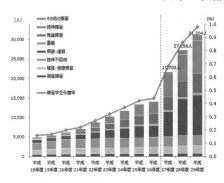

図3-9-2　障害のある学生の人数推移

平成29年度障害のある学生の修学支援に関する実態調査（日本学生支援機構）

3. 大学生活の過ごし方のタイプ

大学生活をどのように過ごすかは、学生の精神衛生に大きな影響を及ぼす要因である。われわれ保健体育研究所学生の精神衛生研究班は、大学生活の過ごし方の尺度[3] を用いて、6つの一連の調査を行い、得られたデータをクラスタ分析することによって、下記の図3-9-3 に示したような大学生活の過ごし方に関する異なるタイプを抽出した。左から順に、ヴァーチャル活動群（インターネット・マンガ・ゲームに費やす時間が多い）、低活動群（4つの活動時間全てが少ない）、授業出席勉強群（大学の授業・勉強の時間だけが多い）、

*3　ハーディネス
これまでに体験したことのない事象に対して積極的に取り組んだり、ストレスを乗り越えていく力のこと。

第9節　大学生の精神衛生

自主勉強中心群（授業以外の自主的勉強時間が多い）、高活動群（4つの活動時間のすべてが多い）、対人活動中心群（対人交際の時間が多い）の6つである[4]。一連の調査結果を総合して見ると、対人活動中心群はそれ以外の5群と比較して、コミュニケーション能力やハーディネス[*3]が高く、学校適応感や居場所感、自己効力感を強く感じ、就職や進路の情報収集をより多く行っていることが明らかになった。対人活動中心群は、大学の授業にも平均以上に出席しながら、同性や異性の友人との交際やクラブ・サークル活動・部活動の時間を多く取っている学生である。そうした対人的な関係の中で、多くの能力が養われていく様子が伺われる。その一方で、インターネットやマンガ、ゲームなどの活動時間が多いヴァーチャル活動群は、相対的にネガティブな傾向を示していた。

このように、マイクロシステムとしての大学生活のさまざまな場面において、どこに重点を置いて活動するかは、学生の適応状態や能力向上に影響することが明らかであるといえよう[*4]。

*4
大学生活の過ごし方の尺度は17項目から成り、授業、授業外の学習、自主的学習、読書、マンガ・雑誌や新聞を読む、クラブ・サークル活動、アルバイト、同性や異性の友人との付き合い、テレビ、ゲーム、通学時間などについて、1週間に費やす時間数を(1) 全然ない、(2) 1時間未満、(3) 1〜2時間、(4) 3〜5時間、(5) 6〜10時間、(6) 11〜15時間、(7) 16〜20時間、(8) 21時間以上の8段階評定で回答を求めている。
17項目を因子分析したところ、授業外の自主勉強、対人交際、インターネット・マンガ・ゲーム、大学の授業・勉強の4つの下位尺度が抽出された。

大学生活の過ごし方のタイプとその心理的特徴についての検討、同(2)〜(6) 都筑学ほか　2011〜2016年　中央大学保健体育研究所紀要第29号〜34号

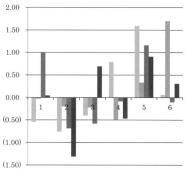

図3-9-3　クラスタ分析による生活時間の過ごし方のタイプ（Z得点）

第3章　現代社会と健康

引用文献

1) U. ブロンフェン・ブレンナー（磯貝芳郎・福富護訳）（1996）人間発達の生態学　河島書店
2) 半澤礼之（2007）大学生における学業に対するリアリティティショック尺度の作成　キャリア教育研究　25（1），15-24. 半澤礼之（2009）大学1年生における学業に対するリアリティティショックとその対処　―学業を重視して大学に入学した心理学専攻の学生を対象とした面接調査から―　青年心理学研究　21，31-51.
3) 溝上慎一（2009）「大学生活の過ごし方」から見た学生の学びと成長の検討―正課・正課外のバランスのとれた活動が高い成長を示す―　京都大学高等教育研究　15，107-118.
4) 都筑学・早川宏子・宮崎伸一・村井剛・早川みどり・金子泰之・永井暁行・梁晋衡（2013）「大学生活の過ごし方のタイプとその心理的特徴についての検討（3）」中央大学保健体育研究所紀要　31，1-34.

問　題

(1) 大学生の適応と不適応の違いが生じる原因について説明しなさい。

(2) 大学生活を通じて、学生が獲得していく能力について説明しなさい。

（都筑　学）

第10節　加齢と体力

1. はじめに

　人間は胎内にいるときから発育を続け、誕生後、成人になるまで、各組織の発育に伴って、様々な運動能力が発達する。その後成人で成長が完成し、その後は徐々に運動能力が低下していく。しかし、高齢期になったからといって、一切の活動を停止してしまうのではなく、各自の残存能力や健康状態に応じた運動のあり方があり、それがひいては生活の質の向上につながる。本節では、生育、成熟、高齢化の経過を通じて、体力の向上、維持という観点からそれぞれの時期にふさわしい運動について述べていく。

2. 発育発達と体力

　スキャモン[*1]の発育曲線に見られるように、各身体組織は、一様に成長するのではなく、組織ごとに、違ったタイミング、違ったスピードで成長する。例えば、免疫機能をつかさどる、リンパ組織は、一時、成人を上回るサイズに成長した後、20歳までには減少していく。発育発達の度合いは、性差や個人差が大きいことは言うまでもないが、組織によって成長の仕方が違うということが、同一個人の中で起きているのである。また、幼児期～児童期～青年期にかけては、体力の発達に従って因子ごとの特徴(分化)が明確になってくる[1]。ある人は、筋力では高い結果を示すが、バランス能力である平衡性では低い結果を示すということが珍しくなくなる。一個人での得意な運動の仕方、不得意な運動の仕方がはっきりしてくるのがこの時期

*1
1930年に出版された、"The measurement of man"中の"The measurement of the body in childhood"で、リチャード・スキャモンによって示された図。リンパ型、神経型、一般型、生殖型の4つに分類された臓器・器官が20歳を100%としたときに、どのように成長していくかを示したもの。

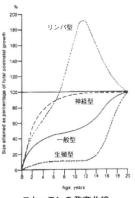

スキャモンの発育曲線

第3章　現代社会と健康

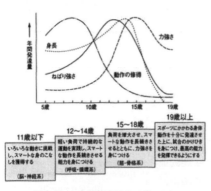

図 3-10-1　年齢に応じたスポーツに必要な能力と目的

*2
PHVとは、Peak Height Velocityの省略形で、身長最大発育量と訳される。年間の身長の伸びが最大になる時期のことである。一般的に成長期の発育には個人差・性差があり、PHV年齢（身長最大発育量年齢）は男子で13.3歳、女子で11.6歳と1.7歳の差を認め、PHV年齢時の発育加速度も男子の方が大きいと報告されており、男子は中学生年代で発育のピークを迎える。

の特徴である。

　図 3-10-1 は、発育発達に応じて、成長のどのタイミングで、どのような身体能力の年間発達量が変化するかということの目安を示している[2]。発育の度合いによって、トレーニングに最も適した時期があり、身体の準備（レディネス）に合わせた働きかけを行うことで、故障を防ぎ、より高い成果を得ることが可能になるのである。加えて考慮すべきは、男女間でPHV[*2]の出現時期が異なる点である。通常、暦年齢を目安に考えると、女児の方が第二次性徴を迎えるタイミングが男児よりも1～2年早い。このタイミングによって思春期の成長のスパートが見られ、PHVに向けて身長や体重がもっとも増加する時期に差し掛かる。また、PHVに見られるような発育の度合いは、個人差があり、発育の度合いで刺激を与えるべき要素が影響を受けるため、タイミングを見定めることが重要で、より厳密にいえば、その時期を暦年齢のみで決定するべきではない。したがって、アスリート育成など、体力の各要素をより効率よく発達させていくためには、暦年齢だけではなく、発達年齢、骨年齢、トレーニング歴、特定のスポーツ歴、相対的年齢の6つの年齢要素[*3]を考慮に入れた長期的なトレーニング計画が必要になる[3]。

　青年期における、運動やスポーツは、アスリートにとってのみに必要なものというわけではない。青年の身体的健康に対する運動の効果は、2つの点において期待されている、まず1つは、その時点での罹患率の低下である。これは、体力増進による運動能力の向上、肥満の予防、免疫力の亢進といった運動の効果によるものである。2つ目は、中高齢期での慢性疾患や骨粗

しょう症などの危険性を減少させることである。これは、循環器系疾患の準備過程が子ども時代や、青年期に始まること、子ども時代や、青年期の座位中心の生活習慣と肥満に関連があること、高齢女性の骨粗しょう症などが、青年期後期から成人前期にかけての最大骨塩量に影響を受けることなどから、この時期の運動量との関係がうかがえる（表3-10-1）[1]。

表3-10-1　運動の継続が青年の健康にもたらす主な効果

全身持久性体力	↑	
筋力	↑	
体脂肪率	↓	↑：運動によって向上
血圧	↓	↓：運動によって減少
HDLコレステロール	↑	─：変化なし
LDLコレステロール	→	
総コレステロール	→	運動（スポーツ）の習慣化は多くの身体的精
中性脂肪	↓	神的恩恵をもたらすが、生涯にわたる健康を
骨密度	↑	考えるのであれば食事や休養をも含めた総合
ストレス	↓	的な生活習慣が大切である。

3. 加齢による健康度・体力水準の低下

　歳をとるにしたがって、生体の各臓器・器官は形態上も機能上も変化してくる。この変化は個人差が大きく、加齢に伴って必然的に起こる生理的な機能の衰退（生理的老化）と、機能障害が異常に進行した病理的老化の加味された状態とが含まれてくる。20歳の日本人男性の各体力要素を100％として、加齢に伴う変化を70歳まで検討すると、最も顕著な低減を示した要素は閉眼片足立ちと脚筋力であり、60歳でそれぞれ30％以下および50％以下の水準となり、「人は足から衰える」ことを証明している[4]。従来、筋機能は、主に競技力向上のための体力要素として重視されてきた。しかしながら、超高齢化社会を迎えようとしている現在では、筋力や筋持久力は骨量とともに、自立期間の延長やQOL[*4]の維持向上、ひいては健康寿命・活力寿命の延伸を実現するために重要であることが一

＊3
6つの年齢
暦年齢（誕生から現在までの歴年数）
発達年齢（フィジカル、メンタル、認知、感情の発達度合い）
骨年齢（骨の成長度合い、単なるサイズではなく化骨の進行度合いで判断する）
一般的トレーニング歴（いろいろな運動を試したり、トレーニングを行った年数）
特定スポーツにおけるトレーニング歴（特定のスポーツにおける専門的なトレーニングを行った年数）
相対的年齢（同一学年内での月齢の差）

＊4
QOLとは、Quality of Life の省略形で、生活の質と訳される。心身ともに健康な状態を指す肉体的、精神的な健康の質と、人間関係や仕事のやりがい、住環境など、社会的生活の質を含めたその人がその人らしく生活する、生き方の質を指す。

第3章　現代社会と健康

般にも認識されてきている。

　加齢による筋力の低下はサルコペニアと呼ばれ、その原因から、加齢以外に明らかな原因がない一次性（加齢性）サルコペニアと、活動、栄養、疾患に伴って生じる二次性サルコペニアに分類することができる。しかし、多くの高齢者の場合、サルコペニアの原因は多要因であるため、個人が一次性サルコペニアか二次性サルコペニアかを断定するのは難しく、このようなことからサルコペニアを多角的な老年症候群ととらえることができるであろう。

　高齢者の1年間の転倒発生率は約30％といわれており、その主たる要因の1つに筋機能の低下が挙げられている。転倒は要介護に直結するような外傷を伴うものもあり、前述したように、歳を取ってもなお、健康で活力のある生活を送るためには、青年期までの「貯筋」と無理のない範囲で運動を継続し、筋機能を維持する努力もアンチエイジングおいて重要なことである。

4. 加齢と運動

　身体活動は、病気や障害の予防、改善、悪化防止に有効であるが、高齢者が身体活動を行う際には、運動器機能の低下と身体合併症に関して配慮を行う必要がある。

■1■ 加齢と筋肉
　加齢と不活動により、筋力、筋組織の柔軟性、腱の弾力性が低下する。したがって、身体活動の際には、肉離れや腱断裂を起こさないようにストレッチングを運動の前後に行うとよい。

■2■ 加齢と骨
　加齢により骨量が減少するので、骨粗しょう症にな

148

る可能性が高く、転倒すれば容易に骨折を生じる。また、軟骨も変性し、様々な関節の変形性関節症を呈するようになる。また、関節の可動域が減少するので、関節痛・捻挫・脱臼を起こしやすい。やはり、運動前後のストレッチングを行い、これらを防止するようにする。

5. 中高年期における運動

中高年期の一般的な運動の目安を、保健体育審議会は各ライフステージに分けて提唱している[5]。以下、それについて要約する。

■1 中年期の運動
①加齢に伴う特徴
中年期においては、視力が低下、体脂肪率の上昇、女性にあっては、特に骨量の急速な減少が進み始めるなど、加齢による生理的変化が始まる。体力については、息切れや柔軟性の低下が自覚されるようになる。一方、職場や家庭においては、同僚や家族・子どもに対する対人的関係において、円満な人間性の確立が期待される。
②望ましいスポーツライフ
この時期は、健康との関わりからも規則的な運動・スポーツの実施が必要とされるが、スポーツ活動に親しんでいる者も一部に見受けられるものの、消極的な余暇活動が中心で、運動不足型のライフスタイルとなっている。したがって、個人の興味、関心、年齢、体力等に応じた運動・スポーツの規則的な実施が求められる。また、定年退職後の豊かな生活を築いていくためにも、継続して実施できる運動・スポーツ、配偶者や仲間との交流を楽しむことができるような運動・スポーツを始めることも大切である。

第3章　現代社会と健康

　運動不足を解消して、体力を保持し、体脂肪を適正に保つためには、例えば、持久力については、ウォーキング、ジョギング、水泳等の有酸素運動を、自覚的には「普通」か「ややきつい」と感じる程度に、1日15分以上、週3日以上行ったり、筋力の衰えを防ぐためには、「ややきつい」程度の筋力トレーニングを1日10〜30分、週1〜2日行うことが望ましい。

■2■ 老年期前期における運動
①加齢に伴う特徴
　老年前期は、ライフスタイルの違いにより個人差が見られるが、加齢に伴い、身体的な老化現象が顕著になるとともに、体力・運動能力が低下し、疲労回復に時間がかかり、体温調節機能も低下してくる。しかし、人間としての精神的な発達が完成される時期であり、これまで経験したことのない多くの自由時間を持てる時期でもある。
②望ましいスポーツライフ
　この時期は、健康、社交（触れ合い）等への関心が高いが、運動・スポーツを含め社交的な活動に親しめる機会が不足し、地域での社会参加の活動からも遠ざかる傾向が見られる。
　この期においては、主体的で、活動的なライフスタイルが求められており、このためには日常生活において、栄養のバランスのとれた食事を心掛け、疲労が残らない程度に適度な運動・スポーツを実施することが大切である。例えば、ウォーキング、健康や体力を高めるための体操等を1回15分以上、週3日以上を目安として行ったり、体操・ストレッチング等を1回10分以上、週1〜2日程度を目安として行うことが望まれる。
　特に、孤独に陥らないためにも、地域においてはス

150

第 10 節　加齢と体力

ポーツや趣味の活動、ボランティア活動などを通じて、仲間との交流を深めることが大切である。

■3■ 老年期後期における運動

①加齢に伴う特徴

老年期後期は、ライフスタイルの違いにより個人差が見られるが、身体面では老化が進み、病気に対する抵抗力や回復力も衰えてくる。しかし、日常生活の中で精神的に充実した活動を行う人もいる。

②望ましいスポーツライフ

平均寿命は著しく伸長しているが、健康に対する不安や、一人暮らしなどによる孤独感から情緒不安になりやすく、心身の不調を訴える人が多くなっている。

この期においては、家族や社会からの温かい支援が望まれるが、自ら健康づくりを心掛け、主体的に行動することが求められる。軽度の身体的な活動の機会をできるだけ増やすことが必要であり、例えば、ウォーキングなどの負荷の軽いものを、疲労が残らない程度に1日15分以上、週3日以上を目安に実践することが大切である。体操・ストレッチングなどを、やはり疲労が残らない程度に1回10分、週1～2日行うことが望ましい。

また、地域においてはスポーツや趣味の活動、ボランティア活動などを通じて、仲間や世代間を超えた人々との交流を深めることが大切である。

6. 有病でも自立して生活している高齢者への運動支援

何らかの疾患を持ちながらも、日常生活を自立して営んでいる高齢者は多い。そのような高齢者の日常生活の支援という観点から運動指導が考えられている[6]。各自が日常生活の自立の程度に応じて主体的に

＊5
有病高齢者への運動支援
①寝床から起きる前に、身体を伸展させたり屈曲して、身体各部をゆっくりとストレッチングする。
②寝床から起きる動作はゆっくりと行い、急に飛び起きることはしない。
③運動の種類は、各人の健康状態や障害・運動能力・運動経験を考慮して適したものを行う。
④運動の種類は流行にまどわされないで、マイペースでゆとりをもって行う。
⑤歩行やその他の動作は、最初はゆっくりと行い、次第に普通の速度とする。(側注：散歩は老人に適した運動であるが、散歩の効果としてはゆっくり歩くのではなく、ある程度の速度が求められる。しかし、最初からはやく歩くことは循環器系の機能に負担となり、また、関節運動の円滑さを欠くので、はじめの200～300mはゆっくり歩いてウォームアップし、徐々に速度を増すようにする。
⑥強いトレーニングは避ける。
⑦少しずつであっても毎日継続して行う。
⑧運動をする気持ちとして、遊び心をもって、生活を楽しむ方向での運動を心掛ける。
⑨運動を通じて、他の人との交流を図ることによって、精神的にも生活リズムを高め

第3章　現代社会と健康

ることに留意する。
⑩運動中に疲労を感じたら中
止し、また運動後には休憩
を十分とる。

運動をし、指導者は自分の考えを押し付けるのはなく、運動者の主体性を尊重して、一歩引いて支援する姿勢をとる。このような運動支援は、直接筋力や肺活量の増強にはつながらないものの、高齢者の自己効力感の増大につながるであろう。参考として、運動指導の具体的方法を側注に引用しておく[*5]。

引用文献

1) 重松良祐 (2004) 中高年期のための運動・スポーツ，健康スポーツ科学，浅野勝己・田中喜代次編，文光堂，東京
2) 宮下充正 (1980) 子どものからだ，東京大学出版会，東京.
3) Istvan Balyi & Richard Way (2016) The Role of Monitoring Growth in Long-Term Athlete Development, http://sportforlife.ca/wp-content/uploads/2016/11/the-role-of-monitoring-growth-in-dlta.pdf
4) 浅野勝己 (2013) 運動生理学概論第2版，杏林書院，東京.
5) 保健体育審議会答申：生涯にわたる心身の健康の保持増進のための今後の健康に関する教育及びスポーツの振興の在り方について　平成9年
http://www.mext.go.jp/b_menu/shingi/old_chukyo/old_hoken_index/toushin/1314691.htm　2018.9.1 閲覧
6) 中島紀恵子著者代表：「系統看護学講座　専門14　老人看護学」(1992) 医学書院 p190

問　題

(1) 健康で活力ある生活を送るために、今各自ができることについて述べなさい。

(2) 中年期から老年期にかけて運動する際に注意する点について述べなさい。

（高村　直成）

コラム

スポーツから学んだこと
千田　健太（フェンシング）

～オリンピックの回想～

　オリンピックは長年の夢であった。初めて出場したのは、中央大学在学中の2008年北京オリンピック。競技者の私にとって長年抱き続けた夢であり目標でもあった。そして、1980年モスクワで幻のオリンピック選手となった父の悲願を叶えるためでもあった。しかし、不完全燃焼のまま北京オリンピックは瞬く間に終わってしまった。

　2008年の北京オリンピックから、2012年のロンドンオリンピックへ向かう道のりは幾多の苦難が待ち受けていた。最大の困難は2011年3月11日の東日本大震災であった。巨大な津波が東日本の海沿いの街を襲った。自分の故郷である宮城県気仙沼の街にも黒い波が押し寄せ、甚大な被害をもたらした。

　震災当時はオリンピック予選シーズンに向けたドイツ合宿の真っ最中。日本からはるか彼方に位置するドイツでも、テレビや新聞などで現実とは思えない驚愕の姿が連日報道されていた。震災は多くの街を破壊し自分の故郷の大切な親族、親友の命をも奪った。帰国後、故郷に帰ったが、その変わり果てた光景に愕然とした。震災で多くの人が犠牲に遭うなかで、悔しさと無力感だけが自分の中にあった。

　ほどなくして、ロンドン2012のオリンピック予選のシーズンがスタートしたが、次第に動機を失っていた。そのことは25歳の青年にとって深刻な試練であった。それからもとても辛い日々を過ごした。4月から始まったオリンピック予選シーズンの成績は自身のモチベーションの低下とともに顕著に表れ、世界ランキングもみるみるうちに下降していった。

　「このままオリンピックに行けずに競技人生の幕を閉じることになるのか。」

　2011年初夏の7月、親友の葬儀では涙がとまらなかった。小学校時代からの親友で、競技においても、いつも身近に熱心に応援してくれていたのは彼であった。そして震災から数ヶ月経った後も、苦悩する故郷の人々の姿を見続け、自分には何ができるかを必死に自問自答した。

　その時に本当に自分がしなくてはならないことを知った。

　「ロンドンへ行かなければならない。ロンドンに行って闘わなくてはないと。」

　自身2度目のオリンピックの出場権を得られたのはその10ヶ月後の2012年の5月であった。再びオリンピックの忘れ難い感覚を経験すること以上に重要であった

のは、自分を信じ応援し続けてくれた故郷の人たちに感謝し、恩返しすることであった。

　2012年ロンドンオリンピックは団体戦で銀メダルという結果であった。大会前、世界ランキング7位の日本にとっては苦戦が予想された。しかし、準々決勝で世界ランキング2位の中国を、準決勝でもランキング3位のドイツを破る大番狂わせを演じた。そのとき神様が競技会を観ていたとは思わないが、天からの小さな助けなくして銀メダルはとれなかったであろう。とにかく自分にはそう思えたオリンピックだった。

　競技生活を振り返ると、常に山あり谷ありだった。何が起こるかわからない。その経験が次どこでつながっていくかもわからない。まさに筋書きのないドラマであり、これがスポーツをやっている上での醍醐味なのだ。シナリオのない世界で、奇妙なことが起こってしまうのがスポーツの世界であると感じることができる。日々の練習の大切さ、そして諦めずに努力すれば、何かが起こるというのを学んだのもオリンピックであった。

　2016年のリオオリンピックは出場権を逃したが、その年の引退試合である岩手国体は、故郷の気仙沼市に近接する一ノ関市で開催された。恩師や、家族、多くの友人たちに囲まれ有終の美を飾ることができたのは、この上ない幸せであった。

　トップアスリートを引退してから2年が経ち、すっかり競技現場を離れてしまったが、これからの自分の人生の中でもスポーツはかけがえのないものであり続けるであろう。そして、これから競技を始めていく次世代のアスリートたちもスポーツによって人生が豊かになっていくことを切に願いたい。

千田健太（ちだ・けんた）
気仙沼高校→中央大学→筑波大学大学院卒
中学1年の冬にフェンシングを始め、高校3年時にはインターハイ3位
中央大学時代は国際大会で実績を積み重ね、2006年ワールドカップ東京大会では銅メダルを獲得、国内外で活躍する選手となった
2008年北京オリンピックでは11位入賞、2012年ロンドンオリンピックでは男子フルーレ団体で銀メダルを獲得
日本フェンシング協会理事

目的に応じた栄養摂取のあり方

1 減量時

　多くのスポーツ種目において、筋肉量が多く、体脂肪量が少ない方が運動パフォーマンスは向上するとされている。食事からの摂取エネルギーと、運動などの身体活動による消費エネルギーのエネルギーバランスがマイナスになれば、体重は減少する。しかし、食事制限だけで減量を行った場合と、食事制限と運動を併用した場合では、体重減少量は同じでも内容が異なってくる[1]（図1）。食事制限のみによる減量では体脂肪量だけでなく除脂

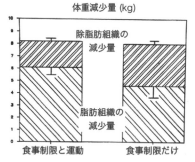

図1　食事制限と運動による体重減少量の内容[1]

肪量、つまり筋肉量も減少しやすく、筋肉量の減少により安静時代謝が低下するため、体重のリバウンドが起きやすくなる。よって、減量は食事制限と運動を併用することが望ましい。

　減量のための食事制限中は、様々な栄養素が不足しがちになる。特に最近は「糖質ダイエット」と称して炭水化物（ご飯やパン、麺類など）をほとんど摂らない減量方法が流行っているが、炭水化物を摂らないと糖質不足になり、筋肉を分解して体力レベルが低下し、また脂肪を分解する上でも糖質が必要であるので、炭水化物は最低限摂取して欲しい。また減量中は骨の材料となるカルシウム、血液の材料となる鉄といったミネラルや、疲労回復や脂肪燃焼を助けるビタミンB群、ストレスに対抗するためのビタミンCといったビタミン類も不足しやすいので、普段以上に積極的に摂取する必要がある。

2 増量時（体づくり）

　スポーツなどで増量をする場合、体脂肪量ではなく、筋肉量を増加させると運動パフォーマンスにも有利であり、見た目もよくなる。通常、運動時間が長くなればなるほど、タンパク質の分解量は増加する[2]。よって、トレーニング時間が長い場合は、食事からのタンパク質必要量も多くなる。日本人の食事摂取基準[3]によれば、

一般成人の1日あたりのタンパク質推定平均必要量は、体重1kgあたり0.72gとされている（タンパク質摂取の推奨量は1日あたり男性60g、女性50g）。アスリートなど運動を激しく行う人では、一般の人の1.5〜2.0倍のタンパク質摂取が推奨される[2]。

運動後は成長ホルモンの分泌が増加し、タンパク質の合成も高まるので、このタイミングで食事からタンパク質やアミノ酸を十分に摂取しておく必要がある。ラットの実験で運動直後に食事を摂取した場合と、運動の4時間後に食事を摂取した場合で比べてみると、運動直後に摂取した方が、筋肉量が増加し、体脂肪量が減少していた[4]（図2）。このように、運動後の速やかな食事摂取はタンパク質の合成促進だけでなく、体脂肪蓄積を抑制する効果もあり、一石二鳥である。

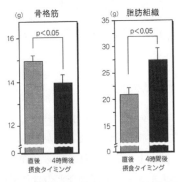

図2 運動後の食事摂取タイミングと筋肉量および体脂肪量への影響[4]

3 持久力向上

持久力の向上には、筋肉や肝臓にグリコーゲンと呼ばれる物質を多く貯蔵しておくとよい。グリコーゲンはグルコース（ブドウ糖）がたくさん結びついたもので、運動後に炭水化物を摂取すると、筋肉に多く取り込まれる。体重70kgの人が通常の食事内容の場合、グリコーゲンは体内に400g程度（1gあたり4kcalなので約1600kcal）貯蔵されているが、高炭水化物食の摂取で690g（約2760 kcal）まで増やすことができる[5]。試合の数日前から高炭水化物食を摂取してグリコーゲン貯蔵量を増やすグリコーゲンローディングは、マラソンや自転車競技などの多くの持久力競技の選手が行っており、パフォーマンス向上に有効である。

（笹原　千穂子）

参考文献
1) Hill, JO, Sparling, PB, Shields, TW, & Heller, PA (1987). Effects of exercise and food restriction on body composition and metabolic rate in obese women. The American journal of clinical nutrition, 46 (4), 622-630.
2) Poortmans, JR (1988). Protein metabolism. In Principles of Exercise Biochemistry (Vol. 27, pp. 164-193). Karger Publishers.

3) 厚生労働省（2015）日本人の食事摂取基準（2015 年版）.
4) Suzuki, M, Doi, T, Lee, SJ, Okamura, K, Shimizu, S, Okano, G, Sato, Y, Shimomura, Y, & Fushiki, T (1999). Effect of meal timing after resistance exercise on hindlimb muscle mass and fat accumulation in trained rats. Journal of nutritional science and vitaminology, 45（4）, 401-409.
5) Saltin, B, and Gollnick, PD (1988) Exercise, Nutrition and Energy Metabolism, ed. Horton ES and Tarjung RL. Macmillan：New York; 45-71.

効果的な水分補給のあり方

　ヒトの水分量は、成人でおおよそ60％とされている。この水分は飲料、食物および代謝水による摂取量と尿や排便、皮膚からの蒸発や汗、呼吸による損失量によって調節されている。運動時には発汗が亢進し、水分損失量が大幅に増加する。その際、水分摂取を怠ると水分バランスが崩れ、身体は脱水する。脱水は運動能力の低下を導くだけではなく、暑熱障害（熱中症）をも惹起する。本コラムでは、運動能力低下の抑制や熱中症の予防に対する効果的な水分補給に関して解説する。

1　脱水予防の摂取量

　アメリカスポーツ医学会が発表している基準[1]では、体重減少量（脱水量）は2％以内に留めるべきとされている。2％以上の脱水は運動能力、特に持久系競技の能力を低下させることが多く報告されている。したがって、運動をする際は自分自身の脱水量（以下の公式）を把握し、それと同程度摂取することが望ましい。

　　脱水量＝運動前の体重－運動後の体重

　また、この公式に飲水量を加えると運動時の発汗量も算出することができる。運動の前後で体重を測定し、脱水量や発汗量を把握した上で摂取すべき水分量を規定することが重要である。これに加えて、身体の脱水を知らせる重要なシグナルに喉の渇き（口渇感）がある。自由飲水では摂取量は不足されるが、このシグナルを手掛かりに多めに摂取するだけでも脱水の予防に大きく貢献する。

2　摂取する飲料の温度・成分・頻度

　脱水は水分が体内から奪われた状態であり、それを防ぐためには素早く体内に水分を吸収させる必要がある。水分は胃を通過して腸で吸収されるため、その速度が脱水予防の重要な因子となっている。摂取する飲料の温度、水分に含まれる成分や頻度によって、その速度が異なる。古典の研究ではあるが、5-15℃の飲料摂取は35℃のそれに比べ、胃を通過する速度が早いこと[2]が示されている。また、発汗は水分に加え電解質も体外へ排出する。電解質は筋肉の収縮や伸張を行うために必要なものであり、この不足はこむら返りや疲労感の増大を誘発する。電解質や糖質を

含んだ飲料は水道水より胃を通過する速度が早く[2]、脱水の予防にも適している。さらに500 mLの飲料を摂取した場合、摂取15分後では約250 mLが胃内に滞留したままであるため[2]、15分ごとに150〜200 mL程度ずつの水分摂取が推奨される。これらをまとめると、水分補給は電解質を含む冷たいスポーツ飲料を15分ごと程度に摂取することが体内への吸収の観点からも効果的である。

3 最新の研究知見による新たな水分補給の提案

近年、水分補給に付随して身体の冷却も行うことができるアイススラリー（Ice slurry）や、クラッシュドアイス（Crushed ice）といった氷飲料の摂取が注目されている。これらの飲料は、微小な氷と水が混ざったシャーベット状の水溶液で温度は約−1℃である。氷飲料は低温で流動性があり、氷が水に変わる際に外部から多くの熱吸収を行うため、飲料水以上に冷却効果が高いとされている。実際に、筆者は運動前や運動中の氷飲料摂取が冷たい飲料水に比べ、持久的運動能力、体温の上昇や発汗量の抑制（熱中症の予防）に効果的であること[3]を明らかにしている。また、氷飲料はスポーツドリンクと氷をミキサーで混ぜることによって作成可能なため、電解質や糖分の補給も行うことができるため、効果的な方法であるといえる。この方法は2010年頃から提唱されたものであり、いまだ広く認知されていないが、1度試してみることを推奨したい。

図　氷飲料のイメージ

（内藤　貴司）

参考文献

1) American College of Sports Medicine, Sawka MN et al.（2007）American College of Sports Medicine position stand. Exercise and fluid replacement. Med Sci Sports Exerc, 39: 377-390.
2) Costill DL and Saltin B（1974）Factors limiting gastric emptying during rest and exercise. J Appl Physiol, 37: 679-683.
3) Naito T and Ogaki（2017）Comparison of the effects of cold water and ice ingestion on endurance cycling capacity in the heat. J Sport Health Sci, 6: 111-117.

第4章
身体活動と心身の機能

第1節　筋の構造と特性

1. 筋の構造

1 ヒトの筋肉

ヒトの筋は、骨格を動かす骨格筋、主として内臓を形作っている平滑筋、および心臓に特異的な心筋に分類することができる。それぞれの筋は表4-1-1のような機能・役割を有しており、形態的にも他と異なる特徴をもっている。

表4-1-1　ヒトの筋の種類

名称	顕微鏡像	特徴
骨格筋		骨格(骨)を動かすための筋。脳脊髄神経の支配下にあり、意思によって動かすことができる(随意筋という)。内部構造によって縞模様(横紋)がみられることから、横紋筋ともよばれる。
平滑筋		内臓や血管を構成している筋。自律神経によってコントロールされており、意思によって動かすことができない(不随意筋という)。
心筋		心臓に特異的な筋。骨格筋に似た横紋構造がみられる。自律神経支配下にあり、不随意筋。心筋は、細胞一つ一つにばらばらにしてもそれぞれが拍動する性質がある。また、不応期が長く、強縮が起こりにくい。

ヒトの筋は、大きく分けて3種類ある。身体運動には、骨に付着し骨格(関節)を動かす役割の骨格筋が働いている。
写真引用　Wilmore & Costill :Physiology of Sport and Exercise 3rd ed

2 骨格筋の微細構造[1]

身体運動に直接関わるのは、骨を動かして身体外部に力を働きかける骨格筋である。骨格筋は、腱の部分が骨と付着していて、骨格を動かすため、すなわち運動をするための筋である。図4-1-1のように、骨格筋は細い線維が束状になった構造をしている（一般的には"繊維"と表記するが、筋の場合は"線維"と表記する例が多い）。筋線維は、太さが50μm、長さは数cmから数

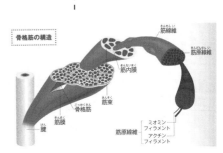

図4-1-1　骨格筋の構造

骨格筋は細い線維が束状になった構造をしている。
図引用[4]

第4章　身体活動と心身の機能

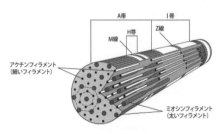

図 4-1-2　骨格筋の微細構造

筋原線維では、細いアクチンフィラメントがZ線に付着しており、その間に太いミオシンフィラメントが配置されている。（図引用　運動生理学の基礎と応用　NAP社）

10cm であり、この線維1本が1つの細胞である。筋線維の中には、さらに細い筋原線維が数百から数千詰まっている。この筋原線維をさらに微細にみてみると、細いアクチンフィラメントがZ線に付着しており、その間に太いミオシンフィラメントが配置されている（図 4-1-2）。Z線から次のZ線までをサルコメア（筋節）といい、筋の構造上の単位になっている。サルコメアの中で両方のフィラメントが重なっている部分は暗く、重なっていない部分では明るく見え、明暗の縞模様が見られる。これを横紋構造といい、このため骨格筋は横紋筋とも呼ばれている[2]。

■3■ 筋の収縮メカニズム（興奮収縮連関）

筋収縮は、運動神経からの電気的信号によって統御されている。信号が送られてくると、運動神経終末と筋線維の接合部（神経筋接合部という）では、神経終末からアセチルコリンが放出され、筋細胞膜が電気的に興奮（脱分極）し、カルシウムイオンの関与によって、多くのミオシン頭部がアクチンをたぐり寄せるように（ボートのオールを漕ぐように動き）サルコメアの短縮が起こるというのが筋収縮のメカニズムである（滑走説という）。

2. 筋の分類

■1■ 色調による分類—赤筋と白筋[3]

筋は、赤みがかった色をしている。これは、筋中を流れる血液と、赤血球中のヘモグロビンから酸素を受け取って、利用されるまでの間貯蔵する役割を持つミオグロビンという色素タンパク質の色によっている。

ミオグロビンはヘモグロビンと同様、分子の中心に鉄（Fe^{2+}）をもっている。この鉄に酸素がキャッチされると鮮赤色になることから、酸素が結合したミオグロビンが多い筋線維はより赤く見える。よって、毛細血管が密でミオグロビンが多い筋線維、すなわち酸素を利用する代謝が活発な（持久力のある）筋線維は濃い赤色に見えるため、このような筋線維を赤筋線維という。他方、無酸素的な代謝に優れ、瞬発力に優れ、ミオグロビンが相対的に少なく、薄い赤色の線維を白筋線維という。また、たとえば下肢筋で赤筋線維の多いヒラメ筋は、外観上全体として濃赤色に見えるため赤筋（赤筋型）、ヒフク筋などは白筋（白筋型）として区別されることもある。

▆2▆ 収縮特性による分類―遅筋と速筋

収縮速度が遅く、発揮パワーが比較的小さい筋を遅筋線維（slow twitch：ST 線維、または Type I 線維）という。"遅筋線維"は、"赤筋線維"とほぼ同義に用いられ、有酸素代謝能力に富み、疲労しにくいという特徴をもっている。他方、収縮速度が速く、発揮される筋パワーは高いが、疲労しやすく収縮持続時間が短い線維を速筋線維（fast twitch：FT 線維、または Type II 線維）といい、分類上、"白筋線維"と同義である。

▆3▆ 代謝特性による分類

遅筋線維は、酸素を利用する能力が高いことから、代謝能力を加味して SO（slow oxidative）線維とも呼ばれる。速筋線維の中には、筋中に蓄えられたグリコーゲンを分解することで ATP を生成する能力の高い FG（fast glycolitic）線維と、収縮速度は遅筋線維よりは速いが、速筋線維のなかでは遅く、酸素摂

第4章 身体活動と心身の機能

表 4-1-2 骨格筋線維の特性

種類	遅筋線維 type I	速筋線維 type IIa	速筋線維 type IIb
色	赤に近い	中間的	薄い赤
ミオグロビン	多い	中間的	少ない
酸化能力	高い	中間的	低い
代謝的評価	Slow Oxidative (SO)	Fast Oxidative Glycolytic (FOG)	Fast Glycolytic (FG)
疲労耐性	つかれにくい	中間的	つかれやすい
肥大しやすさ	しにくい	しやすい	しやすい
収縮スピード	遅い	速い	速い

筋線維は、色や機能、代謝能力によって機能分類されている。

取能力が高めの FOG (fast oxidative glycolitic) 線維と呼ばれる中間的な線維がある。FOG 線維、FG 線維は、それぞれ Type IIa 線維、Type IIb 線維とも表記され（表4-1-2）、張力と疲労の経時変化には、図4-1-3のような特性がある。近年の分類では、それぞれの中間的特性を持つ Type II ab、Type II ac、Type II c や Type I c 線維もわずかに存在していることが知られている。

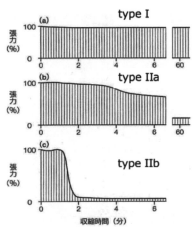

図 4-1-3　各骨格筋線維タイプ別の張力の変化

type I 線維は、張力は高くないが疲労しにくい。一方、type IIb 線維は、初期の張力が高いが疲労しやすい特性がある。type IIa 線維は、それらの中間的な特性がある。（原図　Saltin & Gollnick, 1983）

4　分子構造上の分類

近年の測定手法の進歩によって、線維の構造上の差異と特性の関係が明らかにされ、これまでに挙げた遅筋、速筋線維のなど収縮特性の違いは、ミオシンフィラメントをつくる遺伝子の違いによるものであることがわかってきた。たとえば、収縮速度の遅い順から、MHC I、MHC II a、MHC II x、MHC II b などのように、ミオシン分子の構造による分類も示されている。

3. 筋線維組成

ヒトの筋は、遅筋線維と速筋線維が混在して構成されていて、たとえば外側広筋（大腿部外側の大きな筋）では、速筋線維の占める割合は、平均的にはおおよそ50％であるが、個人差も大きい。図4-1-4は、さまざまなタイプのスポーツ部に属する学生の速筋線維の割合で、短距離走の選手では速筋線維の割合が72.3％、長距離走者では35.5％であったことを示している。

第1節 筋の構造と特性

遅筋線維（I 型ミオシン）と速筋線維（II 型ミオシン）は、遺伝的な違いがあり、遅筋—速筋間の線維タイプ移行は起こらないとされている。また、一流競技者の筋線維組成は、ほぼ種目特性に見合った組成になっていることが知られており（図4-1-5）、筋の特性からもともと短距離選手に向いている人や長距離選手に向いている人がいるようである。ただし、持久的なトレーニングによって速筋線維の Type IIb を Type IIa に変え、後天的に筋に持久的能力を獲得させることはできることは知られている。また、動物を使って電気的に筋収縮運動を行わせた実験で、遅筋—速筋のタイプ移行が認められたという報告もあり、これからの研究の集積によって科学的結論や常識は変わっていくかもしれない。

4. 筋力の発揮

1 筋力とは

筋が縮もうとするときに発揮される張力を筋力という。一般的には、筋の収縮力が腱と骨を介して外部に働きかける力のことで、体力テストでは、全身の数百に及ぶ筋を代表して、握力の測定によって筋力を評価している。ところが、筋自体に着目すると、次項のように、筋が短くならずに張力を発揮する場合や、伸ばされながら張力を発揮する場合もある。つまり"筋収縮"とは、"筋が短くなること"ではなく、"筋が中心に向かって能動的に力を発揮すること"であり、このときの力が筋力である。

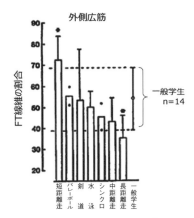

図4-1-4　筋線維の組成と競技スポーツ

短距離走者は、速筋線維の組成比が高く、逆に中長距離の選手では低いことがわかる。
出典：勝田 茂ら。ニードルバイオプシー法による各種スポーツ選手の筋線維組成および毛細血管分布について。
（筑波大学体育科学系紀要 9：175-180。1986）

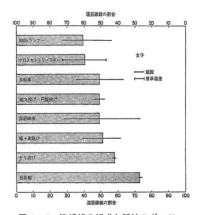

図4-1-5　筋線維の組成と競技スポーツ

一流競技者（女性）においても、筋線維と競技特性は強い関連があるようである。
（図引用　スポーツ生理学　大修館書店　1982）

第4章　身体活動と心身の機能

▓2 筋力の単位

　現状多く用いられている表記は kg またはポンドだ
が、正式には、国際単位系の N（ニュートン）で表す
ものとされている（1kg = 9.8066N）。

▓3 筋の収縮様式

① 等尺性収縮（isometric contraction）

　筋長の変わらない筋収縮のこと。iso は等しい、
metric は長さを意味する（厳密に言えば腱が少し伸
張し、その分、筋は短縮している。関節の動きをとも
なわない筋収縮である）。たとえば、胸の前で掌を合
わせ、互いに押し合っているとき、大胸筋や上腕二頭
筋は長さを変えず張力を発揮している。動かない壁を
押しているとき、低鉄棒を重量挙げの動作のように押
し上げようとするときなども、多くの筋が等尺性収縮
をしている。等尺性筋力は、数秒間力を発揮したとき
の最大値で評価される。

② 等張性収縮（isotonic contraction）

　筋に対する張力（tone）が等しい収縮様式で、短
縮性収縮（concentric contraction）と伸張性収縮
（eccentric contraction）のタイプがある（厳密に言
えば筋の張力が一定になっているわけではなく、ダン
ベルなどの負荷が一定という意味で使われる）。短縮
性収縮は、筋が長さを短縮しながら発揮する筋力で、
一般的な筋力トレーニングでの収縮はこのタイプであ
る。他方、伸張性収縮は、筋を伸展させながら発揮す
る筋力で、"伸びながら収縮する"ものである。たと
えば、肘を屈曲させて重いダンベルを持っているとし
て、逆の手で肘の角度を開くように強く初動させると、
重さに耐えきれなくなって上腕二頭筋が収縮していな
がら引き伸ばされていく。このような収縮様式が伸張

第1節　筋の構造と特性

性収縮であり、適切に行えば、筋力増進効果が大きいとされている（トレーニングについては第5章で後述する）。いずれも、一定時間にどのくらいの収縮をしたか（仕事率）、そのときの最高値（ピークフォース）、収縮速度などを評価する。

③ 等速性収縮（isokinetic contraction）

筋の収縮速度を一定に保ちながら発揮される筋力をいい、運動中の筋力またはトルクを評価する。水泳のときの腕の動きなどのように、抵抗を介した動作で発揮される。この収縮様式でトレーニングを行う際には特別な装置が必要となるが、すべての関節角度で最大筋力を発揮することができることから、行っているスポーツの動作に近い動きや速度でのトレーニングによって、高い効果が期待できる。

4 力・速度・パワーの関係[4]

筋は、抵抗を重くしていくと下に凸の双曲線状に収縮スピードが落ちる。図4-1-6のVmaxは、抵抗のない状態での最大収縮速度、P0は、動きのない状態で、最大等尺性筋力を示しており、筋収縮のスピードと筋力発揮は二律背反の関係にある。たとえば、サッカーボールを脚が止まるぐらいゆっくりとしたスピードで蹴ったとき、仮にそれが最大筋力に近い筋力を発揮したところで、ボールはたいして転がらない。反対に、最大限に速く脚を動かしてもほとんど力が入っていない場合も、ボールは威力ある軌道にならないだろう。力を入れて鋭いシュートを打てる人は、瞬時に大きな力を発揮するという、力とスピードの両方が高いレベルで発揮できる人

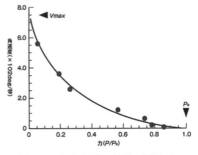

図4-1-6　ヒトの屈筋（上腕二頭筋）の
　　　　　力―速度関係

角速度（縦軸）が速いときには、力（横軸）が低く、逆に強い力を発揮できるのは、角速度の遅いときである。
（図引用　石井直方の筋肉の科学　ベースボールマガジン社　2017）

第4章　身体活動と心身の機能

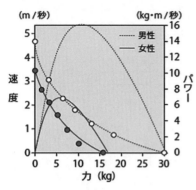

図4-1-7　筋収縮の力―速度関係

パワー発揮が最大になるのは、30－60％に相当する範囲での筋活動の際に見られることがわかる。（原図　M. Kaneko Res. J. Phys.Ed. 14, 143（1970））

だが、これを「筋パワーがある」という。筋パワーとは、力×距離÷時間で計算される。距離÷時間は速度なので、パワーは力×速度ともいえる。筋力は、その人の最大収縮力だが、筋パワーは、瞬時とか1秒間とかという一定の時間で、どれだけ筋力発揮ができるかという指標である。

図4-1-6の双曲線状の"力―速度関係"の力（横軸）と速度（縦軸）を掛け算すれば、パワーのグラフができる。人の運動は関節による回転運動であることから、パワーは「関節トルク×角速度」として表すこともできる。図4-1-7に示した力―速度関係を見ると、それぞれの30－60％に相当する範囲での筋活動の際に、最大のパワー発揮が見られることがわかる（最大筋力の35％付近で最大のパワーが得られる）。

引用文献

1) 丸山工作（1998）筋肉の謎を追って．岩波書店，東京．
2) 長澤純一ら（2016）運動生理学の基礎と応用―健康科学へのアプローチ．NAP，東京．
3) 石井直方（2014）運動に関わる筋肉のしくみ，新星出版社，東京．
4) 横浜市スポーツ医科学センター（編）（2015）図解　スポーツトレーニングの基礎理論．西東社，東京．

問　題

(1) 筋には、大きく分けて赤筋と白筋がある。この色調の違いは何によるものか答えなさい。

(2) 野球でホームランを打てるようになる（飛距離が伸びる）には、「筋力」ではなく「筋パワー」を高めることが必要になる。これはなぜか述べなさい。

（長澤　純一）

第2節　呼吸循環器系のはたらき

【概　要】

　私たちは生きている限り、絶えず酸素を取り込み、二酸化炭素を排出している。呼吸・循環器系は、生きている限り休むことなく働き続ける機関であり、その機能の衰えや変化は、生命活動の根本に関わる重要な意味を持つ。より多くのエネルギーを必要とする運動時には、いかに酸素を大量に取り込み効率よく利用できるかにより、運動自体のパフォーマンスも左右されることになる。

　本章では、呼吸により取り込まれた酸素を、心臓により全身にくまなく供給する役割を担う呼吸・循環器系の機能と働きについて、身体活動との関連を中心に学習する。

1. 呼吸器系の構造と機能

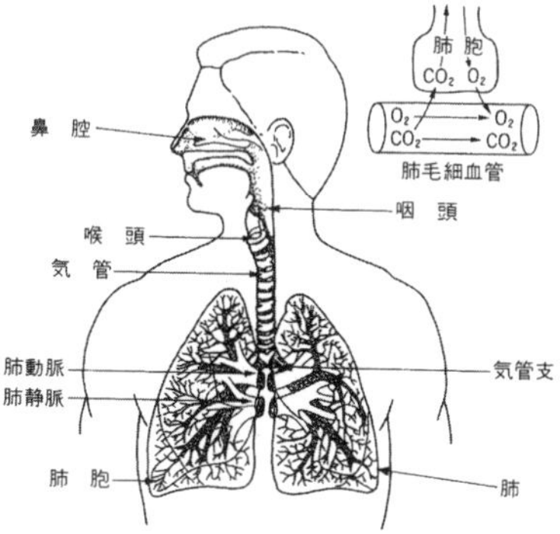

　呼吸器は、鼻腔、咽頭、喉頭、気管、気管支、肺および呼吸筋群と胸郭からなる（図4-2-1）。主に肋骨と肋骨の間にある肋間筋の収縮により行われる呼吸を「胸式呼吸」、横隔膜の上下動によって行われる呼吸を「**腹式呼吸**」と呼ぶ。呼吸数は意識的に調整することもできるが、通常は脳幹の呼吸中枢により無意識的に調整されている。呼吸数は成人の安静値で1分間に10 ～ 15回程度であるが、最大運動時には50回程度にまで激増する。安静時には分時約250mlの酸素を取り込み、200mlの二酸化炭素を排出しており（外呼吸）、この肺に出入りする空気の流れを「肺換気」と呼ぶ。一回の換気で出入りする空気の量は、500mlでおよそペットボトル一本分に当たるが、気道にとどまる一部の空気はガス交換に関与せずにそのまま再び外へ吐き出される（死腔量＝約150mL）。激しい運動時には換気量は安静時の20倍以

図 4-2-1　呼吸器系 [1]

（原図出典：Arthur C. G.: Textbook of Medical Physiology 8ed, W.S.Saunders Co., 1991, p.410）

169

第4章　身体活動と心身の機能

*1　過換気症候群
呼吸のし過ぎ（過呼吸）により、体内の二酸化炭素バランスが崩れ、呼吸困難、動悸、胸痛、痙攣、めまい等の多様な症状を認める。運動に不慣れな人に生じやすいともいわれるが、高い競技レベルの場でも身体的、肉体的に非常に追い込まれた状況で発症する。ストレスの原因を除外し、ゆっくり呼吸するようにして寛解するが、正確な診断が現場で難しい場合には、救急車を要請することもやむをえない。

*2　気胸
肺表面を覆う膜内部の胸腔に空気が流入し、肺がしぼんでしまった状況。明らかな原因がない自然気胸と、肋骨骨折を伴う外傷性気胸、またスキューバダイビングなどの障害として発症することがある。

*3　ガス交換

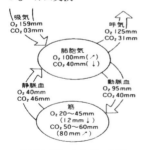

分圧勾配によるガス交換
（栗本閲夫著：運動と体力、旺文社、1980）

上にも増加するが、この死腔があるために、呼吸数を増加させるよりは、呼吸筋を鍛えて一回当たりの換気量を増したほうが呼吸の効率としては良い。なお、安静時の通常呼吸により肺に出入りする空気の量は一回換気量（450ml 程度）と呼ばれ、最大努力で息を吐き出した空気量がいわゆる「肺活量」である。肺活量は個体の体表面積に比例し、持久的トレーニングにより向上させることはできるが、持久力の直接的な制限因子にはならない。ただし、気胸などの疾患があると、肺での換気量が運動の制限因子になりうる[1,2]。

2. ガス交換と酸素運搬

肺では、吸気中に含まれている酸素が肺胞において肺胞周囲の毛細血管へと拡散する。肺胞でのガス交換[3]により血中に取り込まれた酸素は、赤血球中のヘモグロビンと結合し、全身の組織や細胞に酸素を運び、二酸化炭素を受け取る（内呼吸）。さらに全身から運搬されてきた二酸化炭素も、同じ仕組みにより最終的には肺胞に取り込まれ、口鼻腔から体外へと排出される（ガス交換）。平地での肺胞の酸素分圧は 100mmHG で、ほとんどのヘモグロビンが酸素と結合している（酸素飽和度97％）[4]。

3. 血流配分と血液成分

血液循環は、「体循環」と呼ばれる心臓から大動脈を介して全身を巡り心臓に戻る循環と、「肺循環」と呼ばれる心臓から肺を往復する循環に大別される。血液の主な役割は、生命活動を維持するためのガス交換を担うこと、エネルギー源の供給、ホルモンや免疫系等の調整物質を運搬することである。

運動時には、骨格筋での酸素の必要量は増大する一方で、活動筋への配分を優先する故に、多くの内臓臓

第2節　呼吸循環器系のはたらき

器への血流量は抑制される。ただし、脳にだけは運動中も含めて安定した血液供給が確保されている（図4-2-2）。

成人の身体組成の6割は体液が占めており、そのうち血液は体重の約8%で、その大半が血管系を循環している。血糖などの成分や、臓器や筋肉への血流を保つことは生命活動において極めて重要で、血液性状や血流の悪化は、様々な疾患、体調不良との関連が指摘されている。事故などで出血し血液を失うことを「失血」と呼ぶが、一般に失血量が全血量の3分の1以上になると生命の危険があるとされる。

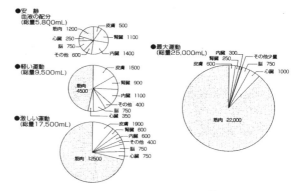

図4-2-2　運動時の血流再配分[2]

「図説・運動の仕組みと応用」　中野昭一編集　医歯薬出版　p.54 より引用

＊4　喫煙の影響
喫煙によるタールが肺に溜まり、酸素摂取効率が低下するばかりでなく、吸入する一酸化炭素が酸素より強固にヘモグロビンと結合してしまうために、酸素の運搬が阻害される。

4. 心臓の機能と酸素運搬

血流循環のポンプを担うのが心臓である。休むことなく働き続ける心臓の筋肉は特殊な構造を持ち、不随意筋として自律神経により収縮力と拍動数を調整されている。ただし、心臓にはこの神経支配を切り離したとしても、自発的に興奮し拍動を維持しうる特殊な筋繊維群が存在する（洞結節：ペースメーカ）。心房から心室へと興奮を伝え、心筋を収縮させるこの電気的な刺激を伝えるのが刺激伝統系と呼ばれるルートで、健康診断などで記録する心電図は、この電気信号を捉えて様々な心臓疾患を予測するものである。安静心電図で異常が指摘された場合や、中高年者が久しぶりに運動を始める場合には、「運動負荷心電図」と呼ばれる運動中の**心電図検査**をすることにより、運動中の心

第4章　身体活動と心身の機能

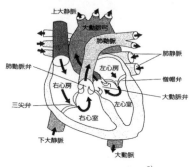

図4-2-3　心臓の横断面図[3]

「スポーツ医学【内科】」はじめて学ぶ健康・スポーツ科学シリーズ8,化学同人　5章循環器系 p.57より引用

*5　トレーニング前後の心拍数の変化

(中野昭一編集：図説・運動・スポーツの功と罪、医歯薬出版、1997)

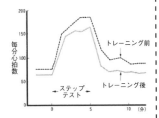

筋虚血など重篤な症例を事前に予測することができる（図4-2-3）。

　運動を行うと、全身的に酸素の必要量が増すために、心臓が拍出する血液量が増大する。また、運動時には静脈から心臓へ戻って来る血流量（静脈還流）も増加し、心臓が拡張するが、その心室容量の増加に伴い一回拍出量が増加する（スターリングの法則）。ただし、一回拍出量は左心室の物理的容量により限界があるため、一回拍出量が頭打ちになった後は心拍数の増加により、必要とされる心拍出量の総量を賄おうとする。一般に「スポーツ心臓」といわれるトレーニングにより生じる心肥大（病的な心肥大とは区別される）では、心臓の容量が増し一回拍出量が高くなるために、一定運動負荷に対する心拍数の増加は抑制される[*5]。多くの持久的競技選手では、心筋のポンプ機能向上に加えて、安静時における副交感神経の働きが優位になり、安静心拍数の減少（徐脈）が見られる。一般成人の**安静心拍数**（60〜80拍／分）に対し、一流持久競技者の安静心拍数は低値（40〜50拍／分）を示すことが知られている。さらに最大強度で運動した場合の最高心拍数は年齢に依存し、多くの実験的研究から（220−年齢）に近似することが知られているので、安静時の徐脈は心臓の余力を示すとも解釈できる。

5. 酸素摂取量

　呼吸で取り込まれた酸素は、毎回100%利用されるわけではないので、実際に臓器、筋肉等で取り込まれた酸素の量（動静脈酸素格差）と、心臓が1分間に送り出すことのできる「心拍出量」を掛け合わせた値が、

第2節　呼吸循環器系のはたらき

実際に利用される酸素の量（酸素摂取量）となる。酸素摂取量は以下の式で表すことができる：

酸素摂取量＝心拍出量×動静脈酸素格差
心拍出量＝一回拍出量×心拍数

　酸素摂取量は運動強度の増加に伴って直線的に増加する。最大努力で運動した場合には、強度が増加しても酸素の摂取量は頭打ちになり（レベリングオフ）、この時の値を「**最大酸素摂取量：$\dot{V}O_2max$**」と呼称して、スポーツ科学の分野では、全身持久力を示す重要な指標の1つとされている。すなわち、酸素の利用能が高いほど、運動に必要な化学的なエネルギーを長時間にわたり生み出すことができるので、最大酸素摂取量が高いということは、全身持久力に優れていると見なすことができる。最大酸素摂取量は、1分間当たりの絶対値で表す場合もあるが、個人の体の大きさ（大きければ大きいほど、当然利用する酸素の量は多くなる）を考慮して、持久力指標としては体重当量で表すことが多い（ml/min/kg）。最大酸素摂取量は、持久的なスポーツ種目の選手では必ず高値を示し、高い心拍出量と効率の良い末梢（筋肉等）での酸素利用能力を示す指標とされている（図4-2-4）。

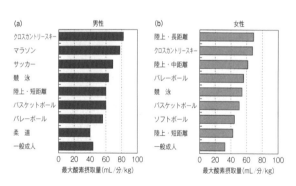

図4-2-4　一流スポーツ選手の最大酸素摂取量
文献4）p.99 より引用

　なお、全身を使った持久的な運動時には、今まで述べてきた呼吸循環器系のすべてが関連し、機能的に働くことが必要である。そのどこか一部が不調でも、全

第4章　身体活動と心身の機能

体の機能（例えば $\dot{V}O_2max$）が向上しない。第5章第4節で取り上げる持久的トレーニングでは、そのいずれかが制限因子となってアスリートとしての能力限界を規定することになる。

引用文献

1) Arthur C. Guyton（1991）Textbook of Medical Physiology 8 版，W.S.Saunders Co.p410
2) 中野昭一，栗原敏（1992）図説　運動の仕組みと応用　医歯薬出版　p.54
3) 赤間高雄編（2014）スポーツ医学【内科】はじめて学ぶ健康・スポーツ科学シリーズ8　化学同人　p.57
4) 和田正信編，長谷川博，松永智，奥本正（2018）ステップアップ運動生理学　杏林書院　p.99

問　題

(1) 運動中の酸素摂取量と心拍数の関係について説明しなさい。

(2) 運動中に血流配分はどのように変化するかを説明しなさい。

（加納　樹里）

第3節　脳・神経系のはたらき

【概　要】

　脳・神経系は、私たちが行動する上で必要な情報を伝達し、より適切な結果をもたらすための行動選択に必要な情報処理を担っている。我々は、このような行動選択のために、記憶し、学習するが、これは神経系のはたらきである。

　勉強と運動は全く別のものと考えられることが多い。しかし、英語の単語を繰り返し口ずさみ、書いて覚えることと、スポーツの動作を繰り返し練習して身に付けることは似ていないだろうか。実は、一見、別々のものに思える運動や勉強も脳・神経系の同じようなはたらきによって成立している。本節では、このような我々の活動を成立させる上で欠かすことのできない脳・神経系のはたらきについて理解を深める。

1. 脳・神経系とは？

　動物は、進化の過程において、より速く、より直接的な情報伝達を可能とするために神経系を獲得した[1]。この神経系の最も単純な構成要素は、刺激 - 反応系（いわゆる反射）と呼ばれ、1つの刺激に対して、1つの反応を生じる。この反応において、刺激を受け取るのが感覚系[2]であり、神経系はこの情報を伝達・処理し、反応を表出する運動系（効果器：筋肉）へと伝える。したがって、本来、神経系とは単体で存在するものではなく、感覚系、運動系と結びついて初めて生命活動を担うシステムとなる。

　さらに、この刺激に対する反応を抑制する回路や、学習に従って反応を選択する回路を備えることによって、神経系は複雑化し、その結果として、行動も複雑でより環境に適応したものを選択するようになる。

　身体の中心部に存在し、このような複雑な処理を行う神経系を中枢神経系と呼び、そこから枝を伸ばして

[1]
神経系の他に、血液などを介して液性に情報を伝達する系が存在する。例えば、ホルモンなどは血液中に分泌されると血液の流れによって運搬され、全身へと広がっていく。神経系と比較するとゆっくりと目的の器官に到達し（遅い）、選択性が低い（全身に拡散、作用する）。

[2]
感覚系は、感覚細胞（受容器）が特有の刺激に対して反応し、神経系に情報を伝達する。五感とされる体性感覚（触覚など）、味覚、嗅覚、視覚、聴覚の他にも、バランスなどの感覚（前庭感覚）や筋肉の状態の感覚（筋固有感覚）、また内臓感覚なども存在する。

第4章 身体活動と心身の機能

直接、目的の器官に情報を伝達する神経系を末梢神経系と呼ぶ。

中枢神経系は後述する脳（ヒトでは大脳半球、脳幹、小脳）と脊髄によって構成される。一方、末梢神経系は、筋肉へ指令を伝える運動神経および感覚器から得られた情報を中枢神経系に伝える感覚神経で構成される体性神経系と、内臓（心臓、消化器系など）の情報を伝達し、また調節のための信号を伝える自律神経系とがある。これらは情報の方向性によっても分類され、中枢神経系に向かうものは求心性、中枢神経系からの指令を伝えるものは遠心性と位置づけられる。感覚神経は前者であり、運動神経は後者である。一方、自律神経系には求心性のものと遠心性のものの両方が存在する。

2. 神経細胞と情報を伝える仕組み

神経系の最小単位は神経細胞（ニューロン）であり、大まかに細胞体、軸索、樹状突起の3つの部分で構成される（図4-3-1）。神経細胞は通常、電気的にマイナスの状態にあるが、細胞を興奮させる特有の刺激が加わると、細胞内の電気的な性質が急激にプラスの状態へと変化し、この電気的な興奮が軸索を伝わっていく。これによって神経細胞は電気的に情報を伝える（電気的伝導）。一方、この電気的な興奮が軸索の先端である神経終末まで伝わると、隣接する他の神経や細胞との間に形成されたシナプスと呼ばれる接合部で化学物質が放出される。ここで放出される物質は神経伝達物質あるいはその働き方によって神経修飾物質、神経調節物質[*3]と呼ばれる。この化学物質が受容体と呼ばれる受け手に結びつくことで、シ

＊3
神経伝達物質のうち、直接の指令ではなく、神経細胞の反応性を変化させるような作用を持つものを神経修飾物質あるいは神経調節物質と呼ぶ。

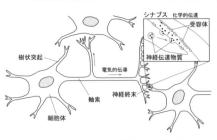

図4-3-1 神経細胞の構造と情報伝達
文献1）を一部改変

第3節　脳・神経系のはたらき

ナプスにある隙間を越えて次の細胞へと情報を伝達する（化学的伝達）。

神経伝達物質は、興奮性の性質を持つグルタミン酸、抑制性の性質を持つ GABA、またノルアドレナリン、セロトニン、ドーパミン、アセチルコリンなどの代表的な物質に始まり、様々なものが見つかっている。

3. 脳の構造

もともと、神経系は、感覚系から来る信号に対して、1つの運動を表出する系である。しかし、表出する反応を多様にするための回路として神経節が備わると、より統合的な処理が可能となり、状況に応じて刺激に対する反応を選択するようになる。この統合機能は、生存選択において有益であり、より高度な神経節を獲得した種が繁栄したと考えられる。

やがて、この統合機能はさらに発達し、より良い行動選択を可能にする学習機能を有した脳神経節へと進化する。そして、脳神経節は、進化の過程を経るにつれて、頭部へと集約され（神経作用の頭端移動）、さらに統合的で複雑な処理を行うようになった。このようにして形成されたのが脳であり、頭部から各部をコントロールし、我々の中枢部として振る舞う。

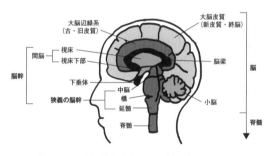

図 4-3-2　中枢神経系（脳および脊髄）の概念図
　　　　文献 2）を一部改変

ヒトの脳は大まかに3つの部分、大脳半球、脳幹、小脳によって構成される。脳幹は延髄、橋、中脳、間脳で成り立ち、大脳半球は中心部から大脳基底核、大脳辺縁系、大脳皮質と外側に向かって派生する。外側の脳ほど進化の下流で獲得されたものであり、大脳皮質は最も進化した領域として新皮質あるいは終脳と呼

第4章　身体活動と心身の機能

ばれる。ヒトでは、この大脳皮質の発達が顕著で、前頭部、その中でも特に後述する前頭連合野の肥大が特徴的である。

4. 脳・神経系のはたらき（機能）

脳幹は生命維持に中心的な役割を果たすことから、生存脳と呼ばれる。特に、延髄を中心として橋、中脳に形成される呼吸中枢は呼吸の指令を司っており、この部位が損傷されると自発呼吸が不可能となる[4]。日本における脳死判定[5]の最終判断は自発呼吸の有無によって確定される。同じように意思の発動ができない状態であっても、植物状態は自発呼吸が可能な点に違いがある。すなわち、たとえ心臓が動く能力を有していたとしても、法律上、ヒトの生死を分けるのは、この部位が機能し、呼吸が自分でできるかどうか、という判断にかかってくる。それほど重要な部位である。

更に、脳幹には心臓・血管などをコントロールする循環中枢があり、また、消化器系のコントロール、姿勢の維持やロコモーション（歩行など）、咀嚼、眼球運動など、我々の生命活動の根幹となる機能の基本回路が組み込まれている。

間脳の代表的な部位である視床下部は、体温調節や水分調節などの生存に関わる機能だけでなく、食欲や性欲など本能的な処理にも関与している。また、自律神経系の最高中枢として、各部の緊張や弛緩を制御するとともに、下垂体を通して様々なホルモンを血液中に分泌し、全身性の調節も行っている。一方、もう1つの代表的な構造である視床は感覚信号を大脳皮質へ中継し、情報伝達のコントロールを行うなど、間脳はより高次な機能に関与している。

大脳半球の代表的な構造は、ヒトの脳の外形をなす大脳皮質である。大脳皮質は、細胞体が存在する灰白

[4]
呼吸は、呼吸中枢からの信号が横隔膜などの呼吸関連筋群を使って胸郭を動かす呼吸運動によって成立する。呼吸運動は肺の拡張・収縮を起こし、それによって空気の出入りが生じる。呼吸中枢からの信号が途絶えると呼吸運動は停止してしまう。一方、呼吸関連筋群は、随意的に操作することも可能で、我々は呼吸を自由に止めることや喋ることなど、呼吸を自在に操ることもできる。

[5]
臓器移植法に基づく、死亡の判定基準のこと。法的脳死判定は5種類の検査を6時間以上の間隔で2回実施する。それぞれの最後に、自発呼吸の停止が確認される。

[6]
大脳皮質の解剖において、肉眼によって灰白色に見える部分を灰白質と呼び、白色に見える部分を白質と呼ぶ。

178

第3節　脳・神経系のはたらき

質と、軸索が存在する白質で構成される[*6]。灰白質は大脳皮質の表面に、白質はその内部に存在する。したがって、神経細胞は皮質の表面に存在し、その間を軸索が走行して情報交換を行っているという構造になる[*7]。ヒトの脳にはシワが存在するが、溝を作り表面を折り返すことで、脳の表面積が広がり、より多くの神経細胞を配置し、それらに多彩な機能を割り当てることが可能となっている。

この溝のうち、縦に走る大きな溝を中心溝、横に走る大きな溝を外側溝と呼び、これらを境に前頭葉、頭頂葉、側頭葉、後頭葉の4つの脳領域が設定されている[*8]。これらの領域は機能的な区分とも符合し、大まかに、前頭葉は能動的な機能、頭頂葉・後頭葉・側頭葉は受動的な機能を担っている。つまり、大脳皮質は後部で感じ、前部で行動を起こすと捉えられる。事実、図4-3-3に示すように、頭頂葉には皮膚感覚（体性感覚）や味覚、後頭葉は視覚、側頭葉は聴覚と感覚系の機能が揃い、一方、前頭葉は、それらの情報から考え、どうするかを判断し、実際に行動を起こす運動系の機能が集中している。図中、言語という領域が能動・受動のどちらの領域にも存在するが、喋ることと聞くことが分かれているためである[*9]。領域ごとに、それぞれの機能が局在しており、これを大脳皮質の機能局在という。

図中、ドットで示されている部分は連合野といい、前頭連合野、頭頂連合野、側頭連合野が存在する。それぞれ、創造・意思・思考、感覚情報の統合（認知判断）、記憶など、単一の機能というよりも、より統合した高次な役割を担っている。ヒトでは前頭連合野が特に発

[*7]
大脳皮質は左右に存在し、左右の脳をつなぐ連絡経路（白質）は、脳梁と呼ばれる。

[*8]
中心溝よりも前で外側溝よりも上の部分を前頭葉、中心溝よりも後ろで外側溝よりも上の部分を頭頂葉、外側溝よりも下の部分を側頭葉、大脳皮質の最後尾を後頭葉に区分する。

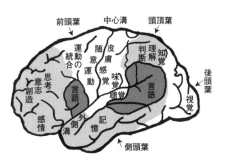

図4-3-3　大脳皮質の区分と機能
文献3）を一部改変

[*9]
能動領域に位置する言語は、行動性の言語、すなわち喋ること、受動領域に位置する言語は、感覚性の言語、すなわち聞くことにそれぞれ特化して機能が分担される。

第4章　身体活動と心身の機能

*10
前頭連合野は、ヒトでは全大脳皮質の30％を占める。例えば、チンパンジーでは17％、ネコでは3％しかないことから、前頭連合野の肥大がヒトの脳の特徴であることがわかる。

*11
記憶には様々な種類があり、ここでいう記憶は顕在記憶といって、意識的に思い起こすことのできる記憶（エピソードなど）をいう。

*12
小脳は運動プログラムを収納しており、記憶の分類としては潜在記憶に当たる。無意識的に利用することはできるが、意識的な想起の対象にはならない。

*13
神経の可変性のことを神経の可塑性という。成長の過程はもちろんのこと、成人になっても神経系の結合は変化する。

達していることから、この部位の機能を十分に活用することが、人間が人間らしく生きることにつながるのかもしれない*10。このように大脳皮質は高度な感覚情報処理とそれに応じた判断・行動選択を担うことから理性・知性の脳とも呼ばれる。

大脳皮質の内側には大脳辺縁系（古・旧皮質）が存在し、記憶*11の形成に関与する海馬や、好き嫌いなどの情動的な価値判断を行う扁桃体が有名である。高度な判断が可能となるのは、様々な記憶があるためで、記憶の形成に関与する海馬とその周辺領域は非常に重要である。また、我々の行動には、理性的に出された判断よりも、好き嫌いなどが優先される場合があり、扁桃体は我々の意思決定に大きな影響を与えていると考えられる。間脳と合わせて本能・情動の脳と呼ばれる。

大脳基底核は、大脳の基底部に存在し、運動を正確に行うための微調整など、運動の円滑化・協調化に貢献する。小脳は、脳幹の後部、大脳皮質の下部に独立して存在し、機能としても運動の学習・記憶*12に特化している。

これらの運動関連領域は前頭部に存在する運動野（随意運動）・補足運動野（運動の統合）と関連し、ヒトの多彩な運動表出と運動学習を可能にしている。

5. 脳・神経系の可塑性

脳・神経系は出生時に完成されたものではない。神経系は外界からの刺激によって、常に機能的、構造的な変化を起こしている*13。赤ん坊が試行錯誤しながら起立することも、段々と言葉が喋れるようになっていくことも、すべて学習と記憶によって成り立っている。その裏では、実際の試行錯誤と同様、様々な神経回路の構築が試みられている。その中で効率化され、

第3節　脳・神経系のはたらき

使用頻度の高い回路は強固になり、使用頻度の低いものが消失してく。これが、まさに学習や記憶の正体である。したがって、我々が自分にどんな刺激を与え、何を繰り返すかによって、自分の脳や神経系に作られる回路も変化し、それに応じて獲得される能力にも違いが出るのである。

引用文献

1) 山崎昌廣, 坂本和義, 関邦博編（2005）人間の許容限界事典　朝倉書店　p.604
2) 松本元・小野武年編（2002）情と意の脳科学―人とは何か―　培風館　p.3
3) 時実利彦（1962）脳の話　岩波新書　p.80

問　題

（1）脳幹の機能と脳死判定との関連を説明しなさい。

（2）大脳皮質の構造と機能について説明しなさい。

（中谷　康司）

第4章　身体活動と心身の機能

第4節　こころのはたらき

【概　要】

　幼少期から現在までの記憶を振り返り、身体を動かした後の爽快感や高揚感、満足感を得た体験を振り返るとどのような思い出があるだろう。鬼ごっこで鬼から息を弾ませながらうまく逃げきれたとき。サンドバッグに気持ちよくパンチを打ち込んだ感覚。バッティングセンターで振ったバットの中心に初めてボールが当たり打ち返せた瞬間。スキーで空気を切り裂くように直滑降したとき。当てはまらないかもしれない事例を挙げたが、動物でもある我々は、人生の中で身体を積極的に動かすことで楽しい感覚を味わったことが必ずあるはずだと思う。この章ではスポーツや運動がもたらす心理的な恩恵について見ていきたい。

*1
「ややきつい ～ 楽である」という主観的な運動強度の指数（RPE）レベルを目安に、快適で継続しやすい運動負荷感覚を知っておくのも効果的。

表 4-4-1
Ratings of perceived exertion (RPE) 指数 [1]

20		
19	･･･	非常にきつい
18		
17	･･･	かなりきつい
16		
15	･･･	きつい
14		
13	･･･	ややきつい
12		
11	･･･	楽である
10		
9	･･･	かなり楽
8		
7	･･･	非常に楽
6		

1. 身体活動と心身の関係性

　スポーツや運動（この節では以下、**身体活動**と表現する）とは、筋肉を緊張させたり、弛緩させたりすることを繰り返すものである。心身は密接な関係性があり、極端に高い負荷の運動を繰り返せば、「つらい・苦しい」というネガティブな感情を抱く。逆に、適度な運動負荷である場合、「楽しい・心地よい・面白い」というポジティブな感情を伴う*1。

　運動によって身体活動が平常時より活発になると、心拍数が上昇する。心拍数上昇によって、呼吸数と体内の血流量も増加し、活発な動作の源となる交感神経が優位に働くようになる。連動する形で脳も興奮し、とっさの対応が要求されても対処しやすい心身状態になる。この時、活動中に排尿や排便があってはならないので、尿の貯留量が増えたり、肛門括約筋がより締まって大便が出ないような作用がある。物事に集中している時に排泄の意識が消失するのはこのような理由からである。

第4節　こころのはたらき

　身体活動を中止すると、筋肉の緊張は解かれて弛緩し、呼吸は深くゆっくりになって心拍数は落ち着いていき、寝ている時やリラックスしている時に働く副交感神経が優位になる。脳の興奮は静まり、開放的で落ち着いた心身の状態へ促されることになる（図4-4-1）。

　身体活動の利点はまさにここにあるといえる。一時的に身体活動が活発化することによって、心身の緊張状態は高まるものの、長時間実施できないことから必ず運動活動の停止が訪れ、確実に心身をリラックスに導くことが可能となるからである。心身のストレスや緊張状態を和らげる手段は他にも存在するが、身体の確実な弛緩を利用して導く方法であること、この後に述べる付加的にもたらされる複数の恩恵からも、スポーツや運動による身体活動を日常に取り入れて心身の健康に配慮することは非常に有意義であると言える。

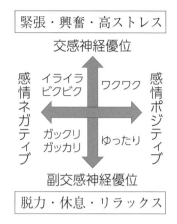

図4-4-1　自律神経の状態と心理状態の関係性

2. 自尊感情の高まり

　継続的に身体活動を実施していると、一般的にはどのような変化がもたらされるだろうか。身体的には体力面が増強されたり、望ましい状態を維持できたりして、自己の体力面に対する認識を肯定的に捉えることにつながると考えられる。すなわち「自分自身を肯定的に評価する気持ち（心理学辞典）」と定義される自尊感情が高まっていくことが予想される。自尊感情は、人のさまざまな感情や行動に影響があるとされており、高い自尊感情は自分を価値ある存在として捉え、肯定的かつ責任感を強く見積もる傾向があり、一方で低い自尊感情は他者との関係を自ら回避し、対人不安

第4章 身体活動と心身の機能

を多く生じる傾向があることが報告されている[2]。仮に身体活動によって体重や体型を望む方向に変化させることや、タイム短縮や持ち上げられる重さが増加するなど運動能力が向上したらどうだろうか。自己の成果をはっきりと知覚することで、明らかに自尊感情が高まることが想像できる。

3. ストレスへの抗力

ストレス社会とも呼ばれる現在の生活状況は、仕事、勉強、人間関係、SNSなど様々なものがストレスの原因（ストレッサー）となっている。これらのストレッサーにさらされ続けた場合、自律神経や内分泌系、免疫系などを介して、身体に様々な悪影響を及ぼすことになる。

しかしながら、人は同一条件のストレッサーが降りかかってきても、ストレス状態に至る人と、至らない人が存在することがある。これは、人によって物事のとらえ方が違うことや、体力面や免疫力の違いから差異が生じているものと考えられる。

ストレス解消法について、2018年メディケア生命保険が1000名に実施した調査では男性の1位から睡眠、飲酒、風呂、旅行、スポーツの順位となり、女性が食事、睡眠、ショッピング、旅行、テレビの順位であった。最適なストレス解消法になれば問題ないが、飲酒による深酒や食事によるやけ食い、過食が健康面を違う形で脅かすことにもなりかねないのである程度注意が必要である。

運動・スポーツ活動がストレス解消に一部用いられていることが判明したが、割合はそこまで高くない。しかしながら、もっと注目されるべきなのは、今までつらいと

図 4-4-2

身体活動によって体力や抵抗力の容量（器）を大きくすることで、同じストレッサーが降りかかってきても、受容できる量が増えるイメージ

第4節　こころのはたらき

感じていたストレッサーが、体力を向上させることで、身体的ストレスに耐える能力が高まり、気にならない軽い負荷レベルの感覚に変わっていく可能性である。肉体的な悲鳴を上げにくい身体条件が整えば、心にも余裕が生まれるはずであり、ストレッサーと見なさないで処理できるようになるはずである（図4-4-2）。これが継続的な身体活動がもたらすストレス抗力の大きなメリットだと考えられる。

　ある大学の学生を対象とした研究[3]においては、2、3、4年次進級時にかけてスポーツ系の部・サークル活動への参加を継続していた者は、性、居住形態、通学時間、アルバイト・仕事の状況を調整しても、無所属であった者と比較すると、一貫してストレス対処力が良好であり、統計学的にも有意だと報告されている。これらの差は、まさに上記のような体力面のアドバンテージも作用していると思われる。

4. 不安の低減

　不安は2種類あるといわれており、あがりやすい性格とか緊張しない性格と表現されるようなその人個人が持つ安定的特徴を持つ「特性不安」と、試合や面接会場など、ある特定の個人や環境の要因に影響を受けて流動的で変化しやすい「状態不安」の2つが存在するとされている。

　スポーツや運動と不安の関連性はこれまで研究が積み重ねられてきており、以下のことが具体的に明らかとなっている。例えば友人と久々にテニスをプレイしてリフレッシュしたという一過性の運動を体験すると、一時的な不安、すなわち状態不安を減少させるが、特性不安は減少させることができないと報告されている。一方で、部活動やスポーツクラブに長期間参加し続けることで、性格的側面である特性不安を改善する

185

第4章　身体活動と心身の機能

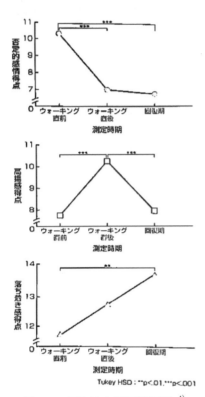

図 4-4-3　運動時における感情の変化[4]

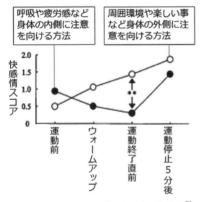

図 4-4-4　運動時の意識の向け方と快感情[5]
　　　　筆者改変

という報告もある。すなわちあがりやすい、緊張しやすい特性不安が場数を踏んで、体力や技術向上に伴って変化していく可能性があると考えられる。

5. 感情の安定・コントロール能力の向上

　運動実験参加者に対して約15分の快適自己ペースのウォーキングを実施し、運動の直前、直後、回復期（25分後）に分けて、否定的感情、高揚感、落ち着き感について状態を調査した研究では、ウォーキング直後から否定的感情は下がり、その後も維持されたと報告されている。また、高揚感は運動直後にピークに達して元に戻ること、落ち着き感は運動直後からわずかに上昇し、回復期により高まることが示された（図4-4-3）。運動後の「心地いい状態」は上記の心理的な要素が変化していることに伴って作り出されていると考えられる。これらの結果は、サイクリングや筋力トレーニングなどを快適自己ペースで実施することでも、ほぼ同様の傾向を示すことが確認されている。

　さらには、同じ運動を実施するのであっても、呼吸や疲労感など身体の内側に意識を向けながらやるよりも、身体の外側に注意や意識を向けて運動し続ける方が、快感情を生み出しやすいことが判明しており、自己の意識の向け方によっても心理的な条件を左右することが明らかになっている（図4-4-4）。

第4節 こころのはたらき

6. 志向に基づく目標達成や欲求充足が満足感や達成感を生む

ヒトは運動したいという欲求を持っているか、健康のために適度な運動の必要性を感じているのが一般的である。運動・スポーツを実施するにあたり、目標や志向は多種多様であるため、一面的な対応をすることはできない。競技志向からレクリエーション志向、健康志向まで、志向やそれに応じた目標のあり方も見据えながら、運動の欲求を刺激することで、運動を好意的に捉えて実施するきっかけとなり、満足感や達成感を味わうことにつながっていく。間違って志向や目標の異なる場に身を投じてしまった場合は、やり過ぎてオーバートレーニングに陥ったり、物足りないのに続けるなど、身体活動そのものがストレッサーになってしまう可能性もあるため、ズレが生じていないかを確認することは重要であろう。さらに図4-4-5で示したように、運動スポーツの実践が身体と精神それぞれのリラクセーションに作用し、心身が内分泌や神経支配の影響も受けて調律されていく仕組みが継続されて効果的な恩恵が得られることになる。日常定期的に身体活動が取り入れられるような動機づけを心がけたいものである。

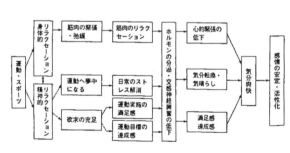

図4-4-5 運動・スポーツと感情安定・活性化の関係[6]

7. 自信の高揚

スポーツや運動を繰り返すことで、体力や技術が向上し、自尊感情が高まることはすでに述べた。さらには競技志向が強まると自ずと成功や達成を求めること

第4章 身体活動と心身の機能

になり、勝負に勝つことや、記録が向上することを誇らしく思うようになる。このような側面から自信の概念のひとつである自己効力感（自己有能感）が高まっていく。通常は上記の体験から自信が育まれていくが、結果にこだわり過ぎる中で負け続けたり、技術向上が停滞し続けたりすると、逆にストレスを抱えることになって自信の高揚にはつながらないため、スポーツ本来の楽しさ、面白さも味わえるように目的のバランス感覚を大切にしたい。

8. 判断力や予測力の向上と社会心理的な適応

スポーツで勝敗を争うことや、体力・技術面を強化することは、例えば相手の裏をかく戦術を考えたり、ボールを瞬間的に必要な場所へ打ち返したり、富士山を登り切れるかどうか、この重さの荷物を運ぶことができるかどうか、という瞬間的、展望的な計算や判断力、予測力を養うことができるだろう。競技レベルの高い選手ほど、判断力や予測力が正確であることも報告されている。

また、運動・スポーツ活動は、集団に所属する機会や社会的コミュニケーションを生み出しやすく、例えばチームや友人、家族間でのチームワーク、協調性、リーダーシップやフォロワーシップ等の社会心理面が活性化される。したがって人間関係構築への適応と促進が期待できる。

引 用 文 献

1) Borg, G. (1982) Psychophysical Bases of Perceived Exertion. Medicine Science in Sports Exercise, 14, 377-381.

2) 澤尻 紘輝．村山 拓 (2018) 自尊感情と仮想的有能感に関する研究動向，東京学芸大学紀要，総合教育科学系，69 (2)：151-168.

3) 辻 大士 他．大学生におけるスポーツ系の部・サークル活動参加とストレス対処力，うつ・不安感の縦断研究：2年間 (3時点) の追跡調査に基づく分析，運動疫学研究

第4節　こころのはたらき

19（1），24-35.

4）荒井 弘和・竹中 晃二・岡 浩一朗（2003）一過性運動に用いる感情尺度―尺度の開発と運動時における感情の検討，健康心理学研究 16（1），1-10.

5）荒井弘和・竹中晃二・岡　浩一朗（2004）認知的方略を用いた一過性運動に対する感情反応，行動医学研究 10：59-65.

6）教養としてのスポーツ心理学（2005）徳永 幹雄，大修館書店

問　題

（1）身体活動と心身の関係性について、詳しく説明しなさい。

（2）運動・スポーツがストレス対処に有効な理由を説明しなさい。

（村井　剛）

身 体 知

「あなたはどうやって歩いていますか？」人はごく自然にできていることの知について語ることができないと言われている。こういった身体に関わる知が身体知である。運動を学習し、状況判断も含めたスキルの熟達において、身体感覚を形態化していく身体能力は動感身体知と呼ばれている。こうした身体知の背景には暗黙知と呼ばれる人が語ることのできない暗黙的な知の存在がある[1]。

「上手くなっていく過程で身体知はどのように形成されていくのだろうか？」こうした熟達過程には自動化と呼ばれる段階がある[2]。例えば人が自転車に初めて乗ってからだんだん上手に乗れるようになる過程を想像してみると、最初は多くのことを注意して頭の中がいっぱいになっていなかっただろうか？（むしろいっぱいすぎて何も考えられないくらいだったかもしれない）だんだんと乗れるになっていく過程ではバランスだったり、こぐ足の動作だったり、目線だったりを意識し、いつの間にかこれらを全く意識しなくても乗れるようになっていたであろう。まさに身体知が形成され、無意識化された状況である。こうした状態はスキルが自動化された状況と言える。熟達の過程では乗れるようになるにつれて自信をつけ、自己効力感（自分はできると自身をもつこと等）が高まり、最初はすごく難しかったことができるようになっていくと考えられる。

「スキルは自動化されれば良いのだろうか？」確かに一度自動化してしまうと、今度はそれを意識的に言語化することは難しいと言われている。しかしながら、認知科学の理論では、こうした知識の構造を再構築することでより良い構造になっていくと言われている[3]。例えば、無意識で投げているピッチングフォームに対して、もう一度意識を向け細かい点を修正していくことを考えてみたい。こうした意識化は多くの場合、一旦パフォーマンスを下げてしまうことが考えられる。今まで自動化されてきたフォームを崩して、今よりもう少し膝を高く上げて投げてみようというチャレンジをするからである。こうしたチャレンジはレベルや状況にもよるが、今できているフォームとの関係を見直しつつ、より良いフォームを探していくことになる。そしてより良い構造になった時に現在課題としている部分が克服されればより良いフォームとして再構築されたと言える。

コラム

　こうした身体知について意識を向け語るメタ認知[4]という手法が近年なされ始めている。メタ認知とは認知についての認知のことであり、熟達していく過程において、自身が考えていたことを語る試みである。こうした言語化は熟達の過程における知をすべて語れるわけではない。しかしながらメタ認知によって自分が特に意識していた部分を語ったり、書いたりすることによって人はその時の知の構造を整理しやすくなり、課題の発見やさらなる改善への探求がなされると考えられる。

　こうした身体知に着目した場合、「熟達の支援はいかに可能であろうか？」上記のメタ認知も支援に相当しているが、別のアプローチとして近年はICTがめざましく発展したためこうしたICTの活用が着目されている。20年前サッカーチームにはビデオカメラが1台あれば良い方であった。今や動画撮影はスマートフォンの普及とともに一家に1台から1人1台の時代になりつつある。メタ認知の言語化の支援においても、トレーニングの様子や試合の様子を動画で撮影しておけば、後から言語化を支援することも可能となる。動画がない場合、どのように動いていたか？に対する選手のフィードバックは主観的な感覚によるフィードバックになりがちであったが、こうした方法を使うことで客観的なフィードバックが可能となりつつある。

　こうした身体知に着目したコーチングや教育に関わる実践的な試みは我が国においても進みつつある。学習指導要領においては「主体的・対話的で深い学び」に注目が集まっているが、スポーツや運動においても深い学びが求められているといえる。身体における知はスポーツや運動に限らず多くの学習においても重要と位置づけられている。概念的な学習においても身体活動を伴うことでより深い学びになるとされている[5]。今後は身体知に根ざした熟達化の支援や概念獲得の支援が求められてくると考えられる。

（山田　雅之）

参 考 文 献
1) マイケル・ポランニー（2013）「暗黙知の次元」，筑摩書房
2) リチャード・A・シュミット（1994）「運動学習とパフォーマンス」，大修館書店
3) 米国学術研究推進会議（2002）「授業を変える」，北大路書房
4) 諏訪正樹（2016）「『こつ』と『スランプ』の研究」，講談社
5) R. K. ソーヤー（2016）「学習科学ハンドブック第二版第2巻」，北大路書房

中大生の体力
―中央大学経済学部体力測定について―

体力測定の目的

　大学生の体力水準の推移を把握するための体力測定は、中央大学に限らず、多くの大学で実施されている。本学では、1978 年の予備測定・調査以降、1998 年までは全学部で体力測定を実施し、1999 年からは経済学部において継続して測定を行っている。この測定は、学生の体力水準の推移を把握する、研究上の目的と、学生へ結果のフィードバックを行い、自分自身の体力の現状を把握させ、日常生活における健康・体力管理、科学的な運動方法とその実践を促す、教育上の目的を 2 つの柱として行っている。

測定項目

▶　身　　長：身長計を用いて測定

▶　体　　重：体重計を用いて測定

▶　体脂肪率：インナースキャン 50（タニタ社製）を用いて測定

▶　握力（右・左）：アナログ握力計（竹井機器工業社製）を用いて測定

▶　背筋力：アナログ背筋計（竹井機器工業社製）を用いて測定

▶　垂直跳び：ジャンプ MD（竹井機器工業社製）を用いて測定

▶　反復横跳び：1.2m 間隔の平行線 3 本の間をサイドステップで 20 秒間往復し、ラインクロスの数を測定

▶　立位体前屈：立位体前屈計（竹井機械工業社製）を用いて測定

▶　伏臥上体そらし：伏臥の被験者は、両手を腰の後ろに組み、補助者に大腿部を押さえた状態で、顎をできるだけ高くなるように上体を反らし、1m 定規で顎の高さを測定

▶　踏台昇降運動：3 分間の踏台昇降運動の後、1 分ごとに 30 秒間の脈拍を補助者が測定結果を　$\{180 / (3 \text{回の脈拍合計} \times 2)\} \times 100$　の式を用いて指数化

▶　上体おこし：膝を直角に曲げた状態での仰臥姿勢で両腕を胸の前でクロスし、両肘が両膝に触れるまで上体を起こす動作を 30 秒間繰り返し、両肘が両膝に触れた回数を測定

コラム

2007 年から 2017 年までの傾向

　体力測定の結果を、2007 年から 2017 年までの 11 年間について年次間の平均値の推移を分析してみると、表 1 に示すように、測定項目ごとに、推移の傾向が異なることがわかった。

　先に述べておくが、各測定項目の下降、上昇傾向は、統計的に有意ではあるが、それぞれの経年的な変化の度合いはわずかなものにとどまっている。

　形態面においては、男子の身長が若干の下降傾向を示した。女子の体重においては上昇の傾向を示した。

　機能面については、まず、筋力を示す指標となる、握力、背筋力において、男子の平均値が下降傾向にあった。瞬発力の指標となる、垂直跳びは男子で下降、反対に女子では上昇の傾向を示した。敏捷性の指標となる反復横跳びでは、男女とも上昇傾向が認められた。柔軟性を示す、伏臥上体そらしでは、男子で下降の傾向を示した。全身持久力の指標となる、踏台昇降運動では、男子に上昇の傾向、筋持久力を示す、上体おこしでは、男女ともに上昇の傾向を示した。

　学生の体力水準は、1999 年までのデータと比較すると依然低い水準であるといえるが、ここ 10 年ほどの傾向を見ると、低下しているものばかりではなく向上している項目もある。この要因を明らかにするには別途調査が必要ではあるが、文部科学省が実施している調査でも浮き彫りになっているように、体力の二極化が、本学の体力測定結果にも影響していることも考えられる。

表 1　2007 年～ 2017 年の体力水準の推移傾向

分類	測定項目	男子学生	女子学生
形態	身長	下降	
	体重		上昇
	体脂肪率		
筋力	握力（右・左）	下降	
	背筋力	下降	
瞬発力	垂直跳び	下降	上昇
敏捷性	反復横跳び	上昇	上昇
柔軟性	立位体前屈		
	上体そらし（伏臥）	下降	
全身持久力	踏台昇降運動	上昇	
筋持久力（体幹）	上体おこし	上昇	上昇

（高村　直成）

参 考 文 献

石部安浩ほか（2005）中央大学における体力診断テスト 20 年間の推移 1980-1999，中央大学保健体育研究所体力診断テスト 20 年研究班編，中央大学出版部，東京．

高村直成，八島健司，青木清隆，高橋雅足（2012）本学経済学部体力測定 5 年間の推移 ― 2007 年度から 2011 年度の体力診断テストの結果―，中央大学保健体育研究所紀要，30 号，pp.69-78

第5章
スポーツ・トレーニング概論

第1節　体力の構成要素

1. はじめに　～体力の意義～

　体力は人が活動するための源である。健康の保持増進や活動を起こす意欲、活動に対する気力の充実にも関わりを持っている。特に子どもの成長期においては、発育発達を支える基本的な要素である[1]。近年、日常生活によって消費されるエネルギーが減少している。交通機関が発達し、駅やビルのような高い建物ではエスカレーターやエレベーターが設置されるようになった。体力づくりの基礎的な部分は地域の教育機関や子どもたちの遊びの文化の中に内在していた。しかし、その機能や文化が衰退しつつある。現在、飽食の時代を迎え、食事の質や量を個人が精査してゆかなければ必要以上のカロリーを体にため込むことになりかねない。日常生活の利便性から、体力低下を生みやすい仕組みが生まれてしまったといえる。体力の低下により、豊かな生活を送ることを阻害するようなことが起こりうるのであるのなら、それは本末転倒といえるのかもしれない。

2. 体力とは

　私たちは日常生活で「最近体力が衰えてきた」などと表現することがある。あらためて体力とはなんですか？　と聞かれると戸惑ってしまい、説明するのが難しい言葉である。現在まで、多くの研究者が体力の定

〔キーワード〕
・体力の意義
・身体的要素
・精神的要素

体力の分類では一般的に体力を身体的要素と精神的要素に分け、さらにそれぞれを行動体力と防衛体力に分類している。ここでいう、行動体力は、身体を使って能動的に外部に働きかける活動力のことをいうのに対し、防衛体力は外部環境の変化やストレスに対して、内部環境を一定に保つ能力（恒常性）を指している。

第5章　スポーツ・トレーニング概論

〔キーワード〕
・行動体力
・防衛体力

筋力：
重いものをじっくり押したり、持ち上げたりするときに発揮する能力。筋力は筋肉の断面積に比例する。

協応性：
複数の器官や機能が互いにかみ合って働くこと。

パワー：
瞬時に力を発揮する能力、筋力×スピードであらわされる。

筋持久力：
筋力を一定時間発揮し続ける能力。

全身持久力：
全身を使った運動を長く続けるための能力。有酸素能力。

敏捷性：
全身や体の一部の向きを素早く変える能力。対象に対する察知→判断→反応という過程の速さ。

バランス：
体の安定を保つ能力。

義をしているが、大きくは2つの考え方に分かれる。ひとつは「身体と精神は一体をなすもので、体力は身体的要素と精神的要素からなる」とする考え方。他のひとつは「体力は、身体的要素を示し、精神的能力とは分けて考える」という考え方である[2]。人間のパフォーマンスの原動力となるエネルギー出力を考えた場合、精神的要因は密接に関連するとの考えから体力を定義したものが図5-1-1[3]である。これは、現在最も広く使われている体力分類の元となる。

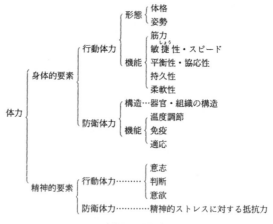

図5-1-1　体力の分類（猪飼 1965）

一般的に体力は行動体力と防衛体力に分けられる。

1 行動体力は
①行動を起こす能力：筋力・パワー・スピード
②行動を調節する能力：俊敏性・柔軟性・バランス
③行動を持続する能力：全身持久力・筋持久力
さらに、行動体力をエネルギー系とサイバネティックス系に分けて考えることがある。
①エネルギー系：筋力・敏捷性・持久力・パワー
②サイバネティックス系：平衡性・柔軟性・調整力

第1節　体力の構成要素

サイバネティックス系はコーディネーションとも表現され、バランスの調整力や効率の良さといった巧みさだといえる。

２　防衛体力は

①物理化学的ストレスに耐える能力：気温・気圧・振動など

②生物的ストレスに耐える能力：細菌・ウィルス・寄生虫など

③生理的ストレスに耐える能力：空腹・不眠・疲労など

④精神的ストレスに耐える能力：緊張・苦悩・恐怖など

３　体力をエネルギー供給機能からとらえた生理学的分類では

① ATP-CP 系（無酸素）：短時間に速く大きなエネルギーを出す

②乳酸系（無酸素）：中間的なエネルギーを出す

③有酸素系（有酸素）：長時間ゆっくりエネルギーを出し続ける

に分類され、ハイパワー、ミドルパワー、ローパワーと表現されることもある。

3.「体力」定義の歴史

　日本で「体力」という語が用いられるようになったのは、嘉納治五郎が日本体育協会設立趣意書（1911）に記して以来ではないかとされている[4]。昭和に入り、「体力」という語をどのように定義するか盛んに論じられるようになった。今日辞典などで「体力」という語の説明がなされる陰には、運動生理学で研究活動を推進してきた福田邦三と猪飼道夫という研究者の影響が強いといえる。福田は体力を評価するためには規定尺度が必要であることや、まずは防衛体力と行動体

ATP-CP 系：
筋線維の中に元々含まれているクレアチンリン酸を利用してエネルギーを発揮する。非乳酸性機構ともいう。10 秒ほどの短時間の全力運動の時に主に使われる。

乳酸系：
筋線維の中に蓄えられているグリコーゲンを乳酸に分解する過程で発揮するエネルギーを利用して、ADP（アデノシン二リン酸）をATP（アデノシン三リン酸）に再合成するシステム。40 秒程度の全力運動に使われる。

有酸素系：
体内に蓄えられているグリコーゲンや脂肪、たんぱく質を水と二酸化炭素に分解する過程で発生するエネルギーを利用してADPをATPに再生するシステム。長時間運動時に使われる。

第5章　スポーツ・トレーニング概論

〔キーワード〕
・「体力」定義の歴史 (福田邦
　三・猪飼道夫)

力を分けて考えることなどを提案した[5]。この時に提案した分類はその後に大きな影響を及ぼすこととなった。福田邦三の指導を受けた猪飼も「体育の科学的基礎」という著書の中で「体力」について述べている。『体力はまた、働きかける能力と防衛する能力との二つに分けることができる。働きかける能力とは、いかに行動するかということであり、防衛する能力とは、外部からのストレスにいかに耐えるかということである。』『体力はまた、身体的な要素と精神的な要素に分けて考えられることもある。…中略…しかし、実際には"身体"というものの内容には、どうしても"精神"がふくまれ、身体活動はつねに精神活動に支配され、また"精神"というものの内容は常に"身体"がふくまれ、精神活動は身体のコンディションに影響されるわけである。…中略…体力については、いろいろな人がそれぞれの立場から述べているので雑然としている。その原因は、体力が物理学的概念であるか、生理学的概念であるかをつきとめないで議論しているところにあると思う。』[6] このように、「体力」の定義は、議論が進められてきたが、困難を極めていたと同時に、体力テストの種類によって体力の評価が異なることもわかるだろう。

4. 体力の評価

現在我が国で行われている体力評価は、文部科学省が国民の体力・運動能力の現状を明らかにするために、平成11年より体力・運動能力調査として「新体力テスト」を導入している。測定評価される項目は図5-1-2[7]のようになっている。次に図5-1-3[8]に我が国が行ってきた体力評価の変遷を示した。これを見ると「体力要素」と「運動能力」の関係が入り組んで評価されているのがわかる[8]。

198

第1節　体力の構成要素

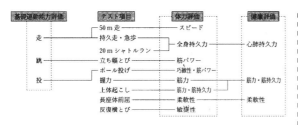

図 5-1-2　「新体力テスト」で測定される体力要素（文部科学省 2000）

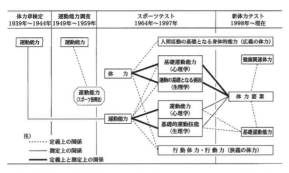

図 5-1-3　「体力」と「運動能力」の関係性の変遷（武田 2004）

5. エネルギー論的体力

　近年、体力を評価する場合、体力の 8 項目を蜘蛛の巣状で表すことが多い（図5-1-4）。この体力要素として評価される 8 項目の元となる考えを提唱したのがキュアトン[9]である。彼は体力の要素を a.筋力 b.敏捷性 c.スピード d.パワー e.平行性 f.柔軟性 g.持久力 h.協応性とした。また、ドイツのヘティンガー[10]らは体力を3つに分けている。a.筋肉（力）b.循環系（持久性）c.神経系（巧緻性・敏捷性）とした。さらに、ドイツのラインデル[11]らは、持久性を a.力の持久性 b.スピードの持久性と分類している。これらの考え方をまとめて、1つの系統の中にはめ込み、力、時間、速さという物理学的な要素を軸に考えられた概念が図5-1-5[12]である。

〔キーワード〕
・新体力テスト
・体力テストの変遷

新体力テスト
文部科学省では、昭和 39 年以来、「体力・運動能力調査」を実施して、国民の体力・運動能力の現状を明らかにすることで体育・スポーツ活動の指導や行政上の基礎資料として役立てている。平成 11 年度にから導入した「新体力テスト」は、現代の体格変化、スポーツ医科学の進歩、高齢化の進展などを踏まえ、現状に合った項目にまとめたものとしている。

〔キーワード〕
・体力の8項目
・体力の三次元展開図

体力の8項目：
筋力・パワー・スピード・敏捷性・筋持久力・全身持久力・柔軟性・バランスで表す。

199

第5章 スポーツ・トレーニング概論

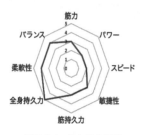

図 5-1-4 体力の8要素

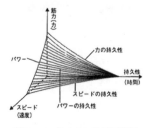

図 5-1-5 体力の三次元展開図（猪飼 1967）

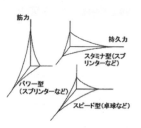

図 5-1-6 体力の立体模型で見たスポーツ種目のタイプ（浅見 1967）

〔キーワード〕
・トレーニング要素

1 エネルギー出力とコントロール能力は

①エネルギー発揮能力：力強さ、速さ、粘り強さ
②エネルギーコントロール能力：巧みさ、器用さ、調整力

2 エネルギー発揮能力からみた体力の三要素は

①力：筋収縮により力発揮がどれだけできるか？
②速度：筋収縮により起こる運動の速さはどのくらいなのか？
③時間：力や速度が時間に伴って、どのように変化するのか？

これら3つの要素は法則性を持ち相互に関わっている。
これをスポーツの場面に置き換えて考えてみる。スポーツで必要なエネルギー発揮能力は、①筋力 ②スピード（速さ）③持久力（継続時間）であるが、これらは別々に能力を発揮できるというものではなく、互いに関わりあっている。筋力とスピードの関係（パワー）では、大きな力を出そうとすればスピードが下がり、スピードを出そうとすれば筋力が下がってしまう。これによって種目の特徴を知り（図5-1-6）[13]、必要とされる体力要素も知ることができる。近年では、さらに緻密に体力要素を分析し、映像で個々の選手のパフォーマンスの特徴をつかみ、個々のトレーニングへつなげている。

第1節　体力の構成要素

おわりに　〜故きを温ねて新しきを知る〜

　我が国では、平成27年10月1日にスポーツ庁が設置された。文部省がこれまで行ってきた政策のほかに、健康増進に資するスポーツ機会の確保を施策の大きな柱のひとつとしている。まずは、スポーツによる健康増進の観点から体力・運動能力の現状を明らかにし、分析するところから始めるらしい。この節で学んだ体力のとらえ方の変遷を考えると、その時代が求める豊かな社会によって、体力のとらえ方や測量の仕方も変化してゆくのだろう。

スポーツ庁
スポーツ庁は、文部科学省の外局として2015年10月1日に設置されたスポーツ関連に特化した行政機関である。スポーツ振興とその他のスポーツに関する施策の総合的な推進を図ることを任務としている。初代長官には、ソウル五輪100メートル背泳ぎ金メダリストの鈴木大地氏が就任している。

引 用 文 献
1) 文部科学省（2009）体力の意姜と求められる体力
2) 朝山正己・彼末一之・三木健末編著（2008）運動生理学
3) 猪飼道夫・江橋慎四郎（1965）体育の科学的基礎．東洋館出版社
4) 飯塚鉄雄（1984）体力の診断と評価．日本体育学会測定評価専門分科会編．大修館書店
5) 福田邦三編（1968）日本人の体力．杏林書院
6) 猪飼道夫・江橋慎四郎（1965）体育の科学的基礎．東洋館出版社
7) 文部科学省（2000）「新体力テスト」で測定される体力要素
8) 武田正司（2004）「体力」と「運動能力」の関係の変遷：官製「体力（運動テスト）」を中心にして．盛岡大学紀要21
9) Cureton TK（1947）Physical Fitness Appraisal and Guidance. Mosby, St. Louis
10) Wahlund, H. G.（1948）Determination of the physical working capacity: a physical and clinical study with special reference to standardization of cardio pulmonary functional tests. Acta Med. Scand. 132（suppl. 215）
11) Wilkie, D. R.（1960）Man as a source of mechanical power Ergonomic 3: 1-8
12) 猪飼道夫（1967）日本人の体力．日本経済新聞社
13) 浅見俊雄（1997）スポーツトレーニング．朝倉書店

問 題
(1) 行動体力の構成要素を挙げなさい。

(2) 体力の分類が難しいのはなぜですか。

（古木　宏子）

第5章　スポーツ・トレーニング概論

第2節　トレーニング原則

【概　要】

　トレーニングの効果を得るためには、内容を正しく計画、実行する必要がある。ここでは、様々なスポーツ・トレーニングに共通する原理・原則について解説する。

〔キーワード〕
・トレーニングの原理、原則
・超回復

1.　トレーニングの原理

■1■　過負荷の原理

　トレーニングの効果は、課せられた運動刺激に身体が適応することで得ることができる。その運動刺激が今、自分が持っている能力の範囲内であれば身体に変化は起きない。能力の範囲を超える強い刺激を身体に与えることで、その刺激（負荷）に適応しようと身体が変化していくが、これを負荷耐性という。例えば、60kgの物を持ち上げられる人が、その重さを持ち続けても身体は変化せず、そのままの状態を保っているが、70kgを持とうとすれば身体はその重さに耐えられるように変化し、70kgの重さが持てるようになる。このように身体に適応を起こさせる負荷を与えることがトレーニングでは不可欠である。この原理を過負荷（オーバーロード）の原理という。

■2■　特異性の原理

　トレーニングの方法によって得られる効果は違う。例えば長距離のランニングをすれば持久力は高まるが、瞬発力は高まらない。逆に短いダッシュを繰り返しても心肺持久力は高まらないが、瞬発力は高まる。このようにトレーニングの効果（生理学的適応）には特異性がある。つまり高めたい体力的な要素に合った

202

第2節　トレーニング原則

■3 可逆性の原理

　トレーニングで高められた能力は、そのトレーニングを継続しなければもとに戻ってしまう。これを可逆性という。怪我や病気で寝込んでしまったあとに、トレーニングを再開した際に、これまでと同じトレーニングをしてもきつく感じた経験は誰しも経験したことがあるはずだ。体力の維持、向上には継続的なトレーニングが不可欠である。

　トレーニングを中断する（ディ・トレーニング、脱トレーニング）とトレーニングの効果は急速に減退する。では、トレーニングの効果はどの程度維持できるのであろうか。20日間ベッドで安静に生活するディ・トレーニングの実験では持久力の指標となる最大酸素摂取量や心容積が低下した。またその他にも、これまで報告されている研究で最大酸素摂取量は3～4週間でトレーニング前の状態に戻り、筋肉内のミトコンドリアの酸化系酵素活性は1週間以内に低下するという報告がされている。よってトレーニング効果を維持させるためには継続したトレーニングが必要となる。しかし人間の体はトレーニングによって疲労を溜めるためトレーニングと回復のバランスが大切となる（後に述べる超回復を参照）。

2.　トレーニングの原則

■1 全面性の原則

　体力についての要素は様々なものがある[1]。特定の要素に偏らず、それぞれの要素をバランス良く高めるための配慮が必要となる。またスポーツは体力の要素だけでなく技術や戦術、メンタル面もパフォーマンスにおいては重要な要素となる。体力だけに偏らず、いずれ

[1]
持久力も有酸素持久力や間欠的持久力などの種類があり、種目によって重要視されてる要素が違う。

第5章 スポーツ・トレーニング概論

*2
サッカーでは近年、体力トレーニングを単体で行うのではなく、戦術トレーニングや技術トレーニングに体力的要素を加える方法が多く採用されている。

の要素も組み入れたトレーニングが重要といえる*2。

2 反復性の原則

トレーニングは繰り返し行うことによって身体が刺激に適応し、効果を得られる。可逆性の原理でも説明したが、トレーニングによる身体の変化（生理学的適応）は一時的なものであるため、一度の運動では効果がない。何度も反復して行う必要がある。

3 個別性の原則

ベースとなる体力や素質、過去の運動経験などにより、トレーニングの効果は人によって違うため、それぞれ個人に合った適切な負荷のトレーニングを実施することが望ましい。個々に応じてトレーニングの計画を立てることが重要であるが、特に集団競技の場合には現場での対応が難しい。近年は、心拍計など簡便な機器を用いて、個々人の負荷レベルを確認しながらトレーニングを行うことも多い。

4 意識性の原則

トレーニングはその意義や目的を理解し取り組むことや、自らの意志で積極的に行うことが必要である。例えば、レジスタンストレーニングでは負荷を与えている身体の部位を明確に意識することが大切となる（第5章3節　筋力トレーニング項目参照）。

集中することにより、筋線維の動員を高めたり、怪我のリスクを減らしたりする効果が期待できるほか、トレーニングの意味を理解することにより、継続のモチベーションが向上する。

5 漸進性の原則

運動の刺激や負荷は徐々に増やしていく必要があ

第2節 トレーニング原則

る。トレーニングでは、適切な負荷をかけることで身体が適応し、強化することで体力が向上するが、そのままの負荷を続けていてもそれ以上は向上しない。少しずつ負荷を上げることで体力もそれにあわせて向上する。

6 超回復の原理

トレーニングの効果は身体に負荷を与え、その負荷に適応することで得られる。身体はトレーニングによってダメージを受け、その後、休息すると回復する。その際に身体は元の状態に戻ろうとするだけでなく、多くの器官がトレーニングで受けたダメージに耐えられるようにトレーニング前よりも高いレベルにまで回復しようとする。これを超回復という（図5-2-1）。この超回復をするためにはトレーニング後、回復に当てる適切な休息が必要となり、回復にかかる時間はダメージを負った器官や負荷などのトレーニング方法によって違う。しっかりと回復したのちに過負荷の原理、漸進性の原則に従って徐々に負荷を上げることで、身体がより強化されるのである。ただし、トレーニングのダメージから十分に回復しないまま次のトレーニングを実施した場合は、慢性的な疲労や怪我の原因となり、オーバートレーニングに陥ることもあるので、注意が必要である。

先ほど述べたように、回復にかかる時間には個人差があり、どの要素をトレーニングしたかによっても変わる。運動のエネルギー源である筋グリコーゲンの回復には最低12～24時間程度の時間が必要となる。そのため試合の日から逆算して、体内に筋グリコーゲンを蓄える必要がある[*3]。また微細な

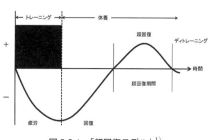

図5-2-1 「超回復モデル」[1]

出典：トレーニング指導者テキスト 実践編 大修館書店（2011）

*3
体内にグリコーゲンを蓄える方法としてグリコーゲンローディングがある（コラム：目的に応じた栄養摂取のあり方参照）。

第5章　スポーツ・トレーニング概論

ダメージに対する筋肉そのものの修復には48〜72時間程度必要といわれている。

したがって、トレーニングの効果を最大限に得るためには、トレーニング計画において回復の時間を考慮する必要がある。ただし、超回復時間は過負荷（オーバーロード）のトレーニングを行った場合にのみ適用される。身体がダメージを受けるのは選手がそのトレーニングを最大限の力でやり切ったときであり、指導者はトレーニングの指導中、選手の努力具合や強度を注意深く観察する必要がある。

引用文献
1) NPO法人日本トレーニング指導者協会　2011年　トレーニング指導者テキスト〔実践編〕p.26 大修館書店

問　題

(1) 過負荷の原理について説明しなさい。

(2) 超回復について説明しなさい。

（佐藤　創）

第3節　筋力トレーニング

【概　要】

　筋力トレーニングとは、「筋肉に張力を発揮させる負荷（メカニカルストレス）を繰り返しかけることで、より強い力を出せるようにすること」である。筋力トレーニングは、狩りに有効であったとか、外敵や獣の襲撃に備えるなどの必要性から、有史以前から行われていたらしい。

　古代オリンピア祭典で6回にわたってレスリング・チャンピオン（紀元前540-520年頃）となったクロトナ（イタリア：クロトーネ）のミロは、成牛を担いで百数十メートル歩いて見せたとされ、少なくも数百キロの負荷を担ぎ上げる筋力を有していたらしい（成牛は250kgから500kg以上である。担いだのは130kg程度だったという説もある）。

　ミロは、いきなり成牛を持ち上げられたのではなく、子牛の頃から毎日牛を持ち上げるトレーニングを続け、牛の成長とともに負荷が次第に上がっていき、最終的には成牛を持ち上げることができたとされている。この逸話は、筋力トレーニングの性質を表すものとして、現在でも有効な考え方であり、第2節に挙げられているトレーニングの原理・原則のうち、少しずつトレーニングの質や量を増加させていくようにするという、漸進性の原則とあわせた「漸進的過負荷の原理」が、筋力トレーニングを行う上で最も基本的な考え方になっている。

　筋力トレーニングでは、トレーニングは、鍛えられた部位や内容に依存するという点で、「特異性の原理」を理解することも重要である。たとえば、スクワット・トレーニングで脚の筋力が高まっても、腕の筋力向上は望めない。また、ゆっくりしたスピードのスクワットで鍛えた筋力は、速いスピードでの筋力向上に結びつきにくい。この現象を「（トレーニング）速度特異性がある」という。また、肘関節角度90度で鍛えた上腕屈曲力（アームカールの動作）は、90度で測定するときにトレーニングの効果がよく見られ、その他の角度（たとえば肘関節を60度あるいは150度にしてアームカールの屈曲を試みた場合）での屈曲力は、同水準の筋力向上を示さないなどが知られている（これは「関節角度特異性」という。

1. 筋力は筋横断面積に比例する

　図5-3-1は、筋力と筋の横断面積との関係を示しており、最大筋力は、筋線維の走行に対して垂直な横断面の面積に比例する[1]。すなわち筋が太い人は大きな

第5章　スポーツ・トレーニング概論

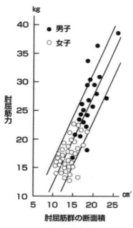

図 5-3-1　筋の断面積と筋力の関係1

男女に関わりなく、上腕二頭筋の断面積が大きい（筋が太い）人は、上腕二頭筋が主導する肘屈筋力が高いことが示されている。
（図引用　ヒトの絶対筋力、福永　杏林書院　1978）

筋力を発揮でき、この関係は男女で変わらないことがわかる。つまり、筋力が上がるということは、筋が太くなるということである。

2. 筋力トレーニングすると筋がどうなるのか

1　筋力トレーニングによる筋線維の形態学的変化

上述のように、筋力向上は筋肉を太くすることに依存するが、トレーニングを始めた当初は、そのトレーニングに対する慣れや効率の良い動きができるようになること（学習効果）や、筋力を発揮する際に動員される運動単位が増加するといった神経系の適応によって、筋肥大が見られなくても筋力向上が見られる時期がある。さらに筋力トレーニングを継続していくと、筋の収縮力は筋肥大の程度と比例するようになってくる。

図 5-3-2 は、トレーニングと筋横断面積の関係を示したものである。トレーニング開始から20日めまでは、筋の横断面積が変わっておらず、その後トレーニングの継続によって筋力が向上しているのがわかる（ただし、近年、測定計測技術の向上によって微細な変化も捉えられるようになり、トレーニング開始初期から筋線維の肥大は生じていることを示す研究報告も見られる）。筋線維の肥大は筋細胞（筋原線維）の変化に起因するもので、筋原線維は、当初は太さが増すといった形態の変化が生じ、一定の太さに達すると細胞を分裂させることで筋原線維数を増加させ筋線維並びに筋肥大の増加を引き起こす。また、筋組織内の脂肪が減少して、効率のよい収縮が可能になる。

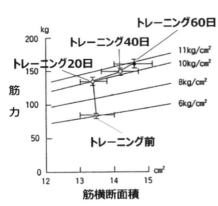

図 5-3-2　筋の断面積と筋力の関係2

トレーニング当初は、筋力の向上に筋の横断面積の増大が伴っていない時期がある。これは、運動に対する慣れや、神経系の機能向上によっているらしい。
（図引用　ヒトの絶対筋力、福永　杏林書院　1978）

第3節　筋力トレーニング

2 筋力トレーニングによる筋の生理学的変化

　最大筋力の向上が見られるが、これは、動員される線維の割合の増加や、休止筋線維の活動化そして刺激閾値の低下など、神経筋機能の向上が関係している。

3 筋力トレーニングによる筋の生化学的変化

　トレーニングによって、筋グリコーゲンの増加、ATPの増加、クレアチンリン酸の増加、代謝酵素活性の上昇などが認められる。また、同等の負荷に対して産生される乳酸量の減少が見られる。

4 筋力トレーニングによる身体的変化

　体脂肪の量的減少、体脂肪率の低下、および除脂肪体重の増大（筋量増加）などが生じる。なお、トレーニングによって体脂肪が減って筋量が増えれば、（筋は、タンパクと水でできており、同体積なら"脂"よりも重い）体重はむしろ増加するという局面もあるので、特にトレーニング開始当初は体重の増減に一喜一憂してはいけない。

3. 筋の収縮様式とウエイトトレーニング

1 アイソメトリック・トレーニング

　アイソメトリック・トレーニングは、動きをともなわない「静的」トレーニングなので、激しい動きの変化をともなうスポーツというよりは、特定の部位の筋力向上（筋肥大）を引き起こす目的にはよく合致している（ボディビルディングなど）。アイソメトリック・トレーニングのメリットは、簡便でどこでもできることや、関節に対する負担が少ないことなどだが、血圧が上がりやすいなどのデメリットもある。また、トレーニング効果には関節角度特異性があり、肘を曲げる（上腕二頭筋など）動作全体の筋力向上を企図すると、肘

209

関節を 150 度、120 度、90 度そして 60 度などにして
それぞれトレーニングするなど、時間と工夫も必要に
なる。

アイソメトリック・トレーニングは、学術的には
Hettinger と Müller の論文（1953 年）が起点となっ
ており、①最大筋力の 50% 程度までの運動を、②疲
労困憊に至るまでの運動の 20 ～ 30% の持続時間で、
③１日３～５回行うことにより、最大筋力が増加する
というものであった。これには、負荷の強さや回数（ト
レーニング頻度）について多くの異論もあり、現状で
も「決定的処方」はない。近年は、最大に近い負荷で
10 秒から 20 秒程度をレベルに応じて３セット程度か
ら増やしていく、というのが一般的な方法となってい
る。

▇２ アイソトーニック・トレーニング[2]

バーベルのような重量物（ウエイト）を上げ下ろし
するといった、最も一般的な筋力トレーニング方法で
ある。第４章に示されているように、アイソトーニッ
ク・トレーニングには筋の短縮性の筋収縮を主眼とし
たものと、伸張性の筋収縮を主眼にしたものがあり、
トレーニング場面では、それぞれをポジティブ（トレー
ニング）およびネガティブ（トレーニング）ともいう。

アイソトーニック・トレーニングを効果的に行
うための負荷設定には、まず、1RM（Repetition
Maximum）を、測定することが必要になる。1RM と
は１回しか上がらず、２回目はもう無理だというよう
な最大重量のことだが、特に初心者ではしばしば、①
1RM が確定するまでにいろいろな重さの試行錯誤が
必要になり疲労してしまう、②そのヒトの限界の重さ
を測るのが危険である、といった問題が生じる。そこ
で、表 5-3-1 のような換算表を使って 1RM を推定す

第3節　筋力トレーニング

る方法もある。

　先述のように、筋力トレーニングの歴史は古代までさかのぼるが、アイソトーニック・トレーニングの処方が学術的に多く提示されるようになったのは1960年代からである。De LormeとWatkins（1966）は、筋力向上のために、① 10RMの2分の1の重さ[*1]で10回、② 10RMの4分の3の重さ[*2]で10回、③ 10RMの重さで10回からなる3セットのトレーニングを推奨した。トレーニングによって筋力が上がったら「過負荷の原理」にしたがって10RMの重さを再度測定し、新たに設定された10RMでトレーニングを進めていくわけである。この処方はいわば学術的古典あるいは起源のようなもので、現在まで負荷の重さやトレーニング頻度について、筋力向上の目的や競技のタイプに応じて多数のトレーニング・プログラムが提示されてきている。

▆3▆ アイソキネティック・トレーニング

　Thistleらや Hislopらは、新しい概念の筋収縮様式として、1967年、「アイソキネティック」という名称をもって、動作のスピードを一定にするという運動様式を提起した。バーベルなどを持ち上げるいわゆるアイソトニック運動では、重量物を動かす際に加速度が生じ、必ずしも可動範囲全体に同等の負荷が筋肉にかからない。このようなアイソトーニック・トレーニングの欠点である「加速度」を除き、常に設定された最大負荷がかけられるという利点がある。また、アイソメトリック・トレーニングでは、何種類かの角度でトレーニングしなくてはならない（関節角度特異性）ところを、アイソキネティック・トレーニングは、可動域のあらゆる関節角度で最大負荷がかけられるという利点もある。

表 5-3-1　RM の推定方法 [3)]

% 1RM	反復回数
100	**1**
95	2
93	3
90	4
87	5
85	**6**
80	8
77	9
75	**10**
70	12
67	15
65	18
60	20
60% 以下	20回以上

ある重量を6回だけ持ち上げることができたときは、その重さは1RMの85%だとして1RMを推定する。他方、実際のトレーニングは、10RM（10回反復できる重さ）に相当する負荷で行われることが多いが、そのときは、1RMの75%の重さの負荷に設定すればよい。

*1
1RMを100%とすると37.5%相当の重量になる。

*2
1RMを100%とすると56.25%相当の重量になる。

第5章　スポーツ・トレーニング概論

アイソメトリック・トレーニングやアイソトーニック・トレーニングよりも効果が高いという研究結果も多く提示されており、バーベル落下などの事故もない優れた筋力トレーニング様式ではあるが、簡易式トレーニング機器（アポロエクササイザーなど：中古機器が数千円で売られている）ものの、CybexマシンやBiodexといった測定／トレーニング機器となると、たいへん高価（1,500万円以上）だという欠点もある。

■4■ プライオメトリック・トレーニング

プライオ（Plyo）は、「もっと」（more）を意味し、メトリック（metric）は、アイソ・メトリックのメトリクと同じ、「長さ」のことで、「筋肉をもっと長くする」ことを意味している。プライオメトリクスは、短時間に大きなパワーを必要とするスポーツに対する筋力向上に有効な方法である（第5章第5節参照）。

4. 筋力トレーニングの位置づけ

筋力は、筋収縮それ自体の張力ではなく、筋が骨格を動かして外部に表現される。図5-3-3のように、筋力は身体の関節の安定性や柔軟性に支えられた能力であるから、筋だけに着目してトレーニングするのではなく、屈曲の方向性など関節への負担を考慮することが、障害予防に非常に重要である。また、筋力がいかに強くても、収縮のスピードが遅いとスポーツ場面ではパフォーマンス向上に結びついていかない（第4章第1節参照）ので、スポーツに筋力トレーニングを生かしていくためには、筋パワーを向上させていくことが欠かせない。ただし、筋パワーも関節の安

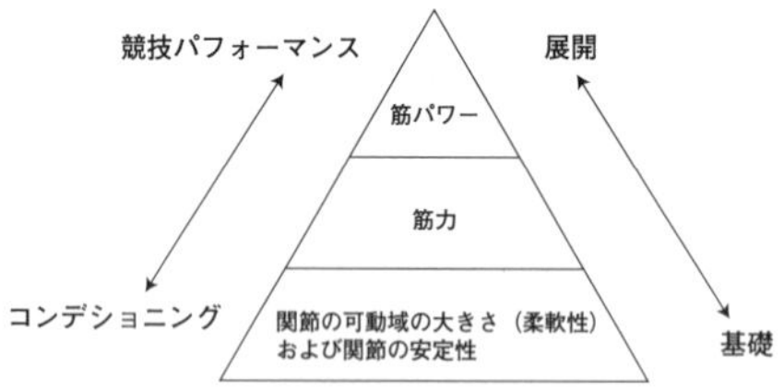

図5-3-3　スポーツにおける筋力トレーニングのトレーニングピラミッド

筋力をつけるためには、柔軟性や関節の安定性などの基礎的な身体能力が欠かせない。また、競技のパフォーマンスを左右する筋パワーをつけるためには、筋力というベースが必要になる。

第3節　筋力トレーニング

定や柔軟性がベースになり、さらに筋力に裏付けられているものなので、基礎的な体づくりの全体像の中に筋力トレーニングをどう位置づけるか、検討されなければならない。

引用文献
1) 福永哲夫（1988）スポーツとトレーニングの科学. バイオメカニズム学会誌 12：97-103.
2) 窪田登（1978）アイソトーニック・トレーニングの理論と実際. 体育の科学 28：865-869.
3) 石井直方（2017）筋肉の科学. ベースボールマガジン社，東京

問　題

(1) 筋の太さと筋力の関係についてまとめなさい。

(2) アイソメトリック・トレーニングによって筋力向上を図るとき、どういうことに注意しておかなければならないか。「特異性」と「安全性」という二面から述べなさい。

(長澤　純一)

第5章 スポーツ・トレーニング概論

第4節　持久的トレーニング

【概　要】
　持久力は正確には全身持久力と、局所筋の持久力に大別される。本節では、健康指標としても大きな意味を有する全身持久力を中心に、そのトレーニング方法と健康体力としての全身持久力の意味について解説する。競技力向上という視点からとらえる場合には、本章で取り上げる体力要素だけではなく、技術、精神力、さらには当日のコンディションなどが影響することも忘れてはならない（図5-4-1）。
　なお、全身での持久的運動とは、基本的にはローパワーで、有酸素的な運動であり、第4章第2節の呼吸循環器系で詳説した酸素摂取の能力が大きく関わってくる。またそもそも酸素を必要とするのは体を動かすエネルギーを得るためであり、持久力向上の全体像を把握するためには、エネルギー供給についても理解する必要がある。エネルギー源としての糖や脂肪の体内利用については、主に栄養に関する別章や、コラム等を参照してほしい。

1. 全身持久力のトレーニングの具体例

■1　エンデュランス法（持続走）

　休息をいれずに一定運動強度で持続的に行うウォーキングやジョギングが、最も一般的なトレーニング方法である。ウォーキングによる消費カロリーは、1km当たりで約0.5Kcal/Kgとされ、最も安全で手軽に実施可能なトレーニングであり、脂肪燃焼効果も期待されることから中高年の運動不足解消や生活習慣病の予防等で広く取り入れられている。ランニングはエネルギー消費がウォーキングの約2倍の1km当たり約1Kcal/Kgといわれ、最近のマラソ

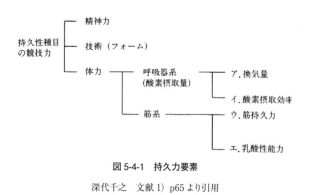

図5-4-1　持久力要素

深代千之　文献1) p65より引用

第4節　持久的トレーニング

ンブームなども影響して、愛好者も多い。走運動は最も単純な運動のように思われがちであるが、正しいランニングフォームを身につけるのは容易ではない。ランニングでは接地時に片脚に体重の数倍の衝撃がかかるので、シューズの選択、走行路の選択、体重に見合った筋力などが必要である。このほか、フィットネス施設等にある自転車エルゴメーター（固定式自転車）や、トレッドミル（ベルトが動く機器）などでは、個人の体力レベルに合わせて様々な設定が可能なほか、雨天時や夜間でも利用できるメリットがある。

2 LSD

競技力向上を目指す練習方法としては、長時間ゆっくりとしたペースで走り続ける LSD（Long Slow Distance）と称される方法が、毛細血管網の発達や脂質利用の促進など、全身持久力強化の基本を養成することから、アスリートの基礎的練習、初級者のトレーニングとして勧められている。同じ持続走であっても、自然の地形などを生かし持続的に運動しながら、スピードを変化させるファルトレク・トレーニングや、アップダウンを利用して変化をつけるヒル・トレーニングと呼称されるトレーニングは、スピードの変化にも対応する力を養成する専門的な走トレーニングといえる。

3 AT走（乳酸値を活用したトレーニング）

持続的に走り続けていても、速度上昇に伴い、局所筋において相対的に酸素の供給が不十分になると、糖の利用が増して、乳酸が産生されるようになる（図5-4-2）。

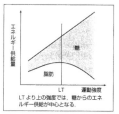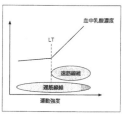

図 5-4-2　運動強度と乳酸値

安部孝、琉子友男　文献2）p.96 より引用

第5章　スポーツ・トレーニング概論

　血中に乳酸が逸脱してくる乳酸の量を目安に、その値が非直線的に上昇し始める強度を目安とした、LTと呼ばれる**乳酸性閾値**（乳酸がたまり始める運動強度を意味する）、OBLAと称されるより高強度な閾値（乳酸がガンガンたまり始める運動強度を意味する）などを目安とした科学的なトレーニングが、今日では広く実施されている。LTは、血中乳酸が指数関数的に増加し始めるもポイント（血中乳酸レベルで約2mmol/L）であり[*1]、身体に様々な意味で過剰な負荷を生じないレベルであることから、市民ランナーのマラソンペースや、健康志向のスポーツ時に有益な指標とされている。一方OBLAは、多くの球技スポーツなどとの試合中の運動強度に近く、種目特性を考慮したトレーニングとして導入されている。このような最大下でのトレーニングでは、筋中の酵素活性を高めるなど、末梢における適応から酸素摂取効率の向上が期待できるとされている。したがって、心肺機能がある程度のレベルに達したアスリートにも効果的なトレーニングとして注目されている。

　また、近年乳酸は一定程度以上の運動強度では、蓄積されながらも運動中にエネルギー資源として利用されていることが明らかになり、敢えて乳酸を産出させながら、遅筋（第4章第1節参照）での乳酸利用能の向上を目指すトレーニングなどが注目されている。

4　インターバル・トレーニング

　運動と不完全休息を交互に繰り返す方法で、休息時にも心拍数でおよそ130拍／分程度を維持し、不完全

*1
・走スピードと血中乳酸値：斜線部は、左下から各々LT走、インターバル走（OBLA近似）、スピード走の領域を示している。

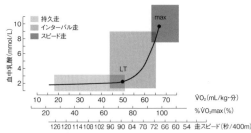

文献3）より引用

な休息で次の高強度運動に入っていく方法である。**イ**
ンターバル・トレーニングの概念そのものは古くから
知られており、急走期と緩走期の時間や距離を変化さ
せる等々、様々な工夫が可能であり、呼吸筋や筋持久
力の向上にも効果的であるとされる。

5 レペティション・トレーニング

　レペティション・トレーニングも運動と休息を交互
に繰り返す方法であるが、休息を完全休息として、運
動時の強度はほぼ全力に近い値とする。インターバル
の間に素早い回復力が要求されるほか、主に無酸素的
なスピード持久力の向上を目指したトレーニング方法
といえる。全力運動であるため、心肺機能に大きな負
担をかけ、その機能改善が期待されるトレーニング方
法である。

6 走運動以外のトレーニングとクロストレーニング

　各種のスポーツにおいて、ランニングは基本的な持
久力向上の手段として導入されているので、ここでは
ランニングを事例として挙げてきたが、競技特性を考
えれば、例えばボート選手はボートで、水泳選手は水
泳で、自転車選手は自転車にて各々の持久的トレーニ
ングを実施する方が好ましい。また、体重過多や運動
器の故障などを抱えている場合には、体重負荷を免責
する水中でのトレーニングや、フィットネスクラブ等
に常設された固定自転車の利用を考えるべきである。
このように専門のトレーニングが実施できない場合な
どに、その代替として導入されるのがクロストレーニ
ングである。このようなトレーニング方法は、オフ期
に気晴らしをしながら他種目を導入することにより、
持久力の低下を予防する狙いで実施されることもあ
る。

第5章　スポーツ・トレーニング概論

７ 高所トレーニング

　高地に在住するケニアやエチオピアの選手などが陸上の長距離種目で大活躍したことを契機に、高所において身体に生じる様々な適応変化を活用して、持久系の競技力向上に役立てようとしたものが「高所トレーニング」である。すなわち、高所に一定期間滞在すると、希薄な空気への適応として血中のヘモグロビンの濃度が増加し、それに伴い酸素の運搬能力が向上するというのがその理論背景である。が、実際の運用に際しては、適応変化の個人差や、高所滞在中のトレーニングに限界がある等々解決すべき問題も多く、トップアスリートを中心に各処で試行錯誤が行われている（コラム参照）。

2. 持久力トレーニング時の運動強度の設定

　簡便な方法としては、以下の2つが挙げられる。

１ カルボーネンの式

　運動強度の設定には、酸素摂取量とほぼ比例関係を持つ心拍数を用いる方法が最も簡便で一般的である。最近では様々なディバイスがトレーニング機器として出回っており、客観的なデータ管理が可能である。運動時の目標とする心拍数は、以下のカルボーネンの式により求めることができる。

目標心拍数＝
（最高心拍数－安静時心拍数）×目的強度＋安静時心拍数
　　目的強度：低強度 0.4 〜 0.5（最大努力の5割程度）、
　　　　　　　中程度 0.6 〜 0.7、高強度 0.8 以上

218

2 RPE（主観的運動強度）：RPE: Rating of Perceived Exertion

運動を実施している人本人の主観的な感覚を反映したものであるが、生理的な指標との関連も数多く証明されている。特に熟練者であれば信頼性も高く、日々のスポーツトレーニングの場では有用な目安とされている*2。

3. 健康と全身持久力の関係

持久的トレーニングというと、ややもするととにかく「辛く、きついもの」というイメージがついて回るが、健康スポーツとして実施する場合には、上記の方法等でむしろ「呼吸がひどく乱れない程度」であるとか「会話をしながら継続できる強度」で十分な効果が期待できる。その理由は、簡単に説明すれば、健康スポーツとしての持久的トレーニングはできるだけ酸素を多く取り込み、多くの脂肪を利用しながら生体に過大な負荷を与えずに長時間運動することにあるからである。運動の強度が高まり、息が弾むような状況になると、運動筋への酸素供給が十分でなくなり、エネルギー源としてより糖を多く利用するようになる*3。さらに糖の利用が高まると、エネルギー供給の過程で乳酸を生じて運動の持続が困難になってくる。このレベルの運動強度では、生体のホルモンバランスなども大きく変化することから、健康スポーツとしての側面からは、安全に脂肪の利用を促す「辛くない程度の運動」を持続する意味が大きい。

著名な研究として、1962年から17年間にわたり実施されたハーバード大学卒業生を対象とした研究があるが、そこでは年齢別の身体活動量と死亡率に関連が

*2
・RPE（自覚的運動強度：**Ratings of perceived exertion**）
自覚的運動強度とは、運動時の主観的な負担度を数字で表したもの。代表的なBorg Scaleでは、数字を10倍するとほぼ心拍数とされている。（第4章第4節表4-4-1参照）

*3
・トレーニングによるエネルギー供給源の変化

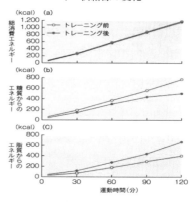

文献4）より引用

第5章　スポーツ・トレーニング概論

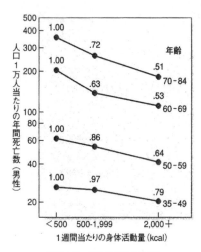

図5-4-3　身体活動と死亡率
浅野勝己、田中喜代次　文献5）p.5 より引用

あることが示されている（図5-4-3）。その他、持久的な運動を持続することによって得られる健康関連の効能は多岐にわたる。今日では「肥満予防、改善」、「糖尿病の予防（インスリン感受性の向上）」「動脈硬化の予防」等々、広く**生活習慣病**との関連が証明されている（文献5））。

かつて**エアロビクス**の名称で一大ブームを巻き起こした運動は、文字通りに解釈すれば有酸素運動であり、その健康効能はブームが去った今でも変わりはない。健康づくりのための運動指針としては、かねてより一日一万歩の歩行と、60分の速歩が目標値として掲げられているが、最近では、まとまった時間がとれなくとも、小刻みな運動を日常生活の中に取り込むことにより、一定の予防効果があることが検証されつつある。

引用文献
1) 深代千之（1996）スポーツ科学への招待　ベースボールマガジン p.65
2) 安部孝、琉子友男（2012）これからの健康とスポーツの科学、講談社 p.96
3) 平木場浩二編（2004）長距離走者の生理科学　杏林書院 p.111
4) 和田正信編、長谷川博、松永智、奥本正（2018）ステップアップ運動生理学　杏林書院 p.105
5) 浅野勝己、田中喜代次（2005）健康スポーツ科学　文光堂 p.5

問　題
（1）持久的トレーニングにより何が変わるのか？
　　具体例を1つ挙げて説明しなさい。

（2）持久的トレーニングの具体的方法について説明しなさい。

（加納　樹里）

第5節　応用的トレーニング

【概　要】

　第3節では、主に最大筋力や筋横断面積を向上させる筋力トレーニングに関して言及してきた。一方で、多くのスポーツ競技では持久力や一般的な筋力に加えて筋力の立ち上がり速度、すなわち短時間でいかに素早く大きなパワーを発揮できる能力も運動能力向上や競技パフォーマンスのためには重要となってくる。本節では、この筋力の立ち上がり速度を向上させることができるプライオメトリックエクササイズに焦点を当て概観する。

1. プライオメトリックエクササイズとは

　プライオメトリックエクササイズは筋が短時間内に大きなパワーを発揮する能力、爆発的パワーの発揮能力を向上させるためのトレーニング法である。これは、筋が伸張性収縮[*1]した直後に短縮性収縮[*1]を行うストレッチ・ショートニングサイクル（Stretch-Shortening Cycle: SSC）と呼ばれる一連の活動を行うことによって、短縮性収縮のみで発揮される筋力以上に短時間内で大きな筋力を発揮できる性質を利用したものである。プライオメトリック（plyometric）という言葉は、ギリシャ語で「長さが伸びること」を意味し、「plio= さらに、metric= 長さ」が語源といわれている。

2. ストレッチ・ショートニングサイクル

　ストレッチ・ショートニングサイクルは、多くのスポーツ競技の動作中に見られる。例えば、短距離ダッシュなどの走動作、ジャンプなどの跳躍動作、野球のピッチングなどの投動作やテニスのストロークなどの打撃動作などでストレッチ・ショートニングサイクル

[*1]
伸張性収縮とは、筋を引き伸ばしながら力を発揮する状態を指し、短縮性収縮は筋を縮めながら力発揮している状態を示す。
具体例を挙げると、ダンベルカール時に上腕二頭筋は短縮性収縮し、ダンベルを持ち上げる。持ち上げたダンベルをゆっくり降ろす際に上腕二頭筋が伸張性収縮し、ブレーキをかけながら降ろすことができる。

第5章 スポーツ・トレーニング概論

＊2
筋が急激に引き伸ばされるとその筋が収縮する反射のことであり、しゃがんだ姿勢で静止した状態からジャンプするよりも、立った状態からしゃがんだ後に素早く切り返してジャンプした場合の方が高く跳べる。この現象は、しゃがんだ際に大腿四頭筋などが急激に引き伸ばされることによる伸張反射の影響である。

＊3
筋が強く収縮して大きな力を出すと、筋とつながっている腱が引き伸ばされバネのような弾性を生じる。このバネのように引き伸ばされた腱が弾性エネルギーを蓄え、続いて起こる短縮性収縮局面で弾性エネルギーが利用される。

＊4
予備緊張とは筋が引き伸ばされる前に、あらかじめ力を発揮することである。予備緊張が適度になされていると切り返す動作を素早く行うことができる。

の効率的な発揮が必要とされている。したがって、プライオメトリックエクササイズはこれらのスポーツ動作の能力向上に効果的であると考えられている。

プライオメトリックエクササイズで見られるストレッチ・ショートニングサイクルの主要なメカニズムは、力学的なものと神経生理学的なものの2つが関与している。主な作用としては①伸張反射＊2、②弾性エネルギーの利用＊3、③予備緊張＊4などがある。

3. ストレッチ・ショートニングサイクルの3局面

ストレッチ・ショートニングサイクルは、表5-5-1に示した通り、3つの局面に分けられる。この表は、各局面でのストレッチ・ショートニングサイクルの神経と筋のはたらきを説明している。第一局面として、予備緊張状態の筋が外力によって引き伸ばされながら力を発揮する局面（伸張性収縮）があり、エキセントリック局面の終了からコンセントリック局面の開始までの局面に移行し、筋が短縮しながら力を発揮する局面（短縮性収縮）となる。

表5-5-1　ストレッチ・ショートニングサイクルの3局面

局面	活動	神経と筋の働き
①エキセントリック局面 (Eccentric Phase)	主働筋の伸張	・筋が外力によって引き伸ばされながら力を発揮する ・腱が引き伸ばされ、弾性エネルギーを蓄える
②切り返し（償却）局面 (Transition Phase)	局面①の終了から 局面②の開始まで	・発揮パワーの産生に最も重要であり、できるだけ短くしなければならない
③コンセントリック局面 (Concentric Phase)	主働筋の短縮	・伸張反射の作用によって筋の短縮による力の発揮が促進 ・腱が短縮し、弾性エネルギーが利用される

4. 代表的なプライオメトリックエクササイズ

プライオメトリックエクササイズは下肢、上肢や体幹など部位に分けて行う。それぞれの代表的なエクササイズを以下に紹介する。

第5節　応用的トレーニング

5. 下肢のプライオメトリック

　下肢のプライオメトリックは、垂直方向へのジャンプ系や水平方向へのバウンディング系が多い。

・スプリットスクワットジャンプ（Split squat jumps）
　その場で1回ごとに左右の脚を入れ替えて最大努力で行うジャンプ。

・両脚バウンディング（Bounds）
　大きな水平スピードを伴いながら、跳躍距離を狙って連続的に行うジャンプ。着地と同時に逆脚を引き上げる。

・ボックスジャンプ（Box jumps）
　反動動作を使って台の上に跳び乗るエクササイズ。

第5章　スポーツ・トレーニング概論

・デプス・ジャンプ（Depth jumps）
台から飛び降りた直後に素早くジャンプを行うエクササイズ。

6. 上肢のプライオメトリック

上肢のプライオメトリックはメディシンボールを使用した、投擲（スロー）系が多く用いられている。

・デプス・プッシュアップ（Depth push up）
両腕を支持している台やボールから素早く腕立て伏せを行うエクササイズ。

7. 体幹のプライオメトリック

体幹のプライオメトリックはメディシンボールを使用したスロー系が用いられるほかに、ケーブルマシンを使ったエクササイズも実施されている。ケーブルマシンは場所を選ぶため、今回はメディシンボールを使ったものを紹介する。

第5節 応用的トレーニング

・45°シットアップ (45° Sit up)

できる限り体幹の進展を行わずにボールを受け取り、投げ返すエクササイズ。

8. プライオメトリックとその他のエクササイズの組み合わせ

プライオメトリックエクササイズはトレーニングの種類のひとつであり、多くの場合有酸素性トレーニング（ランニング等）やレジスタンストレーニング[*5]（ベンチプレス等）と並行して行うことが予想される。原則、プライオメトリックを効果的に実施するためには疲労していない状態で行うことが望ましい。したがって、プライオメトリックはそれらのトレーニング前に実施することが得策である。また、プライオメトリックとレジスタンストレーニングと同日に行う場合は、強化部位が重複しないようにする配慮が必要である。

9. プライオメトリックエクササイズの強度・頻度・量

プライオメトリックエクササイズの強度は体重[*6]、動きの大きさや速度、筋量によって変化するため、個人に合ったものを選択する必要がある[*7]。負荷強度は外見上高そうに見えなくても、瞬発的な力発揮は筋や腱には非常に大きなストレスを与えている。したがって、導入時は低強度から行う必要がある。また、ある程度筋骨格系（二次成長期以降）が確立してから行うことが望ましい。最適な頻度は疲労からの回復が

[*5]
筋に負荷をかけるトレーニングで一般的に用いられる"筋力トレーニング"と同義である。

[*6]
体重の重い競技者は、着地時に関節へのストレスが大きくなるため、注意が必要である。

[*7]
第5章第2節で取り上げたトレーニングの漸進性の法則にしたがって、徐々に運動強度を上げる。

225

第5章　スポーツ・トレーニング概論

*8
上肢のエクササイズであれば
投擲回数を基準とする。

48〜72時間とされているため、1週間に2〜3回程度行うことが目安とされている。最後に、運動量*8はジャンプ系であれば着地回数を目安とし、合計して80〜100回程度（10回×2セット、4〜5種目）が適切とされている。

引用文献

1）グレゴリー・ハフ、トラビス・トリプレット編：篠田邦彦他監訳（2018）第4版 NSCA決定版ストレングストレーニング＆コンディショニング．ブックハウス・エイチディ．
2）特定非営利活動法人NSCAジャパン編（2003）ストレングス＆コンディショニングI理論編．大修館書店

問　題

（1）反動をつけたジャンプがしゃがんだ姿勢からのジャンプよりも高く飛べる理由を説明しなさい。

（2）プライオメトリックエクササイズを行うタイミングを説明しなさい。

（内藤　貴司）

第6節　認知・心理的トレーニング

【概　要】
　世界一を決める大会の決勝戦、次のワンプレイで優勝が決まるプレッシャーが掛かる場面で、自分の持てる力を遺憾なく発揮できる選手と、信じられないミスを犯してしまう選手がいる。この差は何なのだろうか。スポーツの世界では、ハイレベルになるほど技術や体力の差は拮抗し、心理の差が違いを生むことは多い。その差を生む原因や、いついかなる時も持てる力を発揮できる術を科学的に解明している学問が**スポーツ心理学**である[*1]。
　スポーツ心理学は、思考や感情によるパフォーマンスへの影響を研究してきた。その過程で、上述のような実力発揮力や目標達成に向けて日々努力を続けるやり抜く力は、**心理的トレーニング**により獲得できることがわかっている。
　心理的トレーニングとは、認知と行動に働きかけながら、感情や生理状態を調整するための取り組みのことである（図5-6-1）[*2]。下記のような効果により、実力発揮を促進することを目的としている。(1) 意欲の向上と維持、(2) 自信の積み上げ、(3) 集中力の向上、(4) 不安やストレスの対処、(5) ケガからの心理的な回復、(6) コミュニケーションの質向上、(7) 運動の開始と継続のサポート。本節では、実力発揮を妨げる要因を説明した上で、スポーツ現場で実践されている心理的トレーニングの実例を紹介する。

図5-6-1　心理的トレーニング図解

1. 実力発揮を妨げる要因

ネガティブ感情

　ネガティブ感情は、人間がより良く生きていくために重要な役割を担っている。例えば、来週の試験で良い点数を取れるか不安に思っている人がいるとする。その不安を払拭するために、入念に準備を行うという対策を打つだろう。ネガティブ感情は、危険が迫っている可能性を知らせる警報であり、我々が進むべき方

[*1]
スポーツ大国と呼ばれるアメリカ、中国、ロシア、ドイツ等では、五輪でのメダル獲得のために、スポーツ心理学が盛んに活用されてきた。日本でも、2001年国立スポーツ科学センター発足以降、心理的トレーニングの活用が推進されている。

第5章　スポーツ・トレーニング概論

*2
認知とは、思考、判断、言語、計画をする能力のことを指す。
行動とは、身体の動き、呼吸、姿勢、表情のことである。
生理状態とは、心拍数や気持ちの高まりである。

向性を教えてくれる。しかしながら、ネガティブ感情には、実力発揮を妨げる側面もある。ネガティブ感情に包まれた状態では、意欲の減退、自信の喪失、集中力の低下、創造力の低下などが報告されている。したがって、ネガティブな感情が出てきている意味を理解しつつ、それらの感情に上手に対処していくことが求められるのである。感情とは、事象に対する捉え方に沿って出てくる（図5-6-2）。自分の思考に気づき、望ましい思考に変容させていくことで、感情のコントロールを促進することも心理的トレーニングの目的の1つである。

図5-6-2　感情の発生プロセス

プレッシャー

ストレス反応の一種であるプレッシャーは、期待する結果を得られるかどうかの不確実さから出てくる（図5-6-3）。プレッシャーは、実力発揮に2つの悪影響をもたらす。1つは、"意識配分の妨害"である。意識は限られた資源であるため、人間は複数の高度な作業を一回にこなすことはできない。例えば、難解な数学の問題を解きながら、英語の単語を暗記することは難しい。運動においても同様で、難しいスキルであるほどに、意識の配分が必要となる。しかし、プレッシャーは、情報処理能力を妨害する。情報処理能力の低下により、必要な意識を必要なタイミングで配分できない現象が起こる。それにより、実力発揮が阻害される。例えば、数百人の前で原稿なしでスピーチを行う場面を思い浮かべてほしい。練習では、問題なくスピーチできていても、本番で頭真っ白になることもあるだろう。緊張により、情報処理能力が低下し、伝えたいことを喋ると

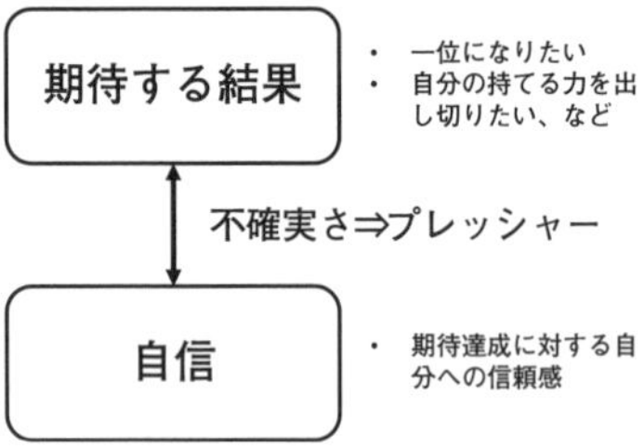

図5-6-3　プレッシャー発生プロセス

いう作業に向けるべき意識が充分に配分されず、ス
ピーチというパフォーマンスに負の影響をもたらすの
である。

　もう1つは、"意識の再配分"である。幅1mの道
を5m真っすぐ歩くことは、難しいことではない。し
かし、これが断崖絶壁に掛けられた手すりのない橋
だったらどうだろうか。無意識に行っていた真っすぐ
歩くというタスクが、急に難しくなってくる。通常歩
くときは、右脚を出す時に左手を出してなどと体の内
側に意識を向ける必要はない。歩くというタスクが、
意識を向けずに遂行できるまでに自動化されているか
らである。しかし、崖から落ちるかもしれないという
緊張により、意識が体の内側に向いてしまうことで、
自動的にできる行動に支障をきたす現象が起こる。自
動化されているタスクをスムーズに遂行するために
は、体の内側（右脚出して）ではなく外側（どこに向
かって歩くか）に意識を向けることが望ましい。緊張
や不安という感情をコントロールしながら、自身がう
まくタスクを遂行できているイメージに意識を向ける
スキルが要求される。

　プレッシャーのネガティブな影響を受けないために
も、これらの現象を理解し、その対策を打つための心
理的トレーニングが必要なのである。

2. セルフトーク

　セルフトークとは、口に出されたもの、出されな
かったものにかかわらず、頭に浮かんだすべての言葉
のことである。運動を行う際、人はセルフトークを意
識的または無意識的に使っている。このセルフトーク
を目的に応じて意識的にコントロールすることで、パ
フォーマンスを促進することができる。

第5章　スポーツ・トレーニング概論

セルフトークの3つの種類と実践例
■1 指示

　このセルフトークは、行動の促進や意識を向けるために使われるものである。アメリカのプロゴルファーの使用例を紹介したい。良いショットを打つために、最優先で確認すべきことは、ライ（球のある場所の状態 = Lie）、距離（ホールまでの距離 = Distance）、弾道（ショットの放物線 = Trajectory）の3つといわれている。その頭文字を取って、"LDT" というキーワードが使われる（図5-6-4）。プレッシャーが掛かる場面ほど、本来意識を配分すべきタスクではなく、次のショットがうまくいくかという結果に意識が向きがちである。その時に、"LDT" と自らに声掛けをすることで、意識をタスクへ戻してくれるのである。また、LDTに集中することで、体の内側への意識の再配分を防ぐ効果もある。

図5-6-4　良いショットのためのLDT

■2 捉え方の再構築

　このセルフトークは、前向きな捉え方を促すために使われる。例えば、マラソンやサイクリングといった耐久スポーツでは、競技中の苦しさにどうのように対処するかが重要であるが、その苦しさが出てきたときに、"ゴールに近づいている証拠" と自らに声かける選手がいる。苦しい事実よりも、ゴールが近づいてきている側面に意識を向けることで、意欲や自信を湧かせることができる。

■3 ムードワード

　このセルフトークは、ムードの変化を目的に使われる。試合前のボクサーが、"自分は強い" と自らを鼓舞している姿を見たことがあるかもしれない。また、ピッチャーがホームランを打たれた時に、"落ち着け。大丈夫" と自らをなだめる姿も目にする。セルフトークには、気持ちの高まりを調整する効果がある。意識

配分の妨害対策として、緊張感を下げる目的に使われることもある。

3. イメージトレーニング

イメージトレーニングは、ハイレベルなアスリートほど頻繁に活用していることが確認されている[3]。このトレーニングは、頭の中で、あたかも現実に起こっているかのように物事を想起することである。脳は実際に起こるイベントと鮮明に脳内で想起されたイベントとを区別できない[4]。これがイメージトレーニングが有効な理由である。

イメージトレーニングの効果と実践例

アスリートは下記3つの目的のために、イメージトレーニングを行う。

1 スキルの獲得：頭の中で、技術スキルを遂行しているイメージを繰り返すことは、新たな身体の動きの習得を促進する。体操選手の練習を見ると、新たな技術スキルを実践する前に、手を自らの体に見立て、体の角度などを確認している動作を目にする。タスク遂行のイメージづくり、実践、イメージとのズレの確認と修正を繰り返すことで、効率的に、精度の高い技術スキルを獲得していく。

2 予行演習：本番で素晴らしいパフォーマンスを発揮している自分の姿を繰り返しイメージすることで、実力発揮を促進する効果がある。五輪2大会連続金メダルを獲得した日本選手も、「世界中の人が見ている大舞台で自らが完璧な滑りをしている姿を何万回も繰り返しイメージした」と述べていた。初めての大舞台は誰でも緊張感を抱く。その緊張感も踏まえて、鮮明に予行しておくことで実力発揮につながる。

3 思考の促進や感情の創出：無意識的にやって

---

[3]
Vealey & Greenleaf（2010）によるアスリートのレベルとイメージトレーニングの頻度の関係に関する研究で、トップアスリートほど、頻繁に計画的にイメージトレーニングを行っていることが報告されている。

[4]
あまりにも現実的な夢を見た時、驚いて起きた経験をした人は多いだろう。ベッドの上にいる状況で、初めて夢かと気づく。それほど脳は現実と鮮明な脳内イメージの違いを識別できない。

第5章　スポーツ・トレーニング概論

*5
イメージトレーニングの効果を
高める2つのポイント
①コントロール性
一度やってみると思い通りにイ
メージすることが意外と難し
いことがわかる。悪いイメー
ジを繰り返すと質の悪い技術
が定着してしまうため、望まし
いイメージができるまで、繰り
返し行う訓練が必要である。

②鮮明さ
鮮明さを高めるためには、視
覚に加えて、何が聞こえてい
るか（聴覚）、感情含めどんな
感覚を感じているか（触覚）、
どんな匂いがしているか（嗅
覚）、口の中はどんな状態か（味
覚）など五感を交えることが
望ましい。

いる人は多いだろうが、人間は過去に起こったこと思
い浮かべ、振り返ることができる。この能力により、
例えば、次回の反省を踏まえて、次はこうしようといっ
た、思考の整理ができる。また、うまくいった体験を
思い浮かべることで、自信や意欲が高まった経験があ
る人も多いだろう。何を思い浮かべるかをコントロー
ルすることで、意欲を湧き出させたり、自信を高めた
りと、感情を創出することが可能なのである。

イメージトレーニングを有効にするために

　プレッシャーが「意識配分の妨害」と「意識の再配分」
を招くことは先に述べた通りである。イメージトレー
ニングには、タスクの遂行を自動化し、意識配分の妨
害の影響を受けにくくなる効果がある。また、パフォー
マンス中に意識を向ける予行演習を行うことで、意識
の再配分を防ぐことができる。イメージトレーニング
をより有効にするためには、望ましいタスクの遂行イ
メージ（コントロール性）と現実に近づける具体性（鮮
明さ）が重要である*5。

　成功イメージづくりのために、多くの現場で動画が
活用されてきた。サッカーやラグビーでは、戦術理解
を深めるために、よく動画を用いて状況判断のシミュ
レーショントレーニングを実施しているが、動画は、
第三者視点から撮られたものであり、自分の視点から
のイメージを作りにくい点があった。昨今広がりを見
せるCGやバーチャルリアリティ（VR）では、自ら
の視点に近いシミュレーションでイメージを促進でき
ることが報告されている。また、VRはいつでも試合
を想定した練習機会を作れるため、ボクサーが相手の
パンチへの反応速度を鍛えたり、各球技の選手が状況
判断の質とスピードを鍛える目的に活用されている。

第6節 認知・心理的トレーニング

4. 情動コントロール

　プレッシャーが情報処理能力を低下させるわけだが、この負の影響を対処するために、**情動コントロール**も有効である。情動とは、気持ちの高まりのことである。人には、実力発揮しやすい**最適情動レベル**（図5-6-5）がある。寝ている状態を0、心臓が飛びだしそうな緊張状態を10とした時、0－10のどこかに、各人にとっての最適な情動レベルがある。仮に、最適情動レベルが5だという人がいたとする。試合の直前に8程度の緊張を感じている場合、5に下げる必要がある。情動を下げ、落ち着かせる取り組みをリラクゼーションと呼ぶ。逆に、情動を高めるための取り組みを、アクティベーションと呼ぶ。

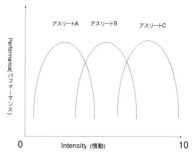

図5-6-5　最適情動レベル

リラクゼーション
・深呼吸
・筋肉のこわばりを緩める
・リラックスできる場面をイメージする
・安心できる人と話す
・ポジティブなセルフトークをする
・ローテンポの音楽を聴く、など

アクティベーション
・吐くことに意識を向けた強く速い呼吸を行う
・アップテンポの音楽を聴く
・緊張や怒りが起こる場面をイメージする
・自分を鼓舞するセルフトーク、など

第5章　スポーツ・トレーニング概論

情動コントロール実践例

　まずは自分自身の最適情動レベルを把握する必要がある。過去の実力発揮できた試合とそうでない試合を複数思い返しながら、その時の情動レベルを観察、分析することで、傾向を見つけることができる。

　最適情動レベルを理解した上で、次に必要なのは、どんな取り組みが自分の情動のコントロールにつながるかを知ることである。上述のリラクゼーション／アクティベーションが、すべての人に有効であるということではない。自身にとっての有効な取り組みを知り、実践することが重要である。

5. 終わりに

　昨今、心理的トレーニングは広がりを見せ、スポーツの分野のみならず、ビジネス、舞台芸術、医療などの現場で活用されてきている。どの現場においても、何を達成するために心理的トレーニングを取り入れるのかという具体的な目的意識を忘れてはならない。目的達成に適したトレーニングを選択し、活用することが、実力発揮の大きな助けになることだろう。

引 用 文 献

Cox, R. H. (2012). Sport psychology: Concepts and applications (7th ed.). New York: McGraw-Hill.

Dosil, J. (2006). The Sport Psychologist's Handbook. West Sussex, England: Wiley.

Carr, A. (2011). Positive Psychology: The Science of Happiness and Human Strengthss (2nd ed.). New York: Routledge.

第6節　認知・心理的トレーニング

問　題

（1）プレッシャーが及ぼす2つの悪影響を説明し、それらに対処するために有効な
　　心理的トレーニングの活用案を挙げなさい。

（2）本番での実力発揮のために、イメージトレーニングを活用しようとしている競
　　技者がいる。効果を高めるために、気を付けるべきことを説明しなさい。

（伴　元裕）

第5章　スポーツ・トレーニング概論

第7節　バイオメカニクス

【概　要】

　最近、日本のプロ野球選手で豪快に大きく振り上げるスウィングのホームラン
バッターが多く活躍している。大リーグの「フライボール革命」[1]が強く影響して
のことだと考えられる。バッティングに関して少年野球では「フライを打つ」のは
もってのほかで「ゴロを打て！」と指導を受けた野球経験者の人も多くいるかと思
う。

　しかし、今、大リーグでは分析の専門家たちによる研究結果から、打球の飛距離
は打球速度と打球角度の組み合わせで決まることが明らかになった。つまり、「フラ
イを打つ」ことがホームランになる確率が高いことを科学的に証明した。

　この科学的データに基づくバッティング理論を自らのフォームに応用・実践した
のが現代のホームランバッターたちである。バイオメカニクスがスポーツに貢献し
た一つの例ともいえる。

　また、スポーツ技術習得のコツは上手な人の動作を「真似る」ことから始まる。
ただその人を見て、真似ればいいわけではない。見るべき視点をしっかりと理解し
て「真似る」ことが技術習得への近道となる。模範となる熟練者の動きを運動学的
に把握し、それに似た動作を行ってみることが重要になる。

　このように体育・スポーツ分野におけるバイオメカニクスとは、力学・生理学・
解剖学などを駆使して様々な身体運動の仕組みを明らかにする学問である。身体運
動には日常生活の運動から健康・体力づくりの運動や競技スポーツなどの運動があ
る。ここではその中に隠れている運動の仕組みを幾つかの例を用いながら解説する。

1. 姿勢（posture）

　すべての運動は姿勢に始まり、姿勢に終わるといわ
れるくらい姿勢はすべての動作の基本形といえる。一
般的に姿勢とは、外観上のことをいい、構えや格好を
意味する言葉である。しかし、運動学として姿勢を定
義する場合は、構えと体位の二つに大別される。

　構え（attitude）は身体の各部の相対的な位置関係
を意味する。頭部前屈位（頭が前方に曲がった状態）
など身体の各部位の状態を表す。

第7節　バイオメカニクス

体位（position）は身体と重力方向との関係を意味する。立位や座位など身体の置かれている状態を表す。

また、機能的な面から見ると、止まっている状態の立位や座位は静的姿勢、動いている状態の歩行や走行は動的姿勢という表現としても姿勢という言葉は使われる。

1 立位と立ち直り

立位＝「立つ」とは、地球上の重力に抗して二本の脚で身体を支えることである。立位においては、主に脚の伸筋群が身体を支えて、脚の伸展位を保持する。これらの筋は**抗重力筋**[*2]と呼ばれ、頸部や脊柱起立筋などとともに立位姿勢の保持のために持続的に活動している。

バランスのとれた立位とは、安定性のある立位ともいえる。身体を側面から見た**重心線**[*3]（図5-7-1）は、頸椎後方から第7頸椎を通って腰部の第5腰椎中心から第2仙骨の前に達する。次いで股関節中心のやや後方から膝関節の中心を通って足部の外果[*4]前方からその先の足底支持面に達する。この肢位が力学的には安定性が高く、下肢の筋（屈筋と伸筋）はわずかに活

*1　フライボール革命
2015年にメジャーリーグですべての球場にデータ収集システムが導入されたことによるデータ活用の一つである。それにより打球速度と打球角度を分析したところ、時速158キロ以上打球角度30度くらいが組み合わせとしては高い確率でホームランになることがわかった。ボールの下を叩いて角度をつける打ち方になるので、必然的にフライが多くなることからこう呼ばれている。メジャーでは個人だけでなく、チームとして「フライボール革命」を取り入れている球団もある。

*2　抗重力筋
姿勢を保持する働きのひとつで重力に抗して活動する筋のことである。頸部筋、脊柱起立筋、大腿二頭筋、ヒラメ筋は主要な筋である。また、これらは立位姿勢に関わる重要な筋でもある。

*3　重心線
言葉的には重心は理論的な重さの中心という。しかし、ここでは身体を扱っているので身体重心となる。その身体重心から地面への垂線のことをいう。

*4　外果
外くるぶしともいう。腓骨下の外側にある少し突出した部分。足関節の靱帯が複数付着する。

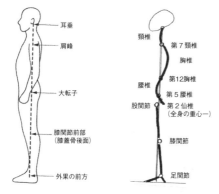

図5-7-1　立位の重心線と身体の側面
　　　　文献1）と文献5）を一部改変

第5章　スポーツ・トレーニング概論

*5　足関節の背屈と底屈
背屈とは足先(つま先)を引き上げる動作。
底屈とは足先(つま先)を下(足底方向)へ下げる動作。
図5-7-2参照

*6　下腿三頭筋
腓腹筋の二つの筋頭とヒラメ筋の一つからつけられた筋名。腱を介して踵骨に付着する。一般的にはふくらはぎともいわれる。

*7　前脛骨筋
下腿前面の脛骨外側にある筋。足関節の背屈や回内時に働く筋。

動して外観上、静止状態を保っている。筋活動がほとんどなく、エネルギー消費を最小限に抑えた肢位が能率の良い立位である。

立位での安定した状態から、前傾してお辞儀のように頭を下げると重心線が前方に移動する。そのことによって身体を前屈する回転力が発生して、抗する力がなければ頭から落ちて転倒することになる。しかし、人間の場合は、制御機構である立ち直り反射が起きて、脚の背屈力が生じて転倒せずにお辞儀の状態を保持することができる。

もう少し例を使って説明しよう。

図5-7-2は重心移動と立ち直りを表したものである。前後移動式床の上に人が立位姿勢でいる。図5-7-2-Aのように床を後方へ急に引くと、重心は前に残り重心線も前方へ移動する。その瞬間、足関節の背屈*5する力が生じる。一方、これを打ち消す力として下腿三頭筋*6が収縮する。足関節は底屈して、さらには足趾の筋も収縮して重心線を元の位置に戻す力が働く。同時に上肢を後方に移動と体幹の前屈で転倒を防ぐ。

また、逆に図5-7-2-Bのように床を前方へ急に押し出すと、重心は後方へ移動する。足関節は底屈する力が生じる。打ち消す力として前脛骨筋*7が収縮して足関節は背屈する。この力により重心線を元に戻す。もしまだ、不安定であるならば、膝関節の屈曲などを

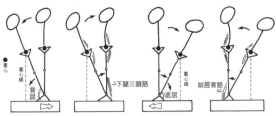

図5-7-2-A　重心の前方移動と姿勢の立ち直り　　図5-7-2-B　重心の後方移動と姿勢の立ち直り

図5-7-2　重心移動と立ち直り　文献1)を一部改変

第7節 バイオメカニクス

使って転倒を防ごうとする。

このように身体を側面から観察すると重心移動に際しては重心線を整えるためには下肢筋群が大きく影響していることがわかる。中でも下肢・膝の屈曲と伸展は筋を支配する神経は同一ではないが、立位保持のために協調する。

2 座位

椅子に座ると下肢への負担は減少する。重心の位置は第11胸椎の前あたりになる。図5-7-3にあるように腰への負担を考えれば、背を丸めた状態(A)と伸ばした状態(B)で座るのでは、圧迫に耐えやすい解剖学的構造を持つ坐骨結節で受け止めることができる後者の方が比較的、長く座り続けることができる。

背を丸めてしまうと前傾姿勢となり、圧迫に弱い大腿部後面で多くの体重を受け止めることになる。この状況では下肢の位置を変えながらでないと座り続けることはできない。

座位であっても座り方という姿勢の違いで大きく身体にかかる影響が異なる。

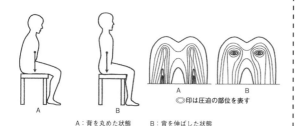

図5-7-3 座位での重心位置と座り方　文献1)を一部改変

2. 運動連鎖（投動作）

人が運動するときには、複数の関節や筋が順に働く運動連鎖が起きる。運動連鎖を利用することで身体の

第5章　スポーツ・トレーニング概論

*8　運動エネルギー
動いている物体が保持しているエネルギー。
並進運動エネルギーは1/2×質量×速度（ベクトル）の2乗となる[4]。

一部を速く動かしたり、大きな力を生み出したりすることができる。それを可能にしているのが、「むちの運動」や「から竿の動き」と呼ばれる多関節系におけるエネルギー伝達を利用したメカニズムである。

1 投動作とむちの運動

野球のピッチング動作やサッカーのキック動作に見られる複数の関節を運動させて末端の速度を大きくする技術は多くのスポーツ動作に見られる。

例えば、野球のピッチング動作の場合で考えてみる。図5-7-4は大学野球部員の投球動作を高速度カメラで撮影して、腰、肩、肘、手関節の水平速度の変化を表したものである。まず、腰を含む胴体部分の速度ピークが見られる。その後、腕の部分のピークが見られ、最後に末端の手首が大きく加速されているのがわかる。イメージとして表したのが図5-7-5となる。

また、ある研究ではボールが手から離れるリリース直前の0.04秒間の**運動エネルギー**[*8]の増加を求めた結果、ボールに与えられた平均パワーは990Wと推定された。よくトレーニングされた人の筋肉1kg当たりのパワーを250Wと仮定すると、約4kgの筋肉が必要となる。一般的に腕には約8kgの筋肉がついていなければいけない。しかし、体重60kgの人の片腕質量は筋や軟骨組織を含めてもせいぜい2.5kgであるので、腕の筋肉の持つエネルギー供給だけでボールを加速させることはほぼ不可能であるといえる。つまり、大きな筋肉のある下肢や胴体の部分からのエネルギー伝達がなければならないこ

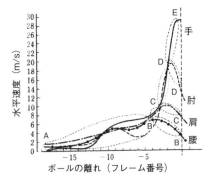

図5-7-4　投動作中の身体各部の水平速度の変化
文献2）を一部改変

図5-7-5　ピッチング動作における運動連鎖
文献3）を一部改変

第7節 バイオメカニクス

とになる。

　手や腕だけではなく、その他の関節を使っての連続的なエネルギー伝達を用いることが「むちの運動」であると考えられる。

　実際の「むちの運動」は、まず、握っているむちの部分に力を加える（運動エネルギーをむちに与える）。次に、握っている手を止めると力は手にかかったままになる。つまり、手が止まってからのむちの運動エネルギーは、ほぼ保存されることになる。その後、むちが手元から連続的に止まっていくので、この運動エネルギーが次々とむちの先端にある質量の小さい部分へと移動していく。この原理を効果的に利用した例が野球のピッチング動作といえる。

　人はむちのような連続体ではないが同様のメカニズムを利用して多関節系の末端部分の速度を上げることができる。

2 その他のスポーツ技術への応用

　次は、サッカーのキック動作で考えてみる。図5-7-6はボールキック時の動作における下肢の各部位の水平方向速度を表したものである。股関節、膝関節、足関節と順に速度ピークが見られる。ここからもピッチング動作同様に使用部位は異なるが、むちの運動の原理が利用されていることがわかる。一方、筋の出力特性から見ると、大きな力を出すには収縮速度を遅く、逆に収縮速度が速くなれば小さな力しか出せなくなる。この場合、体幹や大腿部といった大きな筋群をゆっくりと動かし始めて、その後、末端の小さな筋へと順に働かせる。そして、大きな運動エネルギーを伝達利用して末端

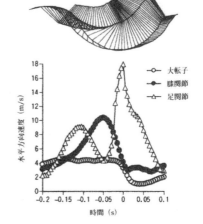

図5-7-6　ボールキック動作における下肢各部位の水平方向速度
文献4)を一部改変

第5章 スポーツ・トレーニング概論

の速度上げることは筋の生理学特性からも見合っていると考えられる。

ピッチング動作やキック動作をはじめ、この運動連鎖における「むちの運動」を利用した類似のスポーツ技術は探せばたくさん存在する。時には、いつもとは視点を変えてスポーツを観戦してみるのもいいかもしれない。

3. 双対な動作（ラケット動作）

スポーツの動作の中には双対な動作が幾つも存在する。例えば、バレーボールのスパイク動作やテニスのラケットスウィング動作など様々な場面で見られる（図5-7-7 双対な動作参照）。双対な動作を言葉の意味から考えると「双対な」＝双対性となる。そこで、辞書を引いてみると互いに対になっている2つの対象や問題の関係、またはその表と裏の関係などと記載がある。

身体運動の分野に応用すると次のような現象と考える。運動を起こすには身体の筋力を作用させる必要がある。また、その運動を止めるときも筋力を使う。つまり、身体の速度ゼロ（停止）から力を使って運動を起こし、力を用いて身体の速度ゼロ（停止）にする。これは、言い換えると力と速度の交換現象ともいえる。また、この2つは、表と裏の関係性であり、互いに対になっているとも考えられる。

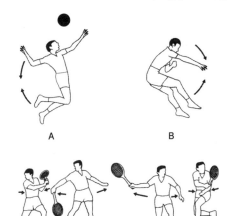

図5-7-7 双対な動作の例（バレーボール・テニス）

言葉だけで伝えると少し難しい原理だけで説明したようにも思われるので、次に「見てわかる」双対動作で解説する。

第7節 バイオメカニクス

1 「見てわかる」双対動作

例としてラケットのスウィング動作で考える。摩擦を極力少なくした回転台の上でラケットのスウィング動作（図5-7-8）をしてみる。右腕でラケット振ることを動作Mとする。それと同時に下肢は自然と反対方向にねじられる動作Aが生じる。

次に、同じ回転台で下肢のねじり動作Aを行うと、自然と右腕のラケットが振られて動作Mが生じる。この時、動作Mと動作Aの関係は、双対な動作といえる。

もう少し詳しく見てみると動作Mは、ラケットを振るという意識のもとで筋力を使う。それと同時に無意識で力感なく動作Aが起こり、結果として下肢はねじられる。

また、下肢をねじる動作Aを意識的に行うと下肢の筋が積極的に活動する。それにより脚に力感が生まれる。それと同時に上肢には自然と動作Mが生じる。結果として無意識的に力を入れない状態でラケットを振る動作が行われる。つまり、意識して動作を開始する部位こそ違うが、M→AとA→Mの動作において、結果として現れる運動はラケットのスウィング動作である。両方ともに見かけ上は変わらないが、身体の動きを制御する方法は全く異なる。動作A→Mの運動は、制御としてはとても難しい方法であり、スポーツ技術としてはとても高度なものになる。それがこの右上肢を脱力しながら、ラケットのスウィング動作を行うということである。

実際、一流のテニス選手ほど腕を脱力して打球を打っている。

双対な動作には運動量および**角運動量保存の法則**[*9]が用いられている。ここでは詳しく述べないが、興味がある人は力学の専門書を開いてみることをお勧めする。

図5-7-8 ラケットのスウィング動作
文献2）を一部改変

*9 角運動量保存の法則
回転している物体における運動量が角運動量。
（角運動量＝慣性モーメント×角速度）
スポーツにおける回転運動を分析する際の重要な概念。慣性モーメントとは回転のしやすさやしにくさを表す量。詳しくは文献4）のp.83参照。

第5章 スポーツ・トレーニング概論

2 上手と下手を見分ける

　剣道の面打ち動作の例を用いて双対な動作の観点から特徴を考察する。まず、図5-7-9より未鍛練者（初心者）は、剣と上肢が同一のかたまりとなり動作Mになっている。双対な動作では下肢の動作Aを生じさせるが、この場合、床との摩擦を考える必要がある。仮にこの床が極力摩擦のないところか空中であれば、スムーズに動作Aを引き起こすことは可能である。しかし、ここでは床の摩擦により足の運動の妨げになる力が発生してしまう。そのことによって膝や腰に不均衡な力が伝わり動作Aを引き起こしにくくなる。つまり、面打ち動作が上手くできないことになる。

　一方で図5-7-9より鍛練者（熟練者）は剣の動作M′と上肢（体幹を含む）の動作A′の間には双対な動作が形成されている。ここには大きな摩擦もないため、スムーズに動作A′が生じる。

　このように上手な人は運動がスムーズで、下手な人はそうではないということができるかもしれない。双対な動作からでもスポーツ動作の表と裏が見えてくる。

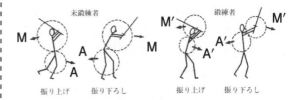

図5-7-9　剣道の面打ち動作（動作Mと動作A）
　　　　文献2）を一部改変

第7節 バイオメカニクス

引用文献

1) 島津晃, 西村典久（2000）「立ち居・振る舞い」のすべて第2版, 財団法人 労働安全衛生研修所
2) 小林一敏（1999）スポーツの達人になる方法, オーム社
3) 鈴木清和（2015）ランニングの科学, 池田書店
4) 深代千之, 桜井伸二, 平野裕一, 阿江通良編（2000）スポーツバイオメカニクス, 朝倉書店
5) 中村隆一, 斎藤宏, 長崎浩（2002）基礎運動学 第5版, 医歯薬出版株式会社

問 題

(1) 姿勢の基本的な特徴を示して、立位と座位それぞれの特徴的な違いが明確にわかるように説明しなさい。

(2) 双対な動作について具体的なスポーツ動作を例に挙げながら説明しなさい。

（辻内 智樹）

第5章　スポーツ・トレーニング概論

第8節　コーチング原則

1. コーチに必要な資質

■1■ コーチの語源

　コーチ（coach）の語源は、15世紀のハンガリーの馬車であり、当時では、作られた地名（Kocs）を由来として Kocsi と呼ばれていた。その後、16世紀中頃に英語に取り入れられて「coach」となったとされている。英語における「coach」には、馬車、車両、長距離バスなどの意味がある。また、以上の言葉が「乗客が望む目的地へ運ぶ」という性質を有していることから派生して「指導を受けるものを運ぶ道具」としての指導者という意味も含まれるようになった。

■2■ コーチの役割

　コーチとして最も大切なことは、選手の夢をかなえるために努力できる「情熱」である。また、コーチは、選手に夢を持たせ、それを実現させるための勇気を与えなければならない。すなわち、コーチは常にリーダーである必要がある。選手を指導する上では、コーチは先頭に立って選手を引っ張りながら前へ進む時、逆にしんがりの役割となって後ろから背中を押しながら前へ進む時など様々な場面があるが、あらゆる場面においても、選手に対して「愛情」を持って接することが大切である。また、コーチは、選手の目標を達成するために克服すべき問題を見つけ、それを解決しなければならないが、目標達成への問題の抽出および解決は、常に選手のレベルおよびコーチの欲求に応じて変化するものである。そのため、コーチは、指導現場に

おける様々な問題をあらゆる角度から分析して処理していく能力が求められる。世界の頂点を極めた選手を多く輩出している、いわゆるトップコーチは、自分自身の強い信念、リーダーシップ、あくなき探究心およびすばらしい人間性を持っているという点が共通している。しかし、コーチは、何事においても過度な指導が選手に悪影響を及ぼす可能性があることを注意しなければならない。すなわち、強すぎる信念、リーダーシップおよび探究心は、コーチの自己満足に終わる可能性があるということである。

コーチは、選手とともに夢に向かって進んでいく必要があるが、指導現場においてすべてを把握して常に選手に対して「教える」立場にいるわけではない。コーチは、自分自身が選手に対して「何を教えられるか」を考え、時として選手から教えを請い、最終的に問題提供されたものに対してどう解決していくのかを考える必要がある。すなわち、コーチが選手を指導していく上での基本は、「教える」「教わる」「問題解決をする」という3つの要素に集約される。

① 「**教える**」こと

教えるとは、選手が認識していないことに対してコーチが選手に言葉や態度などで気づかせることであるが、教えた結果、必ずしも良い方向へ進むとは限らず、逆に悪い方向へ進んでしまう場合もある。教えた結果、悪くなってしまった場合には、教えた内容が選手の現在の段階に合致していない場合が考えられる。教える時には、常に選手を取り巻く様々な要因の現状や選手自身の考え方および技術的なレベルをコーチが把握した上で、適切な言葉を伝えることが大切であろう。一方で、コーチが教えることに対して選手が拒む場合もある。これは、選手とコーチの信頼関係が構築

第5章　スポーツ・トレーニング概論

研究課題①
コーチが選手を良い方向に導くために、「指摘すること」や「ほめること」をどのように行えば良いかを具体的に研究する。

されていない場合が多い。どのような指導をする場合においても、選手とコーチの信頼関係は根本的な問題である。ここで、信頼関係以外の問題として、選手の自分自身に対する自信の有無や考え方などもコーチが教えたことの伝わり方に影響する。また、コーチがある結果を見て選手に伝えるのは簡単なことであるが、その言葉のとらえ方も選手個人によって千差万別である。以上のことから、コーチは選手の個性を把握した上で指導をし、より的確な言葉を選手にかけるためには一人でも多くの選手と真剣に向き合う経験が必要である。

②「教わる」こと

　教わるとは、考え方や泳ぎ方などの面でコーチがこれまで知らなかったことを選手から気づかされることである。この「選手から教わる」ことは、ベテランになればなるほど重要である。なぜなら、コーチは多くの経験を積み重ねることによって自分の考え方が確立され、その結果周りの意見を受け入れにくくする可能性が高いからである。選手の動きや考え方には、コーチが「まさか」と思うようなところに可能性が隠れている場合があり、選手はその「まさか」という部分を生かすことによって力を発揮している場合が多々ある。その「まさか」という部分をコーチが理解し、他の選手に応用できる場合もある。以上のことから、コーチは、自分自身の経験したことのない問題に直面した時でも自分の常識の範囲内だけで考えるのではなく、あくまで実際に起こっている現実に目を向けて「なぜ、そうなるのか」を考える必要があり、またコーチ自身の新たな可能性を広げることにつながる可能性もあるだろう。

第8節　コーチング原則

③「問題解決をする」こと

　問題解決をするとは、コーチの3つの基本において最も難しいことであり、簡単に解決できるものからなかなか解決できないものまで様々である。中には、どうしてもある選手が犠牲になることがある。しかし、そのような失敗経験が、他の選手に活かされる結果につながる場合もある。コーチにとっては様々な選手を見ている中で一選手であったとしても、選手にとっては自分しかないわけである。選手が犠牲になってしまうようなことは、コーチとしては極力避けるべきであり、常に最善の努力を尽くすのは当然である。問題解決は、技術的および精神的な内容が非常に多い。その解決方法は、問題の内容や実際に問題を解くコーチおよび選手によって様々であるが、いかなる条件であったとしても焦ってはならない。例えば、選手に対して技術やテクニックを指導した結果が思わしくない場合、コーチには元のフォームに戻す勇気が必要である。しかしながら、コーチの権威が前に出ると「これだけ言っているのになぜできないのか」となり、その結果、悪くなっているものがさらに悪くなってしまい、コーチも選手もわけがわからなくなってしまうことも多々ある。以上のことからも、問題解決の際に、コーチは、選手の現状と能力との調和を保てるような指導の流れを作ることが大切である。コーチは、選手を指導していく上で細かく目標を区切って進めていきつつ、その選手が最終的に到達する目標を常に見据えているべきである。

　コーチは、選手が夢をかなえるため、すなわち不可能を可能にするくらいの大きな成長を遂げるために、指導現場で選手に何を要求すべきかを考える必要がある。苦に対して強い選手、弱い選手など様々であるが、

研究課題②
チームを全体としてまとめつつも、個人が生きてくるチームづくりの方策を研究する。

第5章　スポーツ・トレーニング概論

いずれの選手に対しても言葉によって理解させて挑戦させていくことは非常に大切である。しかしながら、一筋縄でいかないことは多々ある。そのような場合に、コーチは選手の懐へ入り、どのような言葉を与えたらこの選手が理解できたり、勇気を出させたりできるのかを考える必要がある。選手を頑張らせるための最も確実な方法は、選手が常に良い結果を出し続けられるような指導をすることである。良い結果が出れば、選手はどんな苦に対しても挑戦意欲が湧いてくる可能性が高い。逆に、厳しい練習に耐えたのに結果がついてこなければ、意欲が湧かないだろう。

したがって、コーチは、選手と密な信頼関係を築きあげ、「教える」「教わる」「問題解決をする」という3つを基本として指導にあたり、選手が夢を実現できるように導くことが最も重要な役割である。また、コーチに従順な選手であっても、その選手が完全にコーチの指導に対して受け身であるという状況は好ましくない。そのような状況の中で、コーチは、自らの存在価値を得るだろうが、結果を出すのは最終的に選手であることから、選手が自らの意思でコーチの助言の必要性を感じ、自らの夢を本気でかなえようとする自主性を促すようなコーチングが最も重要だろう。

2. 選手とのコミュニケーション

通常、日々のトレーニングでは、選手とコーチが毎日練習場で接することになる。選手とコーチのコミュニケーションは、お互いのことを理解し、信頼関係を築いていく上で大切なことである。コーチが選手とコミュニケーションをとる上で最も気をつけるべきことは、選手との距離のとり方である。特に、言葉遣いや接し方を公平にすることが大切である。また、コミュニケーションでは、選手によって求めてくる度合

いが様々であり、目を合わせたり軽いボディタッチを
したりするだけでコミュニケーションが成り立つ選手
から、細かく様々なことを話すことによってコミュニ
ケーションが成り立つ選手もいるため、コーチは選手
個人の性格を把握した上で接することが必要となって
くる。いずれにしても、できる限り毎日チーム全員の
選手と何らかの形でコミュニケーションをとることは
大切である。

3. 勝利へのコーチング

困難の克服

　トップコーチであっても、選手およびチームスタッ
フ間のビジョンの統一や人間関係に苦労しているもの
である。コーチは、選手に対して真剣に取り組もうと
思うほどに、様々な問題が生じてくる。しかし、コー
チとして最も大切なことは、どんな苦労もそれを苦労
と思わずに、勝つために全力を尽くすことである。コー
チを続ける上での苦労は数え切れないほどある。しか
し、苦労するのは当たり前、と思うことによって、苦
労が苦労でなくなる。また、コーチは何かしらの見返
りを求めて指導をするべきではなく、見返りを求める
ほど後に惨めな思いをすることになる。振り返った時
に「だいぶ燃えたな……」などと感じることができる
くらいが良いのである。

　また、失敗は、全力で努力し続ける中で当然コーチ
に付きまとうものである。しかし、失敗は次への糧で
ある。失敗を恐れない気持ちを持つことは、コーチと
して非常に大切なことである。人間は失敗をしたくな
い、という気持ちが常に頭の中にある。しかし、思い
切ったことを実行した上での失敗は、なぜ失敗してし
まったのかを自分自身で分析することができる。ポイ
ントは失敗をただの失敗に終わらせるのではなく、そ

第5章　スポーツ・トレーニング概論

研究課題③
不測の事態に選手が対応できるための、心の強さをどのように練習の中で作り上げたらよいかを研究する。

の失敗から次につながるものを見つけ出せるかどうか、という点にある。まれにコーチは、失敗を恐れるがゆえに、無難な方法を選んでしまうことがある。勝負は、無難な方法を選ぶほどに負けが接近してくる可能性が考えられる。勇気と成功は常に隣り合わせにある。ところが、勇気を持てずに、失敗したくないと考えるほどに失敗は付きまとってくるものである。コーチは、失敗に対する心構えを持ち、失敗した結果をどのように受け止め、失敗したことがどれだけ自分の心にのしかかってくるかを考える必要がある。例えば、競技会前に限らず、失敗を恐れていると練習内容は、前回の成功したメニューを繰り返し行うということがある。ところが、練習スケジュールは、今現在コーチ自身が向き合っている選手の状況を見て作るべきものである。ここで、コーチや選手が過去の成功体験を引きずり、現状を把握しないで「あの練習は良かった。」という理由で選択したことによって失敗することは多々ある。現状を把握せずに過去の成功体験にだけ頼ることによって。現状が見えない状態で競技会に向けて仕上げていったことになってしまう。このことは、選手もコーチもお互いにしっかり気に留めておくべきだろう。

問　題

(1) コーチが選手を良い方向へ導くために、「教える」「教わる」「問題解決をする」という3つの要素をどのように行えばよいかを具体的に説明しなさい。

(2) 選手とコーチのコミュニケーション、困難の克服について、どのようにコーチングし、自己コントロールをすれば良いかを説明しなさい。

（高橋　雄介）

第9節　コンディショニング

【概　要】

　「コンディションを整える」、「コンディショニング」といった表現は、競技の場に限らず日常的に使用されているが、その幅広い概念はいまだに一義的に、かつ正確に規定されているわけではない。

　「コンディショニング」は、一般的には「ある目的に対して心身の状態を最適化するプロセスの諸側面である」と捉えられており、その規定要素としては、「身体的因子」、「環境的因子」、「心理的因子」などが関連している。

　暑熱下や寒冷環境など、特にスポーツ場面においては「環境的因子」がコンディションに与える影響は無視できない。さらに重要な局面などでは、プレッシャーや人間関係に関連する「心理的因子」も大きな影響を及ぼすが、本章では、主に「身体的因子」に関わるコンディショニングの要素について、特に予防的な視点から概説する（他因子については、第4章第4節、第8章第2節等を参照）。

1.「コンディショニング」と「リカバリー」の概念

　健康的な生活やスポーツマンのパフォーマンスを支える土台として、適度な運動（アスリートであればトレーニング）と、栄養、休養のバランスを保つことが重要であるということは良く知られている。第2節「トレーニングの原則」に示されている「**超回復の概念**」は、競技者であるなしにかかわらず、より良いパフォーマンス（仕事、競技の成績）を目指す場合に忘れてはならない原則である。休養の局面において、いかに良い準備をするかにより、重要な局面（例えば試合）でのパフォーマンスが決まるといっても過言ではない。競技者の場合には、試合やトレーニング後の身体的ダメージが大きいだけに、特にこのリカバリー時の過ごし方や、適切な栄養補充が大切である。

　種目や環境、個人差により実際の適用は様々ではあるが、トレーニング等の身体的負荷後により早く回復

第5章 スポーツ・トレーニング概論

するための方法について、最も「標準的な対応」の概要をまず解説する。

2. 標準的な運動後の対応例

運動直後のクーリングダウン（第8章第1節ストレッチング等）→アイシング（酷使した部位や慢性障害部位を中心に。暑熱下では、アイスバスなども）→シャワー（更衣）後のなるべく早期の水分並びに栄養素の補充（リカバリーミールの利用も可）→食事（主食）→入浴（交代浴等）→セルフマッサージ、体ほぐし→十分な睡眠（時間と質の確保）→翌日のアクティブレスト（軽い運動）、といった手順が挙げられる。

実験的には、運動直後からなるべく早い時期に消費した水分とエネルギーを補充することが望ましいとされているが、実際には移動等のためにすぐに飲食することは困難なことも多い。そのような場合には直後にリカバリーミールと呼ばれる簡便な栄養補強食品などを賢く利用し、その後の主食でしっかり補填するという考え方をすべきである。

運動後のケアは、基本的には血流を良くして疲労物質の除去を早める方法がとられるが、暑熱下での過激な運動後や、筋肉が損傷しているような状況では、アイスパック、アイスバスにより、しっかりと酷使した部位を冷やすことを優先させる方が良い。また、入浴時に、交代浴といわれる方法で、冷やしたり温めたりを交互に行うことも効果的である。また、リーグ戦などで定期的に試合があるケースでは、プールを利用し、浮力の力で筋肉をリ

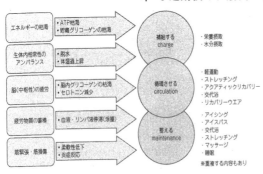

図 5-9-1　運動による疲労とリカバリー対策

臨床スポーツ医学 33、2016-6　p.511 より引用

第9節　コンディショニング

ラックスさせることなどでも、リカバリーを早められる（図5-9-1）。いずれにしても、素早い回復措置はオーバートレーニングの予防とコンディションの維持に欠くことのできない対応ということができる。

　次に望ましい科学的なサポートとして、トレーニング期間を通して実施するコンディショニング・チェックや、オーバーワークを予防する検査等が考えられる。以下に主要な内容を具体的に紹介する。

3. コンディション評価とモニタリング（身体的因子について）

■1 各種のパフォーマンステスト

　各種の競技特性に合わせたパフォーマンステストにより、有酸素系、無酸素系の能力の変動を観察することで、コンディションの変化を把握する。手軽に実施できる方法としては、一定距離走でのタイム比較や、同タイムで走行した場合の運動中、運動直後の心拍数を評価する方法がある。持久的負荷に対する心拍反応は、トレーニング効果が上がれば減少し、またコンディションが良ければ良いほど低下することが知られているので、個別の判定に利用しやすい。

■2 各種の筋力測定

　必要とされる筋力について、器具を用いた評価方法や、徒手による抵抗テストにより、それぞれの競技に見合った筋力や筋力のバランスが維持されているかと評価する。筋力の不足は様々なスポーツの局面で怪我（外傷）や慢性的な障害の原因となりうる。例えば下肢の筋力不足による膝関節の傷害や、体幹筋力の不足による腰痛などが挙げられる。筋力の左右差や、拮抗筋のバランスにも注意を払うべきである＊1。

＊1　拮抗筋
筋肉が収縮する際、一方が縮む時に反対の筋肉が伸長するというように、表裏の筋肉が拮抗的に働くことを指す。

第5章　スポーツ・トレーニング概論

＊2　スポーツ傷害発生に関連する要因
・筋力不足
・肥満等（身体組成）
・柔軟性の欠落
・関節の不安定性
・アライメントの不良
文献1）p.12 より

3　身体組成

　一般に市販されている機器を用いて、**体脂肪率**や**除脂肪体重**、四肢の筋肉量などを簡便に、かつある程度正確に評価できるようになった。ただし、多くの機種で採用されているインピーダンス法（電気抵抗法）では、体脂肪を直接的に計測しているわけではないので、体調管理の目安とするためには、常に一定の条件（時間）に同一機種で測定をし、その変化を捉えることが重要である。体水分量の影響を大きく受けるため、練習直後やサウナの使用後、食後まもない測定では大きな誤差が生じる可能性がある。また、各製造メーカー機器により算出根拠が異なるので、異なる機種での安易な測定値の比較は慎まなければならない。

4　柔軟性と関節弛緩性（不安定性）・アライメントの評価

　一般的には弛緩した状態では筋肉は柔らかい方が好ましく、いわゆる柔軟性も大きいほど動作範囲が広がり、傷害の予防につながると考えられる。ただし、身体接触があるコンタクトスポーツなどでは、特に関節の可動域のチェックと並んで、関節の安定性に注視してその評価を行う必要がある（図5-9-2）。

　アライメント（Alignment）とは、配列や線列の意味で、ここでは、身体の隣接する骨同士の配列状態を示す言葉である。代表的な事例は、いわゆるX脚やO脚などで、繰り返しの荷重や捻れにより、関節や筋肉により負担がかかりやすい。先天的な要素もあるが、トレーニングにより歪みが生じることもあり、障害の予防において重要な意味を持つ＊2。

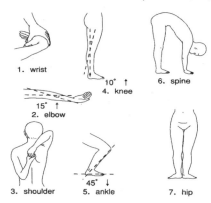

図 5-9-2　全身関節弛緩性テスト

鳥居　俊、臨床スポーツ医学
文献1）p.115 より改変

第9節　コンディショニング

5 疲労度等のモニタリング

疲労度を極力客観的にモニタリングすることは、コンディション維持において極めて重要である（図5-9-3）。各種の主観的な評価による場合と（トレーニング日誌など）、生理的な指標を用いて評価する場合があるが、「疲労」という概念そのものが極めて複合的な様態で明確な定義もないので、医学的な判断を下す必要がある場合には、神経系や免疫系、内分泌系などの生理学的検査が行われる。スポーツの現場で多い症例としては、「貧血」や「脱水」などが考えられる。

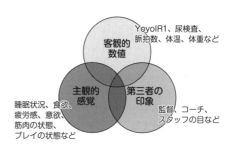

図5-9-3　選手の疲労状況の見極め

早川直樹、臨床スポーツ医学
文献1）p.523 より引用

疲労度の客観的指標として最も簡単に測定できるものは「体重」であり、先述の身体組成測定同様、いつも同じ条件下で測定し続けることにより、一定期間の変化傾向を正確に把握しうる。例えば暑熱下での運動直後の急激な体重減少は、脱水を反映しているので、適切な対応が必要である（コラム：水分補給参照）。

体重に次いで簡便な指標としては、「心拍数」の測定が挙げられる。運動中や運動直後の心拍数は先述のパフォーマンステストの結果として、持久力の評価にも使用される。また、「起床直後の心拍数」は合宿中など高強度のトレーニングからの体のリカバリー度を見極める有用な指標である。アスリートは、自分の日常値（安静時、起床直後が望ましい）心拍数を把握しておくことにより、日常値からの大幅な逸脱が続く場合などには、オーバートレーニングやオーバーリーチングの危険性を考慮すべきである。

「心拍変動」*3 は、心拍数を計測す

＊3 心拍変動
心拍変動とは、心拍数の変化のことではなく、心拍と心拍の間隔の微小なゆらぎのことである。このゆらぎを特殊な方法で分析することにより、心臓に入力する自律神経の働きを観察することができる。

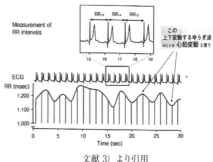

文献3）より引用

第5章　スポーツ・トレーニング概論

＊4　代表チーム事例
2010年のサッカーW杯南アフリカ大会では、高地、時差などを配慮して尿検査や血中の酸素濃度を計測するなど、様々な医学的なコンディショニング管理が行われた。高いレベルでの競技会では、開催地の環境や移動時間等も考慮して医学、栄養学等の専門家が帯同して周到な準備を行う。

ることにより、心拍の揺らぎから「自律神経の変動を解析する手法」であり、特別な機器を要するが、測定そのものは非侵襲的で利便性がある。自律神経のバランスをチェックし、安静時の副交感神経機能を評価することで、ストレスに対する生体反応を客観視できると期待されている。

ほかにも唾液や尿中の物質を測定することにより、"コンディションを見える化"しようとする様々なスポーツ科学的な手法が行われている＊4。

6 栄養調査

リカバリーに必須の食事内容を調査することにより、トレーニング期に必要とされるエネルギーを的確に確保したり、貧血を予防したりすることができる。具体的な内容は第3章第5節とコラムを参照されたい。

4. スポーツの場以外での「コンディショニング」の意義と意味

ここまでは、主にスポーツ競技や身体活動との関係で「コンディショニング」のノウハウを述べてきたが、当然のことながら、"良好なコンディション"というものは、スポーツだけでなく、仕事や勉強の能率を上げ、様々な目的を達成するために重要な条件である。

日本人は今までともすれば、「悪い条件」の中でも"いかに頑張ったか？"を高く評価し、余裕を持って良い仕事をするための環境整備をないがしろにしがちであった。しかし近年 Work-life balance が提唱されるようになり、仕事の評価においても、やみくもに長時間働くことだけでなく、オンとオフの切り替えを機能させ、必要な時に集中して成果を出すことが求められるようになってきている。

若い年代にあっては、日々同じような生活を繰り返

第9節　コンディショニング

して、常に万全の状態を維持するということは難しい
であろうが、日常的にベースとなる自分のコンディ
ションを良好に保ち、高い体力レベルを目指すことに
より、いざという時に余裕を持って力を発揮できるこ
とが重要になるであろう。

引 用 文 献

1) 太田千尋（2016）疲労対策とコンディション管理　臨床スポーツ医学　vol.33, No.6,
p.511
2) 清水和弘、赤間高雄、河野一郎（2011）スポーツ医科学領域におけるコンディショ
ニング　臨床スポーツ医学2011（28）臨時増刊　コンディショニング技術ガイド
文光堂　早川直樹 p.523（図2）, 鳥居俊 p.115（図3）
3) 後藤幸生（2011）心身自律神経バランス学　真興交易㈱医書出版部 p.52

問　題

(1) 運動後の具体的なリカバリー、回復促進の方法を挙げなさい。

(2) 心拍数を用いたコンディション把握の具体例を挙げなさい。

（加納　樹里）

スポーツから学んだこと
～スキーを通しての挑戦～

今井　博幸（スキー）

　私は、スキー（クロスカントリー）に携わりこれまでの人生を歩んできた。ターニングポイントは、大学4年時に初出場したアルベールビル五輪だった。それ以降は、私の地元開催の長野五輪を含めて、4大会連続で選手として出場した。特に思い出深いのは、その長野五輪で、それまで支えてくれた多くの方々が現地会場に駆けつけてくれ、大きな声で応援してくれる中、滑走したことである。また、次の大会のソルトレークシティ五輪では、日本のクロスカントリースキー史上初となる6位入賞を果たしたことは今までにない達成感があった。それ以降は、競技のテレビ解説者として、また、中央大学の指導者（コーチ、監督）として現在に至っている。

　さて、スキー競技というと個人競技であるが、チーム力を競うものであると感じている。多くのスタッフの支えや準備があり、選手個人がそのスタート台に立ち、飛び出していく。まず用品用具を見ると、スキー、ポール（ストック）、ビンディング（金具）、ブーツ、帽子、手袋、ウェアー、ゴーグル（サングラス）、ワックス、それらのメンテナンス用品等……と様々な物が必要で、自然の中の気象条件に適した最善の状態でスタートしなければ、良いパフォーマンスが発揮できない。私の場合、スキーは多い時で30台程度持ち歩いてトレーニング地、大会地と転戦していた。実際、レースで使用するのは、基本的には1台のみである。30台のスキーは、それぞれの形状や特性があり、同じタイプのものはない。先端がや軟らかいものは、雪面の凹凸を吸収して滑らかに滑走できる。たわみが大きく硬い形状のものは、北欧等の氷点下10度以下の寒く固い雪面に対して、滑走時のパワーをしっかり伝え推進力を生む。これら形状の他、滑走面の素材も異なる。雪温が低いときには、滑走面は密度が高く堅めで、静電気の起き難い素材の滑走面を使い、春先のような温暖で雪が解け始める状況の時には、滑走面も軟らかめで汚れが着き難い素材の滑走面を選択し使う。さらには、滑走面をより滑らかにするためのストラクチャー加工や、滑走面に塗布するワックスも重要である。ワックスは、蝋状のものや、フッ素系のものまで何百種類あるともいわれている。これらは、選手個々人が、大会地で、刻々と変化する気象条件の中、大会時間に合わせて事前準備（テスト）をすることは不可能である。選手は、コースの下見による急峻な標高差による技術的な攻略や、レースにおけるライバルとの競い合いのシミュレーション、スピード力と体調面のコン

ディショニング等、やるべきことは多岐にわたる。競技性や規模は異なるが、F1の世界を彷彿させるチームの総合力が試される競技だと感じる。

時には、チームのサービススタッフとスキーの選択や、ワックス選択において意見の食い違うことや、スキーの滑走性が、他国選手と比べて劣る事もしばしばあるが、世界の頂点を目指す、その方向は同じであり、共に苦しみ、悔しさを感じ、そして喜びも感じ分かち合う仲でもある。

ソルトレークシティ五輪では、50キロクラシカル種目において6位になった。オリンピックでは、8位までが入賞となるが、その時の8名の平均身長は、183cmだった。私以外は、ロシア、ノルウェー、ドイツ他の外国勢。私は167cmで、それ以外の7名は180cm台だった。彼らとは、16cmほどの身長差があったわけだ。50キロ競技は、過去の科学データでは、歩数ならば、おおよそ3万歩ほどかかるとされている。クロスカントリーは、スキーで滑走するので、平地や登り坂では、その一歩の歩幅は変化するが、単純に一歩をその身長差の16cmとし、彼らと同じピッチ（リズム）で行くならば、3万歩×16cm＝4.8kmもの差が出てしまうことになる。タイムにすると13分程度である。体格以外、すべてが同じ条件であれば、これほどまでに大きな差となり、勝ち目はない。

どうすれば、その差を埋められるのか、どうすれば優位性を持ってレースの主導権を持てるのかを考えながら、競技に取り組んできた。筋パワーやスキーテクニック（技術）を向上し、一歩の歩幅をあげること。体力の向上により持久力を上げ、小柄でも回転数（ピッチ）を上げてスピードアップすること。有酸素運動なので、空気（酸素濃度）の薄い高所でのトレーニングを積極的に行い、身体能力を向上すること。そして、用品用具の精度を上げることなど。

これらを繰り返し行い、失敗することも多いが、忍耐を持って継続して挑戦していくことが、世界への近道であると信じてやってきた。世界の強豪選手は、常に大きな壁となって立ちはだかってきた。大会だけではなく、彼らが生活する場に行き、それらの環境や、同じ生活をすることで考え方も学んだ。共にトレーニングを行い、食事をし、そして北欧の湖で釣りをしたり、泳いだりすることも楽しんだ。

日本のクロスカントリースキーの歴史は古くから引き継がれているが、オリンピックや世界選手権といったビッグゲームでのメダルは、まだ残念ながらない。この目標（夢）に向かって、先輩方から私たちが引き継ぎ、そして、今の選手たちがそこに到達できるように、これからもスキー（クロスカントリー）に携わっていきたいと思う。

今井博幸（いまい・ひろゆき）

1970	長野県信濃町生まれ
1988	中央大学経済学部経済学科入学
1992	アルベールビルオリンピック出場（大学4年）
	中央大学卒業、NTT信越支社入社
1994	リレハンメルオリンピック出場
1998	長野オリンピック出場
	リレー 7位入賞（日本のクロスカントリー史上初の入賞）
2002	ソルトレークシティオリンピック出場
	50キロクラシカル 6位入賞（日本のクロスカントリー史上個人種目初の入賞）
2006	現役を引退
	中央大学スキー部コーチ
2015	中央大学スキー部ヘッドコーチ
2018	中央大学スキー部監督

※全日本スキー選手権では、個人通算25勝（歴代2位）

****

当時の掲載記事
https：//www.shinmai.co.jp/feature/2002olympic/20020225/0004.htm

****

コラム

高所トレーニングの実際
~競泳競技における高所トレーニング~

　高所トレーニングは、陸上競技の中・長距離、トライアスロン、自転車のロードレース、スキーのクロスカントリーなど、持久力が高いことが有利となる競技において取り入れられてきた、特殊環境でのトレーニング法である。競泳競技では、主に競技レベルが高いエリート選手において、距離種目特性を問わず、高所トレーニングに取り組む例が散見されている。最近では、リオデジャネイロ五輪日本代表チームにおいて、70％程度の選手が Living High, Training High 型の高所トレーニングを行い、良好な結果を残している。

　元来、高所トレーニングによる持久的能力の改善には、低圧低酸素環境に曝露された結果、吸気酸素分圧および動脈血酸素分圧の低下により惹起される、血液学的な適応によるとされてきた[4]。すなわち、動脈血酸素分圧の低下は、腎臓における酸素分圧の低下につながり、そのような適応は赤血球ならびにヘモグロビンの生成を調節するホルモンであるエリスロポエチン（EPO）の合成や分泌を促す。低圧低酸素環下に曝露されると、血清 EPO 濃度は直ちに増加し始め、赤血球の前駆体の分裂頻度が高まり、結果、赤血球およびヘモグロビンの合成は促進される。このような血液学的適応は、作業筋への酸素運搬量を高め、競技者の最大酸素摂取量の増加に貢献する[4]。この点、遺伝子組換えを行った EPO を皮下投与（週3回の頻度で6週間）することでも、ヘモグロビン濃度は11％有意に増加し、最大酸素摂取量は8％、ランニングパフォーマンスも17％の有意な増加が示されている[1]。

　このような血液学的な適応を狙った高所トレーニングの至適標高としては海抜2,000 ～ 2,500m が良い[5]とされているが、低圧低酸素曝露に対する赤血球生成の反応には個人差が存在することには留意が必要であろう。トレーニング期間としては、低圧低酸素誘発性の血清 EPO の増加から赤血球が成熟するには、5 ～ 7 日程度かかる[2]ことから、最低でも1週間以上のトレーニング期間が必要であると考える。また、このような高所トレーニング実施のタイミングについては、人為的な EPO の投与を中止すると14日以内に上記のような持久的パフォーマンスの改善効果は消失する[4]ことに鑑みれば、目標とする競技会の1 ～ 2週間に高所トレーニングが終了するような計画が良いであろう。

　しかし、このような理論背景に基づいて適正に行われた高所トレーニングによっ

263

ても、パフォーマンスの改善がみられないこともある。この点については、高所ト
レーニングによる血液学的な適応には個人差があり、とりわけ低圧低酸素曝露によ
る血清EPOの増加が認められない者は、その後の最大酸素摂取量の増加、ひいて
は持久的パフォーマンスの改善が見込めない[4] ことから、高所トレーニングの対象
者の選定については、慎重を期す必要性が高い。

　他方、高所トレーニングには、血液学的な適応だけではなく、骨格筋の適応を促
す可能性が示唆されている。すなわち、低圧低酸素環境下でのトレーニングでは、
骨格筋における毛細血管密度、ミオグロビン濃度の増加、ミトコンドリアの増加、
さらには緩衝能力の改善の可能性が報告されている[2][3]。現段階では、これらの適
応が良く鍛錬されたエリート競技者においても起こり得るか、最終的な結論を示す
には至っていない。このことに関し、競技力の高い競泳選手を対象に、短時間・超
高強度のインターバルトレーニング（High Intensity Interval Training; HIIT）を
行うことで、平地環境下に比して有意に高い最大酸素借の改善がみられたとする報
告[3] に鑑みれば、高所トレーニングにおいて超高強度のトレーニングを実現させる
ことで、無酸素的なパフォーマンスを飛躍的に改善出来る可能性が考えられる。

　競泳競技においては、高所環境において、いかにして運動強度を高めるか、様々
な工夫がなされつつある。すなわち、高所環境で行われるインターバルトレーニン
グにおいて、その構成要素である運動時間、休息時間、繰り返し回数および運動：
休息比を巧みに組み合わせ、トレーニング時の最大酸素借を高めるようなトレーニ
ング法の開発がなされ始めている。

　現時点では、一過性に高強度・超高強度のトレーニング負荷を与えることは可能
であるが、このようなトレーニングの実施頻度をどのようにすべきか、また、全体
のトレーニング量に占める割合として、どの程度が至適であるかは明らかにされて
はおらず、課題も山積している。この点、高所トレーニング時には、免疫の低下、
酸化ストレスの増大、睡眠障害、鉄利用の増大に伴う貯蔵鉄の減少が誘発される可
能性があり[5]、競技者のコンディションを良好に保つことは容易ではない。したがっ
て、高所トレーニング時には、戦略的かつ科学的なトレーニングプログラムを立案
するだけではなく、当該期間の競技者のコンディションの把握に努めると共に高所
馴化の程度をモニタリングし、さらにはトレーニング時の運動強度を定量化するこ
とで、対象者個々の特性や彼らのコンディションに応じ、臨機応変かつ柔軟に対応
していくことが重要となる。

（森谷　暢）

参考文献

1) Ekblom B. and Berglund B.(1991) Effect of erythropoietin administration on mammal aerobic power. Scand J Med Sci Sports 1 (2): 88-93.
2) 水野眞佐夫（2004）高所トレーニングと筋緩衝能．浅野勝巳，小林寛道編，高所トレーニングの科学．杏林書院．pp.20-30.
3) 荻田太（2013）水泳の低酸素トレーニング．体育の科学 63：393-398.
4) Wilber,R.L.(2004) Altitude training and athletic performance. Human Kinetics, Champaign.（川原貢・鈴木康弘監訳（2008）高地トレーニングと競技パフォーマンス．講談社サイエンティフィック，pp.12-28, 59-69.）
5) 山地 啓司（2004）高所トレーニングの研究史．浅野勝巳，小林寛道編，高所トレーニングの科学．杏林書院．pp.31-41.

コーディネーション

■1 コーディネーションとは？

　スポーツでは、「できないこと」が「できるようになる」、「できること」が「もっとうまくなる」ことが目指される。またそこでは、必ずといっていいほど「上手・下手」が話題になる。「超絶技」を演じる体操競技選手やフィギュアスケート選手、「フィジカルが強い」サッカー選手を目の当たりにする時、あるいは巧みに木登りする子どもとそうでない子どもを目にする時、我々は決まって「運動神経がよい・わるい、運動能力がたかい・ひくい、体力のある・なし」などを口にする。この背景にあるのは、「それぞれの動きや複合的な動きを行う際に時間的かつ空間的かつ筋力的に適切にコントロールされている」[1] という「運動協調（以下：コーディネーション）」という動き方についての視点であろう。

　コーディネーションとは、旧ソ連のベルンシュタイン（Bernstein）や旧東ドイツのシュナーベル（Schnabel）らに依拠すれば、「分化」、「連結」、「反応」、「定位」、「バランス」、「変換」、「リズム化」の能力からなるという [2]（表1）。

表1　コーディネーション能力

能力	内容
分化	動きの経過（局面）に応じて身体部位（頭部・躰幹・四肢）の動きを精確に調整する。
連結	全体の動きと頭部や四肢の動きを合わせる。
反応	外部状況に合わせて動く。
定位	時間空間的に姿勢や動きの変化を把握する。
バランス	バランスを保ったり、崩れたバランスを回復する。
変換	状況変化にうまく対応する。
リズム化	外からのリズムに合わせて動いたり、内的なリズムを動きに表現する。

　これら7つのコーディネーション能力は、おそらくはすべてのスポーツ運動に、かつまた日常動作にも当てはまるであろう。では、どうすればよいコーディネーションを身に付けることができるのだろうか。

■2 コーディネーション・トレーニングのタイミング

　「スキャモン（Scammon）の成長曲線[3]（図1・表2）」はよく知られている。人間

の発育発達についてリンパ型・神経型・一般型・生殖型に分け、大人になるまでにどの型がどの時期に成長（発育発達）するのかを示している。神経型が4、5歳から12歳頃までに発達することがわかる。様々な神経回路が形成されるこの時期に適切な運動を行い、いわゆる運動系の能力を高めることが極めて重要である。それは、後年のよいコーディネーション（能力）につながるのである。この時期は「ゴールデンエイジ」と呼ばれ、特にスポーツにおいて注目されている。

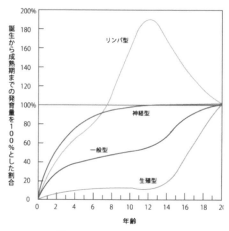

図1　スキャモンの成長曲線

松尾保（1996）新版小児保健医学　日本小児医事出版社：東京、第5版、10より

表2　スキャモンの成長曲線

型	内容
リンパ型	生後～12、13歳頃までにかけて急激に上昇し、大人のレベルを超えるが、思春期過ぎから大人のレベルに戻る。
神経型	出産直後から急激に発達し、4、5歳で成人の約80％に達する。
一般型	幼時期までに急速に発達し、その後は緩やかになる。思春期に再び急激に発達する。
生殖型	男女差があるが13、14歳あたりから急激に発達する。

松尾保（1996）新版小児保健医学　日本小児医事出版社：東京、第5版、10より筆者改変

3　コーディネーション・トレーニングの方法と内容

小中学校において「全国体力・運動能力、運動習慣等調査」が実施されている[4]。測定ないしは調査結果が報告され、体力や個別運動種目の向上が歓迎され、低下が嘆かれる。しかしながら、このようなテスト結果が総合的な体力・運動能力、すなわちコーディネーションにつながるとは限らないようだ。跳躍力の指標である「垂直跳びテスト」において、優れたスキージャンパーが必ずしもよい結果を示さない例もあると聞く。また、皮肉なことに、調査対象の学校がテスト項目を事前に練習することもあるという。総合的に優れたアスリートを個別テストを通じて分析しても、アスリートの実像に迫りきれない。逆にかつ同時に、個別テストの好成績の数々

をまとめても、総合的運動能力にはつながらないことも多々ある。ましてや、「ゴールデンエイジ」の真っただ中にいる子どもたちに「要素化された運動」を課しても、「おもしろさ・楽しさ」が伴わなければ嫌がられる。

　競技や種目に特化したコーディネーション・トレーニングではなく、ゴールデンエイジの初期ないしは前半期（3、4歳〜8、9歳頃）に望ましいと思われるもの、それは、「運動遊び」である。親が子どもに指示するのではなく、一緒にやれる遊びが望ましい[5]。そして、「この遊びは『連結』に役立つ練習・トレーニングである」とは考えず、後に、「あの時の遊びが『連結』に役立ったのかもしれない」と振り返ることができる遊びであればよかろう。

4 まとめ

　一定レベルに達したスポーツパーソンやアスリートには、すでにコーディネーションが備わっているものである。彼／彼女らが必要とするコーディネーション・トレーニングは、7つの能力のいずれかを新たに身に付けるのではない。すでに備わっているコーディネーション能力の中の、例えば「やや不足しているバランス能力」をより高めるために目的志向的に行うのである。それは時として、単調で絶縁的な動きかもしれない。

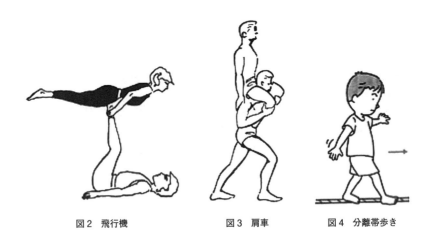

図2　飛行機　　　　　図3　肩車　　　　　図4　分離帯歩き

他方、よいコーディネーションの獲得を目的としながらも、ゴールデンエイジ期の子どもたちが行うものは、おもしろく楽しい「家庭でのインフォーマルな運動遊び」、「近所の仲間との遊び」の類が望ましい。具体例は「飛行機」や「肩車」、「（交通安全上やや問題があるが）分離帯歩き」に限らない（図2・3・4）[6]。さらに、遊びを考え出す「脳力」もきっとコーディネーションに役立つはずである。シニアやシルバーのためにはバリアフリー社会が求められるが、ゴールデンエイジの子どもたちにとって、──後のよいコーディネーションのための豊富な運動経験の蓄積を意識すれば──、「バリアありー（障害物有り）」が望ましい。

（市場　俊之）

参 考 文 献

1) バイヤー（朝岡　監訳）（1993）日独英仏対照スポーツ科学辞典．運動協調．大修館書店，19.
2) マイネル／シュナーベル（1991）動作学─スポーツ運動学．新体育社，337-354.
3) 松尾保（1996）新版小児保健医学．日本小児医事出版社：東京，第5版，10.
4) 朝日新聞「体力　女子はアップ」2015年12月12日；朝日新聞「体力日本一　福井のヒミツ」2017年6月6日.
5) 立花龍司（2006）運動神経は10歳で決まる！マキノ出版.
6) 立花龍司（2006）運動神経は10歳で決まる！マキノ出版，48.;Blume, K.（1999）Akrobatik. Meyer & Meyer Verlag, 55.；浜田靖一（1975）組体操．歩兵社，80. を基に筆者改変.

第6章
スポーツと社会

第1節　オリンピックとオリンピズム

【概　要】

　本節では古代オリンピックの始まりから、クーベルタンによって復興された"近代オリンピック"の歴史やそれを支える基本理念・精神等（オリンピズム）について解説する。また、近代オリンピックをめぐる諸問題（政治、商業主義、環境、ドーピングなど）についても触れていく。

1. 古代オリンピック

　古代オリンピックは、ギリシャのオリンピアで神ゼウスを祭るスポーツの祭典として開催されていた。紀元前776年から西暦393年までの間に4年に1度のペースで約1200年近く続いていたことになる。この古代オリンピックでは五種競技（スタディオン走・円盤投げ・槍投げ・跳躍・レスリング）、格闘技（レスリング、ボクシング、パンクラチオン）、戦車競走（競馬）などが実施されており、出場選手は大会前にオリンピック村での合同の合宿があったとされる。また、競技の実施期間中は**休戦制度**[*1]に基づき、武器を持つことを禁じられ、死刑執行や争いごとも禁止された。その後ローマ帝国の侵攻などにより神殿が破壊され、地殻変動が起こった影響でオリンピアの施設は土砂に埋もれ、長い間地下に眠ることとなった。こうして古代オリンピックは終焉を迎えた。

2. オリンピックの復興

　オリンピックは19世紀になり、オリンピア遺跡へ

[*1]　休戦制度
休戦制度は「エケケイリア」と呼ばれ、この制度により、オリンピアに向かう競技選手や旅人の安全が確保され、古代オリンピックの繁栄に大いに寄与した（JOAオリンピック小事典第1章 p24を参照）。

第 6 章　スポーツと社会

*2　ピエール・ド・クーベルタン
(Pierre de Coubertin、1863-1937)
フランス貴族の三男として生まれた。教育者であり、近代オリンピックの創始者といわれる。

図 6-1-1
近代オリンピックの創始者であるピエール・ド・クーベルタン

*3　国際オリンピック委員会
(INTERNATIONAL OLYMPIC COMMITTEE)
1894 年 6 月 23 日に創設され、オリンピック競技大会を主催する組織である。本部はスイスのローザンヌに位置している。

の関心の高まりや古代ギリシャへの深い教養、スポーツの教育的な役割への注目などが作用し合い復興を遂げていく。

フランス人の教育者である**ピエール・ド・クーベルタン***2 は、スポーツがもつ教育的な役割や世界平和への貢献に早くから注目していた。スポーツをすることによって身体と精神の調和のとれた若者を育成し、また、スポーツを通じて異なる国や地域の人々の文化や考え方を、互いに理解し尊重し合える効果があると考えていた。つまり、スポーツを通じてよりよい人間が増えれば、その社会がよくなり、その国がよくなり、平和でよりよい世界が構築されると考えていた。そして世界平和のための象徴として古代オリンピックを復興させようとしたのである。古代オリンピックを近代的なオリンピックとして復活させることで、スポーツによる教育改革を世界に広めると同時に、世界平和へ貢献することを目指していた。

1894 年 6 月 23 日にパリ国際アスレチック会議がパリ大学のソルボンヌ大講堂で開かれ、**国際オリンピック委員会**（以下、IOC とする）*3 が設立された。また同会議で近代オリンピックの開催が決定し、1896 年 4 月に最初の近代オリンピックである第 1 回大会がギリシャのアテネで開催された。

1914 年の IOC 創立 20 周年記念式典のパリ・コングレスでは、クーベルタンの提案したオリンピック・シンボルが採択された。オリンピック・シンボルは、5 つの輪（オリンピック・リング）からなり、5 つの大陸（ヨーロッパ、アフリカ、アジア、オセアニア、アメリカ）の団結と全世界の競技者が集うことを表現している。5 つの輪の色は左から青・黄・黒・緑・赤からなり、この 5 色に白色を加えた 6 つの色を組み合わせると、当時の世界中の国旗が描けたことから、世界

第1節　オリンピックとオリンピズム

はひとつという意味が込められていたといわれている。

第1回のオリンピック冬季競技大会は1924年にフランスのシャモニーで開催され、夏季競技大会、冬季競技大会とも4年毎に開催された。日本でのオリンピック初開催は1964年の第18回オリンピック競技大会であり、東京はアジアで初めてのオリンピック開催都市となった。

図6-1-2
1894年の第1回国際オリンピック委員会総会の様子
写真：フォート・キシモト

3. オリンピズム

IOCが行っている**オリンピック・ムーヴメント**[*4]にはオリンピックの基本理念・精神を表す「オリンピズム」という言葉がある。

オリンピズムの根本原則には、「1.オリンピズムは、肉体と意志と精神のすべての資質を高め、バランスよく結合させる生き方の哲学であり、スポーツを文化、教育と融合させ、生き方の創造を探求するものである。その生き方は努力する喜び、良い模範であることの教育的価値、社会的な責任、さらに普遍的で根本的な倫理規範の尊重を基盤とする。2.オリンピズムの目的は、人間の尊厳の保持に重きを置く平和な社会の推進を目指すために、人類の調和のとれた発展にスポーツを役立てることであるとされている。」と定められている。(オリンピック憲章2017年版[1])

さらに、「4.スポーツすることは人権の一つであり、すべての個人はいかなる種類の差別も受けることなく、オリンピック精神に基づき、スポーツをする機会を与えなければならない。オリンピック精神においては友情、連携、フェアプレイの精神とともに相互理解

図6-1-3
クーベルタンが描いたオリンピック・シンボル

*4　オリンピック・ムーヴメント
国際オリンピック委員会(IOC)が提唱している「オリンピズム」という根本思想に基づいて、スポーツを通した教育と平和の実現に向けて展開している様々な活動のことを「オリンピック・ムーヴメント」という(JOAオリンピック小事典第1章 p23参照)。

第6章　スポーツと社会

が求められる。」といった内容や、「6.オリンピック憲章の定める権利および自由は人種、肌の色、性別、性的指向、言語、宗教、政治的またはその他の意見、国あるいは社会的な出身、財産、出自やその他の身分などの理由によるいかなる種類の差別も受けることなく、確実に享受されなければならない。」（オリンピズムの根本原則：オリンピック憲章2017年版）といった内容も記されている。

これらから、「オリンピズム」とは「スポーツによって心身ともに調和のとれた若者を育成し、そのような選手達が4年に一度世界中から集まり、フェアに競技し、異文化を理解しながら友情を育むことによって、ひいては平和な国際社会の実現に寄与する」という教育思想であり平和思想であると解釈される（JOAオリンピック小事典第1章 p22参照[2]）。

4. オリンピック憲章

オリンピック憲章[*5]はIOCによって採択され、オリンピズムという思想、それに基づいて展開されるオリンピック・ムーヴメントの活動内容やIOCの役割、オリンピズムの根本原則、規則および付属細則を成文化したものである。オリンピック憲章は国家の統治の基本である側面を映し、憲法的な性格を持っている。いわば、オリンピックというスポーツで平和を求める人々が住む国の憲法であるといえる（JOAオリンピック小事典第1章 p26参照）。

5. オリンピックモットー

IOCが標榜する**オリンピック・モットー**[*6]では「より速く、より高く、より強く」（Citius-Altius-Fortius）が表現されている。このオリンピックモットーは単に競技力の向上だけを狙うのではなく、競技を通じて人

---

*5　オリンピック憲章
1899年にクーベルタンによって「国際オリンピック委員会規則 International Olympic Committee Statutes」として手書きされ、1908年に初めて印刷されている。その後名称が少しずつ変化し、最新は2017年版である。

図 6-1-4
オリンピック憲章2017年版の表紙（JOC承認）

*6　オリンピック・モットー
1894年6月23日のパリ・ソルボンヌ大学のオリンピック復興時の会議にてクーベルタンによって新しいオリンピック・ムーヴメントのモットーとして用いられた。

第1節　オリンピックとオリンピズム

としても日々向上していくことを目指す考え方である。また、他人と比較しての優劣ではなく、自分自身の成長に向けて努力し続けることを意図している。

6. オリンピックの価値

　IOC が提唱しているオリンピックの価値（Olympic values）として、卓越（Excellence）、友情（Friendship）、尊重（Respect）といった3つの教育的価値を示している。卓越（Excellence）はより高い目標をもって、競技や人生においてベストを尽くすことであり、友情（Friendship）はスポーツを通して相互理解を深め友好関係を築くこと、敬意／尊重（Respect）はルールを尊重してフェアプレイに徹したり、支えてくれる人々に対する敬意を示す。オリンピックの教育的価値はオリンピック選手のみならず、すべての人に開かれている人生哲学である。したがって、これらの価値を教育として落とし込んでいくというのがオリンピック教育である。

7. 近代オリンピックをめぐる諸問題

○ボイコットによる危機

　1980年代は第2次世界大戦後の冷戦激化のあおりによるオリンピックの危機の時代であった。1980年のモスクワ大会ではソ連を中心とした共産圏に対峙していたアメリカ合衆国がボイコットを主唱し、アメリカ合衆国、日本、西ドイツ、韓国、中国などソ連と対立する西側陣営がボイコットを決断する事態に至った。このオリンピックボイコット騒動はモスクワ大会だけにとどまらず、続く1984年のロサンゼルス大会は報復としてソ連を中心とした東側諸国が姿を見せず、友好と平和の祭典は真っ二つに割れた。国際情勢が不安定な中、政治的な影響をさまざまに受けた時代

275

第6章　スポーツと社会

であった。

○商業主義

　1976年に開催されたモントリオールオリンピックでは、オイルショックの影響により開催費用が高騰し、膨大な赤字を計上したモントリオール市は、その後何十年もかけ市民の税金が投入され、負債を返済することとなった。モントリオール大会の影響で、1984年のロサンゼルス大会では、オリンピックのスポンサーは1業種1社など限られた巨大な企業スポンサーを導入し、スポンサーの価値を高めるとともに巨額のスポンサー料が取引され、オリンピックの商業化が著しく進んだ。この大会よりアマチュアからプロ化へ変貌し、ロサンゼルス五輪は財政的に大成功を収めた。ロサンゼルス大会以降、五輪ビジネスは膨らみ、オリンピックが商業主義へと変革していった。

○環境問題

　環境問題については、1976年の冬季会場に決定していたデンバーの環境問題による開催地返上事例が挙げられる。1990年代当初、IOCは、「スポーツ」「文化」に加えて「環境」を、オリンピック・ムーヴメントの三本柱にすると発表した。1994年パリで開かれたIOC100周年のオリンピック・コングレスにおいて、IOCが環境保全に積極的に取り組むことが宣言され、オリンピック憲章に初めて「環境」についての項目が加えられた。またその際に「スポーツと環境委員会」が設置された。

○ドーピングによる問題

　オリンピックの歴史では、薬物の使用によるドーピングによってメダルを剥奪されたアスリートが多く存

第1節　オリンピックとオリンピズム

在している。最も有名な事例のひとつとして挙げられるのは、1988年のソウルオリンピックの陸上競技100m走で、薬物使用によって金メダルを剥奪されたカナダのベン・ジョンソンである。

IOCは、相次ぐドーピング問題に対して、不正薬物の摘発を精力的に行っている。こうしたオリンピックの潔さを脅かすあらゆる諸問題とは、常に対峙していかなければならないのである。

8. IOCによる新たな対応

IOCは2014年12月にモナコ臨時総会で中長期活動指針「アジェンダ2020」が採択された。「アジェンダ2020」では、スポーツの多様性、オリンピックに関わる人の多様化（高齢化社会への対応、両性の平等や差別の禁止）、非スポーツ活動との融合・社会との対話など、さまざまな多様性が強調された。

2017年にはオリンピックの開催都市契約の改正により、2024年パリ大会、2028年ロサンゼルス大会と、史上初めて2大会の開催地が同時決定された。また2020年開催予定の東京大会は新型コロナウイルスのパンデミック（世界的流行）への配慮により、2020年3月にオリンピック史上初の一年延期が決定された。

引用文献
1) INTERNATIONAL OLYMPIC COMMITTEE（2017）オリンピック憲章2017年版
2) 日本オリンピックアカデミー（2016）JOAオリンピック小事典 日本オリンピックアカデミー編

問　題
(1) オリンピックの基本理念・精神を表すオリンピズムについて説明しなさい。

(2) 近代オリンピックをめぐる諸問題について例をひとつ挙げ、説明しなさい。

（千田　健太）

第6章　スポーツと社会

第2節　障害者スポーツ

1.　はじめに

　2020年東京オリンピック・パラリンピック競技大会（以下、東京2020）の開催が決定し、2018年現在、障害者のスポーツは大きな過渡期を迎えつつある。本節では、障害者のスポーツの歴史、国内外の動向から障害者スポーツの現状と課題を読み解く。また、「障害者」と「障がい者」と表記する場合がある。障害のある人を「害」と見なさないなどの理由により、「がい」と表記する社会の流れがあるが、行政用語では「害」を使用しているため、一部の正式名称を除き「害」を使用する[*1]。

2.　障害者とは

　障害者基本法（最終改正：2013年）によると、障害者とは「身体障害、知的障害、精神障害（発達障害を含む。）その他の心身の機能の障害がある者であって、障害及び社会的障壁により継続的に日常生活、社会生活に相当な制限を受ける状態にあるもの」をいう。2016年版障害者白書（内閣府）によると、我が国では人口の6.7%が何らかの障害を有するという。

3.　障害者のスポーツ

■1　統括団体

　我が国の障害者スポーツの普及・推進を図る組織は、公益財団法人日本障がい者スポーツ協会である。日本パラリンピック委員会は、1999年に日本障がい者スポーツ協会の内部組織として発足した。

*1
障害を捉える考え方に、大きく「医学モデル」と「社会モデル」がある。医学モデルは、時に個人モデルといわれ、障害を個人の問題として着目する。障害に対するアプローチを治療などにより対応しようとする。一方、社会モデルは、社会が障害をつくると捉える。障害者が社会における活動に参加が難しいのは社会のさまざまな構造やシステムに課題があるとし、政策などによる解決などがこの問題に対するアプローチとなる。たとえば障害者がスポーツ活動に参加が難しいのは、段差が多いスポーツ施設であったり、障害に対応できうる指導者が少ないなどの問題がこれにあたる。

278

第2節　障害者スポーツ

2 障害者が出場する主な世界大会

　表6-2-1は、2018年12月現在、障害者が出場する主な世界大会である。障害種別により、開催される世界大会も異なる。なお、重複障害がある場合などは、必ずしもこの表の限りではない。なお、パラリンピックやデフリンピック等は障害があることが出場条件のひとつであるが、オリンピックには障害者も参加している。

　また、障害者が障害者を対象とした大会に出場する場合、クラス分け*2という制度が用いられる。

> ＊2　クラス分け
> 障害者スポーツにおいて最も特徴的なルールである。障害により生じる競技能力の差異を最小限に留めるよう調整する。なお、クラス分けを実施するクラシファイヤーが障害種別の程度と参加する競技に関連する運動機能的側面により選手を区分する。このクラス分けは国内外の多くの大会で用いられている。

表6-2-1　障害者が出場する主な世界大会

障害種別		パラリンピック	スペシャルオリンピックス	デフリンピック	その他
身体障害	肢体不自由	○			
	視覚障害	○			
	聴覚・言語障害			○	
	内部障害				○
知的障害		○	○		
精神障害					○

4. 障害者スポーツの動向

1 初期の障害者スポーツ

　障害者のスポーツが組織的な活動をした記録として、2018年現在最古とされるのが、1871年英国グラスゴーを拠点とするろうあ者のフットボールクラブである。その後、ドイツでも1888年に聴覚障害者のスポーツクラブが結成された。聴覚障害は他の障害種別に先駆け、1924年には世界初の国際統括競技団体である国際ろう者スポーツ委員会を設立し、同年、第1回の世界大会を開催した。

　他の障害種別では、英国にて、片腕者のゴルフ協会なども1932年に結成されているが、現在のように障

第6章　スポーツと社会

害者のスポーツが世界的なムーブメントとして認識されるようになったのは第2次世界大戦以後であるといっても過言ではない。次項では、障害者スポーツの歴史とともにパラリンピック、デフリンピック、スペシャルオリンピックス、ソーシャルフットボールの主な国際大会を紹介する。

■2■ パラリンピック競技大会

　パラリンピックとは、障害のある選手が出場する世界最高峰の競技大会である。国際パラリンピック委員会（IPC）が統括する。2018年現在、肢体不自由者、視覚障害者、知的障害者が出場する。

　パラリンピックの発祥は英国とされている。ロンドン郊外にあるストーク・マンデビル病院のグットマン医師が、患者の治療プログラムにスポーツを取り入れた。そして1948年ロンドンオリンピック大会の開会式同日に、2名の女性を含む16名の脊髄に障害を負った患者（傷痍軍人）を対象とした大会（アーチェリー等）をストーク・マンデビル病院の敷地内で開催した。1952年にオランダが参加し、国際大会としての道を歩み始める。この大会が現在のパラリンピックの源流とされる。

　1960年に国際ストーク・マンデビル大会委員会が設立され、初代会長にグットマンが就任した。同年、オリンピックが開催されたイタリアのローマで国際ストーク・マンデビル大会が開催された。1964年、オリンピックの開催が決まっていた日本でも国際ストーク・マンデビル大会が開催され、22カ国より377名の選手が9種目に出場した。オリンピック開催年に開催されるこの国際大会は、対麻痺者（Parapregia）のオリンピック（Olympic）として、パラリンピック（Paralympic）との愛称がつけられ、1964年に開催さ

280

第2節　障害者スポーツ

れた東京大会で初めてこの愛称が使用された。この愛称が正式名称となったのは、1985年に国際オリンピック委員会（IOC）がParalympicsの名称使用に同意してからである。しかし対麻痺者以外のスポーツの機運も国際的に高まっていた世界の動向も影響し、当初の対麻痺者のオリンピックという意味とは異なり、オリンピックと平行（parallel）にある、つまりは「もうひとつのオリンピック」として解釈された。

1989年にIPCが創設され、以後、1960年のローマ大会を第1回パラリンピック大会と位置づけた。そして2000年のシドニーパラリンピック大会期間中に当時のIOCサマランチ会長とステッドワードIPC会長がIOCとIPCの協力関係に関する話し合いをもった。これ以降、パラリンピックは、世界最高峰の障害者のスポーツ大会としての道を本格的に歩むこととなる。

東京2020では、22種目が実施される予定である。また東京は、1964年大会と2020年大会の2回、パラリンピックを開催する世界初の都市となる。1964年の東京大会は、障害者の社会福祉政策だけでなく、翌年（1965年）に日本身体障害者スポーツ協会（現：公益財団法人日本障がい者スポーツ協会）の設立、また全国身体障害者スポーツ大会（現：全国障がい者スポーツ大会）の開催など、我が国の障害者スポーツの発展に貢献した。つまり1964大会は、わが国の障害者スポーツを萌芽させたことが最大のレガシーであったともいえよう＊3。

3 デフリンピック競技大会

デフリンピック競技大会は、ろう者の世界最高峰の競技大会である。前述した通り、パラリンピックよりもその歴史は古く、第1回夏季大会は1924年にフランスで、第1回冬季大会はオーストリアで開催された。

＊3　東京2020
大会ビジョンのひとつに共生社会をはぐくむ契機となることと記されている。パラリンピックの成功は、共生社会構築に多大なる影響をもたらすとレガシーの側面からも期待されている。

第6章　スポーツと社会

この国際ろう者スポーツ大会は、2001年より「デフリンピック」に改称されている。統括組織は、国際ろう者スポーツ委員会である。デフリンピックは、障害当事者であるろう者自身が大会を運営する、ろう者のための国際的な競技大会でもある。

IPCが発足した1989年当時は、国際ろう者スポーツ委員会もIPCに加盟していたが、デフリンピックの独創性を追求するため、1995年にIPCを離れ、2018年現在、ろう者はパラリンピックには出場していない（但し、肢体不自由などと重複障害がある場合は、この限りではない）。2017年に開催された第23回夏季大会には、86カ国より2,859人の選手が21競技に出場した。

■4■ スペシャルオリンピックス

1962年、故ケネディ大統領の妹、ユニス・シュライバーは、知的障害のある子どもたちを集めディキャンプを開催した。翌年以降も開催されたディキャンプを通じて、知的障害のある子どもたちがレクリエーション的な活動に参加でき、また子どもたちに多くの効果をもたらすことがわかり、ディキャンプの機会を増やすことを目的として、ケネディ財団は米国・カナダの各地の公的機関、私設機関に助成を始めた。1968年、アメリカ・イリノイ州で第1回スペシャルオリンピックス国際大会が開催され、アメリカ国内26州とカナダから1,000人以上が参加した。同年、ワシントンDCに非営利組織スペシャルオリンピックスが国際本部として創設された。

2018年現在、世界170カ国以上の国や地域でスペシャルオリンピックスの活動は展開されている。我が国の活動を統括するのは、スペシャルオリンピックス日本である。47都道府県で、活動に多くの知的障害

第2節　障害者スポーツ

者が参加できるよう働きかける。たとえば、知的障害
のある人と知的障害のない人がチームメイトとして、
さまざまなスポーツに取り組むユニファイドスポーツ
なども実施する。

5　ソーシャルフットボール

　精神障害者の市民活動としてのスポーツの始まり
は、世界的に見ても1990年代以降である。精神保健
の先進国であるイタリアで、精神科の医師が担当し
ている患者がサッカーをしたいとの希望を聞き、支
援活動に着手し、1996年に全国大会を開催するに
至った。こうしたイタリアでの活動を日本の関係者が
Newsweekで知り、その後連絡を取り合い、日本と
イタリアの連携が始まった。

　2013年、第1回精神障害者スポーツ国際シンポジ
ウム／国際会議が我が国で開催された。これは、精神
障害者のスポーツを推進する各国の関係者が集う最初
の場であった。参加した8カ国[*4]すべてが推進して
いたスポーツがフットボール（サッカー／フットサ
ル）であった（田中2013）ことから、精神障害者の
スポーツの世界的な発展モデルとしてフットボールの
国際大会を開催することが会議で了承された。2016
年に日本で第1回ソーシャルフットボール国際大会、
2018年にイタリアで第2回大会（第2回よりDream
World Cup）が開催された。なおソーシャルフットボー
ルは、イタリアですべてのマイノリティがフットボー
ルを通じて社会統合をすることを目的として推進され
るフットボールのムーブメントである。我が国ではイ
タリアの活動に敬意を表し、2013年日本ソーシャル
フットボール協会と命名した国統括競技団体を設立し
た。主に精神障害者／精神疾患者を対象としている。

*4
2013年当時、担当者と精神
障害スポーツの推進をしてい
たことが明らかであった8カ
国が参加した。
イタリア、日本、ペルー、ア
ルゼンチン、デンマーク、イン
グランド、ドイツ、韓国であっ
た。

第6章　スポーツと社会

*5
2011年7月に、文部科学省が出した『諸外国および国内におけるスポーツ振興施策等に関する調査研究（平成22年度）』は、世界12ヶ国のスポーツ政策に関する調査報告であったが、この報告書の中で、障害者スポーツについても項目立てがなされた。アメリカやイギリス、オーストラリアといったスポーツ先進国以外や、中国、韓国といったアジアの国でも障害者のスポーツはスポーツを所管する省庁が所管していることが報告された。2011年6月に我が国で初めてスポーツ関連法であるスポーツ基本法が交付され、7月に諸外国のスポーツ政策に関する報告書が出され、そして同年8月にスポーツ基本法が施行された。

*6
この一元化に伴い、スポーツ競技団体と障害者のスポーツ競技団体との連携などの動きも出ている。たとえば、公益財団法人日本サッカー協会は、「年齢、性別、障がい、人種などに関わりなく、だれもが、いつでも、どこでも」と謳ったグラスルーツ宣言 Football for All「サッカーを、もっとみんなのもとへ」を2014年に打ち出している。

5.　障害者のスポーツの現状と課題

　障害者スポーツという種目はなく、2018年現在、障害者はさまざまなスポーツやレクリエーション活動に参加している。種目も、その活動目的もレクリエーションから競技に至るまで幅広い。

　2011年に制定されたスポーツ基本法に、障害者のスポーツ推進が明文化された。これは、我が国のスポーツ関連法において初めてのことであった[*5]。また東京2020の開催が2013年9月に決定し、2014年4月、障害者の競技スポーツと地域で行うスポーツ活動は厚生労働省から文部科学省に移管された[*6]。2015年10月にスポーツ庁の創設以降も、障害者のスポーツはスポーツ庁が所管している。

　しかし2017年の第2期スポーツ基本計画（スポーツ庁）によると、スポーツ参加率は健常者が42.5％であるのに対し、障害者は19.2％と低い。また、日本パラリンピアンズ協会（2016）の報告によると、2016年のリオデジャネイロと2014年のソチのパラリンピックに出場した選手の約2割が、スポーツ施設の利用を断られたり、もしくは条件付きで利用が求められたという。トップアスリートのパラリンピック選手でさえも、こうした経験があるという問題が示されことは、地域の障害者がスポーツやレクリエーション活動に参加する環境は十分に整備されていないといった状況にあると読み取ることができる。いずれにせよ、東京2020の開催が決定している我が国において、障害者スポーツの体験会などを開催し理解促進に努めていくことが具体的な施策として第2期スポーツ基本計画には示されている。スポーツやレクリエーション、レジャー活動など競技レベルを問わず幅広く、障害の有無を超えて誰もが楽しみ挑戦できるよう後押しできる

第 2 節　障害者スポーツ

社会の構築は、我が国が成熟していく上での課題であ
ることは間違いない。

参考資料

公益財団法人日本障がい者スポーツ協会公式 HP，http://www.jsad.or.jp/ （アクセス
日：2018 年 8 月 1 日）．

International Paralympic Committee 公式 HP，https://www.paralympic.org/ （アクセ
ス日：2018 年 8 月 1 日）．

一般社団法人全日本ろうあ連盟スポーツ委員会（2017）デフリンピックの概要，
https://www.jfd.or.jp/sc/deaflympics/games-about （アクセス日：2018 年 8 月 1
日）．

一般社団法人日本パラリンピアンズ協会（2016）第 3 回　パラリンピック選手の競技環
境　その意識と実態調査，日本パラリンピアンズ協会．

Special Olympics 日本公式 HP，http://www.son.or.jp/（アクセス日：2018 年 8 月 1 日）．

田中暢子ら（2013）精神障害者スポーツ推進システムに関する国際比較研究 1 年次報告，
桐蔭横浜大学出版部．

問　題

(1) 2018 年 12 月現在、肢体不自由、視覚障害、知的障害者が出場する世界最高峰
の競技大会名を記しなさい。

(2) 障害者を取り巻くスポーツ環境の現状と課題について、論じなさい。

（田中　暢子）

第6章　スポーツと社会

第3節　スポーツによる国際貢献

【概　要】

　スポーツによる国際貢献とは何なのか。そうした活動は世界でいかなる形で展開され、また日本においてはどのように展開されているのか。近年、急速に台頭してきたスポーツによる国際貢献の動向について概説する。

*1　つながりの喪失：地域における人と人とのつながりが低下し、地域社会の脆弱化が進むと社会的孤立が深まり、そのことが若年層世代の犯罪行為や反社会的行動を増長させてきているとの指摘が数多くの研究領域でなされてきている。

1.　スポーツによる国際貢献とは何なのか？

　──スポーツで人々を貧困から救うことはできるのか？──近年、国際貢献活動の中で注目される新たな援助支援の取り組みである。例えばケニアでは、社会構造的なリスクである「つながりの喪失」*1という大きな課題に、サッカーを通じてそれを克服していこうとする活動が展開されている。首都ナイロビ近郊のスラム街においてスポーツを通じた「壮大な挑戦」が始まったのは1987年のことだった。国連環境計画で活動していたカナダ人のひとりが、現地で人気が高かったサッカーに目を付け青年たちを組織化したことから、それは始まった。不安定な生活環境の中、よれよれのボールでプレイするのが日常的であった若者たちにとって、異国の人が持ち込むサッカーのやり方はとても新鮮だった。リーグ戦では、試合結果での勝ち点のほかに、清掃活動を通じて地域貢献をしたチームにも勝ち点が与えられ、それがリーグ戦の順位にも反映された。「レッドカード」となった選手は、年下世代の試合の審判を6試合以上担当しなければ試合に復帰できず、スポーツマンとして卓越した振る舞いが認められた者には、レッドカードとは反対に「グリーンカード」が授与された。グリーンカードにはポイントがあ

286

第3節　スポーツによる国際貢献

り、そのポイントは奨学金を獲得する際の査定ポイントとして換算され、そしてそれは高等教育機関への進学を志す者にとって、進学資金獲得のまたとない機会を提供した。現在では 1,000 以上のチームと 14,000 名以上のメンバーから構成されるアフリカで有数の青少年スポーツの組織にまで成長し、ケニア代表チームへも多くの選手を輩出するようになった。スポーツを通じてルールを遵守するような規範を植えつけながら、貧困に苛まれる若者たちを社会に参画させるという形で、現地の人々との関係を新たに構築していったこの活動は、のちに「マザレ青少年スポーツ協会」として、ノーベル平和賞の候補にも名前が挙がるようになる。

　このようにスポーツの世界から国際貢献活動にいかに寄与できるのかが注目され、それをどのように実践していくのかという議論が、近年急速に活発化してきている。たとえば、2003 年 11 月、教育を普及、健康を増進、平和を構築する手段としてスポーツを重視し、各国の政府はそうしたスポーツのもつ可能性を積極的に活用するべきとの趣旨の決議が、国連総会において採択されたことなどはその典型である。この決議を契機に、スポーツがもたらすさまざまな効能に期待を向けながら、それを貧困削減へ向けた、いわゆる「開発」のプロセスの中で活用していこうとする「開発と平和を後押しするためのスポーツ（Sport for Development and Peace）：以下 SDP と表記」の潮流が台頭してきた。実際、**国連開発計画（UNDP）**＊2をはじめとする各国際機関などでも、開発プロジェクトをスポーツと連動させて展開し、そのなかで民族を融和させたり、教育や健康への意識を高めたりしようという試みが始められている。

＊2　国連開発計画：開発途上の国々がその開発目標を達成できるよう世界の 160 カ国以上の国々において諸種の開発事業を支援する国連の開発ネットワークを先導する機関のこと。

第 6 章　スポーツと社会

2. Sport for Tomorrow プログラムの誕生

　では、SDP が台頭してきているこうした世界的な潮流に対して、日本のスポーツ界はどのようなポジションにあるのだろうか。結論からいうと、日本のスポーツ界はそうした世界的動向との間に大きな開きがあり、残念ながら 10 年以上の大きなタイムラグがあるというのが実態である。というのも、SDP のような考え方が日本社会において広く認識されているとは言い難く、日本の政府機関が「スポーツによる国際貢献」という領域に本格的に乗り出したのは、SDP に関する国連での決議が採択されてから、およそ 10 年近くの月日を経過した 2014 年からなのだ。では、日本社会において「スポーツによる国際貢献」が大きく動き出した経緯にはどのようなものがあったのか。その沿革については次の通りである。

　事の発端は、2013 年 9 月 7 日、「2020」東京招致へ向け行われた**国際オリンピック委員会（IOC）**総会において、安倍総理（当時）により「Sport for Tomorrow」の発足が宣言されたところにまでさかのぼる。Sport for Tomorrow とは、2014 年から 2020 年までの 7 年間で開発途上国をはじめとする 100 カ国以上、1,000 万人以上を対象に、日本国政府がスポーツを通じた国際貢献事業を推進するというもので、世界のよりよい未来を目指し、スポーツの価値を伝え、オリンピック・パラリンピック・ムーブメントをあらゆる世代の人々に広げていくことを目的とした政府の一大事業である。この取り組みは外務省、文部科学省および関係諸機関により構成され、その活動領域として、次のような 3 つの柱が設定された（図 6-3-1 参照）。

図 6-3-1　Sport for Tomorrow の 3 つの柱

出典：スポーツ・フォー・トゥモロー・コンソーシアム事務局が配布する Sport for Tomorrow のパンフレットより抜粋。

第3節　スポーツによる国際貢献

まず「スポーツを通じた国際協力及び交流」では、外務省や**日本国際協力機構（JICA）**、国際交流基金や文部科学省、**日本スポーツ振興センター（JSC）**[*3]が主な実施団体となる。例えば、途上国の有力選手に対して実技指導や、JICAによる青年海外協力隊事業によるスポーツ指導者の派遣事業などは、その代表的事例である。また「国際スポーツ人材育成拠点の構築」の分野では、文部科学省や筑波大学、日本体育大学や鹿屋体育大学が中心となり、スポーツ界での国際的な人材育成を目指した事業が開始された。さらに、**日本アンチ・ドーピング機構（JADA）**[*4]や文部科学省が中心となり、「国際的なアンチ・ドーピング推進体制の強化支援」などもスタートし、専門知識をもった医療関係者の育成支援事業としてスポーツ・ファーマシスト制度を諸外国に紹介する事業なども展開されてきている。

こうした3つの活動領域を運営するために、「スポーツ・フォー・トゥモロー・コンソーシアム」といったネットワークが構築され、官と民が連携し、オールジャパンでSport for Tomorrowを推進していくための運営体制が組織化されている（図6-3-2参照）。図6-3-2が示すように、「スポーツ・フォー・トゥモロー・コンソーシアム」は、文部科学省と外務省を中心にした「コンソーシアム運営委員会」、およびSport for Tomorrowの趣旨

*3　日本スポーツ振興センター：
我が国のスポーツ基本法並びにスポーツ基本計画等に基づき、日本オリンピック委員会、日本パラリンピック委員会等のスポーツ関係団体と連携・協働しながら、日本のスポーツ界を支えることが期待されているスポーツ振興の中核的機関のこと。

*4　日本アンチ・ドーピング機構：
世界アンチ・ドーピング規程に沿ったドーピング検査の実施や、教育・啓発活動、調査研究活動を行う独立した国内調整機関のこと。

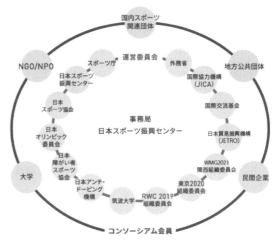

図6-3-2　「スポーツ・フォー・トゥモロー・コンソーシアム」

出典：Sport for Tomorrow 公式ウェブサイト（https://www.sport4tomorrow.jp/jp/about/2018年7月31日閲覧）より抜粋。

第6章　スポーツと社会

＊5　スペシャル・オリンピック
　　ス：
知的発達障害のある人の社会
参加や自立を目指し、日常的
なスポーツプログラムや、成
果の発表の場としての競技会
を開催する国際的なスポーツ
組織のこと。

＊6　シナジー：
2つ以上のものや人、事柄な
どが、連携したり共同で運営
を行ったりすることで、単独
で行動するよりも成果や機能
を高めること。

に賛同し、スポーツを通じた国際貢献に携わる民間の
諸団体からなる「コンソーシアム会員」によって構成
され、そのネットワークを基盤に各民間団体のリソー
スを活用した連携事業の促進（マッチング）などを実
施している。具体的には、モンゴル自閉症協会から支
援依頼を受けた日本卓球協会に対し、株式会社アシッ
クスから**スペシャル・オリンピックス**＊5モンゴル代
表選手に卓球用シューズとユニフォーム及びウェア提
供が行われ、日本卓球株式会社からはウランバートル
市内にある4つの特別支援学校に卓球台が寄贈された
りしたのは、このマッチング支援のあり方を示す端的
な例といえるだろう。

　そして、Sport for Tomorrow のもうひとつの大き
な特徴は、各コンソーシアム会員が実施する、民間主
導の Sport for Tomorrow プログラムを「認定プロ
グラム」として認定する方式を採用する点である。た
とえば1999 年からネパールでの野球普及活動を行っ
てきた「NPO 法人ネパール野球ラリグリスの会」が、
2015 年4月にネパールで発生した大地震に対し、野
球で培ってきたそれまでのネットワークをもとに、現
地にてさまざまな復興支援活動をしたことが Sport
for Tomorrow の「認定プログラム」として承認され
たりもしている。安倍総理が公言した「1,000 万人・
100 ヵ国」といった目標を達成するためには、外部か
らのリソースを積極的に取り入れなければならず、そ
れには従来行われてきたスポーツ団体や NGO などの
アクターによる活動を Sport for Tomorrow プログ
ラムの領域に積み上げていくことで活動の裾野を拡大
し、このプログラムの裨益者数の増加を図ろうという
わけである。

　このように、様々な組織間での連携協力・シナジー＊6
を促進し、Sport for Tomorrow という共通ビジョン

第3節 スポーツによる国際貢献

のもと、日本のスポーツによる国際貢献をブランディングするという戦略が採られ始めたことは記憶しておいてよいだろう。この点を踏まえるならば、従来、単なるスポーツ振興として捉えられがちであった「Sport Development」というトピックは、「Development thorough Sport」もしくは「Sport for Development」といった開発イシューを取り巻く視角へと拡大され、「スポーツを通じた国際貢献」というテーマのもとに、Sport for Tomorrow という新たな**戦略的スポーツ国際貢献事業**[7]の局面が、日本でも生み出されてきたわけである。

3. 国内外に広がりを見せる Sport for Tomorrow

Sport for Tomorrow の活動は、ここ数年で国内外に広がりを見せつつあるが、では実際どのような活動が展開されてきているのだろうか。Sport for Tomorrow コンソーシアム事務局によると、2014 年1 月から 2018 年3 月の間に、世界中の 202 カ国・地域で 4,002 件のプログラムがすでに実施されたとの報告がなされている。その具体的な活動事例の幾つかについてまとめたのが表 6-3-1 と表 6-3-2 である。

表 6-3-1 国内に広がる Sport for Tomorrow

活動主体	活動内容
講道館	国内・海外選手合同の柔道合宿を実施。海外からの合宿受け入れおよび練習受け入れも、Sport for Tomorrow 事業として認定。
さっぽろ健康スポーツ財団	札幌国際スキーマラソン大会の開催や、開発途上国へのスポーツ用具等提供を実施し、Sport for Tomorrow 認定事業として承認。

出典：SFT REPORT2014.1 – 2018.3 をもとに筆者作成。

＊7 戦略的スポーツ国際貢献事業：
文部科学省では、2020 年オリンピック・パラリンピック競技大会に向けた国際貢献策としての「スポーツ・フォー・トゥモロー」プログラムの一環として、平成 26 年度から、戦略的二国間スポーツ国際貢献事業が実施されてきている

第 6 章　スポーツと社会

表 6-3-2　海外に広がる Sport for Tomorrow

活動主体	活動内容
日本パラリンピック委員会	ジンバブエにおける障がい者スポーツ普及講習会
防衛省・柔道教育ソリダリティ	柔道熱が高まるパラオにおいて柔道着 50 着と柔道用畳 110 枚を寄贈。その輸送には海上自衛隊の輸送艦「しもきた」が活用された。
株式会社デサント	スペシャルオリンピックス・スイス代表へのレーシングスーツの提供。

出典：SFT REPORT2014.1 – 2018.3 をもとに筆者作成。

　以上のように、多様な活動主体によって、幅広い活動が実施されてきており、2018 年 3 月までに、その裨益者数は 6,643,308 名が計上されている。こうして日本としては革新的な「スポーツによる国際貢献」が開始されたのである。

4.　むすびにかえて

　―「Sport is not a luxury（スポーツは贅沢なものではない）」― 2005 年、スイス援助庁が発表した「Sport for Development」の報告書の冒頭の一節である。かつてスポーツは、有閑階級と呼ばれる経済的にも時間的にも余裕のある者たちが、その余力においてスポーツを興じていたことから、「ラグジュアリー」[8]なものと見られていた。ところが今は、経済的余裕も社会的な安定もままならぬ人々の社会参画の手段や、国際貢献のツールとしてスポーツが位置づけられようとしている。そこに描き出そうとするのは、対象地域や抱える社会背景が各々に異なっていても、社会参加の機会が深刻な状況にある「社会的排除」の問題に対応する上で、新たなつながりの構築の「場」としてスポーツの役割に期待を寄せる新たなスポーツの活用可

＊8　ラグジュアリー：
贅沢で豪華なさま。または高級なもの。

第3節　スポーツによる国際貢献

能性である。教育など社会サービスへのアクセスから
の排除や若年雇用の悪化など、人々を貧困の状況から
救い出すのは容易なことではない。こんな状況が途上
国と呼ばれる地域をはじめ世界中の社会課題として山
積する中、スポーツは、個人と個人、個人と社会をい
かなる形でつなげていけるのか？世界各地で少しずつ
そんな「スポーツの力」が試され始めている。

参 考 資 料
　小林勉（2016）『スポーツで挑む社会貢献』創文企画
　スポーツ・フォー・トゥモロー・コンソーシアム事務局（2018）「SFT REPORT2014.1
　　　– 2018.3」

※本稿は上記の拙著をもとに、本書の趣旨に沿ってまとめなおしたものである。

問　題

（1）SDP とは何かについて説明しなさい。

（2）Sport for Tomorrow とは何かについて説明しなさい。

（小林　勉）

第6章　スポーツと社会

第4節　スポーツマネジメント

【概　要】

スポーツマネジメントの学問領域の歴史は浅く、欧米において本格的な理論化が進められるようになったのは、スポーツのビジネス化が注目されるようになった1980年代からである。近年、日本においても、「**スポーツマネジメント**」という用語を耳にするようになり、スポーツマネジメントへの関心の高まりがうかがえる。スポーツは今日の社会において、大きなインパクトを与え続けており、その巨大なインパクトを利用してスポーツのビジネス化、スポーツの産業化が深化している。ここでは、地域資源を活かしたスポーツの可能性と、今後のスタジアム・アリーナ改革の視点から、スポーツを核としたまちづくりについて解説する。

〔キーワード〕
・スポーツマネジメント
・スポーツイベント
・スポーツ施設
・地域活性

本書でのスポーツマネジメントの定義は「スポーツマネジメントとは、スポーツの価値を最大限に高めるための組織的な営み」とする。

1. メガスポーツイベント開催による　スポーツ産業界への追い風

我が国では、2019年のラグビーワールドカップ、2020年の東京オリンピック・パラリンピックとメガスポーツイベントが連続してやってくる。こうした機運の高まりの中、日本においてはスポーツ産業の市場規模の拡大が予想されている。それは、東京のみならず、地方においては地域活性化の取り組みにもつながり、地域に人を呼び込み、地域の産業振興につなげるツールとして、その相乗効果が期待されている。東京オリンピック・パラリンピックが日本に与える経済波及効果は2兆5,000億円～3兆5,000億円の規模と推定されている（2018年現在）。

東京オリンピック・パラリンピック開催の追い風の中で、スポーツ産業のマーケットは、「見るスポーツ産業」と「するスポーツ産業」と合わせて約6.5兆円であり、さらに、スポーツ関連産業を合わせると約11兆円の市場規模となる。

第 4 節　スポーツマネジメント

表 6-4-1　スポーツ産業の市場規模

スポーツ産業	分野	市場規模 (単位:億円)	構成比 (％)
みるスポーツ産業	スポーツ興業（野球、サッカー等）	1278.52	1.1
	競輪・競馬など	11,665.03	10.4
	見るスポーツ産業合計	12,943.55	11.6
するスポーツ産業	民間フィットネスクラブ	3,030.00	2.7
	スポーツ健康個人教授（各種スクール等）	3,664.14	3.3
	ゴルフ（ゴルフ場＋練習場）	15,840.00	14.2
	ゴルフ以外のスポーツ施設（スキー場、体育館等）	6,318.29	5.6
	公共体育・スポーツ施設	7,568.58	6.8
	教育（体育授業、部活動）	15,998.85	14.3
	するスポーツ産業合計	52,419.86	46.8
スポーツ支援産業	スポーツ・娯楽用品賃貸業	283.06	0.3
	スポーツ・レクリエーション・旅行	15,172.00	13.6
	その他（toto、スポーツ保険）	380.10	0.3
	テレビ（地上波、衛星等）	1,875.91	1.7
	新聞	3,060.67	2.7
	書籍・雑誌（スポーツ関連書籍）	1,989.19	1.8
	ゲーム・ビデオ（スポーツゲーム等）	469.24	0.4
	小売市場	23,328.93	20.8
	スポーツ支援産業	46,559.10	41.6
全体合計		111,922.51	100.0

出典：月刊事業構想 2015 年 8 月号 p22 より抜粋筆者作成

2020年に期待される効果 ➡ 2020年以降に期待される効果

オリンピック・パラリンピック東京大会等を目的とした訪日外国人を増やし、訪日外国人数年間2000万人達成に寄与
オリパラ大会による日本全体の活性化に貢献 東京大会の経済効果：2兆9600億円（招致委員会試算、2012年）
スポーツ産業の市場拡大により、その経済効果の拡大を実現
国民的関心を向上させ、スポーツ実施率の目標を達成 （成人の週1回以上のスポーツ実施率が3人に2人）

日本でのスポーツを求めて訪日する外国人の増加 （2030年の訪日外国人数年間3000万人の目標達成に寄与）
スポーツ産業・市場の成熟により、オリパラレガシーを効果的・継続的に活用しながら、スポーツ産業の経済効果の一層の拡大を実現

図 6-4-1　国が推進する「スポーツ立国の実現」

出典：月刊事業構想 2015 年 8 月号 p23 より抜粋筆者作成

2. スポーツイベントによる地域活性化

　イベントでは、相当数の人々が、一時期、1 カ所に集まって、共通の事柄に関する集団を形成するが、その際、イベントの開催によって生み出される波及効果には、経済的効果や社会・文化的効果がある。その代表的なものとしては、①地域活性化効果、②環境整備効果、③イメージアップ効果、④地域産業の振興効果、⑤地域アイデンティティの確立、⑥社会教育効果、⑦人材・ノウハウの育成効果、⑧文化水準の向上効果、⑨内需創出効果、⑩国際交流効果などが挙げられる（日

295

第6章 スポーツと社会

本イベント産業振興協会編 1993)。

スポーツイベントの開催においても、これらの効果が得られることは証明されており、地域活性化効果については、多くの自治体がその効果を認めており、日本各地で実施されているマラソン大会を筆頭に各種スポーツイベントの市場規模は拡大している。日本イベント産業振興協会によるイベントの市場規模推計では、2012年度に2兆5,523億円だった市場規模が、2013年度には3兆8,374億円に拡大している。特にスポーツイベントの市場規模が、3,164億円から6,769億円に倍増しており、スポーツイベントの経済効果が明らかとなっている[1]。

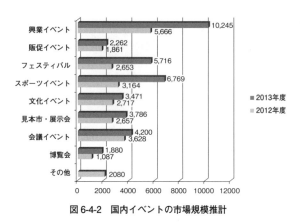

図6-4-2 国内イベントの市場規模推計

出典：月刊事業構想 2015年8月号 p31 より抜粋筆者作成

2020年東京オリンピック・パラリンピックの開催が決定し、全国各地でスポーツイベント、キャンプ地の誘致競争が激化しており、誘致に成功するポイントとして、各国との親密な関係づくりが重要になってくる。今、各自治体ではスポーツイベントを誘致する専門組織として、**スポーツコミッション**[*1]を設立している。

そうした中で、それぞれの地域は、どのように自らの「強み」をアピールし、それを発揮すればいいのか。また、イベント開催の「効果」を最大化するには、どのような取り組みが求められるのかを検討しなければならない。

*1
スポーツコミッションとは、スポーツによる地域活性化を目的とした組織で、地元トップチームの活動支援やスポーツツーリズムの振興等を目的に、スポーツマーケティング、スポーツイベントの誘致、イベント運営、市民ボランティアのマネジメント等を行う組織とされる。

第4節 スポーツマネジメント

3. プロスポーツを核としたまちづくり

　我が国においては、人口減少や高齢化の急速な進展が社会的に大きな課題となっている。また、居住地域の郊外化により地域内の人口が分散し、地方都市においては中心市街地の疲弊化が深刻さを増し、地域におけるコミュニティの形成が難しい状況になっている。そこで、注目されているのが、分散している人口を集積させ、住民サービス施設等を市街地に集中させるコンパクトシティの形成は、これからのまちづくりにおいて欠かせない概念となっている。

　近年、このような街づくり、地域づくりに「スポーツ」を核としさまざまな取り組みが各方面でなされている。特に「観るスポーツ」は、オリンピックやプロスポーツなどに代表されるように観るものを惹きつけ、同じ感動空間を味わうことにより一体感を創出するだけでなく、地元のプロスポーツクラブの活躍が、地域のアイデンティティの醸成も担うことのできる資源として期待されている。そして、このスポーツと地域を結びつける空間として、スタジアムやアリーナ等のスポーツ施設が注目されるようになった。

　欧米では過去30年、スポーツに経営ビジョンを持ち込み、官民が協力し合いさまざまな改革を断行し、具体的な努力をしてきた。それがスポーツ都市戦略である。スポーツ都市とは、スポーツを都市経営の重要な政策とし、地域住民が、安全かつ快適な住環境のなかで、日常的にスポーツに親しみ、アクティブかつ健康的な生活を営むことのできるまちづくりを目指す自治体のことである。

　スポーツと都市のつながりが深いアメリカでは、経済効果が見込めるスポーツイベントを誘致できる「スタジアム」や「アリーナ」といった大規模なスポーツ

第6章　スポーツと社会

施設がその都市の象徴となっている。NBA（ナショナル・バスケットボール・リーグ）、MLB（メジャーリーグ・ベースボール）、NFL（ナショナル・フットボール・リーグ）、NHL（ナショナル・ホッケー・リーグ）といった4大プロスポーツチームがフランチャイズとなっているかどうかがスポーツ都市としての重要な条件とされる。日本でも同様に、プロ野球のチームやJリーグのクラブ、そして2016年に開幕したBリーグのクラブの存在が、都市のブランド力を高める重要な要素になっている。

4.「スタジアム・アリーナ改革」について

　2016年における日本再考戦略では、GDPを500兆円から600兆円へということが謳われ、スポーツ産業も成長産業として期待されている。2018年はスポーツ庁が設立され4年目となり、第2期スポーツ基本計画が始まる2年目では、現状5.5兆円規模のスポーツ産業を、2025年までに15兆円までに拡大することを大きな目標として定めている。市場規模の拡大によってスポーツを取り巻く環境を充実させ、それによってさらにスポーツ人口を増やし、またスポーツ市場を成長させ、このような好循環を作ろうと考えている[2]。
　このため、スポーツ庁では、スポーツによる地域・経済活性化の起爆剤となるスタジアム・アリーナの改革に取り組み始めたのである。近年、スポーツによってまちづくりをしていこうという地方自治体は増えている。まず、スポーツ人口を増やし、観戦人口を増やし、さらには、観戦に伴う顧客経験価値を向上させるには、スタジアム・アリーナの整備が重要であると考える。スタジアム・アリーナの整備には大規模投資が必要であり、それがスポーツを核としたまちづくり、人口減少下での地域活性化、これを軸に経済波及効果

298

第4節　スポーツマネジメント

が創出されると謳われている。そして、スポーツ庁は、2025年までに多様な世代が集う交流拠点となるスタジアム・アリーナを全国20カ所に実現するという目標を掲げ「スタジアム・アリーナ改革」を推進していく[3]。

5. 多機能複合型交流施設「スマート・ベニュー®」

そこで、(株)日本政策投資銀行では、「スマート・ベニュー®」[*2]の概念および定義について論じ、その中核となりうるスタジアム・アリーナ等のスポーツ施設の整備・運営手法について検討している[4]。

これまでの日本国内におけるスポーツ施設は、公共的な役割のもと、郊外に立地する単機能型体育施設として建設されてきた。これに対し、今後、まちづくりやコンパクトシティの中核を担う交流施設は、スポーツ施設としての機能以外にも多機能複合型、民間活力導入、まちなか立地、収益力向上等がキーワードになると考えられる。

6. 欧米スタジアム・アリーナの事例

ここでは、ドイツ・ミュンヘンにあるサッカー専用スタジアム「アリアンツ・アレーナ」とアメリカ・ロサンゼルスにある「ステープル・センター」の2つの施設を紹介する。

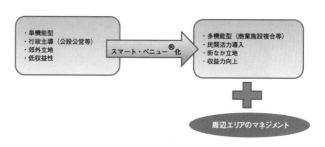

図6-4-3　「スマート・ベニュー®」の概念図

出典：日本政策投資銀行「スマート・ベニュー® 研究会」から抜粋筆者作成

*2
スマート・ベニュー®の定義は、周辺のエリアマネジメントを含む、複合的な機能を組み合わせたサスティナブル（持続可能）な交流施設である。

299

第6章　スポーツと社会

事例①　「Allianz Arena」ドイツ　ミュンヘン

基本情報
○ドイツ・ミュンヘンにあるサッカー専用スタジアム
○総工費約３７０億を投じて2005年に完成し、翌年2006年ドイツW杯試合会場となる。
○繭のような外観は半透明の特殊フィルムで覆われており、試合開催日はクラブカラーであるバイエルン・ミュンヘンの赤、1860ミュンヘンの青、ドイツ代表戦などでは白にそれぞれ発光する。視察当日はバイエルン・ミュンヘンVSドルトムントの試合観戦で、スタジアムの外観はバイエルンミュンヘンカラーの赤に発光していた。
○収容人数は70,000人　　当日のスタジアムはほぼ満席であった。
○当日はバス（貸切り）で会場へ向かった。ヨーロッパ最大級の10,000台が駐車できる地下駐車場を備えている。
○スタジアム内の支払いは現金ではなく「Arena　Card」（プリペイドカード）を使用する。
c

2014年11月2日筆者撮影

第4節　スポーツマネジメント

事例②　「Staples Center」アメリカ　カリフォルニア州　LA

基本情報
○米国ロサンゼルス・ダウンタウンにある多目的アリーナ。NBAロサンゼルス・レイカーズ、ロサンゼルス・クリッパーズ、NHLロサンゼルス・キングス、WNBAロサンゼルス・スパークスの本拠地。視察当日は、NBAスター選手であるコービー・ブライアントが既に引退を表明していたロサンゼルス・レイカーズの試合観戦で、アリーナはほぼ満席状態であった。また、この試合の前には、NHLのロサンゼルス・キングスの試合が行われていた。
○竣工1999年、総工費約3億7,500万ドル。収容数は18,000人(バスケ、アイスホッケー)～20,000人(コンサート)。
○プロスポーツ本拠地以外に、コンサートや他イベントなど年間250のイベントで約400万人以上が訪れている。また、2004年以降はグラミー賞の恒久的授賞式会場になるなどメディア露出も高く施設の稼働率を上げている。
○2,500のクラブシート、160室のスイートボックスが設置されており、富裕層や福利厚生として企業からのニーズも高いそうである。当日のハーフタイムでは、生のジャズバンドの演奏が行われていた。

2015年11月23日筆者撮影

7. 地域のスポーツ資源を活かす

　多くの地方自治体では、人口減少や超高齢化が大きな課題となっている。このような中、「スポーツ」を触媒とした新しい地域活性化に注目する自治体が増え、全国各地に「**スポーツコミッション**」[*3]というスポーツ振興の推進組織が設置され、観光庁によるス

[*3]
スポーツコミッションは、スポーツ競技団体やスポーツイベントのライツホルダー(興行団体)と、都市(自治体)をつなぐ「インターフェイス」の役割を果たし、スポーツイベントがもたらす様々な効果を最大化することを目的としている。

301

第6章　スポーツと社会

ポーツツーリズム推進連絡会議が 2011 年に策定した「スポーツツーリズム推進基本方針」を大きな契機として、その設置に向けた展開が活性化している。栃木県においても、「スポーツツーリズム」に着目し、スポーツイベントによって交流人口を増やす様々な取り組みが始まっている[5]。

　栃木県は、サッカー J2「栃木 SC」、B リーグ初代チャンピオンの「栃木ブレックス」、日本で唯一のプロのアイスホッケークラブの「H.C. 栃木日光アイスバックス」、自転車ロードレースのプロチームである「宇都宮ブリッツェン」と「那須ブラーゼン」、プロ野球独立リーグである BC リーグに 2017 年より所属する「栃木ゴールデンブレーブス」、レーシングチームの「ル・ボーセ　モータースポーツ（MS)」などのプロスポーツクラブチームを有する全国でもまれな地方都市である。これらのプロスポーツチームは、栃木県民から愛されるチームづくりを目指しており、そして、全国 4 位のゴルフ場数（2013 年）を有し、那須高原や日光の自然を活用したアウトドアスポーツ、モータースポーツのツインリンクもてぎなど、様々なスポーツ資源があり、これらのブランディングの強化が、栃木のスポーツ資源を活かした地域経済の発展に寄与するものと考える。

　スポーツを核とした都市戦略という視点から、エンターテインメントとしてのプロスポーツの存在や大規模スポーツイベントの誘致ができる施設を持つことの重要性、ならびに住民の健康的な生活習慣を誘発するまちづくりが、ひいては地域経済の活性化につながることを期待したい。

第4節　スポーツマネジメント

引用文献

1) 月刊事業構想　2015年8月号　事業構想大学院大学出版部
2) 内閣府（2016）日本再興戦略2016
   内閣府公式ウェブサイト www.kantei.go.jp/jp/singi/keizaisaisei/pdf/2016_ 最終閲覧日 2018年10月20日
3) スポーツ庁（2017）「スタジアム・アリーナ整備に係わる資金調達法・民間資金活用プロセスガイド」
   スポーツ庁公式ウェブサイト　www.mext.go.jp/sports/　より入手、最終閲覧日 2017年5月31日
4) 日本政策投資銀行　2013年8月　スマート・ベニュー® 研究会
5) 日本スポーツツーリズム推進機構編　2015年　「スポーツツーリズムハンドブック」

問　題

（1）スポーツイベントの経済効果について説明しなさい。

（2）地域のスポーツ資源を活かした地域活性化について説明しなさい。

（小山　さなえ）

アダプテッド・ジムナストがオリンピック・チャンピオンだった！
— 1904 年セントルイス・オリンピック大会の特殊性と義足の体操競技選手—

■1■ はじめに

第 3 回オリンピック大会は、1904 年アメリカのセントルイス（St. Louis）で行われた。このセントルイス大会は、7 月 1 日から 11 月 23 日まで、「万国博覧会」の期間中（4 月 30 日から 12 月 1 日）に行われた。近代オリンピックの開始期で形式ないしは様式がまだ定まっていない時代だった。資料によって差異があるが、12 ～ 13 か国 550 ～ 700 人弱の選手が参加し、10 数種類の競技において約 90 種目が実施されたのである。体操競技にまつわるミステリーがある。まず、このオリンピック大会期間中に体操競技大会が 2 度もあったという。さらに、これら 2 回の体操競技大会に「義足のジムナスト」が出場し、一方の大会で「『跳馬』で優勝」など大活躍したという。

■2■ 2 つのオリンピック体操競技

1904 年オリンピック・セントルイス大会期間中、体操競技は 2 度行われた。夏 7 月上旬と秋 10 月下旬だった。2 大会ともに「オリンピック」として IOC（国際オリンピック委員会）や FIG（国際体操連盟）の資料に見出せるが、記録に齟齬がある。

表 1a　1904 年オリンピックにおける 2 度の体操競技大会（夏の大会）

開催日	名称		
1904 年 7 月 1-2 日	The Olympic International Gymnastic Tournament		
実施種目	① 平行棒：規定 × 2 ＋自由 × 1 ② 鉄棒：規定 × 2 ＋自由 × 1 ③ 跳馬：規定 × 1 ④ あん馬：規定 × 1 ＋自由 × 1		＊ 9 演技 × 5 点 ＝ 45 点
	① 砲丸投げ：30 フィート（約 9m15cm）以上 ② 幅跳び：18 フィート（約 5m50m）以上 ③ 100 ヤード（91m40cm）走：11 秒以内		＊ 3 種目 × 10 点 ＝ 30 点
表彰種目	① チーム：選手 6 人の合計 ② オールラウンド：器械 9 演技と陸上 3 種目の合計 ③ 器械 9 種目：器械 9 演技の合計 ④ トライアスロン：陸上 3 種目の合計		

（Cumiskey（1983）を基に筆者作成）

304

地理的経済的要因などのため、参加者のほとんどがアメリカ人だったり、「オリンピック」と称しながら実は「全米選手権」と兼ねたため、外国人参加者が公式結果から除かれた可能性がある。1904年の全米選手権大会の結果とセントルイス・オリンピックの秋大会のそれが一致するという。

夏の大会（表1a）では、4つの器械種目において、規定と自由、合わせて9つの演技が行われた。陸上3種目もあった。表彰は4つで、「チーム」および個人「オールラウンド（器械9種目＋陸上3種目）」、「器械9種目」ならびに「陸上3種目」だった。

秋の大会（表1b）において実施されたのは、器械種目のみだった。すべて個人表彰でチームはなかった。7つの種目別とコンバインド（平行棒、鉄棒、跳馬、あん馬）、タイトルは8つだった。

表1b　1904年オリンピックにおける2度の体操競技大会（秋の大会）

開催日		名称
1904年10月28-29日		The Olympic Gymnastics Championships
実施種目	① 平行棒 ② 鉄棒 ③ 跳馬 ④ あん馬 ⑤ つり輪（スイングリング？） ⑥ ロープクライミング：25フィート（約7m60cm） ⑦ こん棒	＊15点満点×3人＝45点／種目 ＊ロープクライミングは所要時間を測定 ＊こん棒の評価基準は不明
表彰種目	① 平行棒 ② 鉄棒 ③ 跳馬 ④ あん馬 ⑤ つり輪 ⑥ ロープクライミング：25フィート（約7m60cm） ⑦ こん棒 ⑧ コンバインド：平行棒＋鉄棒＋跳馬＋あん馬	＊すべて個人 ＊表彰対象はアメリカ人のみ ＊参加者数は各種目約10人

（Cumiskey（1983）を基に筆者作成）

3 「義足ジムナスト　ジョージ・アイザー」の履歴（表2）

1904年の2度のオリンピック体操競技大会（夏・秋）に「義足」の選手が参加していた。ジョージ・アイザー（George Eyser：以下、ジョージ）というドイツ系アメリカ人である。

ジョージは、1870年ドイツのキール（Kiel）近郊の生まれで、10代半ばでアメリカのコロラド州デンバー（Denver/Colorado）に移住した。どうやら、デンバー在住期間に交通事故で片脚/足を失い義足装着となったらしい。彼の職業は「帳簿係（Bookkeeper）」だった。義足装着を契機に、スポーツ環境の良い場所を探したようだ。その結果が、ミズーリ州セントルイス（St. Louis/Missouri）で、1902/3年に引っ越す。ドイツ系移民が多いセントルイスには、ドイツ系のスポーツクラブが幾つか存在した。ジョージは、「コンコルディア（Concordia Turnverein）」に入った。こうして彼は、1904年、いわば地元開催のオリンピック大会にコンコルディアの仲間とともに出場したのである。

　オリンピック後も、ジョージはアスリート・キャリアを継続した。1908年にはドイツ・フランクフルト（Frankfurt am Main）で開かれた「ドイツ体操祭（Deutsches Turnfest）」に遠征し、翌1909年にはシンシナチ（Cincinnati/Ohio）での全米選手権に参加した。ともにチーム優勝の一員だった。その後の1910年からの消息がわからない。単に、競技から引退しただけかもしれない。そして程なく、1919年にコロラド州デンバーで没したらしい。ドイツからデンバーに移住し、セントルイスに引っ越し、再びデンバーに戻り、50歳前で逝ったことになる。1918年から世界的に流行した「スペイン風邪」に倒れたのかもしれない。

表2　ジョージの年表

年月日	年齢	事柄
1870年8月31日	0	ドイツ・キール郊外デーニッシュ－ニーンホフ（Dänisch-Nienhof）生
1884年	14	アメリカ合衆国コロラド州デンバー（Denver）移住
1894年	24	市民権取得
?	?	列車/電車に轢かれ、左脚/足を失い義足装着
1902/03年	32/33	ミズーリ州セントルイス（St. Louis）転居 スポーツクラブ（Concordia Turnverein）加入
1904年	34	セントルイス・オリンピック大会
1908年	38	ドイツ体操祭参加（クラブ優勝）
1909年	39	全米大会参加（クラブ優勝）
?	?	不明
1919年3月6日	48	コロラド州デンバー没

■4 ２度のオリンピック大会におけるジョージ

　夏の大会におけるジョージは、チーム4位の「コンコルディア」のメンバーだった。

「器械 9 演技と陸上 3 種目の合計」では、参加 119 人中 71 位だった。だが、「器械 9 演技の合計」では 10 位にくい込んだ。

「『跳馬』で優勝」は、実は秋の大会のことなのだが、夏の跳馬にも焦点を当てておく。規定演技は「開脚とび 1/2 ひねり（図 1）」だっ

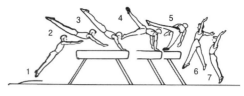

図 1　開脚とび 1/2 ひねり

(浜田／竹本／河野 1965、82)

た。なお、「踏み切り板」は使用されなかったらしい。義足のジョージもこの技を跳んだはずであるが、跳馬はじめすべての個別種目の得点は不明で、また、「どのような実施だったのか」という運動様態も闇の中である。いわゆる芸術スポーツである体操競技では、実施、すなわち演技の運動経過が最も重要なのであるが、それが残されることは稀である。

陸上 3 種目には最低ラインがあった。100 ヤードは 11 秒だった。ジョージは、「義足で 100 ヤードを 15.4 秒で走ったが、基準の 11 秒に届かず、『0 点』だった」とある。夏の大会でのジョージは、義足アスリートとして目立ち、器械系ではなかなか活躍したといえるが、陸上系も合わせたオールラウンドでは注目される順位ではなかったのである。

秋の大会でジョージは大活躍する。彼は 6 個のメダルを獲得したのである（表 3）。容易に信じ難いことだが、6 個に含まれるのが、「跳馬」での（同点）優勝なのである。義足のハンディキャップが大きくないクライミングロープやあん馬などおもに上半身を使う種目での活躍は理解できるが、同点とはいえ、走り、跳び、着地する跳馬のチャンピオンになったのである。この秋の大会は全米選手権も兼ねていた。記録から判断すると、参加したのは各種目数人のアメリカ人だけだった可能性が高い。とはいえ、ジョージが 6 個のメダルを獲得したことは凄い。しかし、ジョージが各種目でどんな演技を披露したのかについての手がかりは全くない。「ジョージが『開脚とび 1/2 ひねり』を跳んで優勝した。」と考えられがちだが、この跳び方は夏の大会の「規定」だったのである。また、夏の大会では個別種目の表彰はなかった。資料の日付を信頼すれば、ジョージの跳馬優勝は「秋の大会」でのことなのである。得点は記録され残されたが、ジョージの金メダル跳躍がどんな技だったのかは闇の中である。

表3　ジョージの成績（1904年秋の大会）

メダル	種目
金	ロープクライミング（7秒）
金	跳馬
金	平行棒
銀	コンバインド注
銀	あん馬
銅	鉄棒

注：平行棒＋鉄棒＋跳馬＋あん馬の合計

5　ジョージのメダルの行方

　近代オリンピック大会では、第1回のアテネ大会からメダルが授与されていた。また、多くのオリンピックの記録がそうであるように、「1位、2位、3位」ではなく、「金、銀、銅」と記載される。おそらくは、セントルイス大会でもメダルが授与されたのであろう。だが、ジョージのメダルは行方不明といわれている。セントルイス大会の体操競技が夏と秋の2回も開催され、しかも秋の大会は全米選手権と兼ねられていた。夏の大会ではオリンピック・メダルの授与があったとしても、ジョージはチーム4位でメダルに届いていない。秋の大会はオリンピックと称しながら全米選手権を兼ねていたらしい。そうだとすれば、秋は全米選手権の表彰状やトロフィーなどがあったかもしれないが、オリンピックのそれはなかったのかもしれない。内容が異なるとはいえ、オリンピックのメダルが重複するとは考えにくい。ジョージのオリンピック・メダルは行方不明などではなく、ジョージはメダルを持っていないと考えた方が腑に落ちる。

6　「切断高」と「義足の構造」

　ジョージは事故で片足／脚を失い義足を使っていた。2葉の写真（写真1および2）に依拠すれば、失ったのは左側と考えられる。より重要なのは、切断の位置（切断高）だ。「膝上／大腿だったのか、膝下／下腿だったのか」が、動くことに関して重要になる。

　「足」や「脚」という日本語も時と場合によって指すものが一定ではない。英語の「レッグ（leg）」にも似た問題がある。大腿と下腿を合わせてレッグとすることも、大腿を「タイ（thigh）」、下腿を「レッグ（leg）」と別々に表現することもある。

　義肢専門家は次のように述べる。「100年以上前、大腿切断でも、例えば『振り子式』

というシンプルな構造の義足で走れたであろう。その義足で100ヤードを15.4秒で走ることも十分あり得る。」さらに、2葉の写真から、「当時の技術では、大腿義足なら肩越しの固定ベルトが必要だったはずなので、下腿義足であろう。」と付言する。

　すなわち、切断高が下腿であれ大腿であれ、110余年前の義足技術はすでに「走」を可能にしていたと認識すべきなのである。素材も構造も未知だが、スポーツ活動を可能にした義足が確かに存在し、ジョージはそれを使用した／できたのである。

　セントルイスの地方新聞（St. Louis Post-Dispatch）に義足のアイザーの様子がレポートされている。「ジャンプやランニングの際、ジョージは義足を装着し、驚異的な跳躍をした。鉄棒やあん馬をする時には、義足を外すか健側にしっかりと固定した。」とある。義足のジョージが確かに動けたことがわかる。

7　まとめ

　1904年オリンピック・セントルイス大会において2度も体操競技大会が行われた。ともに「オリンピック」という文言が入っているが、異なった名称だった。また、競技内容も異なっていた。種目や採点方法をも含め、体操競技はまだ形成期にあったのである。参加選手のほとんどがアメリカ人だったため、オリンピックとはいえ、事実上、全米規模だった。義足ジムナストのオリンピック参加は、後年のパラリンピックとの差別化がまだ存在せず、ある意味「インクルーシヴ」だったともいえよう。

　ドイツ系アメリカ人ジョージ・アイザーの一生がおおむね明らかになった。義足ジムナストとしてのジョージは、陸上系の種目があった夏の大会でも注目はされた。6個のメダル（？）を獲得するのは秋の大会であり、この時の跳馬は自由演技だった。「跳馬優勝」の得点は残ったが、ジョージが自由演技として何をどう演じたのかは依然不明のままである。交通事故によって片足／脚を失い、義足にもかかわらずオリンピアンとなっただけでなく、6個のメダル（？）を獲得し、とりわけ、跳馬で（同点）優勝するようなアダプテッド・ジムナストがいたことは、疑いのない事実である。

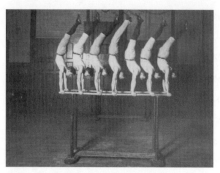 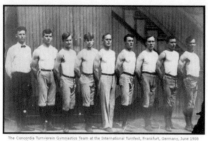

写真1　First Activ Class, Concordia Turnverein, George Eiser (Eyser), center.　　写真2　The Concordia Gymnastics Team at the Internatonal Turnfest 1908.

写真の出所：Missouri History Museum: http://collections.mohistory.org/photo/PHO: 24442 u. 24443)

（市場　俊之・田中　暢子）

参 考 文 献

日本オリンピック委員会（1994）近代オリンピック100年の歩み．ベースボール・マガジン社，80-83．

Cumiskey, F.(1983-84) A History of Gymnastics - The Olympiads and the Intervening Years. International Gymnast, 14-16.

市場俊之（2005）男子体操競技．中央大学出版部，266．

　Ichiba, T. (2002) Kunstturnen der Männer. Lit-Verlag, 304.

Cumiskey, F.(1983-84) A History of Gymnastics - The Olympiads and the Intervening Years. International Gymnast, 14-16.

SLPD 1908_May 24 Eyser.pdf

コラム

我が国におけるスポーツ施策
～スポーツを通して健康で文化的な生活を～

■1 スポーツ振興法とスポーツ振興基本計画

　日本のスポーツ政策は、教育行政を司る文部科学省を中心に行われてきた。戦後以降、国は生涯スポーツ政策を中心に展開してきたが、1980年代に入ると、日本の国際競技力の低下が顕著になり、国会でも取り上げられるなどして、文部省（当時）が競技力向上に積極的に関与するようになった。我が国のスポーツ振興は、生涯スポーツと競技スポーツの両輪から推進されてきたといえるだろう。

　1961年6月、日本は初めて、スポーツに関する法律である「スポーツ振興法」を策定した。スポーツ振興法は、1964年東京オリンピックの開催を主要な契機として策定された。同法は、スポーツ振興に関する施策の基本を明らかにする法律であり、スポーツを国民に強制することなく、スポーツの中立性を確保するよう配慮することと規定された。スポーツ振興法第4条には、「文部科学大臣は、スポーツの振興に関する基本的な計画を策定する」とあり、スポーツの分野においても行政計画を策定し、それに基づいて行政を進める計画行政の手法を導入することとなった。

　しかし実際に、スポーツ振興法に基づいたスポーツに関する基本的な計画が策定されたのは、2000年9月である。スポーツ振興法で、文部科学大臣がスポーツに関する基本的な計画を定めることが規定されてから、実際に計画が策定されるまでに約40年もの歳月を要したのだ。2000年にスポーツ振興基本計画が策定された背景は、スポーツ振興投票（通称toto）制度の設置・導入がある。totoは、2001年度から全国で実施されたが、この制度の成立に伴って、国会の付帯決議で「スポーツ振興法にもとづく基本計画の策定」が求められたため、スポーツ振興基本計画が策定されたのである。

　2000年に入り、スポーツの分野でもようやく計画行政の手法が導入されたが、スポーツ振興基本計画は、① 生涯スポーツ社会の実現、② 我が国の国際競技力の向上、③ 生涯スポーツ及び競技スポーツと学校体育・スポーツとの連携、という3項目を主要な課題として設定し、具体的な施策が提示された。スポーツ振興基本計画で特筆すべき事項は、具体的な数値目標が提示された点である。成人の週1回以上のスポーツ実施率が50%となることを目指すことや、オリンピックでのメダル獲得率（当

該大会での日本のメダル獲得数を総メダル数で除したもの）が3.5％となることが数値目標として掲げられた。2006年9月には、スポーツ振興基本計画が改定された。改定後のスポーツ振興基本計画では、計画の主要な課題として、「生涯スポーツ及び競技スポーツと学校体育・スポーツの連携」に代わって、新たに「子ども体力の向上」が掲げられた。

2 スポーツ基本法とスポーツ基本計画

　スポーツ振興基本計画が10年目を迎えた2010年8月、文部科学大臣は、2011年以降の日本のスポーツ振興の方向性を見据えた「スポーツ立国戦略」を決定した。スポーツ振興基本計画では、スポーツ振興を通して、21世紀における明るく豊かで活力ある社会の実現を目指すこととされたが、スポーツ立国戦略では、新たなスポーツ文化の確立を目指すこととされた。スポーツ立国戦略では、新たに5つの戦略が提示されるとともに、社会の変化等を鑑みて、スポーツ振興のための財源の有効活用、スポーツ庁の創設、スポーツ基本法の制定といった課題を今後検討することが示された。

　2011年6月、スポーツ振興法が全部改正され、スポーツ基本法が公布された。スポーツ振興法の制定から50年が経過し、スポーツニーズの多様化、競技技術の高度化やプロスポーツの隆盛など、スポーツを取り巻く環境は大きく様変わりした。このような状況を踏まえ、スポーツに関する基本理念を定め、国や地方公共団体の責務などを明示し、スポーツ振興のための基本を定めたスポーツ基本法が制定されたのである。スポーツ振興法と同様、スポーツ基本法においても、文部科学大臣がスポーツに関する基本的な計画を策定するものと規定されており（第9条）、2012年3月、文部科学大臣はスポーツ基本計画を策定した。スポーツ基本計画では、スポーツ基本法で示された基本理念の実現を目指して、今後10年間を見通した基本方針が示されるとともに、より具体的に、今後5年間で総合的に取り組むべき7つの施策も示された。スポーツ基本計画では、生涯スポーツの振興、国際競技力の向上の他に、オリンピックなどの国際競技大会を通じた国際交流・貢献の推進、スポーツ界の透明性、公平・公正性の向上、トップスポーツと地域スポーツの好循環の創出などの施策が示された。

　2013年9月、アルゼンチンのブエノスアイレスで行われた第125次IOC総会において、2020年のオリンピックの東京開催が決定すると、日本のスポーツ振興はより強力に推し進められるようになり、組織や財政面でも大きな変革が進んできた。

2015 年 10 月には、文部科学省の外局として、スポーツ庁が設置され、2017 年 4 月にはスポーツ基本計画が改定され、「第二期スポーツ基本計画」が策定された。第二期スポーツ基本計画は、2017 年度から 2022 年度までの計画であり、2020 年東京オリンピック・パラリンピックを見越した方針が示された。第二期スポーツ基本計画では、スポーツの価値をより明確に示すとともに、スポーツと健康を関連づけた施策をより前面に押し出すなどの特徴が指摘できる。

　これまで概観してきたように、日本のスポーツ振興施策は、自国でのオリンピック開催に大きな影響を受けて展開されてきたことが指摘できる。2020 年東京オリンピック・パラリンピックの成功はもとより、この国家的なイベントの開催を通して、日本のスポーツ環境をどのように変革できるのか。より良い大会レガシーの創出が求められよう。

（成瀬　和弥）

参 考 文 献

　菊幸一, 齋藤健司, 真山達志, 横山勝彦 編（2011）　スポーツ政策論　成文堂
　諏訪伸夫, 井上洋一, 齋藤健司, 出雲輝彦 編（2008）　スポーツ政策の現代的課題　日本評論社

Ｊリーグの映像ビジネス

　株式会社Ｊリーグメディアプロモーション（以下、ＪＭＰ）は 1993 年にＪリーグが開幕して以来、すべての公式戦の映像をアーカイブ（管理）している。ここでは、その仕組みと映像の権利、そしてその活用法について紹介する。

映像のアーカイブ

　2017 年からＪリーグの国内放映権は、DAZN という配信プラットフォームを持つPerform 社が取得し、この年を機にＪリーグが自ら中継制作を行い国際映像としてDAZN をはじめとする国内外のライツホルダーに提供している。その国際映像は各スタジアムから東京のデータセンターに集約され、そこからライツホルダーに配信される。アーカイブ用の素材も同様にデータセンターに集められ保管されるのである。なお、2016 年以前は、中継を担当した放送局から、試合後に録画された試合映像をテープもしくはディスクで受けとり管理をしていた。

　アーカイブ素材は、基本的にはクリーンピクチャーと呼ばれる画面上にコンピューターグラフィックス（CG）がない状態で、実況や解説なども省いた現場音のみの映像である。2017 年以降は、放送で使われるそのままの素材（ダーティピクチャー）もアーカイブしている。試合映像は収集後、内容に不備がないかをチェックし、修正が必要なものは修正処理を施した上で保管される。また、すべての試合映像について、15 分程度に要約したサマリー映像というものを制作しており、1 試合まるまる入った映像をフルマッチ映像と呼び、サマリー映像と 2 種類を保管している。また、2014 年から収集される映像素材はデータファイル化されたものとなったが、それ以前はテープに保管されていた。テープは劣化していくため、2014 年から過去の全試合のデジタル化を開始し、昨年すべての素材のデジタル化を完了している。

映像の権利

　映像には、それぞれに著作権者が存在する。プロパティ（試合や選手、観客、スタジアムなどに基づく映像素材）そのものは、Ｊリーグが管理を行っているが、映像そのものの著作権は撮影・制作者に帰属する。2017 年以降の素材はＪリーグが制作をしているためＪリーグ著作であるが、それ以前はテレビ局が制作していたので

映像の制作著作権はテレビ局にあるのだ。そのため、2016年以前の映像は、テレビ局が著作権を持つ映像をJリーグが管理をしていることになる。JMPはJリーグから映像の独占的二次使用権を取得し、映像の販売を行っているが、映像販売収入の中から、制作著作権を持つテレビ局に著作権料を何%か支払うということを行っているのである。2016年以前の素材はクリーンピクチャーであり、CGや、実況アナウンサー・解説者の音声は入っていない。それらはJリーグのプロパティではなく、テレビ局の著作物であったり、実況や解説者の権利であったりするため、仮に使用するとなると別途、肖像・著作権の処理（権利料）が発生する。しかし、2017年以降は実況や解説の出演条件に二次利用も含めた契約になっているためダーティーピクチャーをアーカイブし活用できるようにしたのである。このように試合映像によって権利が様々なため、JMPではそれぞれに著作権者がわかるように分類してアーカイブしているのである。

映像の活用

2017年からJMPは当時世界初のクラウドメディアセンターを構築し、クラウド上で映像をニーズに合わせてリアルタイムに変換し伝送するということができるようになった。速報性を重視する全国各地のニュース・スポーツ番組に映像を届けている。試合当日の映像に限らず映像の主な提供先は、全国のテレビ局など番組制作会社への販売であり、一般に販売することはない。素材を購入した制作会社は使用する部分だけを編集し、スポーツ番組やバラエティー番組などで放送する。利用者は、テープなどにダビングする映像提供料と映像使用料を支払うことが一般的である。Jリーグに限らず、スポーツの映像を使用する際は使用料が発生する。競技大会やリーグ、団体によって、また、使用する案件によって映像使用料は異なる。

テレビ番組以外には、パッケージメディアでも使用される。DVD・Blu-rayなどに各チームのシーズンレビューや、ゴール集、引退する選手の記念グッズなどに収められて販売される。

また、Jリーグやクラブのプロモーション用としてWEBサイト上のコンテンツづくりにも映像が使われる。かつてWEBが普及していない頃は、宣伝・プロモーション用の映像は、テレビでのCM利用や屋外映像広告などでの使用が主だったが、今日では制作費を抑えるというメリットと相まって、WEB専用に数多くの映像素材が使われるようになった。

チームや選手のスポンサー企業がCMとして映像を使用することもある。ある特

定の選手を商品のイメージキャラクターなどに起用する場合、その選手のプレイ映像を使用してCMや、DVDが作られたりする場合は、制作者が選手に別途肖像利用料を支払うのが一般的である。

　昨今、デバイス（映像視聴端末）の発達で、多くの人が気軽に映像を楽しめる時代になり、短い試合映像の需要が高まっている。多くの場合、ファンは、好きな選手がゴールすれば、すぐにそのゴールシーンを振り返って見たいだろう。そして、他の誰かにシェアしたいと思うだろう。さらに、ゴールした選手の過去のゴールも見たくなったり、シェアしたくなったりするかもしれない。そのようなファンの要望に、スポーツの映像を扱う側は、適切に対応していく必要があるのである。

　このように、試合映像の活用用途は多岐にわたる。この先、テクノロジーの変化で想像もつかない収録技術や活用方法が出てくるかもしれない。映像を管理する側は、その流れに遅れることなく適応し、ファンの求めるサービスの提供に尽力する必要がある。そして1993年のJリーグ開幕から何十年、何百年先まで映像を残し続ける責任があるのだ。

（岩貞　和明）

参　考
　JMPのWEBサイト　https://jh.jleague.jp/group-jmp/index.html

第5節　スポーツツーリズム

【概　要】

　スポーツと観光を掛け合わせた"スポーツツーリズム"が脚光を浴びている。その背景には、おきまり型・大量送客型と批判されがちな従来の"マスツーリズム"を見直し、それにかわる体験型・滞在型の"ニューツーリズム"へと観光形態を大きく転換していこうとする社会的な動きがある。近年、スポーツツーリズムは、自然体験を目的とするグリーンツーリズムや癒しや保養を目的とするヘルスツーリズムなどとともに、ニューツーリズムを支える大きな柱のひとつに成長している。そこで、本節では、「スポーツツーリズムとは何か？」「どんな効果があるのか？」「克服すべき課題は何か？」について考えていく。

1. スポーツツーリズムとは

　スポーツツーリズムは、「スポーツへの参加やスポーツ観戦を主目的として行われる観光旅行」と定義され[1]、近年、観光産業、地域活性化（地方創生）、健康政策などの社会的トピックと関連して話題にのぼる

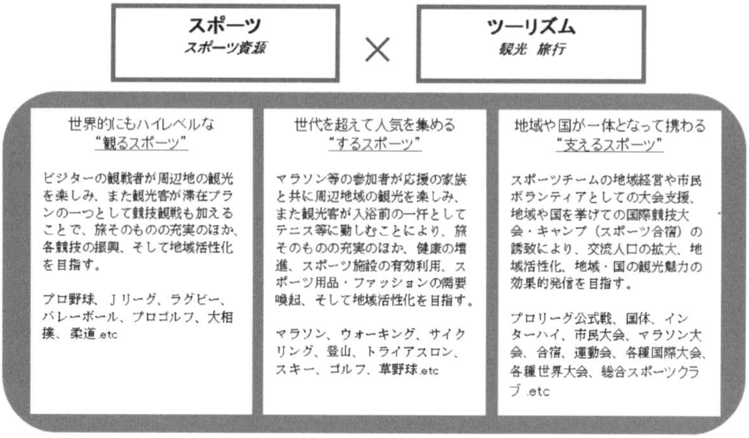

スポーツ スポーツ資源	×	ツーリズム 観光　旅行

世界的にもハイレベルな "観るスポーツ"	世代を超えて人気を集める "するスポーツ"	地域や国が一体となって携わる "支えるスポーツ"
ビジターの観戦者が周辺地の観光を楽しみ、また観光客が滞在プランの一つとして競技観戦も加えることで、旅そのものの充実のほか、各競技の振興、そして地域活性化を目指す。 プロ野球、Jリーグ、ラグビー、バレーボール、プロゴルフ、大相撲、柔道.etc	マラソン等の参加者が応援の家族と共に周辺地域の観光を楽しみ、また観光客が入浴用の一汗かいてテニス等に勤しむことにより、旅そのものの充実のほか、健康の増進、スポーツ施設の有効利用、スポーツ用品・ファッションの需要喚起、そして地域活性化を目指す。 マラソン、ウォーキング、サイクリング、登山、トライアスロン、スキー、ゴルフ、草野球.etc	スポーツチームの地域経営や市民ボランティアとしての大会支援、地域や国を挙げての国際競技大会・キャンプ（スポーツ合宿）の誘致により、交流人口の拡大、地域活性化、地域・国の観光魅力の効果的発信を目指す。 プロリーグ公式戦、国体、インターハイ、市民大会、マラソン大会、合宿、運動会、各種国際大会、各種世界大会、総合スポーツクラブ.etc

図 6-5-1　スポーツツーリズムとは？

（日本スポーツツーリズム推進機構【JSTA】資料より作図）

第6章　スポーツと社会

*1
（広義の）スポーツツーリズムの内、①スポーツへの参加もしくはプロスポーツや競技大会の観戦を主たる目的とするものを「（狭義の）スポーツ・ツーリズム」と呼び、②観光に付随してスポーツ（キャンプ、ビーチアクティビティー、スポーツミュージアムの観覧等）を楽しむものを「ツーリズム・スポーツ」と呼んで区別する場合がある[1]。

*2
'16 リオ五輪の期間中には 117 万人の観光客がリオを訪れ、うち外国人旅行者は 41 万人だったと同市から発表された。こうした実績をもとに、日本政府は '20 東京五輪を追い風として訪日（日本全体での）外国人旅行者を 2020 年までに年間 4,000 万人（2015 年実績は 2,000 万人）に引き上げることを目指している。

ことが増えてきた注目の領域である。その大まかなイメージを図 6-5-1 に示す。

　たとえば、東京では今、'19 ラグビー W 杯、'20 五輪・パラリンピックなどの大会開催に向け、宿泊施設や交通などの観光関連インフラの整備が急ピッチで進められている。先進的で洗練された国際都市を築き上げるとともに、観光都市 Tokyo としての新たな魅力を掘り起こし、それを世界に積極的に発信していこうとする動きもある。いざ開幕ともなれば、各国からの役員・選手団ばかりでなく、国内外から何百万という人たちが（周辺地観光を含めた）観戦ツアーで東京を訪れることになるだろう*2。図 6-5-1 に照らせば、これは"観るスポーツ"型のスポーツツーリズムにあてはまる。

　他方、こうしたスポーツイベントには主催者があり、実際の大会運営には多数のボランティアが関わることになる。こうしたボランティア体験はじめ大会を支える人たちとの交流やその地域の活性化などに目的があれば、それは"支えるスポーツ"型のスポーツツーリズムということになる。

　"するスポーツ"型としては、登山やスキー、ダイビングなど自然のなかで行われるスポーツをイメージしてもらえればわかりやすい。これらのスポーツ実践にあたっては、その性質上、都市部から自然豊かな地方部への人の移動や宿泊（すなわち旅行）が必然的にともなう。この場合、あくまでもそのスポーツを"する"のが目的であり、移動や宿泊はそれを達成するための手段に過ぎない。しかし、その手段が確保されなければ目的が達成されることもなくなってしまうわけで、両者は不可分の関係にあることが理解できるだろう。

　このようにスポーツとツーリズムとは重なり合う部分が多く、ともに親和性の高い行動形態（余暇活動）

第5節　スポーツツーリズム

であることがわかる。

2. スポーツツーリズムの経済的効果

■1 政府の施策

少子高齢化が進む我が国であるが、政府は '20 年頃までに、国内総生産（GDP）を約 100 兆円伸ばして 600 兆円とすることを目指している。こうした大目標のもと、政府は観光産業やスポーツ産業を今後の成長が見込まれる重要な産業として位置づけ、一大イベントである '20 東京五輪・パラリンピックを契機として、これらを強く推進させていく方針である。

観光産業ともスポーツ産業とも深く関連するスポーツツーリズムをめぐっては、表6-5-1 に示す通り、行政の動きも活発化してきている。

■2 観光産業から見たスポーツツーリズム

観光産業全般についての今後の動向を眺めると、国内においては、人口減少にともなって国内旅行が縮小していくことが大きな懸念となる。国内旅行消費額をこれまでの水準で維持するには、国民の旅行回数や滞在日数が増えるよう取り組んでいかなくてはならな

表6-5-1　スポーツツーリズムをめぐる行政等の主な動き

2003 年	ビジット・ジャパン・キャンペーン（国土交通省）
2008 年	観光庁が発足
2010 年	スポーツツーリズム推進連絡会議を創設（観光庁 , 文科省 , 経産省 , 外務省 , 総務省）
2011 年	スポーツ基本法制定
	スポーツツーリズム推進基本方針を策定（　〃　）
2012 年	観光立国推進基本計画が閣議決定
	（一社）日本スポーツツーリズム推進機構〔JSTA〕が設立
2013 年	'20 年東京五輪・パラリンピックが決定
2015 年	スポーツ庁が発足
2016 年	「スポーツ未来開拓会議」（経済産業省とスポーツ庁）
2017 年	新たな観光立国推進基本計画が閣議決定
	第 2 期スポーツ基本計画のなかで「スポーツツーリズムの推進」（文部科学省）

第6章　スポーツと社会

*3
日本人旅行者の海外での消費を「支出」、訪日外国人の日本での消費を「収入」とし、収入から支出を引いたもの。貿易外収支の1項目となっている。

い。他方、国外の旅行市場は、今後も伸びていくことが予測されるため、この成長を我が国の経済に結びつけるには、我が国が海外の旅行者から選ばれる旅先となるよう取り組んでいかなくてはならない[2]。そして、後述するようにインバウンド（訪日外国人）が増えれば、赤字基調となっている旅行収支*3が改善され、我が国の経済に好影響を及ぼすものと考えられる。

いずれにせよ、個人旅行における近年の消費スタイルは、土産物を大量に買い込むような「モノ消費」から、滞在地に一定期間とどまって、その地域ならではの文化・自然・スポーツ等を体験する「コト消費」へとシフトしている[3]とされる。スポーツと観光とを掛け合わせたスポーツツーリズムが、これまでにない魅力的な滞在型・体験型のツーリズムとして、観光産業の底上げに一役買うことが期待されるゆえんである。

3　スポーツ産業から見たスポーツツーリズム

スポーツ産業界からはスポーツツーリズムに対してどのような期待が寄せられているのか。たとえば、経済産業省とスポーツ庁による「スポーツ未来開拓会議」の中間報告によると、'12年に5.5兆円だったスポーツ市場を'20年には10.9兆円へ、さらに'25年には15.2兆円へ拡大するとの試算がなされている（図6-5-2）。そのなかでスポーツツーズム関連部門に着目すると、'25年には'12年の3.5倍に相当する5兆円規模まで引き上げていく計画が立てられている。

これまでスポーツ市場は、小売部門や施設部門での売り上げが多くを占め

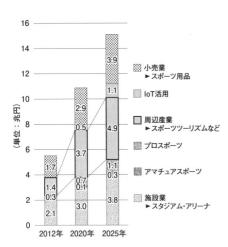

図6-5-2　我が国スポーツ市場規模の拡大について【試算】

（2016 スポーツ未来開拓会議中間報告より作図）

第5節　スポーツツーリズム

ていたが、同部門での売り上げを今後も伸ばしていくためには、新商品を開発するための研究や試作といった準備にどうしても一定の時間とコストが必要となる。これに対して、スポーツツーリズムなど周辺部門では、①これまであまり十分な市場開拓がなされてきておらず発展途上にあること、②観光であれば既存の観光資源に多少の手を加えることで時間やコストをかけずに新たな顧客を迎え入れる準備が整うといった実利的な面でのアドバンテージがあることなどから、今後の成長に大きな期待が寄せられているものと考えられる。

4 スポーツツーリズムとインバウンド

「スポーツに国境はない」といわれる。たとえ言語や習慣が異なったとしても、世界共通ルールのもと行われるのがスポーツである。スポーツが有するこうした潜在力は、国境を超えた人々の流動を加速させ、国際交流を促進させる。そして、それは経済的に見れば、インバウンド（訪日外国人）による外需を呼び込む。前述したように、インバウンド増加によって旅行収支を改善させることは我が国の経済にとって重要な意味を持つ。

　ところで、他国に誇れるような我が国のスポーツ環境の特長として、次の点を挙げることができよう。

・国際競技大会開催に関する豊富な実績
　（夏季と冬季をあわせて過去3度の五輪やサッカーW杯）
・充実したインフラと安定した治安
　（交通網などの整備は申し分なく、テロや犯罪が少ない）
・森林と海に囲まれた豊かな自然
　（国土の3分の2以上が森林で海岸線は30,000kmに

第6章　スポーツと社会

*4
'17 第2期スポーツ基本計画（文科省）では、スポーツ目的の訪日外国人旅行者数を 250 万人程度（平成 27 年度現在 138 万人程度）まで拡大していく数値目標が打ち立てられている。

達する―登山やスキーといった山岳スポーツ、海や砂浜で楽しむマリンスポーツ、ビーチスポーツ、豊富に湧出する温泉）

・四季折々の多彩な楽しみ

（スキーリゾートで夏にラフティングやトレイルランニング、南国では冬にマラソン大会や合宿の誘致など）

こうした持ち前の豊富な資源を活用し、その地域ならではの特色あるスポーツツーリズムを海外に向けて発信することよってインバウンド（訪日外国人）を呼び込み、地域経済を潤していこうとする動きが各地で見られる[4]。

事例：ニセコ町と白馬村（スキーリゾート）

北海道ニセコ町は、良質なパウダースノーを楽しめるスキーリゾートとして国際的な知名度が高まってきている。現地を訪ねると、まるで海外にでも来たかのような錯覚に陥るほど多くの外国人と出会う。こうした状況は、2000 年頃からオーストラリア人客が急増したことに始まった。日本とはシーズンが逆になる豪州の熱心なスキーヤーたちがニセコのパウダースノーに目をつけたもので、時差が少なく、ヨーロッパへ向かうよりも時間と費用がかからないことがその人気に拍車をかけた。近年は、東アジア（中・台・香・韓・シ・マ）からの客も目立つようになってきており、人口5千人のこの町に '17 年には 20 万人超の外国人宿泊客が訪れた。また、3百人もの外国人が定住者として暮らしている[4]。

NISEKO ではこうしたインバウンドへの対応として、次のような取り組みをしてきている。①語学に堪能なスタッフ（外国人スタッフを含む）を宿泊施設やスキースクールなどに配置、②英語、中国語、韓国

第5節 スポーツツーリズム

語などによる観光案内書やサインの作成、③長期滞在客向けに宿泊施設をコンドミニアムに新装・改装、④泊食分離（宿泊施設外で夕食をとること）の習慣に合わせて飲食街へのアクセスを確保、⑤非圧雪コースの設置やバックカントリーを条件付きで開放するなどヘビーユーザーやリピーターを飽きさせないスキー場づくり、⑥パウダースキーヤーに向けたローカルルールの策定と雪崩情報の提供、など。

　ニセコの活況ぶりは、地価（路線価）の高騰となって表れており、'18年のニセコ町の路線価上昇率は88.2%で、4年連続で全国一であった。さながらバブル期並みの上昇率であるが、別荘地の土地所有権やホテル経営権の多くを外国資本が握るなどの動向[5]があるため、今後はそうした推移を慎重に見極めていく必要がありそうである。また、夜間に外で騒ぐ、スキー場外に出て遭難や雪崩事故を引き起こすといった地域の風紀や安全に関わる問題も増えてきている。

　長野県白馬村もインバウンドの恩恵にあずかるスキーリゾートである。五輪開催地としての知名度、アルペンムード漂う後立山連峰のロケーション、最長距離8,000mにも達する変化に富んだコースレイアウトなど魅力が満載である。白馬村の外国人宿泊客は、'03年には1万人に満たなかったが、'16年には10万人を超える水準に達しており、東日本大震災後の一時的な落ち込みを除いては右肩上がりの推移を続けている（図6-5-3）。

　白馬でも前述のニセコと同じようにインバウンドへのさまざまな対応

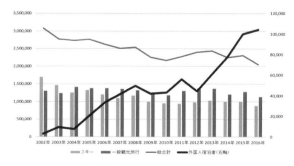

図6-5-3　白馬村目的別観光客推計

（白馬村統計資料より作図）

第6章 スポーツと社会

策がとられてきた。長期滞在客向けの独自の取り組みとしては、近隣の10スキー場で使用できる共通リフト券を発行し、さらに、これらのスキー場間をシャトルで結ぶことによってエリア全体（HAKUBA VALLAY）をひとつの広大なプレイグラウンドとみなし、遊び飽きさせないよう工夫している。また、オフ（閑散期）をつくらないよう、グリーンシーズン（夏）には登山、マウンテンバイク、パラグライダーなどのアウトドアスポーツによる顧客誘致を積極的に行っている。反面、外資が山麓の別荘地を買い進めたり[6]、スキー場外での遭難や雪崩事故が増加してきているといった状況は、ニセコと共通するものである。

3. スポーツツーリズムの社会的効果（地域活性化）

前項までにスポーツツーリズムによる経済的効果について触れてきた。しかし、スポーツツーリズムの可能性はそれだけにとどまらない。ここでは、スポーツツーリズムが地域社会に及ぼす効果について触れたい。

スポーツには、人と人とを結びつけるはたらきがある。それは、活動のなかでプレイヤー、スタッフ、サポーター、ボランティアなど多くの人たちが、同じ想いを抱き、時間や空間を共有しながら生身で触れ合うことを前提とするスポーツの特性によるものである。直接体験や感動を共にすることで日常ではなかなか得られないような深い一体感が生み出され

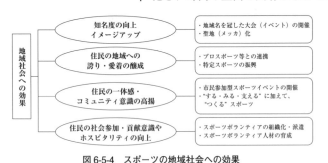

図6-5-4　スポーツの地域社会への効果
（文献7）を改変）

第5節　スポーツツーリズム

るスポーツの場は、人と人とが交流することの意義が人々に再認識される場ともなるのである。

　地域住民が主体となってスポーツツーリズムに取り組んでいくことで、地域住民の健康に貢献するばかりでなく、図6-5-4に示すような地域社会のさまざま側面に刺激や活力を与えることに貢献する。

　たとえば、スポーツツーリズムが盛んになってたくさんのツーリストがその地域を訪れるようになれば、その地域の知名度が上がる。地域住民のボランティアに支えられたスポーツツーリズムであれば、ツーリストの地域に対するイメージはさらにアップするだろうし、同時に、地域住民にとっては社会参加への意識を高める機会となるだろう。ツーリストと地域住民との交流が盛んになれば、地域そのものが活気づく。また、プロチームなどと協力して観戦型のツーリズムを行うことによって、ホームチームの応援を通して地域としての一体感が醸成される機会となる。そしてビジターを地域に迎えることでホスピタリティーの向上につながったり、白熱した試合の観戦体験を共有することで地域の枠を超えた相互理解が進んだりすることも考えられる。

　近年、都市部においては近隣住民同士の関係が希薄になっていることが、地方部においては高齢化や過疎化が進んで地域の活力そのものが失われつつあることが問題となっている。こうした課題の解決に向けて、地域とともにあるスポーツツーリズムがその地域社会に還元できることは少なくない。

事例：新潟県佐渡市（トライアスロン、マラソン大会ほか）

　トキと金山で有名な新潟の佐渡であるが、昭和40年代初めに10万人あった人口は平成27年には5万人

第6章　スポーツと社会

台へと落ち込み、その4割を65歳以上の高齢者が占める[8]。しかしながら、平成元年にトライアスロン大会を開催して以来、これまでにサイクリング、マラソンなど長距離型のレースを中心に積極的な誘致が図られ、いずれの大会も成功を収めてきている。

'18年に30回目を迎えたトライアスロン大会は、ロングディスタンスと呼ばれる国内最長のコース設定となっていることから安定した人気があり、毎年の参加者は2,000人にのぼる。泳ぐ場所（海）がすぐ近くにあること、島内に道路を遮る鉄道が走っていないこと、大会にともなう交通規制に地域住民が協力的であることなど、長距離・耐久型のレースを実施するうえでの好条件がそろっているのも成功の大きな要因である。耐久型のレース大会では、長大なロードの管理、コース誘導、エイド各所での対応など、かなりの人手を要する側面がある。しかし、佐渡で特筆すべきは、これらの多くに地元住民がボランティアとして関わっているということである。「島内の大規模イベントが地域の活性化に資するという認識が市民に浸透しており、（トライアスロンでは）最大で3,000名近い市民ボランティアが活躍するなど、事業実施の強いサポートが整っている」[9]のがここの特徴である。出場者からは「公式ボランティアのほかにも多くの地元の人たち（おばあさんや子どもたち）が沿道で熱心に応援してくれて力をもらった。地元の人たちの（この大会への）強い愛情が感じられた。これで何回目かの出場となったが、できればまた来年も佐渡に帰ってきたい」といった声が聞かれた。

佐渡のスポーツツーリズムは、行政の主導によって始められた経緯があるものの、近年は、地域住民が、官民で一体となりながら地域の核となるイベントを自らつくり上げ、大会を通して参加者はじめさまざまな

▲出場選手を沿道でサポートする人たち（私設エイドを含む）

第5節　スポーツツーリズム

人たちとの交流を深めながら生き生きと活動を続けている姿が印象的であり、スポーツツーリズムによる地域活性化の好例といえよう。

4.　今後の課題

　従来型の大量送客を前提とした定番の"マスツーリズム"から、その地域ならではの魅力を活かした滞在・体験型の"ニューツーリズム"へと観光のあり方がシフトしていくなか、ニューツーリズムのひとつであるスポーツツーリズムは、観光庁やスポーツ庁などの後押しもあって、今後ますます発展していくものと思われる。これまで見てきたようにスポーツツーリズムには、経済活性化や地域活性化といった社会的に有意義な効用があるため、行政や業界がリードしながらそれを育てていくこともある程度は必要であろう。しかしながら、「スポーツで稼ぐ」とか「地域社会のためにスポーツを使う」というような考え方や進め方が支配的にならないよう、一方ではある種の自制も求められる。

　スポーツと観光とを組み合わせることで、これまでにない新しい価値や感動が生まれ、それがスポーツ産業や観光産業の収益に"結果として"結びつくことはあってよい。しかし、スポーツを商業的に利用して売り上げを伸ばすことばかりに気を取られると、スポーツ組織の内部の人たち(「する」「観る」「支える」人たち)にとって大切な何かがねじ曲げられてしまうおそれがある。

　同じように、地域社会の誇りやアイデンティティを確立させるための手段としてスポーツが存在しているわけでない。地域にあって「する」スポーツを楽しみ、「観て」楽しみ、そして「支える」ことに喜びを感じるなかで半ば無意識的に何かが生み出されたり醸成さ

327

第6章　スポーツと社会

れたりするのが本質なのであって、それとは反対に、地域の誇りやアイデンティティ確立の具としてスポーツが一方的に利用されたり、関係集団内部にある種の同調圧力が強く働いたりするようなことがあれば、もはやそれはスポーツとは別の何かに変質してしまっているおそれがある。

前者については、スポーツツーリズムによるさまざまな経済的利益を旅行関係企業だけでなく、旅行者を受け入れる地域のスポーツ団体あるいは事業として関わる人たちで分かち合い、そうした人たちが相互に協力して地域全体でスポーツツーリズムを推進する環境を創り出すことが必要である[10]。

後者については、スポーツツーリズムをつくり上げていく過程で、観光地である地域社会の人たちの自主性や自律性が最大限に尊重され、その地域の内発的発展が妨げられることのないよう配慮されなくてはならない。また、持続性の観点からは、地域住民に過剰な負担がかかってイベント疲れに陥らないよう適正な規模とペース配分とに気を配りながら事業を進めていく必要があるだろう。

いぜれにせよ、スポーツと経済、あるいは、スポーツと地域社会とがともに win（ウィン）— win（ウィン）の関係を保ちながら、明るい社会の実現に貢献できるよう協働してスポーツツーリズムをつくりあげていくという原則を忘れないようにしたい。

引用文献

1) 二宮浩彰（2009）「日本におけるスポーツ・ツーリズムの諸相—スポーツ・ツーリズム動的モデルの構築—」同志社スポーツ健康科学 (1)，9-18頁

2) 閣議決定（2017年3月）「観光立国推進基本計画」，11-12頁

3) 前掲，1頁

4) ニセコ町（2018年5月）「ニセコ町統計資料—数字で見るニセコ—」

5) 呉羽正昭（2017）「スキーリゾートの発展プロセス」二宮書店，106頁

第5節　スポーツツーリズム

6) 吉沢直（2018）「インバウンド進展に伴う八方尾根スキー場周辺の地域変容—外国人所有の観光施設の変遷—」日本スキー学会第28回大会講演論文集，27-30頁
7) 本郷満（2015）「スポーツによる地域活性化」体育の科学 vol.65 No2，119-123頁
8) 新潟県佐渡市HP　統計資料集
  https://www.city.sado.niigata.jp/admin/stat/m1_kokusei/s_01.shtml　（2018年10月1日閲覧）
9) 日本政策投資銀行（2015年2月）「スポーツツーリズムの展開〜地域資源を活用した観光地域づくりの一例〜」，18頁
10) 観光庁 スポーツツーリズム推進連絡会議（2011年6月）「スポーツツーリズム推進基本方針〜スポーツで旅を楽しむ国・ニッポン〜」，3頁

※写真提供　蓬郷尚代 氏

問　題

（1）スポーツツーリズムとは何か、また、それが社会に果たす役割について説明しなさい。

（2）①あなたの居住地あるいは出身地において "地域色の濃い" スポーツツーリズムを展開するとしてどのような企画が考えられるか（具体的な企画案の提示）、また、②その際どんな工夫をすればツーリストと地域住民の双方にとって有意義で魅力の高いものとなりうるか、の2点についてあなたの考えを述べなさい。

（布目　靖則）

第6章　スポーツと社会

第6節　スポーツと政治問題

【概　要】

　五輪やW杯などの国際競技会を通して国境を超えた交流が育まれる反面、しばしば大会の開催や運営をめぐって国家間の争いが繰り広げられることもある。国際的なスポーツ競技会は、果たして、国家間を友好関係に導くことが多いのか、あるいはその逆なのか。ここでは、過去の五輪等の事例を通してスポーツと政治との関わりについて考えていく。

1. 平昌（韓国）冬季五輪の影で

　2018年2月、過去最多となる92カ国・地域、2,900人超の選手が参加して平昌冬季五輪が幕を開けた。開催地からほど近い北緯38度線（国境）を挟んで対立関係にある韓国と北朝鮮[1]であるが、開会式では民族を同じくする両国が統一「コリア」として、五輪では2006年トリノ冬季大会以来となる合同入場行進を果たした。さらに、アイスホッケー女子において、急遽、合同チームが結成され、関係各国を驚かせた。スポーツ界におけるこうした動きが端緒となって、当事国の緊張関係が緩和され、朝鮮半島ひいては周辺地域に平和と安全がもたらされるならば、それは大いに歓迎すべきことであろう。他方、近年、核・ミサイル開発によって多くの国々から経済制裁を受けている北朝鮮が、韓国との融和ムードを世界にアピールするために五輪を利用したとするなら、それは全く歓迎できたことではない。果たして「スポーツによる平和の実現」なのか、それとも「国家によるスポーツの政治利用」なのか、現時点で本件にその評価を下すのはいささか早計と思われるので、引き続き事態の推移を冷静に見極めていく必要があるだろう。いずれにしても、五輪

*1
第二次世界大戦後の1948年に朝鮮半島を南北に分断する形で建国され、同じ民族同士が争う朝鮮戦争（1950～53年）を経て、現在は休戦状態にある。

330

第6節　スポーツと政治問題

やW杯など国際的な競技会が外交など政治とは無縁でないことをあらためて認識させられる出来事となった。

　スポーツをめぐる政治問題が国際社会に影を落としてきた歴史は古くからある。なかでもアドルフ・ヒトラーのもと行われたベルリン五輪は、スポーツ大会が政治利用された事例としてよく知られている。

2．ベルリン五輪の時代背景

　1936年に開催されたベルリン五輪は、過去10回の大会規模を大きくしのぎ、近代オリンピック始まって以来、最も豪華な大会となった。

▲1936年夏季五輪公式ポスター[1)]

表6-6-1　第11回オリンピック大会の概要

開催期間：1936年（S.11）　8月1日～16日
開催場所：ベルリン（ドイツ）
参加国数：49カ国
参加人数：3,980人（日本人選手数179人）

　しかし、別名「ヒトラー・オリンピック」といわれるように、ヒトラーがナチス・ドイツの国力を世界に誇示しようと企て、政治が大きく五輪に介入した大会でもあった。

【時代背景】
　'31年にバルセロナで開かれたIOC（国際オリンピック委員会）総会でベルリン開催が決定されたことを受け、'33年に大会組織委員会が設立された。その直後にヒトラーが組閣すると、翌34年のナチ党大会においてオリンピック計画が立案され、その壮大な計画のも

▲ベルリン五輪開会式でのドイツ観戦者[2)]

第6章　スポーツと社会

*2
邦題としては「民族の祭典」「美の祭典」として知られる。6ヵ月に及ぶ特殊レンズによる撮影トレーニングを受けた専属カメラマン45人を動員して撮影したといわれる。

と国家を挙げての大会準備が進められていった。

　その一方でナチスは、大会前年にニュールンベルグ法を成立させてユダヤ人の市民権を剥奪したり、大会の2カ月後にはドイツ・イタリアの枢軸を結成するなど、大会をはさんで徐々に戦時体制を強めていった。日本で2.26事件が発生したのも同年のことである。

3. 映画「民族の祭典」「美の祭典」

　映画「OLYMPIA」*2は、ベルリン五輪の記録作品である。元女優にして当時、新進気鋭の監督であったレニ・リーフェンシュタール（1902年～2003年）がメガホンを取ったもので、1938年のベニス映画祭では「スポーツを行う人間の美しさを純粋に表現している」としてグランプリを受賞した。しかし、「意志の勝利」はじめいくつかのナチス・プロパガンダ映画を制作していたリーフェンシュタールは、戦後の45年になって仮収容所へ送られ、ナチ裁判の法廷へ引き出されたことから、それ以降は公の舞台から姿を消すこととなった。このような経緯があるため、本作品をめぐっては、「芸術」か「ナチズムの宣伝」か、その評価が二分される。しかし、往時の競技内容や競技場の規模、鍛えられた選手たちの一挙手一投足に熱視線を送り、勝負の趨勢に固唾をのむ観衆の姿までもが随所に描写されており、20世紀初頭の国際競技会の様相を今日に伝える貴重な映像資料となっている。

4. ベルリン五輪の政治問題

　ベルリン五輪における政治的な問題として、主に次の点を挙げることができる。

(1) スポーツによる国威発揚

(2) 政府による大規模な経済支援

(3) プロパガンダ vs. オリンピック・ムーブメント

第6節　スポーツと政治問題

⑷ 聖火リレーの導入

⑸ 人種・民族の問題

　第一に、ナチスによる五輪を利用した国威発揚である。自国開催のこの大会でドイツが獲得したメダルは、金33、銀26、銅30となり、一気に世界ナンバーワンの座に駆け上がった[3]。前回（32年ロサンゼルス）大会におけるドイツのメダル獲得数は世界第9位であったため、開催国の優位性を考慮に入れたとしても目ざましい躍進ぶりである。国ごとに代表選手を派遣して勝敗を競い合う国際競技会においては、その過程でスポーツ・ナショナリズム[＊3]が高揚しやすいことが指摘されている。競技スポーツには必然的に“競争”がともなうわけだが、ナチスはこうした特性を逆手にとって、他国あるいは他人種との競争（相対化）を通して自国民のナショナリズムをかきたてたり、競技に勝利することで自国民の優越性を対外的に誇示したりするための舞台装置として巧みに五輪を利用したといわれる。

　第二は、政府の大規模な経済支援である。10万人収容の巨大スタジアムを新設するとともに、3,500人を収容できるオリンピック村を建設し、そこで各国の選手団を歓待することによって参加各国との友好ムードを演出した。ナチスがこの大会に投じた予算は、現在の貨幣価値で5,000億円以上にのぼると推計される。こうした莫大な国家資金を投じることと引き換えにヒトラーは、競技会への政治的な発言権を徐々に強めていったと考えられる。

　第三は、五輪を通じて国際平和を実現しようとするIOCと自国に都合のいいように五輪を操ろうとするナチス・ドイツとの対立構造である。大会のさまざまな場面で「ナチス・ドイツの宣伝 vs. オリンピック・ムーブメント」の構図が鮮明化した。たとえば、大会会長

＊3　スポーツ・ナショナリズム

有元[4]は、スポーツ・ナショナリズムとして、2つのタイプを仮定している。第一は、自国代表の選手やチームを応援するプロセスを通じて同一化がなされるもので、これを“垂直のナショナリズム”と名づけている。「私たち国民」という人間集団の中から選抜された選手たち（国民から見て上位にある人たち）を「私たち」だと思うことにより、国民的アイデンティティを構成するものである。第二は、昭和初期の国民体操やラジオ体操のように、国民が同じパフォーマンスを行うことによって、他者と異なる個を埋没させ集合性に同一化していくもので、これを“水平のナショナリズム”と名づけている。このタイプのナショナリズムは、一部の人のパフォーマンスが全体を代表／表象する垂直のナショナリズムとは異なり、同じパフォーマンスを行う個人の水平な拡大を軸としていることに特徴があるという。

第6章　スポーツと社会

のテオドール・レワルトにユダヤの血が入っているとしてヒトラーが罷免を要請したため、IOC（国際オリンピック委員会）がこれに猛反対したことなどである。ヒトラーは、国際社会からの批判もあり、大会中は一時的にユダヤ人迫害のスローガンを撤廃してユダヤ人の一部はカムフラージュのため参加させる演出を行ったが、実際にはユダヤ人の多くをドイツ代表から排斥するなどした。

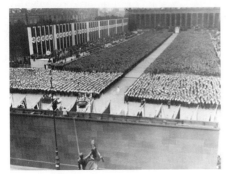

▲聖火ランナーと当時の様子 [5]

第四は"聖火リレー"の導入である。大会組織委員会の事務総長であったカール・ディームの考案により、古代五輪と近代五輪とを結ぶ象徴的な儀式としてこの大会から正式に採用されたもので、オリンピア（ギリシャ）→ブルガリア→ユーゴ→ハンガリー→オーストリア→チェコ→ドイツ各州→ベルリン＝全長3,075km＝を結ぶ一大行事に仕立てられた。しかし、後年、ナチス・ドイツがバルカンへ侵攻した経路と符合したため、陸軍参謀本部が提案し、ナチズムの宣伝と戦略（侵攻に備えて偵察すること）が目的だったともいわれる。

第五は、ジェシー・オーエンスや孫基禎などの活躍に垣間見る人種・民族をめぐる問題である。アメリカの黒人選手オーエンスは100m走はじめ一人で金メダル4個を獲得する活躍を見せたが、民族主義を唱えるヒトラーにとって黒人選手の活躍は甚だ不都合なものであった。また、五輪新記録でマラソンを制した孫基禎（朝鮮半島出身）は、当時、日本が半島を統治下に置いていたため日本選手として大会に出場していた。孫の

▲陸上で大活躍したジェシー・オーエンス [6]

第6節　スポーツと政治問題

優勝を伝える東亜日報（新聞）は、彼のユニフォームの胸の「日の丸」をぬりつぶした写真を掲載したことで日本政府から無期停刊処分を受ける政治問題へと発展した。

5.　五輪とボイコット問題

　ベルリン五輪から80年以上が経過するが、その後、五輪をめぐる政治問題はどのような歴史をたどってきたのか。第二次大戦後は、米ソを中心とした「冷戦」が繰り広げられてきたが、当然ながらスポーツ界にもそうした影響が及ぶこととなった。

　1952年にソ連はじめ東欧諸国が五輪や国際競技会に復帰すると、それらの大会が東西両陣営の"代理戦争"としての色彩を強め、熾烈なメダル競争が繰り広げられるようになった。そうしたなか、'80年には世界の多くの国々を巻き込む形でモスクワ五輪のボイコット問題が勃発する。これは、ソ連のアフガニスタン侵攻への対抗措置としてアメリカのカーター大統領が呼び掛けたのに対し、西ドイツ、カナダ、日本など西側諸国がそれに応える形でボイコットを断行したものである[*4]。この大会に続く'84年のロサンゼルス五輪には、モスクワ大会の報復措置としてソ連など東側諸国がボイコットし返したため、二大会にわたって、いわゆる「片肺」五輪の状態が続いた。五輪の暗い歴史の一幕である。

　表6-6-2からも明らかなように、"ボイコット"は、自国の政治的立場や主張を国際社会において明確にする手段のひとつとして、五輪でしばしば発生してきた問題である。

　五輪をはじめとする国際競技会は、表向きには華やかにスポーツ・ゲームが繰り広げられているが、残念なことにその裏では各国の政治的な思惑が激しくぶつ

*4　モスクワ五輪ボイコット問題
アメリカが呼びかけたボイコットは、結果的に66カ国の不参加、大会には参加したが開会式の行進に選手が参加しなかった国がイギリス、オランダなど8カ国、さらに西ヨーロッパ各国のNOCが国歌・国旗の不使用を確認するなどした[7]。

第6章　スポーツと社会

かり合うポリティカルパワー・ゲームが繰り広げられる舞台ともなっているのが実状である。

表6-6-2　'80モスクワ大会と'84ロサンゼル大会を除く五輪ボイコット問題

'52年	ヘルシンキ	IOCが当時加盟国ではなかった中国の競泳選手の参加を認めたことに台湾が反発して選手団を引き揚げ。
'56年	メルボルン	IOCが中国と台湾の両オリンピック委員会を認める声明を出したことに中国が反発して選手団の派遣を取り止め。 ハンガリー動乱でのソ連の弾圧を批判して、オランダ、スイス、スペインが参加を取り消し。スエズ動乱に絡み、エジプトとレバノンが不参加を表明。
'64年	東京	国際陸連や国際水連の資格停止処分に反発したインドネシアが大会直前に選手団を引き揚げ。
'68年	メキシコ	IOCが人種差別政策を採る南アフリカの参加を認めたため、アフリカ26カ国がボイコットを表明、ソ連などもこれに追従して50カ国以上がボイコットを訴えたため、IOCが開幕前に南アフリカの参加を取り消し。
'72年	ミュンヘン	人種差別政策を採るローデシア（現ザンビアとジンバブエ）の参加にアフリカ諸国が反発、IOCが開会前にローデシアの参加を取り消し。 カナダが中国と国交を開き、台湾と断交したことで、台湾が不参加を表明。
'76年	モントリオール	IOCから除名されている南アフリカにラグビーチームを派遣したニュージーランドが参加することにアフリカ22カ国が反発してボイコット。
'88年	ソウル	大韓航空機事件により北朝鮮が不参加、キューバも参加を見送り。

(文献8) より抜粋)

6. 聖なる休戦（エケケイリア）と国連決議

五輪が理想とするのは、スポーツによる平和な社会の構築である。ボイコット問題などを見ていると、こうした理想は潰えてしまったかのように思えるが、IOCもこうした現状にただ手をこまねいているばかりではない。

そのひとつに「オリンピック休戦」がある。これは、互いの国が戦争中であっても一時戦争を休んでオリンピックを行うものであり、古代ギリシャ時代にあった「エケケイリア（聖なる休戦）」に倣うものである。IOCの呼びかけによって94年リレハンメル冬季大会

第6節　スポーツと政治問題

のときから始まったもので、それ以来、夏季・冬季の五輪の前年に「スポーツオリンピズムによるより良い世界の構築を目指して」とするオリンピック休戦決議が国連総会において採択されるようになっている[9]。スポーツ界を統括するIOCが、国際秩序を維持する国連とも歩調を合わせながら、スポーツの祭典を通して積極的に国際平和に貢献しようとする行動は大いに評価されるべきである。

7. 文化交流・外交手段としてのスポーツ（ピンポン外交）

　スポーツ競技会が端緒となって、断絶していた国交が回復された事例もある。「ピンポン外交」はその代表であろう。1971年に名古屋で行われた第31回世界卓球選手権に6年ぶりに出場した中国チームが、同大会に参加していたアメリカチームを大会終了後に北京に招待して両国間の関係を改善するメッセージを伝えたことに始まった一連の外交である。1949年以降、あらゆる交流が途絶えて膠着した関係にあった米中両国だが、世界卓球選手権での選手間の交流がきっかけとなって雪解けが進み、'72年2月にはアメリカ大統領として初となるニクソン大統領の中国公式訪問が実現するに至った。スポーツという文化を通した交流が、二国間の関係をとりもった好例といえよう。

8. ワールドゲームズの可能性

　ワールドゲームズは、五輪に採用されていない種目が競われる世界最高レベルの国際大会で、「第二のオリンピック」とも呼ばれる。IWGA（国際ワールドゲームズ協会）が主催団体となって4年に一度、夏季五輪・パラの翌年に開催されており、日本では、2001年に秋田で行われたことがある。相撲、柔道、綱引き、ボ

337

第6章　スポーツと社会

ウリング、合気道などの種目があり、なかにはビーチ
バレーやトライアスロンのようにのちに五輪種目に採
用されたものもある。
　この大会の特徴は、①既存の施設で開催できる競技
種目だけで実施するために、低費用で開催ができるこ
と（国からの大規模な資金援助の必要がない）、②ス
ポーツにおける過度のナショナリズムを抑制するため
に国旗掲揚や国家斉唱を止めていた歴史があること
（現在では国旗掲揚は行われている）、③選手の宿泊は
国別ではなく、競技別にして競技内の国際交流を促進
していることなどである。
　スポーツにおける過度のナショナリズムを排す方策
や国際政治に翻弄されないスポーツ競技会の運営のあ
り方を考える際にワールドゲームズは、いくつかの重
要なヒントを私たちに与えてくれるものと思われる。

引用文献

1) The official poster advertising, in English, the 11th Summer Olympic Games. The poster was created by Franz Wurbel. —US Holocaust Memorial Museum, courtesy of John Loaring

2) National Archives and Records Administration, College Park Copyright: Public Domain Source Record ID: 242-HD-115

3) 坂上康博（2004）「日本史リブレット 58　スポーツと政治」山川出版社，p48

4) 有元健（2012）「スポーツナショナリズムの節合について」創文企画：現代スポーツ評論第 27 号．pp34 - 49

5) National Archives and Records Administration, College Park Copyright: Public Domain Source Record ID: 242-HD-49

6) National Archives and Records Administration, College Park　Copyright: Public Domain　Source Record ID: 242-HD-77

7) 池井優（1992）「オリンピックの政治学」丸善ライブラリー，p193-194

8) スポーツネットワークジャパン「スポーツゴジラ 第 1 巻第 37 号（2017 年 12 月）」，p27

9) スポーツネットワークジャパン「スポーツゴジラ 第 1 巻第 35 号（2017 年 6 月）」，pp13-17

第6節　スポーツと政治問題

問　題

(1) 国家がスポーツを政治利用しようとする理由は何だと考えますか。具体的にはどのようなケースがありますか。

(2) 逆にスポーツが政治に主体的に働きかける場合として、どのようなケースが考えられますか。

(布目　靖則)

第6章　スポーツと社会

第7節　総合型地域スポーツクラブの現状と課題

【概　要】

　21世紀に入って以降、日本のスポーツ振興政策の中心を成してきた事業について概説するとともに、その政策の問題点や今後の課題について検討し、地域スポーツの将来的な課題について検討する。

---

1. はじめに：総合型地域スポーツクラブとは？

　いつでも・どこでも・だれとでも—こんな感じでスポーツや運動ができる場所が身近にあれば良いと思う人は少なくないだろう。2001年、政府はそうしたスポーツ環境の整備を目指し、全国の市町村に少なくともひとつは「いつでも・どこでも・だれとでも」を実現するため、「総合型地域スポーツクラブ」を育成する政策を打ち出してきた。総合型地域スポーツクラブとは、中学校区程度の地域において、学校体育施設や公共スポーツ施設など、既存のスポーツ施設を活用しながら、地域住民の誰もが参加できるようなクラブの設立と定着を図るもので、その特徴は次のようなものとされた。

✓　複数の種目が用意されている。
✓　子供から高齢者まで、初心者からトップレベルの競技者まで、地域の誰もが年齢、興味・関心、技術・技能レベルなどに応じて、いつまでも活動できる。
✓　活動の拠点となるスポーツ施設及びクラブハウスがあり、定期的・継続的なスポーツ活動を行うことができる。

第 7 節　総合型地域スポーツクラブの現状と課題

- ✓ 質の高い指導者*1の下、個々のスポーツニーズに応じたスポーツ指導が行われる。
- ✓ 地域住民が主体的に運営する。

こうした特徴を有する総合型地域スポーツクラブの全国的展開が目指された背景のひとつには、2050 年には、ほぼ 3 人に 1 人が 65 歳以上のいわゆる老年人口となることが予測される平均寿命の伸長と出生率の低下という問題がある。罹患してから治療を施すよりも、そもそも罹患しないような状態を作り出すことで、国民の疾病率を低減させ、医療福祉関係の支出を抑えようとする「**ポジティブ・ヘルス***2」の考え方が下地となり、とりわけ成人の週一回以上のスポーツ実施率を 50％（2 人に 1 人）になることを文部科学省は目指したのである。そして、その具体的な施策の展開として、2010（平成 22）年度までに、全国の市区町村に少なくともひとつは総合型地域スポーツクラブを設立しようとの政策課題が掲げられたのであった（図 6-7-1 参照）。このクラブに入会することで多種目のス

*1　質の高い指導者：
日本スポーツ協会および加盟団体等は、生涯スポーツ社会の実現を目指し、快適なスポーツライフを形成するため、スポーツ医・科学の知識を活かしてスポーツ活動を安全に、正しく、楽しく指導できる公認スポーツ指導者を養成してきている。

*2　ポジティブ・ヘルス：
地域や職場などの定期的な検診だけではなく、より積極的な健康管理や保健対策を行うこと。

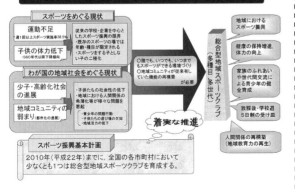

図 6-7-1

出典：〔文部科学省、2004〕より抜粋

第6章　スポーツと社会

ポーツをすることができ、多世代でも交流できるのを
可能にする複合型クラブの設立は、現代社会が抱える
諸問題を改善できる契機として、小学校や中学校など
の教育機関、都道府県や市町村などの行政機関から大
きな期待を集めることにもなったのである。

2. 総合型地域スポーツクラブの理念と実態：
すれ違う住民と行政の思惑

　本施策が始まって15年以上が経過した現在、地域
スポーツの現状はどうなっているのだろうか。この施
策が開始されてから、数値の上ではこれまで約3,000
以上もの総合型地域スポーツクラブが全国で設立され
てきているとの報告がなされている。しかしながら、
もし図6-7-1に示されたような事柄が本当に達成でき
ていたとしたら、「総合型地域スポーツクラブ」とい
う呼称や存在が、もっと人々の間に広く浸透していて
も良いはずなのだが、残念ながらその存在を知ってい
る人々はかなり限定された状況である。このギャップ
は一体何なのだろう？

　このギャップについては、実際に総合型地域スポー
ツクラブを標榜する組織の実態に踏み込んでみると、
その「からくり」の一端が見えてくる。じつのとこ
ろ、そうした組織の活動体制は、それまで行われてき
た活動形態とほとんど変わらなく、総合型地域スポー
ツクラブで掲げられた理念とはかなり異なった形で活
動が展開されている場合が少なくない。つまり、従来
の活動体制が維持され、種目ごと、世代ごとの伝統的
なスポーツ実践のあり方が多くの部分で継続されたま
ま、組織名の変更という、いわゆる「看板の付け替え」
的な事態が生じているのだ。すなわち、活動内容の具
体的な変化という視点から見ると行政側が想定したよ
うには機能せず、主要な変化といえば、運営組織図が

342

第7節　総合型地域スポーツクラブの現状と課題

書き換えられたり、各種目の組織名が従来の名称から
「総合型地域スポーツクラブ」へと変更されたりする
のにとどまっているケースが数多く見られる。なぜ、
そこまでして総合型地域スポーツクラブを名乗るかと
いえば、各種の補助金や助成金が提供されるからであ
り、**toto**[3]や日体協、自治体からの補助金が、場合
によっては総合型地域スポーツクラブを育成しようと
する機関と、総合型地域スポーツクラブであることを
利用して便宜を図ってもらおうとする既存組織の、両
者を引き付ける磁性体のような役割を果たしたりもす
るのだ。慢性的に活動経費の問題に直面している既存
のスポーツ組織からすれば、補助金を引き出す手段と
しては一時的に総合型地域スポーツクラブとしての組
織化に応じて「もらえるものはもらっておこう！」と
いう発想になっても不思議ではない。しかしながら、
助成終了後の活動においてまで助成側の意図や目的に
沿った組織で活動する余裕があるかというとそうでは
なく、結果的に組織名の変更という、「看板の付け替え」
的な事態があちらこちらで生じることになる。

　一方、行政側からすれば、総合型地域スポーツクラ
ブが描く「地域住民が主体的に運営する」という特徴
を前面に押し出し、地域住民をリソースの中心にもっ
てくることで、上手くいけば地域住民による自治体へ
の依存を低下させていくことができるとの算段があ
る。行政のスリム化が求められる時代において、スポ
ーツ振興に割り当てられるリソースが予算的にも人材的
にも困難になる中、従来のような行政主導の形に依存
されてしまっては到底立ち行かなくなってしまうとい
う、行政組織としての強い意向があるためである。つ
まり総合型地域スポーツクラブをめぐっては、スポー
ツ振興の今後の**ガバナンス**[4]のあり方を問題化する
行政側に対して、住民の関心は主に「施設の利用の仕

*3　toto：
スポーツ振興くじのことであ
り、一般的には「サッカーくじ」
と呼ばれる。サッカーの指定
された試合の結果あるいは各
チームの得点数を予想して投
票する公営ギャンブルのこと。

*4　ガバナンス：
支配、管理、統治のこと。法
的拘束力もしくは上位圧力を
行使して統治する「ガバメント」
に対して、集団が自らを健全
に統治することを指す。

第6章　スポーツと社会

方」や「活動経費の補助」に向けられ、両者の視線が向かう先は大きくすれ違う事例も決して少なくない。行政側は、総合型地域スポーツクラブの設立を通して、図6-7-1に示したような「理念」として行政と市民の役割分担による将来的な発展を想定するが、住民側は、この問題を決してそのようには捉えず、例えば、総合型地域スポーツクラブと名乗ることによる助成金の獲得や既存の組織形態や活動場所の確保など、もっと身近なところと結びつけて捉えようとする。時勢に適したスポーツ空間の形成を図りながら、スポーツ実施率を向上させるのに不可欠な施策とされる総合型地域スポーツクラブだが、実際の経緯から浮かび上がってくることは、住民のまちづくりへの関心の高まりを操作的に行政の負担軽減策として利用し、スポーツ振興のコストを地域・住民がみずから引き受けるようにし向けることを狙ったところに、総合型地域スポーツクラブ育成へと傾く推進力が働くという実態である。

3.　人々の生活と人々のスポーツ実践の間を引き離しているものは？

　人々の生活と人々のスポーツ実践の間を引き離しているのは、「身近に活動場所がない」[*5]といったような物理的な距離なのだろうか。ここで私の実体験についてふり返ってみよう。今から10年以上前のある日、久しぶりに妻とバドミントンがしたくて、近所の総合型地域スポーツクラブのバドミントン活動を訪れたことがある。メンバーの皆さんは私たちを歓迎し、活動場所を仕切るスタッフの人は、ラケットの握り方から振り方までとても丁寧に「指導」してくれた。おそらくバドミントンに長年関わってきた「**有資格**」指導者[*6]なのだろう。だけど、ただラケットを握ってバドミントンを楽しめればそれでよかった私と妻にとっ

＊5　スポーツ参加の阻害要因：
スポーツ参加を遠ざけている理由として、「身近に活動場所がない」「スポーツをする時間がない」といった回答が、長年にわたり代表的なものとなっている。

＊6　有資格指導者：
日本スポーツ協会（かつての日本体育協会）では、2018年現在、年齢（発育発達段階）や技能レベル、興味や志向など多様なスポーツ活動に対応するため、指導対象や活動拠点を考慮し5領域14種類の資格者を養成している。

第7節　総合型地域スポーツクラブの現状と課題

て、そのひとときは楽しいものとはならなかった。久しぶりにバドミントンがしたかっただけなのに、立ち入った空間は「教える側―教えられる側」という境界線で縁取られ、まるで体育の授業でも受けているかのように感じられた。それから私と妻が、その総合型地域スポーツクラブに足を運ぶことは二度となかった。

こんな体験もあってのことか、総合型地域スポーツクラブのようなものが身近にできれば、人々はスポーツに参加しやすくなるなどとは、私には到底思えないのだ。日常的にスポーツ活動から遠ざかっている人や日々の暮らしに追われて疲れている人が、「教える側―教えられる側」という境界線の中で貴重な余暇時間を過ごしたいと思うのだろうか？「教える―教えられる」という関係性に慣れている人は、きっと普段からスポーツを実践している人で、総合型地域スポーツクラブがターゲットにした層はもともとそんなところにない。そこで目標とされたのは、「スポーツ実施率の向上（成人の週1回以上のスポーツ実施率が2人に1人になることを目指す）」だったはずだ。そのことはつまり、スポーツにあまり慣れ親しんでいない初心者や入門者たちを継続的なスポーツの実践へと結びつけていくことのできる指導者が求められているということなのだ。私たちを教えてくれた指導者はそうではなかった。一体どのような指導者の研修をしたら、そんな有資格指導者を養成することができるのだろう？

総合型地域スポーツクラブを全国に普及させようとするならば、働きかけなければならない領域は指導者養成の領域だけに止まらない。参加者に対しても大きな変革が必要になる。これからは「主体的に」スポーツに取り組むことが重要だと国はいう。しかし、学校体育の中で主体的にスポーツのプログラムを組んだ経験のある人が一体どれだけいるというのだろう。私の

345

第6章　スポーツと社会

時代に体育といえば、体育教師の指示に従うことが第一に求められた。部活動の指導には熱心だったが、その熱心さを授業の中で感じられる機会は少なく、スポーツ活動を自分たちで組み立てることとはおおよそ無縁な環境だった。指示に従えなかったときの怖さが先にたつような面々が思い出深い先生として今でも脳裏に焼きついているが、大会ではいつも好成績を挙げ、周囲からは「優秀な」指導者と評価されていた。こんな時代を過ごした世代に、今更「主体的に」スポーツに取り組んでといわれても当惑してしまう。なぜならそんな「術（すべ）」をほとんど教わってこなかったのだから。それなら、生涯スポーツ社会につながるような学校体育のあり方を本格的に検討する必要はないのだろうか。

スポーツをする傍ら、ビール片手に賑わえるドイツのスポーツ環境の素晴らしさを学生時代に学んだ若者は、地元でそれを実現できる日を夢見て総合型地域スポーツクラブを立ち上げた。だが、その夢がかなう道程はまだはるか遠くにある。今なお多数のスポーツ施設で大々的に掲示される「飲食禁止」の張り紙が、当分の間そうした彼の夢の実現を許してくれそうもないからだ。彼の夢を実現するには、スポーツを懸命にする人々の横で、飲食することがどれだけ「不謹慎」なものであるかを幼少の頃から刷り込んできた価値観そのものを大きく転換しなければならない。そうすると、ヨーロッパ型のクラブ[*7]を追慕させる総合型地域スポーツクラブが働きかけるべき矛先は一体どこに向けていく必要があるのか？　飲食行為とスポーツ活動が切り離されている実態を結びつける回路は、総合型地域スポーツクラブの設立という回路を迂回するだけでつながるようなものなのか。価値観の転換を迫る働きかけが必要になる領域はあまりに広大である。

[*7]　ヨーロッパ型のクラブ：単一種目型のクラブが多数を占める日本のスポーツ環境とは対照的に、子どもから高齢者、障害者まで、あらゆる層を取り込みながら、多様なスポーツを愛好する人々が参加できる総合的なスポーツクラブのこと。

第7節　総合型地域スポーツクラブの現状と課題

「サッカー禁止」の看板が掲示された公園で、単なる「ボール蹴り」をするのに、その看板を気にしながら興じなければならない親子や、禁止の掲示に従いボール蹴りをしないまま残念そうに引き返す親子の姿を私たちはどう捉えるべきなのだろう？　それとは対照的に、ミニゴールを公園に持ち込み、看板のことを意に介さず芝生の広場を堂々と占拠しながら、平気でサッカーの練習をやってしまう集団もいる。そうしたスポーツ実践のアクター*8たちが併存する光景を私たちはいかに捉えていくべきなのだろう？　もし、その集団が日頃から公園の清掃活動に積極的に協力し、芝生を傷めない程度のプレイに自重しながら、利用者のほとんどいない早朝の特定の時間帯だけに限定して活動していたとしたら、「サッカー禁止」の看板をわざわざ設置する必要があっただろうか。私が公園の利用者の一人だったとしたら、そうした気配りをしながら活動をする彼らを少なくとも疎ましく思うようなことはなかったかもしれない。そんな意識を芽生えさせるには、いかなるスポーツ教育が必要になるのだろう。

　いずれのスポーツシーンも、みんなスポーツをしたいという点では共通する。でも「何か」が欠けている。そうしたスポーツ実践の光景に欠けているものとは一体何なのだろう？　そんな身近な問題をひとつひとつ考え始めることからしか、総合型地域スポーツクラブが掲げる壮大な目標は達成できないのではないか。その何かを少しずつ埋めていく先に、生涯スポーツ社会を具現化していくヒントがあるように思う。そしてその何かは、総合型地域スポーツクラブを育成することだけで収斂できるものでは決してない。ならば、生涯スポーツ社会を実現しようとする大きな目的に近づくために、もっと別の方策を先に講じておく必要があるのではないか。地域には、「薔薇色」に描かれ出さ

*8　アクター：
物事に関係する様々な主体、
行為者のこと。

第6章　スポーツと社会

れる総合型地域スポーツクラブの理念と、そうしたクラブ運営に果敢に取っ組み合うクラブ運営のスタッフたちがいる。そしてその一方で総合型地域クラブ設立を求められ、いまだ「棘（いばら）の道」の中で立ち尽くす人々がいる。総合型地域スポーツクラブを礼賛し、それを推進しようとする人たちは、そんなコントラストが織り込まれた現実にも是非目を向ける必要がある。

参考資料

　文部科学省（2004）『文部科学省事業評価書：平成17年度新規・拡充事業及び平成15年度達成年度到来事業』

　小林勉（2013）地域活性化のポリティクス，中央大学出版部

※本稿は上記の拙著をもとに、「総合型地域スポーツクラブ」をキーワードとしながら、大幅に加筆修正しながらまとめなおしたものである。

問　題

(1) 総合型地域スポーツクラブとは何か。その特徴と推進されてきた背景について説明しなさい。

(2) 人々の生活と人々のスポーツ実践の間を引き離しているものとして何が考えられるか説明しなさい。

（小林　勉）

第8節　スポーツと環境問題

【概　要】

　きれいな空気や水が存在しなければ、どんなスポーツであれ続けることは困難である。もし、このまま地球温暖化が進んで雪が降らなくなったら、自然の雪山でスキーやスノーボードを楽しむこともできなくなってしまうだろう。一見、関係性が薄いように思えるスポーツと環境問題であるが、実は密接な関わりがある。ここでは、五輪やリゾート開発をめぐる問題を通して、自然環境とスポーツとの今後の良好なあり方について考えていく。

1. 冬季五輪（アルペンスキー滑降）と
自然環境問題

　アルペンスキーは自然の雪山で行うスポーツである。しかし、スキー場にはリフトが架設されていたり、コースを整備するための圧雪車が配備されていたりするなど人工的な要素も点在している。このように、半自然・半人工の様相を織りなしていることに、スキー場の環境的特質がある。

　数あるアルペンスキー競技のなかで最もスピードの出るのが、滑降（ダウンヒル）種目である。トップ選手ともなると平均100km/hを超える猛スピードで斜面を滑り降りる。スピードが出る分、長いコース斜面（3km程度）が必要となるため、滑降コースの開発・整備をめぐっては、従来、自然保護の観点からその是非が議論されてきた。

　たとえば、'72年の札幌冬季五輪では、札幌近郊に既設コースがなかったことから、支笏湖のほとりにそびえる恵庭岳に目がつけられ、その原生林を伐採してコースが新設されることになった。国立公園内の約40haが8億円以上の費用（当時）をかけて伐採さ

349

第6章　スポーツと社会

*1
1972年11月に、次の五輪（76年）開催地だったアメリカのデンバーが環境保護団体から抵抗を受けたことなどを理由として開催を返上したのとは対照的である。

れたが、大会後は原状回復することを条件としての開発許可だったので、五輪後に再び2億円以上をかけて植林が行われた。それから40年以上を経た現在、森林はある程度回復されたとする見方がある一方、元々の原生林とは明らかに樹木の大きさ（樹齢）に違いがあるため、100年単位でその推移を見守らないと植林が本当に成功したのかどうか判断できないとする慎重な見方もある。五輪という国家的な一大プロジェクトの影で、スポーツにともなう開発が自然環境に深刻なダメージを与えうることを社会に知らしめる出来事となった*1。

'70年代後半以降、地球規模で環境問題が進行してきたことを背景として、環境保全と五輪（スポーツ）との両立が問われるようになってきたIOC（国際オリンピック委員会）では、'94年"スポーツ"と"文化"を柱としていたオリンピックムーブメンツに新たに"環境"を追加し、スポーツが自然環境とともにあるという姿勢を前面に打ち出すに至った。また、同年に開催されたノルウェーのリレハンメル五輪においては「環境にやさしいオリンピック」がスローガンとされ、世界各国から高い評価を受けた。こうした流れは続く'98年の長野五輪にも継承され、大会理念として「自然との共生」が掲げられることになった。しかし、

表 6-8-1　冬季五輪と自然環境問題

年	会　場	出　来　事
1972	札　幌	アルペンスキー滑降コースを恵庭岳の原生林を切り開いてつくる
1972	デンバー（アメリカ）	76年の五輪開催地に決まっていたが、大会を返上する〈環境問題と開催費高騰をめぐって住民投票が行われた結果〉
1994	リレハンメル（ノルウェー）	「環境五輪」として高く評価された〈「使用後は土に戻る」皿の使用、バイアスロンの鉛の弾丸は全て回収など〉
1998	長　野	アルペンスキー男子滑降コースをめぐるFISとNAOCの対立
2018	ピョンチャン（韓国）	アルペンスキー滑降コースを保護地域の原生林を切り開いてつくる〈コース建設に204億円、大会後の復元に51億円（予算めどなし）と試算〉

第8節　スポーツと環境問題

はからずもアルペン男子滑降コースをめぐって再び自然環境問題が顕在化することとなる（表6-8-1参照）。

2. 環境重視か競技重視か　〜長野五輪の滑降問題〜

　もともと長野五輪の招致段階における男子滑降コース候補地は、志賀高原の岩菅山[*2]であった。ここを競技会場（コース）とするには新たな開発が必要であったが、自然保護団体等から強い反対を受けたためこれを断念し、その代替地として白馬八方尾根の既存コースへ会場が移された経緯がある。このとき、国立公園の第一種特別地域[*3]の外側にある標高1,680mをスタート地点とするコース計画案が承認されていた。長野オリンピック組織委員会（NAOC）では、1,680mスタートでもゴールまで標高差800m以上あって競技規則に合致するため事足りると考えていたようである。

　これに対して、競技を統括する国際スキー連盟（FIS）は、五輪は世界最高の競技舞台たるべきであり、標高1,680mスタートではコースが短すぎるので、これを延伸するためにスタートは標高1,800mまで引き上げる計画に変更するよう要求し、1,680mスタートを主張するNAOCと真っ向から対立することになった（表6-8-2参照）。五輪開催の二カ月前の話である。

表6-8-2　八方尾根の滑降コース概況（NAOC案とFIS案の対比）

	スタート地点	標高差	コース全長	予想タイム
NAOC案	標高1,680m	840m	3,000m	1分28秒
FIS案	標高1,800m	960m	3,450m	1分44秒

※平均速度　114km/h　（NAOC案でのW杯公式練習時）
※競技規定：標高差＝男子800m〜1,100m　女子500m〜800m

　1,680mからでも1,800mからでも既存コースを滑ることに変わりなく、札幌大会のときのように原生林を

*2
岩菅山（いわすげやま）
志賀高原スキー場の隣にある標高2,295mの山。日本二百名山の1つ。国立公園ながら観光地開発されて全国一を誇る規模のスキー場となった志賀高原に隣接する岩菅山であるが、ここまでは開発が及ばずに手つかずの貴重な自然が残されている。

*3
第一種特別地域とは
「学術研究その他公益上必要と認められるもの」などの例外を除き、工作物の新築（仮設物を含む）、土石の採取、木竹の伐採など自然環境を改変する行為が禁止されている場所。
滑降スタート地点やコース周辺に必要となるテント類やカメラ台、ネット、計時施設などを雪面に設置することは「工作物の新築」にあたり、五輪といえども例外規定に該当しない。
しかし、そこをスキーで滑ることについては、禁止事項として明示されていない。

第6章　スポーツと社会

伐採して新たなコースづくりをするわけではない。したがって、自然環境破壊につながることは一見なさそうである。しかしながら、標高1,680mより上のコースには、一部に"国立公園第一種特別地域"が含まれる（図6-8-1参照）。高山植物が豊富なこのエリアをオリンピック選手が滑るのは、「自然との共生」を理念に掲げた大会の運営方針に反するというのがNAOCの立場であった。

〈NAOCおよび環境保護派〉

・1,680mからのスタートでも、競技規則上の標高差の基準（800m〜1,100m）を達成している。「自然との共生」の理念にてらし、高山植物など貴重な自然が残される国立公園の第一種特別地域をオリンピック選手が滑るべきでない。オリンピックを通して選手たちは、スポーツが自然を傷つけないことの率先垂範を示して欲しい。

・スタート地点の引き上げを行わずに標高差を確保するために、ゴールエリアを下げて一帯のミズナラ林を伐採するなど、大規模な工事をすでに実施した経緯がある。これ以上、自然にダメージを与えることはできない。

〈FISおよび競技重視派〉

・リハーサルを兼ねたプレ大会の結果、NAOC案だと優勝タイムは1分30秒を切り、過去の五輪に比べ15秒から30秒も短いので、フロックで優勝者がでかねない。正当に実力が評価（順位づけ）されるよう競技者の権利が守られるべきである。

・国立公園第一種特別地域というが、その実態はリフトを架けてスキー場として営業されている[*4]。一般スキーヤーが年間60万人も滑っているコースなのに、オリンピック選手70人がそこから締め出されなければならない理由が理解できない。

図6-8-1

長野五輪男子滑降コース案（大会2カ月前）

*4
〈スキー場営業が先で、第一種特別地域への指定が後〉
1981年　リフト架設
1984年　第一種特別地域に指定、地域内をスキーで滑ること自体は禁止されていないため営業を継続
1993年　リフトの輸送力を増強、年間60万人のスキーヤーが滑る紛れもない「スキー場」（当時）
1998年　長野五輪

352

第8節　スポーツと環境問題

3. 長野問題とその後

　NAOCとFISとの度重なる協議の結果、競技は標高1,765mをスタート地点として実施された。第一種特別地域をわずかに通るが、安全ネットなどの工作物を特別地域内には設けない*5、特別地域はジャンプして通過するなどの配慮がなされた。自然環境に一定の配慮をしながら、難易度を落とさない工夫のなか競技が実施され、結果としては、優勝候補のヘルマン・マイヤー（墺）を含む15選手が途中棄権する波乱の展開となった。ジャンリュク・クレティエ（仏）の優勝タイムは1分50秒11であり、過去の五輪の優勝タイムと比較しても遜色なかった。

　終わってみれば、FISの要求をほぼ飲まされる形で決着したこの問題であるが、はたして開催国（地）に住む私たちには何が残されたのか。長野五輪を経た今も、この場所は依然としてスキー場の営業が続けられ多くの一般スキーヤーが滑っている。ただし、植生等への配慮から、積雪が150cmになるまでは圧雪車によるコース整備やリフト稼働をしないように変わった。小雪の年は1月以降にオープンがずれ込むので、スキー場の売り上げにとっては大きな痛手となるが、自然あってこそのスキーであることが経営側にも理解されているようである。また、県などが整備した競技施設や関連施設周辺の自然環境について総合的な追跡調査も行われてきている。さらに、この問題をきっかけにして地元関係者らが「八方尾根自然環境保全協議会」をつくり、荒れた山肌の植生回復等に継続的に取り組むなど、主に地域社会において自然環境問題に対する意識改革や新たなアクションが起こされるようになったことは大いに評価できる。しかしながら、地元以外の場所で本件の教訓がどれほど活かされているかについ

*5
▼スタート地点に設置された小屋

こうした建造物や防護ネットなどを特別地域内に設置するのは明らかに法令違反となる。（夏に撮影）

▲夏山登山者に自然環境への配慮を呼びかける看板（第1種特別地域付近で撮影）

第6章　スポーツと社会

いては、いささか疑問の余地がある。そうした反省の上に立つならば、隣国で行われた'18年ピョンチャン五輪において、すでに札幌や白馬で経験済みであるはずの同じような失敗が場所を変えて再び繰り返されている現実に対して、もう少し私たちも関心を向ける必要があるのではないだろうか。

4.　オリンピックムーブメンツと環境

　スキーのような"アウトドアスポーツ"は、自然環境を活動の場とするため、そこでの人々の行動のありさまが直接的に自然に影響を与えることになり、自然環境問題を引き起こしやすい側面がある。他方、競技スポーツでも近年の"みる"スポーツの隆盛等によって、環境への負荷が無視できなくなってきている。一例として、巨大化するスタジアムの問題がある。競技の実施場所（フィールド）に加えて観客の収容場所（観客席）をできるだけ多く備えるよう設計されるため、どうしても大規模な構造物とならざるをえない。世界には10万人超収容のスタジアムもすでにいくつか誕生している[6]。都市が成長・拡大していけば、それに呼応してスポーツ施設も巨大化していくのは、ある意味で自然な流れかもしれない。しかし、オリンピックなどメガ・スポーツイベントの開催を契機として、

*6
20年東京五輪・パラリンピックのメイン・スタジアムである新国立競技場の収容人数は68,000人で国内最大規模である。しかし、諸外国のスタジアムと比較すると、それでも"小粒"といわれる。

表6-8-3　スポーツと環境に関するIOCの動き

1992年	国連環境開発会議：地球サミット（リオ）「アジェンダ21」を採択
1994年	IOC創立100周年記念コングレス（パリ）「スポーツと環境」に関する討議
1996年	オリンピック憲章 規則2-IOCの使命と役割に「環境問題」「持続可能な発展」を盛り込む
1999年	IOC総会（ソウル）「オリンピックムーブメンツ アジェンダ21」を採択
1999年	第3回スポーツと環境世界会議（リオ）「オリンピックムーブメンツ アジェンダ21」を承認

354

第8節　スポーツと環境問題

巨大スタジアムの建造に拍車がかかっていることもまた事実である。今日、オリンピックが名実ともに世界最大のイベントへと成長したことにともない、その社会的責任として、「持続可能な開発」について最大限に配慮して大会を主催することが望まれている（表6-8-3参照）。

　こうした流れのなか、IOCでは'96年にオリンピック憲章の規則2"IOCの使命と役割"に「環境問題に関心を持ち、啓発・実践を通してその責任を果たすとともに、スポーツ界において、特にオリンピック競技大会開催について持続可能な開発を促進すること」という条文を追加した。また、それに関しての具体的な目標を示す"オリンピックムーブメンツ アジェンダ21"（表6-8-4参照）を採択し、スポーツと環境との良好なあり方について多くの提言をしている。

5. リゾート開発とリゾート法

　'64年東京五輪の際には東海道新幹線や首都高速が、'72年札幌五輪では新千歳空港が、'98年長野五輪では長野新幹線と上信越高速・長野道がそれぞれ整備された。メガ・スポーツイベントと経済界・産業界

表6-8-4　オリンピックムーブメンツ アジェンダ21（抜粋）

3.2.2 環境保全地域および地方の保護
　スポーツ活動、施設やイベントは、環境保全地域、地方、文化遺産と天然資源など全体を保護しなければならない。（略）

3.2.3 競技施設
　既存の競技施設をできる限り最大限活用し、これを良好な状態に保ち、安全性を高めながらこれを確立し、環境への影響を弱める努力をしなければならない。既存施設を修理しても使用できない場合に限り、新しくスポーツ施設を建造することができる。（略）

3.2.4 スポーツ用品
　オリンピックムーブメントのメンバーが、再生可能な自然な物を利用した用品のような、環境にやさしいスポーツ用品を優先的に使用するよう奨励する。商品の輸送、流通のためのエネルギー消費を最小限に留め、できるだけ現地の製品を利用することを奨励する。（略）

第6章　スポーツと社会

*7
リゾート法：
正しくは、「総合保養地域整
備法」という。
施　行：1987年6月
目　的：ゆとりある国民生活
　　　　の実現、地域の振興
手続き：各都道府県が『基本
　　　　構想』を作成し国が
　　　　承認
利　点：税制上の優遇、優遇
　　　　金利の適用、各種の
　　　　支援、保安林解除、
　　　　国有林野の活用、農
　　　　地転用
構　想：年間利用者1億6,000
　　　　万人以上、5万人以
　　　　上の雇用促進、地元
　　　　産品の販売370億円
　　　　を見込む
2004年2月に基本構想の廃
止も含めて抜本的に見直しを
求めていくことが決定した。

とが結びつきながら社会的基盤の整備が進められてき
た歴史を如実に物語るものであろう。"開発優先"を
うたう中央資本によって、巨大なホテルを併設したス
キー場、ゴルフ場、マリーナといったリゾート施設が
建設されるのもこうした延長線上にあるのかもしれな
い。リゾート開発は、バブル経済期（1985～1990年頃）
に全国で活発化していったが、それには次のような背
景があった。

(1) 生活の質の転換
　　（自由裁量所得と自由裁量時間の増大＝「豊かさ」）
(2) 先行リゾート、テーマパークの成功例
　　（北海道アルファ・トマム、岩手安比高原、長崎
　　オランダ村など）
(3) 投資条件の緩和
(4) 総合保養地域整備法（リゾート法）の施行

なかでも、リゾート法[7]の影響が大きかったと指
摘する声が多い。リゾート法は、自然豊かな場所にリ
ゾート施設を整備することを目的としており、一定の
条件を満たせば、①環境保全に関する規制措置の大
幅緩和、②財政上の優遇措置、③道路や上下水道な
どの公共施設の整備と国有林野の活用、が受けられ
るというものである。もし、法制化されれば、我が
国の豊かな自然環境が深刻なダメージを受けかねな
いことが当時から危惧されていたが、そうした批判
をよそに'87年に施行されることとなった。施行後、
「リゾート法の対象となる『特定地域』の面積は、合
計約660万ha・国土面積の約18%にのぼった。それ
は、九州と四国とを足し合わせてもまだ足りないほ
どの広大な『良好な自然条件を有する土地』が、リ
ゾート開発の対象になったことを意味する」[1] もの
であった。しかしてその開発構想（内容）はという
と、どれも「『金太郎飴』と評されたように、いずれ

356

第8節　スポーツと環境問題

においてもゴルフ場・スキー場・マリーナにホテルがセットされた、画一的な巨大施設整備中心の構想が勢ぞろいしたもの」[1]であった。参考までに、全国のゴルフ場総数は、リゾート法の施行をはさんで1.6倍程度となっている。こうした数字の伸びが、一人あたりGDPの推移とほぼリンクしている点も非常に興味深い（図6-8-2参照）。

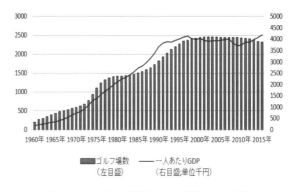

図 6-8-2　国内ゴルフ場数と一人あたり GDP の推移
（日本ゴルフ場経営者協会資料、内閣府資料より作図）

　豊かな国民生活の実現にとって、自然のなかで保養したり、伸び伸びとスポーツをしたりできるリゾート施設は不可欠であろう。また、目ぼしい産業のない地方においてリゾート関連による雇用が創出されることも重要である。しかし、それにともなう開発が、①各地で一度期かつ大規模に、②その地域の特色をうまく打ち出せないまま画一的に、また、③自然環境への影響が十分に顧みられずに展開されていったのは問題であった。実際、リゾート法に基づく総合保養地域の整備は全国でどのくらい進められたのか。これについて国土交通省[2]は、施設の整備進捗率は24％、施設の利用者数は当初見込み比で43％、雇用者数は同22％という状況（2003年現在）であったと報告している。バブル崩壊という激しい経済情勢の変動があり、実に7割以上の基本構想（計画）が頓挫したことになる。奇しくも計画通りに国土が開発しつくされることは回避できたものの、先行する大型リゾートの倒産などが重なり、各地にリゾート開発の爪痕ともいうべき廃墟が残される結果となった。採算の見込みがなくなれば

第6章　スポーツと社会

営業から撤退するのは経営セオリーであろうが、一度
開発が着手された自然はそう簡単には元に戻らないこ
とを私たちはしっかりと肝に銘じておかなければなら
ない。

6. 環境アセスメント制度への期待

　リゾート建設による乱開発を防ぐには、環境への影
響を事前に評価し、その結果によっては建設工事の変
更や中止を求める「環境アセスメント制度」を整えて
いくことが法施策の面からは有効であろう。ただし、
'97年に施行された環境影響評価法（環境アセスメン
ト法）は、高速道路、空港、干拓等の大規模事業13
種のみを対象としており、ゴルフ場やスキー場などの
リゾート施設は対象事業とされていない。そこで、対
象事業を13種よりも拡大してリゾート開発にも適用
が可能となるような地方公共団体（各都道府県）によ
る「環境アセスメント条例」の整備に期待したいとこ
ろである。しかし、現実にはそうした条例が制定され、
かつ有効に機能している例をほとんど見ない。日弁
連[1] によれば「地方公共団体の環境アセスメント制
度が面積主義を採り、対象事業をしぼっていることか
ら、実施されなかったものが多い。実施されたもの
でも、開発の追認的な内容を出ることはなく、実効性
を持たなかった。例えば、西表島のリゾートホテル建
設計画の場合、当初計画が14haと沖縄県条例の定め
る20haを下回ることから、環境アセスメントを全く
実施せずに県の許可が出されるという事態になってい
る」というのが実情である。今後の課題として、対象
事業や対象面積を限定しない環境アセスメント制度を
確立していくことが急務であろう。

第 8 節　スポーツと環境問題

7. 私たちの身近なスポーツ実践にあたって

　五輪あるいはリゾート開発が自然環境に及ぼす諸問題には、社会経済情勢や国の施策などさまざまな要因が複雑に絡み合うため、具体的な解決策を見出すのはそう簡単でない。しかしながら、スポーツに関わる私たちが、環境保全に向けて自分たちにできることにコツコツと取り組んでいくことは今すぐにでも始められる。ここでは、そうした具体例についていくつか紹介したい。

　JOC（日本オリンピック委員会）では、「IOC スポーツと環境・競技別ガイドブック」を参考にして、JOC 版マニュアルを作成している[3]。その環境スローガンは、Think Globally Act Locally［地球規模で考え、足もとから行動する］である。このマニュアルでは、スポーツを通して個人で取り組める環境アクションとして、次のようなことを挙げている。

・短距離移動は徒歩か自転車、長距離移動はできるだけ公共交通手段を利用する
・自動車を利用する場合は、相乗りやカーシェアリングを行う
・水筒を持ち歩き、ペットボトルの使用を減らす
・ゴミの持ち帰りや分別を徹底する
・マイバッグを持ち歩く
・シャワーはこまめに止める、間隔をあけずに入浴する
・可能な限り、環境基準を満たす製品（エコラベル、グリーンマーク等）を使用する
・自然環境中に直接排泄物や廃水を投棄することを避ける
　（登山やトレッキングでは携帯トイレを持参する等）
・道具、器具はできるだけ長く使う

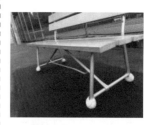

▲廃テニスボール
椅子のガタツキ防止として、使用できなくなったテニスボールを再利用（リユース）している。

第6章　スポーツと社会

▲八王子北野余熱利用あったかホール（東京）
隣接するゴミ焼却場からの余熱（ゴミ焼却熱）を館内の温水プールや暖房などに利用している。

▲八王子市立戸吹スポーツ公園（東京）
ゴミ最終処分（埋め立て）場の跡地に整備された9.8haの運動公園。サッカー場、テニスコト、スケートパーク、クライムロック、芝地などがある。間近に見える煙突は隣接する焼却場のもの。

（廃テニスボールを机や椅子の足につけて床との緩衝に使用したり、折れたバットで箸をつくったり等）
・その他

　一方、現役アスリートや元アスリートの環境アクションとして、彼/彼女らの知名度やメディア露出度、ファンからの注目度等を活用して、次のような行動を期待している。
・スポーツを通じて環境保全意識を高める
・メディアで積極的に環境に関する発言をする
・海外への遠征時に感じた世界の温暖化をはじめとする環境問題の現状を訴える
・スポーツ教室などを通じて、子どもたちに環境問題についての教育を行う
・その他

　以上、見てきたように、私たちが日頃スポーツを行う際に重要なことは、第一に、それぞれがそのスポーツ活動による自然環境へのダメージをできるだけ減らすよう配慮し、それを着実に実行することである。そして第二として、スポーツ界が率先して環境保全に関する啓発活動を行っていくことである。世界中で何十億人にもいるスポーツ愛好者の意識と行動が変われば、やがてはそれが世界的なムーブメントへと発展し、地球上の環境問題は徐々に良い方に向かっていくと考えられる。

8. まとめ

　スポーツは、今や単なる遊興にとどまらず、消費活動あるいは経済活動としての側面を持つ。自然環境を損なうことなく、将来にわたってスポーツを永続させていくには、「持続可能な開発」に配慮しながら社会、

第8節　スポーツと環境問題

組織、個人がそれぞれ活動を展開していくことが重要である。そのために、社会においては法制度などの基盤整備を進めるとともに、個人においては自然環境に配慮した形のスポーツ実践を浸透させていくことが望まれる。ある時はスポーツ（イベント）について外部から客観的に検証・批評し、またある時はスポーツ実践者の立場から内部において知恵を絞って行動し、社会に向けて積極的に情報を発信していくことが重要である。

引用文献

1) 日弁連（2004年）「リゾート法の廃止と、持続可能なツーリズムのための施策・法整備を求める決議」
2) 国交省（2003年）「総合保養地域の整備—リゾート法の今日的考察—」
3) 日本オリンピック委員会（2008年）「『IOC スポーツと環境・競技別ガイドブック』マニュアル」

問　題

（1）五輪などのスポーツイベントにおいて自然環境に配慮しなければならない理由は何ですか。

（2）「環境にやさしいスポーツ」を実現するためにはどのような取り組み（活動）が必要だと考えますか。“するスポーツ”“みるスポーツ”“支えるスポーツ”の3つの立場からその具体的な取り組み（活動）例を示しなさい。

（布目　靖則）

第6章　スポーツと社会

第9節　スポーツとアンチ・ドーピング

【概　要】
　世界アンチ・ドーピング機構設立前と後の歴史や現行のアンチ・ドーピング・ムーブメントについて学び、また、アンチ・ドーピング活動によりスポーツに内在する固有の価値を護り育むことについて涵養していく。

〔キーワード〕
・アンチ・ドーピング
・スポーツの価値
・世界アンチ・ドーピング規定

*1
近代オリンピックの父クーベルタンが提唱したオリンピズム（オリンピックのあるべき姿）に"スポーツを通して心身を向上させ、さらには文化・国籍など様々な差異を超え、友情、連帯感、フェアプレイの精神をもって理解し合うことで、平和でよりよい世界の実現に貢献する"と示される。

1. スポーツの価値を"護り"育むアンチ・ドーピング

　スポーツ活動は、身体の機能性の向上や健康増進に留まらず、スポーツが持つ固有の楽しさに触れられる魅力がある。スポーツには、スポーツ活動を通して自己に内在する個性を磨き、そのプロセスを通して高めることができる「**スポーツの精神**」が内在する。これらはスポーツ固有の価値としてスポーツ基本法やオリンピックの精神（オリンピズム）*1にも表されている。高められたスポーツの精神は無形の財産となり得よう。**スポーツ観戦者**も同様である。素晴らしいパフォーマンスやひたむきに打ち込む姿に勇気や憧れ、尊敬の念を抱く。勝利や成功の体験はわずかで、敗北、失敗の悔しさや挫折等、ままならない状況を受け止めることの方が多いであろう。それでも、ありのままを受け止め、ライバルを認め尊敬し、正々堂々と競い合う真摯な姿に魅力を感じる。しかし、**ドーピング**はスポーツの精神やフェアネスに反し、スポーツの価値を破壊する行為である。ドーピングとは、禁止物質や禁止方法により競技能力を高め、意図的に自分だけが優位に立ち、勝利を得ようとするものである[1]。スポーツの価値とクリーンなスポーツ環境を護るために、**アンチ・**

362

第9節　スポーツとアンチ・ドーピング

ドーピングは必須のムーブメントである。

2. ドーピングの歴史と背景

　人は、疾病や怪我などの様々な局面において医療や薬物の恩恵を受けてきた。ドーピング（doping）の語源は諸説あるが、アフリカの民族の言葉で、祭礼や戦いの際に飲む強い酒が「dop」とされる[2]。薬物の使用により競技力向上を目指す概念と深く関係する歴史も残されている[*2]（表6-9-1）。

　「Dope」の英字辞典掲載は1886年で、当時は競走馬への薬物投与がドーピングの認識だった[2]。その後、人間を対象とした薬剤投与へと意義が変化し、20世紀に入ると現在のプロスポーツであるサッカーや自転車、ボクシング等で**薬物使用**がなされた。ライバル選手が不利になる薬物を使用させて競技力低下を狙うパラ・ドーピングも出現した。1940年ごろにはドーピングが蔓延していった。1950年代にはツール・ド・フランスで多数のドーピング事例が発覚[*3]。1964年**東京オリンピック**開催後、**国際オリンピック委員会（IOC）**は医事委員会を再編成し、1968年に正式にドーピング検査導入と**禁止物質リスト**が定義されたが、スポーツ界の自主的規制形態に留まっていた。

　その後、ドーピング違反は徐々に摘発されるようになったが、歴史的な違反事案が巻き起こる。1988年ソウル夏季オリンピック陸上競技男子100m走で優勝したベン・ジョンソン（カナダ）がレース後のドーピング検査で陽性反応を示し、金メダルが剥奪された[*4]。金メダリストの不正行為はスポーツにネガティブな印象を与えた。2015年には、ロシアによる組織的ドーピングの事件が明らかになり、世界中を震撼させた。この騒動により、国際競技連盟や、各国のアンチ・ドーピング機関など、アンチ・ドーピングに関わる組織に

[*2]
古代ギリシャでは競技会に出場する選手に一日数キロの肉を食べさせて筋肉の発達を促す試みがなされた。古代ローマでは戦闘用の馬車で競い合うチャリオットと呼ばれるレースで走る馬に蜂蜜と水を混ぜたものを飲ませた。

[*3]
ツール・ド・フランスは毎年7月フランスや周辺国を舞台に行われる自転車プロ・ロードレース。WADA設立前年1998年に大規模なドーピングが発生。仏政府を巻き込むスキャンダルに。

[*4]
ジョンソンは88年違反後に競技復帰し、92年バルセロナ大会出場。直後の大会出場時の検査で陽性、永久追放に。

第6章　スポーツと社会

表 6-9-1　ドーピングの歴史年表（文献4より引用）

年代	世界及び日本の主な歴史事項
1865 年	アムステルダム運河水泳競技で選手が薬物を用いた
1889 年	ボルドー・パリ間 600km 自転車レースで適量のトリメチールを使用し死亡
1950 年代	ドーピングが急激に広がる
1964 年	東京国際スポーツ科学会議での定義 「競技力を高めることが目的であればドーピングと認める」
1968 年	グルノーブル冬季、メキシコ夏季の両オリンピックより ドーピング・コントロールが正式にスタート、禁止物質リストの定義へ
1986 年	競技会外検査（抜き打ち検査）開始
1999 年	世界アンチ・ドーピング機構（WADA）設立
2001 年	日本アンチ・ドーピング機構設立
2003 年	世界アンチ・ドーピング規定（WADA Code）策定
2004 年	アテネ夏季五輪において出場競技団体による Code2003 受諾・実施の受理、誓約が必須化
2005 年	ユネスコスポーツにおけるドーピングの防止に関する国際規約締結：検査検体数の増加へ
2009 年	世界アンチ・ドーピング規定改定、施行（2009 Code）
2015 年	世界アンチ・ドーピング規定改定、施行（2015 Code）・（日本）スポーツ庁発足
2016 年	WADA によりロシアの組織的ドーピング問題が発覚、独立調査人の報告書公表 ロシア選手団を 2016 年リオ五輪、2018 年平昌五輪から除外などの処分へ
2018 年 10 月	（日本）「スポーツにおけるドーピングの防止活動の推進に関する法律」が施行
2019 年 9 月	モスクワ分析機関からの証拠データに改ざんの痕跡、不一致や矛盾が認められる WADA が、ロシアアンチ・ドーピング機構の資格を停止 WADA が東京五輪など、ロシアの主要国際大会への参加を 4 年間禁止
2020 年 3 月	東京オリンピック・パラリンピックが延期へ
2020 年 12 月	スポーツ仲裁裁判においてロシアは国際大会に 2 年間出場禁止決定
2021 年	世界アンチ・ドーピング規定改定、施行（2021 Code）

＊5
2000 年シドニー五輪を控えた豪州は禁止物質の流通規制や巨額の経費が費やされるドーピング検査の実施件数拡大等、当時の規制体制の限界から政府機関の介入を求めた。世界的なドーピング防止活動体制の推進に向けて各国スポーツ関係者と政府関係者が協力しシドニー五輪開催前年 WADA 設立へ。WADA は IOC を代表とするスポーツ界と各国政府が 50：50 の拠出金を負担し、協力・連携体制を取る独立組織。

おける**世界アンチ・ドーピング規定**（Code）の遵守が問われ、実効性を一層確保する必要性が指摘された。それにより、各組織を規律する目的で、Code 署名当事者の Code 遵守に関する国際基準が 2018 年に制定された。

3. 世界統一の組織、世界アンチ・ドーピング機構（WADA）の設立

　ドーピング検査活動は IOC が担っていたが、中立性や透明性の確保をすべく、公的第三者機構として 1999 年 11 月に**世界アンチ・ドーピング機構**（World Anti-Doping Agency＝WADA）が設立された[3]＊5。

第9節 スポーツとアンチ・ドーピング

以降、WADA が競技会（時）および競技会外における検査*6 の実施を担い、世界共通のルールである Code とそれに基づく **8 つの国際基準***7 の改定を遂行している。国際レベルでのアンチ・ドーピング活動の促進を目的とした WADA の活動は教育・啓発活動にも注力している。日本では、**スポーツ庁委託事業**として、日本アンチ・ドーピング機構（Japan Anti-Doping Agency=JADA）、JOC（日本オリンピック委員会）、JPC（日本パラリンピック委員会）が Code 署名当事者として役割を担っている。Code 発効は 2004 年（Code2003）で、同年アテネオリンピック開会とともに Code の受諾・実施が必須の規約として施行された 4）*8。その後、2009 年、**2015 年**の改定を経て、2021 年に 2021Code が発行された。2021Code では、教育に関する国際基準（2021 International Standard for Education = ISE）などが新たに策定され、**アンチ・ドーピングにおけるアスリートの権利宣言**（Athletes Rights Act）も打ち出されている。

4. 世界アンチ・ドーピング規定（Code）

Code を支持するアンチ・ドーピング活動の本旨は、国際、国内両レベルにおいて、ドーピングのないスポーツに参加するアスリートの基本的権利、競技の公平性・公正性、アスリートの健康を保護することである 5）。**2015Code 以降は、それまでと比較してアスリートの役割と責務**がより強調されるようになり 6）、2021Code では次の 7 項目が責務である：1. ルールを理解し守る、2. いつでも・どこでも検査に対応する、3. アスリートとしての自分の立場と責務を伝える、4. 身体に摂り入れるものに責任を持つ、5. 過去の違反を正直に伝える、6. アンチ・ドーピング捜査に協力する、7. サポートスタッフの身分を開示する。

---

*6
競技会時検査は国際競技連盟またはその他の関係するドーピング防止機構の規則に別段の定めがない限り、競技者が参加予定の競技会 12 時間前に開始され、当該競技会および競技会に関係する検体採取過程の終了までの期間に行われる。競技会外検査は競技会における検査以外に実施される抜き打ちでの検査。障がい者スポーツにおける検査は国際基準に準じた手順で障害に応じ検査手続きの変更も対応。

*7
Code 受諾・受理の誓約文を提出することが五輪参加資格付与条件である旨の条項が制定、各競技団体は誓約文提出の義務を果たし出場へ。アテネ五輪開会式で当時の IOC 委員長ジャック・ロゲ氏は開会宣言演説においてドーピングを厳しく取り締まると明言。五輪開会宣言でドーピングを取り締まる声明は五輪史上初めて。

*8
最新の禁止表国際基準に基づくウェブサイト・データベースとして Global DRO が日本を含む複数の国と言語で展開。サイト掲載の医薬品と成分の禁止のステータスのみ情報提供される。専門的知識が必要となるケースが多く、Global DRO、JADA 公認スポーツ

第6章　スポーツと社会

ファーマシスト（最新のアンチ・ドーピング規則に関する知識を有する薬剤師）とアスリートとの連携での対処が勧められる。

＊9
平等なスポーツ参加のために、適切な医療を受ける権利がある。病気や怪我の治療目的で禁止物質や禁止方法の使用をする場合、申請後に付与された禁止物質や禁止方法のみに対し特例として認められる。次の4条件を満たす必要がある。①治療をする上で使用しないと健康に重大な影響を及ぼすことが予想される②使用しても健康を取り戻す以上に競技力を向上させる効果を生まない③他に代えられる合理的な治療方法がない④ドーピングの副作用に対す治療ではない。

アンチ・ドーピング規則違反があった場合、それが意図的であるかないかに関わらずスポーツ活動の資格停止など、厳格責任が課せられる。そのため、スポーツ参加の前提条件として、Code の遵守状況をアスリート自身が証明することが一層求められる。一方で、禁止物質・禁止方法を使用して治療を行わなければ、健康に重大な影響を及ぼす場合、TUE（治療使用特例）申請を行い承認が得られた場合に服用や使用が認められる＊9。また、2021Code ではアスリートのカテゴリーについて新たな概念が示された。国際レベルで活躍する国際レベル・アスリート、全国大会などで活躍する国内レベル・アスリート、そして、全国レベルに満たない新たな概念としてのレクリエーション・アスリートである。レクリエーション層の TUE 申請は遡及的な申請対応と定められている。

アンチ・ドーピング規則違反は11項目である（表6-9-2）。規則違反があった場合には調査がなされ、聴聞会でのアスリート含む関係者の意見を述べられる機会が与えられる。アスリートの弁明が証明された場合は制裁期間が軽減される場合もあるが、意図的な違反それには値しない。万が一、決定された内容に不

表6-9-2　11のアンチ・ドーピング規則違反（文献6より引用）

No	制裁期間(年)	違反内容
1	4	採取した尿や血液に禁止物質が存在すること
2	4	禁止物質・禁止方法の使または使用を企てること
3	4	ドーピング検査を拒否または避けること
4	4	ドーピング・コントロールを妨害または妨害しようとすること
5	2	居場所情報関連の義務を果たさないこと
6	4	正当な理由なく禁止物質・禁止方法を持っていること
7	4	禁止物質・禁止方法を不正に取引し、入手しようとすること
8	4	アスリートに対して禁止物質・禁止方法を使用または使用を企てること
9	4	アンチ・ドーピング規則違反を手伝い、促し、共謀し、関与すること
10	2	アンチ・ドーピング規則違反に関与していた人とスポーツの場で関係を持つこと
11	2	ドーピングに関する情報の通報者を阻止したり、通報に対して報復すること

服がある場合、決定日から 21 日以内であれば**スポーツ中立機構に不服申し立てを申し出ることが可能である** * 10 * 11。

5. サプリメントによるアンチ・ドーピング規則違反の課題

近年の大きな課題は、**アスリートのサプリメント摂取による規則違反**である。医薬品は成分が明確であり、禁止表国際基準に定められる禁止物質・禁止方法を確認できる * 12。一方で、成分が明確な医薬品とは異なり、サプリメントや漢方には製造や成分表示を規制する明確なルールについてはどの国にも規定が定められていない。たとえば、競技力の向上をもたらす極端な告知が示されるものの中には、禁止物資が含まれる危険が多く潜んでいる。ドーピング検査で陽性反応が出たケースのうち、サプリメントの誤った使用例は増加している。近年、日本国内でもオリンピアンや大学生トップアスリートにおいて、サプリメントによる違反となる事案が生じている。検査で陽性が疑われた場合、**聴聞会で公平な立場において意見を述べること**ができる。しかし、**サプリメントによる違反は、自身を弁明する適切な理由とは見なされない。サプリメント摂取は自己責任**となる点について理解しておく必要がある。

6. UNESCO 条約におけるアンチ・ドーピングの国際規約

アンチ・ドーピングの強化体制は、**2005 年にUNESCO** * 13 **で「スポーツにおけるドーピングの防止に関する国際規約」**7) **が採択されたことに始まり** * 14、2007 年 2 月に規約が発効されて以降、ドーピング検査検体数の増加や、各国におけるアンチ・ドーピン

* 10
制裁期間中のスポーツ活動は、アスリートやコーチとしての活動のみならず、スポーツにおける事務作業やボランティア、役員等の活動も一切禁止。規則違反が累積 2 回で競技者登録でのスポーツ活動から永久追放に。悪質性が高い場合は 1 回で永久追放の可能性もありうる。

* 11
アスリートの権利として公式で公平な聴聞会に参加し、制裁の決定内容や治療使用特例（TUE）の却下等に対し不服申し立てをする権利がある。

* 12
禁止表国際基準（The List）は WADA が策定する禁止物質および禁止方法を定めた一覧表。競技会時および競技会外時において常に禁止される物質と方法と、競技会（時）に禁止される物質および方法に分類される。毎年最低 1 回は更新され、適用は 1 月 1 日。

* 13
UNESCO ＝ユネスコ条約

* 14
2005 年 10 月 19 日 第 33 回 UNESCO 総会において「スポーツにおけるドーピングの防止に関する国際規約」が全会一致で採択、2007 年 2 月 1 日に発効。186 カ国が締結(2021 年時点)。

第6章　スポーツと社会

*15
スポーツ基本計画第二十九条ドーピング防止活動の推進において「国は、スポーツにおけるドーピングの防止に関する国際規約に従ってドーピングの防止活動を実施するため、JADAと連携を図りつつ、ドーピング検査、ドーピング防止に関する教育及び啓発その他のドーピングの防止活動の実施に係る体制の整備、国際的なドーピングの防止に関する機関等への支援その他の必要な施策を講ずるもの」と制定。

*16
アンチ・ドーピングの法律制定は、スポーツ基本法を越えた個別での事案が法律化された大きな出来事。スポーツ界におけるアンチ・ドーピング、スポーツのインテグリティに関する危機感、スポーツ現場アクティビティ充実などが背景となり、現実的な執行力が付与された。

*17
日本は2020東京五輪開催国として国際的なアンチ・ドーピング推進体制の強化支援を約束し、国際水準でのドーピング検査・調査体制の充実、検査技術・機器等の研究開発の推進、情報提供体制の充実、教育・研修、普及啓発を推進している。

*18
2013年に高校学習指導要領

グ教育体制の整備が進められてきた。日本国政府は2006年12月に同国際規約を受諾し、現在では**スポーツ庁のスポーツ基本計画に、スポーツ界の透明性や公平・公正性の向上を政策目標としたアンチ・ドーピングへの取り組みが規定されている**[15][16][8]。更に、2018年6月には「**スポーツにおけるドーピングの防止活動の推進に関する法律案**」が施行された[17][18][9]。

ドーピング検査件数の増加に伴い、検査対象となるアスリート層が広がり、国民体育大会出場者全員が検査対象となった。こうした状況を鑑みると、ドーピング検査の実施が想定される参加者に向けて**禁止物質を含む医薬品やサプリメント使用に関する正確な知識の提供やリテラシー向上の教育啓発は必須といえよう**[4]。

7. スポーツの価値を護り育むアンチ・ドーピング教育と啓発活動

アンチ・ドーピング活動は、ドーピング検査と教育・啓発活動の2つに分別される。ドーピング検査の実施以来、規則違反者の摘発やペナルティが科せられてきた。ドーピング検査を実施すること自体が、意図的にドーピングを狙うアスリートやサポートスタッフに対する抑止的対策となっていた[4]。しかし、ドーピング検査の拡充や、検体分析能力が向上する一方で、**禁止物質や禁止方法を用い、エルゴジェニック効果**[19]を頼る者の完全排除は困難と指摘されてきた[4]。

このような状況を鑑み、2021Codeでは新たな国際基準としてISE（International Standard for Education）が策定された。ISEでは、スポーツの価値を基盤としながら、ドーピングを予防するアプローチに着眼した教育啓発活動を推進している。また、ドーピング検査の経験よりも先にアンチ・ドーピング教育

第9節　スポーツとアンチ・ドーピング

が行われる必要があることや、できる限り若年層期に教育を開始すべきという指針が示されている[10]。ドーピング検査対応が見込まれる全国、国際レベルのアスリートは、そうした大会に出場する以前にアンチ・ドーピング教育を受けることは不可欠である。

そして、ドーピングの無いクリーンなスポーツ環境やスポーツの価値を護るスポーツを実現するためには、競技水準に関わらず、Code の理解と順守が求められる。スポーツ自体に内在する**スポーツ固有の価値**やフェアネスを認識し、正々堂々とスポーツ活動に取り組むことが真のアスリートとして求められる行動である。

の体育理論に"オリンピックムーブメントとドーピング"の学習項目が追加された。

*19
エルゴジェニックとはスポーツなどで成果の向上を助ける物、手段、サプリメント、ドーピング物質の意。

参 考 文 献

1) UNESCO. What is doping? [UNESCO online：what-is-doping/]
2) 岡田晃，黒田善雄（1990）ドーピングの現状・現実を語る，ドーピングの歴史，8-10. ブックハウス・エイチディ，東京.
3) WADA. The Agency's History.［WADA online：who-we-are.]
4) スポーツファーマシスト委員会（2019）公認スポーツファーマシスト認定プログラム，日本アンチ・ドーピング機構.
5) WADA（2020）. 世界アンチ・ドーピング規定2020.
6) 日本アンチ・ドーピング機構，ルールと規則違反.［playtruejapan.org/code/.]
7) UNESCO. International Convention against Doping in Sport.［UNESCO online：international-convention-against-doping-in-sport/]
8) 文部科学省（2013）. ドーピング防止やスポーツ仲裁等の推進によるスポーツ界の透明性，公平・公正性の向上.
9) 衆議院（2018）. 第一九六回衆第二六号スポーツにおけるドーピングの防止活動の推進に関する法律案.［衆議院 online：g19601026.htm]
10) World Anti-Doping Agency: 2021 International Standard for Education.

第6章　スポーツと社会

問　題

(1)「TUE」とは何を表す言葉ですか？

　　a. 治療使用拡張　　b. 治療使用特例　　c. チーム更新特例

(2) アスリートの体内から禁止物質が検出された場合、責任を持つのは？

　　a. 物質を提供した人物　　b. コーチ　　c. アスリート自身　　d. 医師

（室伏　由佳）

コラム

スポーツと暴力

■1■ 内向きの暴力の防止 ～ スポーツ指導におけるコンプライアンスの徹底

　我が国では、2012年12月に大阪府立桜宮高等学校バスケットボール部のキャプテンが顧問からの体罰を苦に自殺した事件が、2013年1月には公益財団法人全日本柔道連盟の女子日本代表選手が監督等から暴力行為やパワーハラスメントを受けた事件が発生し、我が国のスポーツ界に「暴力」の根深い問題があることがあらためて認識された。当時の文部科学大臣は、この事態を「日本スポーツ史上最大の危機」と重大視し、警鐘を鳴らした。こうした事態を受け、公益財団法人日本オリンピック委員会、公益財団法人日本体育協会（当時）、公益財団法人日本障害者スポーツ協会らは、2013年4月25日、スポーツ界における暴力行為根絶宣言を採択した。同宣言は、「殴る、蹴る、突き飛ばすなどの身体的制裁、言葉や態度による人格の否定、脅迫、威圧、いじめや嫌がらせ、さらに、セクシャルハラスメントなど」を暴力行為に含め、これらを我が国のスポーツの界から根絶する決意を表明したものである。しかし、その後も、我が国のスポーツ界における暴力問題は後を絶たない。

　ここでは、スポーツにおける「暴力」の問題を、スポーツ指導における「コンプライアンス」の観点から考察することとしたい。

　「コンプライアンス」とは、法令順守と訳されるが、ここで順守すべき対象となる「法」とは、①法令、②内部規則、③社会規範の3つであるとされている。

　①法令の観点から考えると、スポーツにおける「暴力」の定義を上記宣言の内容とすれば、これらは、刑法208条の暴行罪や刑法204条の傷害罪の構成要件に該当し、かつ、民法709条の不法行為にも該当しうる法令違反である。

　また、②内部規則の観点から考えると、暴力、パワーハラスメントなどの禁止は、今日、国内のスポーツを統括する競技団体の倫理規程等の内部規則において、スポーツ指導者等が順守すべき事項と明確に定められている。仮に、当該競技団体に登録する指導者等が、これらの行為を行った場合は、内部規則違反として、注意、資格停止、資格取消し（除名）等の制裁を受けうるものである。

　さらに、③スポーツにおける社会規範としては、スポーツ・インテグリティやサステナビリティ（持続可能性）の考え方が挙げられる。スポーツ・インテグリティとは、スポーツの誠実性・健全性・完全性などとも訳されるが、暴力・ハラスメントをはじめとする様々な脅威からスポーツの価値が守られている状態をいう。スポーツ界における暴力行為根絶宣言にもあるように、暴力行為は、スポーツの価値

を否定するものであり、スポーツ・インテグリティの観点からは許容されないものである。加えて、暴力という強制、服従による指導は、目の前の勝利を優先した近視眼的な指導方法である。強制と服従の結果、当該競技者がスポーツ自体に価値を見出すことができなくなり、ドロップアウト、バーンアウトしてしまえば、当該競技者の成長のみならず、当該競技の普及、強化という観点からもマイナスである。すなわち、暴力による指導は、サステナビリティ（持続可能性）という観点からも、決して許容されるものではない。

　以上のとおり、スポーツにおける「暴力」は、スポーツ指導におけるコンプライアンスの観点からは許容できるものではない。スポーツ庁が2017年3月に策定した第2期スポーツ基本計画において、「スポーツ関係者のコンプライアンス違反や体罰、暴力等の根絶を目指す」ことを施策目標として掲げている。スポーツ関係者は、今こそ、スポーツは「法」が及ばない空白地帯ではないことを自覚し、コンプライアンスの観点から、スポーツ指導のあり方を見直すべきである。

■2■ 外向きの暴力（フーリガン、暴動）防止のための体制整備

　スポーツの競技大会等を行うにあたっては、観客の暴力行為から、競技者や他の観客を保護することも必要になる。特に、スポーツファンの中には、暴徒化する観客（フーリガン）も存在しているため、大規模な国際競技大会を招致するにあたっては、観客のマネジメントも必要になる。

　我が国においては、暴力団排除に関する社会的要請の高まりを受け、すでに全国47都道府県において暴力団排除条例が施行されており、プロ野球、プロサッカーなど我が国のプロスポーツにおいては、積極的な暴力団排除活動が行われている。また、我が国では、2002年日韓共催FIFAワールドカップの際に入管法が改正され、国際的な競技大会の開催に乗じて暴力行為等を行うおそれのある外国人の上陸を阻止等するための規定が新たに設けられた。

　2019年のラグビーワールドカップ、2020年の東京オリンピック・パラリンピック競技大会と、今後我が国では、大規模な国際競技大会が連続して開催されるため、競技者、観客その他のスポーツを支える者を、暴徒化する観客の暴力行為（外向きの暴力）から守る体制づくりも必要である。

（杉山　翔一）

参考文献
1) 公益財団法人日本スポーツ仲裁機構・スポーツ競技団体のコンプライアンス強化委員会（2018）「スポーツ界におけるコンプライアンス強化ガイドライン」
2) 松本泰介（2013）「Integrity 実現に向けて」日本スポーツ法学会年報第20号

日本版 NCAA を目指す「日本の大学スポーツ」

「大学スポーツのイメージについて述べなさい。」と聞かれたら、どう答えるのか。おそらく多くの学生諸君は、高校の部活動（以下、部活）の延長、優秀な高校アスリートの活躍の場と答えると考えられる。

大学の運動部は、高校までの部活とは全く別の存在である。理由は簡単。大学では、かつての学生たちの有志によってつくられた団体であるからである。大学がイニシアティブをとって、運動部を作りましょうと呼びかけたものではない。同様のケースが、大学新聞部や弁論部（本学では、辞達学会という）の歴史にもみられる。こうして誕生した課外活動の団体（チーム）を大学当局が認めてきた（公認してきた）歴史である。

本学の柔道部や剣道部などは 100 年以上の歴史があり、正月の風物詩といえる箱根駅伝最多出場の陸上部も間もなく 100 年を迎える。

大学における課外活動の誕生の歴史は、アメリカにおいても同様で大学スポーツ、とりわけアメリカンフットボールに関係する様々な出来事（大きな怪我や死亡事故、試合中の乱闘、学業との両立）など社会的な問題が数多く発生した。第 26 代大統領のセオドア・ルーズベルトは、1905 年に行政によってフットボールを禁止する「フットボール廃止案」の通告を出して、怪我を回避できるようなルール変更や安全な用具の開発（その後のプロテクターの着用に結びついた）を提唱。このような経緯が、NCAA（National Collegiate Athletic Association）の誕生につながったといわれている。（スポーツ大辞典、P396）

一方日本の大学は、中学や高校には存在する全国組織（全国中学校体育連盟や全国高等学校体育連盟）など全国的な統一基準を持つ、課外スポーツ活動を統括する組織が存在していない。各々の地区の学生連盟や競技団体ごとの協会などの実施規定に基づいて、大会運営を行っている。これまでの歴史、現在の運営方法に大きな問題があるわけではないが、今回文部科学省（担当スポーツ庁）が呼びかけている日本版 NCAA の組織づくりを全国展開し、今以上の安心・安全な環境整備、学業との両立に向けた支援態勢、キャリア教育、地域との結びつきなど大学の規模や競技レベルの違いに関わらない基本的な態勢づくりを目指している。もちろん運動部を運営していくための資金調達方法や地域社会の人たちに支えられ多くのファンやサポーターの醸成にも役立つことを目指している。

アメリカの大学スポーツ（NCAA）の概要

　ここからは、アメリカの NCAA の概要を紹介し日本版 NCAA の目指す方向性について考えてみることにする。

　1906 年に設立され現在の加盟大学は約 1300 校、4 万人以上の選手が大会に参加し、競技に関わる選手は約 45 万人といわれている。加盟大学は、NCAA の規則に基づき大学がグループ化されている。日本でも有名なアイビーリーグ（ハーバード、イェール、コロンビア、プリンストンなど 8 校）やビッグテンといわれる（アメリカンフットボール最強リーグ）カンファレンスなどがあり、23 の競技で 88 の大会を運営している。これらの大会のテレビ放映権やチケット収入で、1 年間に約 1000 億円の収入があるといわれている。この収入を、加盟校に決められたルールに従い分配し、カンファレンスや大学リーグの規模にかかわらず大学スポーツ運営の支援を行う仕組みになっている。

（参考：スポーツ産業の活性化に向けて、平成 28 年 4 月 13 日、スポーツ庁、経済産業省）

　競技レベルは、ディビジョン 1（D1）〜ディビジョン 3（D3）まであり、D1、2 の選手には、スポーツ奨学金が支給されるが D3 の選手には、奨学金制度はない。アメリカの大学は、日本の大学よりも高額な授業料が必要（4、5 百万円の授業料、スポーツ奨学金は約 900 万円支給される）。各大学のスポーツ奨学金対象者数も全米で統一基準が存在し、どんなに収益を上げている D1 のチームであっても 30 名弱の数を上回らないことを遵守して、奨学生数や奨学金の額による差が出ないようできるだけ平等な戦いができる構造になっている。

　学業との両立についても、厳しいルールがありシーズン中でも全体練習の時間は週に 20 時間、オフシーズンは、週 8 時間と決められている。このルールに違反すると試合に出場できないばかりではなく、全体練習にも参加できなくなるペナルティを受ける。成績についても GPA での最低ラインが示されていて基準を下回ると学業への専念が義務づけられる。

　コーチングスタッフ（チーム支援メンバー）やアカデミックスタッフ（学業支援メンバー）の多くは、プロ契約をした専門家集団がほとんどで、学生たちを支援していく実施形態も目指している。しかしアスリートである学生たちは全員アマチュアであり、賞金レースや個人スポンサーをつけることなどは禁止されている。陸上競技を例にとれば、ダイヤモンドリーグというプロ選手が出場するレースへの参加は禁止されているが、陸上の世界選手権大会やオリンピック大会、パラリンピック

大会への出場は、認められている。

グローバルな環境の中で競い合うアメリカの大学スポーツ

　陸上競技や水泳競技には、多くの外国人留学生が NCAA の選手として活躍している。彼らはアメリカの所属大学では全米一を目指して学業やスポーツに励み最高のパフォーマンスを発揮している。しかしこれらの留学生たちは、世界選手権やオリンピックの際には、出身国の代表としてアメリカのライバル選手となりメダル争いをする選手もたくさん存在する。NCAA でのチームメイトが、世界選手権やオリンピック時にはライバル国の選手として同一種目で競い合うという構造でもある。

　日本の大学との違いで事例を考えれば、アメリカの大学スポーツは統一したルールのもとに競い合う構造になっているので 1 試合同時に 2 名しか出場してはいけない（2017 年度の大学ラグビーの規則）というような「外国人選手枠」などは、存在しない。少しオーバーな表現であるがアメリカの大学スポーツは、グローバルな環境の中で競い合っているといえる。

日本版 NCAA が目指すもの

　2017 年度から日本版 NCAA を目指す取り組みを行っている（具体的な計画を含む）大学を公募し、審査を行い補助金を支給して支援する取り組みが始まった。

　鹿屋体育大学、大阪体育大学、立命館大学、青山学院大学、日本体育大学、早稲田大学、順天堂大学、筑波大学の 8 大学が推進校に選ばれ、その概要が発表された。

　各々の大学にスポーツ活動を統括する組織を作り、スポーツアドミニストレター（以下、SA）を配置し、大学スポーツのあらゆる分野の調整を行う。そして（する、みる、ささえる）という視点から具体的な企画をし、地域社会の人たちとともに大学スポーツの活性化を図ることも目指している。

　箱根駅伝 4 連覇を果たした A 大学の企画の中には、米原駅伝の企画・運営を行い、箱根で活躍する選手たちの教室（指導を受ける）参加や多世代の参加を促す駅伝大会が紹介されている。この企画を、（する、みる、ささえる）事例としてとらえると、米原の人たちが駅伝を走る（する）、この大会や教室を（みる）体験となり、地域の方々の参加によって A 大学ファンや、サポーターが誕生して地域の方々に（ささえられる）契機となる。このような構造は、これまでの大学スポーツ、いわゆる競技会活動中心の運営形態では実現することが困難であった。こうした傾向に対して、スポーツ庁が提唱した日本版 NCAA を目指す取り組みが楔を打つ形で、全国の大学に参

加を呼びかけている。

　現在日本の大学スポーツは、大学施設を使ったリーグ戦の実施率は低く、観客を動員できるスタンド（観客席）が併設されていない。

　大学スポーツの歴史を作ってきた有名な施設（硬式野球の神宮球場、ラグビーの秩父宮ラグビー場など）を使用する（セントラル方式）で公式試合が行われている。日本版 NCAA は、これをアメリカの大学スポーツと同じように（ホーム＆アウェイ方式）に切り替えて、キャンパスの構成員である学生、教職員に（みる）機会を提供し、周辺の地域の人たちの（ささえる）機会につながることを目指している。

他大学事例（2018 年 7 月現在）

　兵庫にある B 大学は、2016 年から NCAA 型の組織に変えて、（する、みる、ささえる）を実行している。これまでの公式試合は、学生連盟や種目ごとの調整が必要なのですぐに実施方法の変更等はできない。そこで、定期戦（対抗戦）として毎年行っている、C 大学のバスケットボールと、ハンドボールのゲームを（する、みる、ささえる）実践の場として企画した。大学の運動部員はゲームに出場（する）、学生、教職員、地域住民（200 名以上集まった）は（みる）、ハーフタイムと、試合終了後にチアリーディングによるハーフタイムショウや未公認サークルによるダンスパフォーマンスを行って企画を終了した（ささえる）。この企画全体に関わった大学教職員、学生たち（SA や B 大学スポーツスタッフ）による支えがあってこその、実践事例ではあるが、特にキャンパス周辺の方々の関心が高まったことが一番の成果であったというスタッフの感想も聞かれた。

　B 大学では、今後もこうした企画を多種目展開し地域に支えられたスポーツクラブづくりも目指すことになっている。

　日本の大学スポーツの実態は、公式戦や練習試合にかかわらず試合（ゲーム）のみの活動で終了（すること中心）し、（みる、観客を集める）やファンやサポーターを醸成する（ささえる）組織づくりが行われてこなかったといっても過言ではない。ここに楔を打つ形で始めた取り組み事例は、多くの大学の参考事例として大いに参考になる取り組みである。

　あらたな大学スポーツを創造していく原動力は、学生の皆さんにあるといえる。
　10 年後、どのような大学スポーツに変容しているか、今から楽しみである。

　　　「あらたな組織は、人を育てる。大学スポーツは、未来を創る」

　　　　　　　　　　　　　　　　　　　　　　　　　　　　（森　正明）

第7章
スポーツと文化

第1節　文化としてのスポーツ

【概　要】

　この節では、文化一般とスポーツ文化の定義がまず試みられる。次に、スポーツ文化の構成要素が説明される。そして、「スポーツ基本計画」を取り上げ、最終的には「国際スポーツ」に言及する。

1.「文化」とは何か [1]

　近代日本語としての「文化」は、英語の "culture"、ドイツ語の "Kultur" の翻訳語である。ともにこれらは、ラテン語の "cultura"、つまり「耕作」や「育成」に由来し、「（人為的に）耕す」を原義とする。すなわち文化とは、人間がいわゆる天然自然に手を加えて作・造・創りあげてきた人為（的）所産の総体を意味するのである。学問・宗教・芸術・制度・生活様式などの「知的成果」ならびに機械設備・装置・道具などの「物質的成果」と一応は区分できるが、密接に関わり合う「コンプレックス（複合体）」である。別言すれば、以下の2点にまとめられよう。

・人間の生活過程の所産を指すだけでなく、その所産を享受する生活過程そのものを含む。

・一過性的な個人の行為ではなく、社会的に制度化され、組織された行為様式であり、歴史的に選択・継承された価値体系である。

　我々人間が自らの行為とともに「つくり」あげる文化ではあるが、「疎外態 [*1]」ともいわれる。それは、文化がつくり手である我々の手を離れ自立し（客体化・

*1 「疎外態」：
例えば法律は、人為的製作物であるが、制作発効すると生活全般に支配力を及ぼす。このような人間による製作物の客体化と客体化されたものによる人間への制約・支配の関係性のこと。

第7章　スポーツと文化

実体化)、逆に我々を制約するからである。

2. スポーツ文化

　「1. 文化とは何か」に従えば、スポーツが人為（的）
所産であることは明らかである。（少なくとも現在、）
「スポーツは文化である」として疑いなかろう。グルー
ペ（Grupe）[2] は、レンク（Lenk）[*2] を援用しながら、
以下の点を挙げ、スポーツが現実の公共生活の確固た
る部分になったという。

・スポーツは社会構造を反映している。
・スポーツの中には社会的規範や価値が作用してい
　る。
・スポーツにも社会的な階層を認めることができる。
・スポーツは社会の存続と発展に重要な機能を果たし
　ている。
・多くの人々がスポーツに積極的または消極的に参加
　している。
・スポーツはメディア・マーケティング・政治と深く
　関わる。

3. スポーツ文化の構成要素

　スポーツをめぐる文化的な構成要素として、①各時
代や各社会によって特徴づけられる捉え方や考え方
（観念文化）、②（特に競技的な）ルールとそれに関わ
る技術などに関わる行動様式（行動文化）、③運動活
動を支援するウェアや用具・施設など（物質文化）が
ある。観念文化の例として、ガットマン[3] のいう「記
録中心主義」を挙げることができよう。行動と物質に
またがる例として、陸上競技の走り高跳びにおける「背
面跳び（Fosbury Flop）[*3]」やテニスの「デカラケ[*4]」
が想起される。背面跳びは、1968 年オリンピック・
メキシコ大会の折にアメリカ選手ディック・フォスベ

*2
レンク（Lenk）は、「スポーツ
という理念は文化的、社会的
につくられたものである。つま
り、スポーツは自然の生物学
的基礎の上に立つ一つの文化
現象なのである」とした。彼は、
哲学者でありオリンピック金メ
ダリストでもあった。

378

リー（Fosbury: 1947-）によるものである。この跳躍技術の実施は、後頭部ないしは背中から落ちる・着地する際の安全を担保する厚く柔らかなマットという用具との相互関連なしでは難しい。また、素材が変わり大きくなったラケット（デカラケ*4）は、1970年代後半から世界中に広まった用具で、テニスのプレイスタイルに大きな影響を与えた。

　これらの例から、「文化は疎外態である」ことがよくわかる。「○したい」から「△を変える」、そして「○ができた」という図式ができる。その瞬間またはその直後から、図式が逆方向に作用し始める。すなわち、「○ができた」のは、「△に変えた」から、だから「○ができなければならない」というようになるのである。

4.「する・みる・ささえる」と「多種目・多世代・多目的」

　ドイツ連邦共和国などの諸国に倣い、日本は、「スポーツ立国の実現」を目指している。それは、「スポーツ基本法*5」とその趣旨を踏まえた「スポーツ基本計画*6」に明らかである。「スポーツは、世界共通の人類の文化（引用者強調）である。」とし、政策的にスポーツを振興させようとするものである。

　すでに1961年には「スポーツ振興法」が制定されていた。ほぼ時を同じく、一般社会では民間スポーツクラブが勃興してきた。政策的な「トップ・ダウン」であれ、巷からの「ボトム・アップ」であれ、1964年オリンピック東京大会が契機だったことは疑いない。"2020Tokyo"は、新たなターニングポイントになる。

　第2期スポーツ基本計画は、4つの基本方針を掲げている。そして、スポーツ参画人口の拡大とそのための人材育成・場の充実に向けて、「する・みる・ささえる」

*3

背面跳びと着地マット

*4

デカラケ（上）
bing.com より

*5 *6
スポーツ基本法は、1961年（昭和36年）に制定されたスポーツ振興法を50年ぶりに全面改正したもの。スポーツ基本計画は、2017年に第2期版が策定された。
（文部科学省HPおよびスポーツ庁HP参照）

第7章　スポーツと文化

という施策ほかが講じられている。

「する・みる・ささえる」は、それぞれ多義的である[4]。外見として認識できる身体運動活動を一口に「する」と認めても、実は、枠組みや目的によって様々なタイプになる。「競技志向」なのか「レクリエーション志向」なのか、「健康志向」なのか「美容志向」なのか、明確な境界線は引けない。一緒にスポーツする仲間でも、「すること」の位置づけや価値づけは異なり得る。次いで、「みる」にも様々な段階がある。スポーツニュースやメディアを通して結果を（対象として）クールに「見る」、試合会場に赴き「（気合を入れて）生で観る」、これらの間には、「みる」についての大きな隔たりがある。そして、「ささえる」にも、少なくとも2つのそれがある。ひとつは、出来事ないし

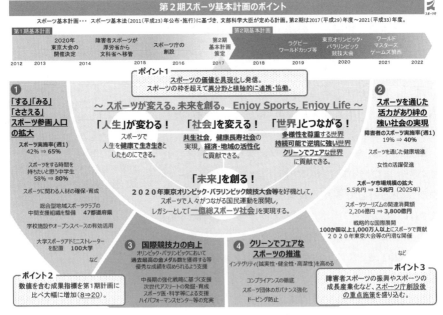

図7-1-3　第2期スポーツ基本計画のポイント

スポーツ庁 HP より

第1節　文化としてのスポーツ

はイヴェントとしてのスポーツを「ささえる（支える）」である。「計画／準備―実行／管理―清掃／撤収」というイヴェントを支える重要な裏方である。もうひとつの「ささえる」は、「応援する（cheer）」というものである。クールな「支える」に対して、「パッショネイト（passionate）」な「ささえる」である。

「する・みる・ささえる」を仮にスポーツを横軸に見渡すものとすれば、縦軸に沿って見上げ・見下ろす視点も不可欠である。この視点でのキーワードは、「総合型地域スポーツクラブ」の特徴である「多種目・多世代・多目的」である[7]。「総合型」とは、種目の多様性、世代や年齢の多様性、技術レベル（≒目的）の多様性を意味する。そして、「地域」とは日本全国の各市町村に定着する・させる意図が内包されている。日常的に活動の拠点となる施設を中心に、地域住民個々人のニーズに応じた活動が質の高い指導者のもとに行えるスポーツクラブの具現化を目指しているが、まだ不充分な段階にとどまっている[5]。

「生活の質（Quality of Life）」を改善しなくてはならない。スポーツ（文化）に関しては、日常生活の中にスポーツがこれまで以上にしっかりと根づくことが求められ、そのために「する・みる・ささえる」と「多種目・多世代・多目的」が強く求められる。スポーツに対する姿勢（動機や目的意識）は個々人それぞれであって構わないが、周りの社会的条件の向上が急務となろう。すなわち、スポーツのための時間と場所（施設・設備など）の確保である。より身近な表現にすれば、「職住接近」、「残業のない働き方」、「地域密着型スポーツクラブの拡充」である。「職住接近」は、自宅から学校や勤務先まで、片道ほぼ1時間圏内であることを想定すべきである。「残業なし」は、日本の国家的な案件「働き方改革」につながっている。例えば、ドイ

[7]
総合型地域スポーツクラブ
（文部科学省 HP 参照）
ドイツのクラブ（Turn-/Sport verein）をモデルにしたといわれるが、実態は大きく異なっている（筆者）。

第7章　スポーツと文化

*8
ドイツのスポーツクラブについ
ては、コラム参照。

*9
1968 年メキシコ大会では実施
されなかった。女子競技は、
1992 年バルセロナ大会から。

ツ（人）はそれをすでに実践している*8。「スポーツ
立国の実現」に向けて求められるのは、スポーツ文化
における変革というよりも、まずは、文化一般すなわ
ち社会の「文化的構造改革」なのである。

5. 国際スポーツ（大会）に伴う文化的両義性

19 世紀後半のイギリスに由来する「近代スポーツ」
は、クーベルタンによって国際化された。その後、プ
ロ化・ビジネス化などを経てグローバル化し、「国際
スポーツ」となった。

1964 年オリンピック・東京大会を機に「柔道」が
正式種目として採用された*9。「日本のお家芸」とい
われた柔道が世界各地に普及・浸透し、「国際スポーツ」
としての "JUDO" になったのである。国際化ないしは
グローバル化は、ポジティヴに捉えられることがおお
むねである。観客にも理解しやすいルールによって、
いわゆる客観性を確保し、公平・平等に競い合いがで
きる。世界規模の共通ルールが作られるということは、
ローカルさという地域的特性を失うことでもある。日
本の柔道には、「無差別級」がある／あった。小さい
選手が大きい選手を見事に投げるように「価値」や「美
しさ」を見出していた。しかし、オリンピック種目と
しては、「体重制」を受け入れなくてはならなかった
のである。欧米の意識では、大きい選手と小さい選手
の対戦は、公平・平等な競い合いではないからである。
世界化・国際化するためには、日本的な何かを捨てな
ければならなかったということである。

競技や種目を超え、国際スポーツは当然ながら文化
とともにある。国際スポーツは、人種、民族、ナショ
ナリティ、階級、ジェンダーを超越し、特に昨今は
インクルーシヴに強く結びついている。まさに第2期ス
ポーツ基本計画中にある「世界とつながる！」である。

382

第1節　文化としてのスポーツ

「する・みる・ささえる」とともに相互の理解・尊重ほかが培われ、グローバルなスポーツ文化が醸成される。国際スポーツの文化が大きくなるにつれて、その「色」によって以前からのローカルなスポーツ文化が塗りつぶされてしまうことがある。これが高じると世界中がモノトニー化（単一化／単調化）されてしまう可能性があり、時には、ローカルな「独自色」を保とうと反発が起きることもあろう。異なったもの同士の協調とせめぎ合いは表裏一体である。

引用文献

1) スポーツ大事典（1987）．大修館書店，104 以下；スポーツ科学事典（2006）．平凡社，508 以下.
2) グルーペ（永島・岡出・市場訳）（1997）文化としてのスポーツ．ベースボール・マガジン社，14 ほか.
3) ガットマン（1978/81）スポーツと現代アメリカ.
4) 国学院大学スポーツ・身体文化研究室（2011）教養としてのスポーツ・身体文化〔改訂第 2 版〕．大修館書店，2-3，7-9 ほか.
5) 松尾順一（2010）ドイツ体操祭と国民統合．創文企画，6.

問　題

(1) 本稿を参考にあなたなりにスポーツ文化を定義しましょう。

(2) あなたの身近にある「スポーツ文化」と思われるものを理由を添えて挙げましょう。

（市場　俊之）

第7章　スポーツと文化

第2節　祭りとスポーツ

【概　要】

この章では博多祇園、山笠の祭りの運営形態をスポーツ組織と比較検討を行い、祭りとスポーツのクラブ文化分析事例として考える。

*1
祭りのフットボールとして、現在も継続している『シュローブタイド』(Shrovetide-Football) は、復活祭(一スター)の50日前の週に開催。祭り期間前から断食が存在し、終了後のPancake-day(甘いパンケーキを参加者に振る舞う)習慣。祭りの構造、習慣など洋の東西を問わず存在。

*2
中村は、「クラブの定義」について、ワリカンの原則、経済的自立と自治の権利、会員権の譲渡禁止の原則を挙げている。
中村俊雄(1979)「クラブ活動入門」高校生文化研究会 61-118
また「チーム」は、2人以上の競技のための集団。この競技は、必ずしもスポーツのみを対象とするものではないと定義する。

1. フットボール、大学スポーツ、祭りの組織について

本節の視点は、様々な組織の比較文化論的なアプローチである。たとえばフットボールの歴史をたどれば、(祭りのフットボール)*1 →(校庭のフットボール)→(協会のフットボール)→(競技のフットボール)へと変遷し、現在のラグビーフットボールや、サッカー(多くの国では、フットボールという)に分かれ、その後様々な国に伝播して多様なフットボールが誕生した。アメリカンフットボールやオージーボールといわれるオーストラリアンフットボールもそれにあたる。

このフットボールの変遷の歴史は、常にその時代の社会現象と一体であり、常に社会的な問題となってルール変更が検討され、安心・安全な配慮が優先され、特に学校(大学スポーツ)に影響を与えてきた。このような歴史に範を取り、日本の競争性のある祭り(タイムレースを行っている①博多祇園山笠(以下、山笠)や屋台のぶつけ合いをする②灘のけんか祭り、町ごとの出し物(ふとん山や引き物、踊りなど)を披露している③長崎くんちなどが調査されている。

これらの分析の視点は、大学スポーツ卒業後の学生たち(OB会、OG会組織を持つ)が、卒業後も含めた多世代にわたる活動を行っていること。近年は、各々

のまとまりの基盤に加えてNPO法人化したスポーツクラブを作って多世代、多様な構成員で地域貢献も行っていることにある*2。

また、祭りの組織も各々の地域信仰や神社を中心にした町や村の単位で氏子としての活動、季節ごとの祭りを取り仕切る集団として、時代を超えて機能してきており、その姿は似ていると解釈することもできる。

2. 山笠の祭りの運営形態とスポーツ組織との比較

江戸時代までの階級社会の中でも、山笠は、庶民に欠かせぬ年中行事として継続してきた。しかし近代国家として生まれ変わった明治に入り、それまでの祭りの運営や裸同然の格好が近代化に合わない存在として、祭り地域以外から苦情が殺到。県令（知事）の決定によって中止を余儀なくされた。山笠だけではなく、全国の祭りに同様の禁止例が見られた。山笠では、町ごとに法被（水法被という）を着用するようになり、やがてこの法被は町ごとのユニフォームとして町を見分ける重要なシンボルとなった*3（「する」側「みる」側の意識の事例）。

山笠の組織はこうした町が10数町集まって、流（ながれという組織）を構成し、7つの流で神社を一周する（櫛田入り）というタイムを競い、その後約5キロの旧博多部を駆け抜ける（全コース）のタイムも競い合っている。櫛田神社の神事であり、一番速い流が表彰されたりはしないが、町のまとまりを全体に生かしその自己評価として重要な要素となっている。スポーツクラブ組織の比較で説明をすると、町がチームで流がクラブ。1年に1回の7つのクラブ対抗戦が行われている

*3
プレイヤーと観衆の分離の中で、スポーツを「する」側と「みる」側の意識が芽生えたことによって、ユニフォームや背番号の着用が必要になった。東京六大学野球連盟の「背番号」の採用は、1957年（昭和32年）からで、長嶋茂雄（当時、立教大学）は、背番無しのまま卒業した。
中村敏雄(1989)メンバーチェンジの思想—ルールはなぜ変わるか—平凡社 123-156

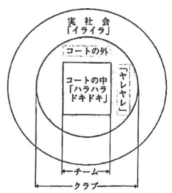

荒井貞光，「コートの外」より愛をこめ，遊戯社，1987，p.139より引用

図7-2-1　クラブの中にチームがある[1]

第7章　スポーツと文化

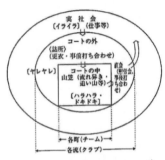

図 7-2-2　博多山笠の空間の移動[2]

ということになる。神社の境内を一周する（櫛田入り）の山笠（神輿のこと）を担ぐ 26 人は、チーム競技におけるスターティングメンバー。このメンバーに選ばれるために、1 年間町の清掃活動やスポーツ大会などの運営にも参加し、町の他のメンバーの信頼を得たものが選ばれている。（櫛田入り）後は、約 600 〜 800 人（1,000 人以上の流もある）全員で交代しながらゴール（回り止め、決勝点）を目指す。この結果は、毎年 7 月 15 日の朝日、毎日、読売等の新聞（福岡版）の夕刊に必ず掲載されている。

3．東流、魚町の事例

　福岡市の博多区に 777 年前（1241 年）から始まった（疫病退散のために聖一国師が施餓鬼棚にのって聖水をまいた）山笠の 7 流の 1 つ東流 18 町の 1 つ。5 月の連休に行われている「博多どんたく」では福神流として参加している[*4]（博多どんたく港祭り）。もともと山笠にも参加していたが明治 38 年の「追い山ならし（予行練習の役割を持つ日）」に太鼓と雷の合図を間違えてスタートし、混乱を起こしたことで流を解散した。その後、他の流に加勢町として参加してきた歴史があり 30 数年前に東流の（本町登録）魚町となった。2018 年の流の構成は、構成員の約 8 割以上が博多部以外の出身者。2016 年の調査では、各流の役員の 6 割以上が、博多部以外と氏子中心の祭り組織では構成されていないことが理解できる。では、どのようにしてこの伝統行事を継承しているのかという課題が出てくる。一言で言えば、「飛び入り参加は、認めない」。今年の山笠から来年の山笠までの一年間、この祭りを中心にした町の活動に参加できることを条件にしている。ちょうどスポーツ系の部活動が 1 年間の

[*4] 博多どんたく港まつり―開始は文禄 4 年（1595）にあるといわれ、江戸時代から福岡藩主黒田家に表敬訪問する年賀行事であった。戦後、昭和 32 年（1957）よりどんたく港まつりとして市民まつりとなり、博多部以外の参加者も多数。山笠と同様の組織、福神流、恵比寿流、大黒流、稚児東流、稚児西流は、5/3、5/4 の両日とも、パレードの先頭としてスタートしている。

第 2 節　祭りとスポーツ

リーグ戦や全国大会の優勝を目指してスケジュールを立て、活動しているサイクルと同様である。町における活動に可能な限り参加すること、そしてこのサイクルを繰り返すことで構成員の信頼を得て、役職を担っていく構造である。子どもから大人までの伝統的な「年齢階梯制」を基本に中学生から「大人組」の一員として役割を与えられる。中学生も社会人も祭り経験が浅いうちは、様々な雑務も担当し祭り運営の基礎知識や運営形態を学ぶ。ここには、社会でのステータスや経験によるキャリアよりも、町ごとに養成する集団の凝集性が大きな意味を持っている。ここには、この祭りが持つ独特の「平等性の原則」が貫かれている。多くの社会人は、有給期間のほとんどをこの祭りである山笠とどんたくに当てて、参加継続している。たとえ、職場が博多から東京に変わっても、この日程調整は継続される。参加できる、土日や休日についても同様の活動が行われている。

上述したように町という（チーム）ごとの独自の運営形態（町ごとのルールづくり）への誇りが凝集性を増幅し、他の町（チーム）への対抗意識として存在する。ユニフォームにあたる町ごとの法被（水法被）の左肩には（町ごとの肩章）を縫いつけていなければ、幼児や赤ちゃんの参加も認められな

表 7-2-1　博多祇園山笠行事日程表

7月1日	お汐い取り	（箱崎浜までの約2キロの距離を、清めの塩を取りに行く行事のこと。）一番山笠の流と各流役員で実施。
7月9日	お汐い取り	7流参加して行われる。
7月10日	流れ舁き	各流の町内を山笠が初めて舁きまわる日。
7月11日	朝山、他流入	本番の15日の早朝を想定した朝山。午後は、他の流を通り、櫛田入り（神社の境内を廻る時間を競う）の練習を行う。
7月12日	追い山馴らし	15日の追い山よりは短いコースで実施される。櫛田入りと全コース（15日より距離は短い）のタイムを競う。
7月13日	集団山見せ	昭和37年（1962）年から実施されるようになった行事で、博多部を出て福岡市役所（福岡部）まで山笠を舁きだす。
7月14日	流れ舁き	各流の町内を舁き納めする。流によっては、休みの所もある。
7月15日	追い山	午前4時59分、一番山笠の櫛田入り後5分おきに7流の櫛田入りと全コースのタイムが競われる。番外の8番山笠、上川端流は、櫛田入りのみ参加。

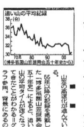

図 7-2-3　タイム短縮と地下足袋の開発

第7章　スポーツと文化

い。それだけ、町ごとのチーム対抗意識は強くライバルとして他町には負けない運営をすることに誇りを持って取り組んでいる。

「櫛田入り」7月12日の追い山ならしと7月15日の追い山のメンバーに選ばれることが、最高の栄誉なので（チーム競技におけるスターティングメンバーに当たる）、我が町から26名のうち何人選ばれるかということにしのぎを削る。「櫛田入り」後の「全コース」約5キロは、すべての町内の協力なしには良いタイムを出すことができないので、すべての（担き手：担ぐ人）のベストパフォーマンスのためにすべての町が協力する。一定の区間を町ごとに「後押し強化区域」（速く走るためのエンジン役が後押し）として流として決めている。さらに、ここ数年は魚町独自に「給水場所」を設定して、可能な限りすべての担き手に給水している。

4. 2つの祭りの二重構造（山笠とどんたくに見る2つのクラブと2つのチーム所属）

どんたくでは福神流（西門、中小路、下魚町、上魚町）として参加しているメンバー構成が、山笠の時は、この旧4つの町の合同で参加している。これは山笠というクラブに1つの町として（4つの合同チーム）で所属しているが、どんたくというクラブでは、4つの別々の町（チーム）に分かれて参加している。ここでの正装は、流全体で同一であり町ごとの違いはない。ほかに山笠時は、西流に所属している店屋町も例外的に魚町と同様の構造になる。

東流（クラブ）と魚町（チーム）の事例を、スポーツクラブ的な視点で検討すると、日本のスポーツクラブの歴史は、1クラブ＝1チーム＝1種目という構造で運営されてきたといわれている。しかし、クラブの

本来の役割は、1クラブ＝多チーム＝多種目である。

　博多の2大祭りである山笠とどんたくの活動は、祭り全体の構造が1クラブ＝多チームである。そしてその流（クラブ）に所属する魚町というチームに所属しているメンバーが、旧博多部の他の町内（チーム）にも所属している多様な構造である。さらに、その参加者の現在の構成が博多部出身のメンバーではない人たちにも支えられている。しかしながら、歴史的に機能してきた人材養成については、伝統的な育成方法を重視して町であるチームに所属させ、チーム独自の育成方法を継承している。

5. まとめ（クラブ文化の視点で考える）

　祭りのフットボールから近代のフットボールへの変遷と同様に、日本の祭り組織の変遷もその時代ごとの社会現象とともに変容してきた歴史をもつ。このことは、1993年に誕生したJリーグの理念とも共通項があり、地域に根ざしたスポーツクラブづくりにも見られる。Jリーグのクラブづくりは、する、みる、ささえるという多様なクラブへの関わりを目指して取り組んでいる。同様に1995年から進められている総合型地域スポーツクラブ（以下、総合型）の取り組みも、スポーツ文化の醸成を目標にしている[3]。ここで紹介した祭りの事例では、祭りの組織にはJリーグや総合型の取り組みの先行事例として、すでにこの祭りの地域には根付いていると考えることができる[4]。

　総合型が、こうした伝統的な祭りの取り組みに学ぶ事項があるとすれば、各町（自治会というチーム）の独自性の尊重ではないかといえる。例えば、この祭りをバレーボールという種目に置き換えて考え、ある地域に幾つかのバレーボールチームをひとつの価値観でくくらずに各々のチームの個性を尊重しそのチームポ

第7章　スポーツと文化

リシーを残す参加を認める。各々のチームは、地域の1つのクラブに所属しながらもそれぞれは自主独立したチームであり、ライバルでもある。この要素を失うかどうかがチームの存続意義に関わる問題であると思われる。この問題こそが、スポーツにおけるクラブ文化、クラブライフ定着に向けた重要なポイントとして、祭り文化と比較することで浮き彫りになった、キーファクターでもあるといえる。

　この章のまとめとしての提言は、今後祭りの組織もスポーツ組織もお互いにその特性を理解し、相互に運営に際して学び合う（参考にする）視点を大切にしていくことが重要であろう。

　その時代に対応した柔軟な組織づくりに、今後も是非取り組んでもらいたいと願っている。

引用文献

1) 荒井貞光（1992）「コートの外」より愛をこめ―スポーツ空間の人間学―，遊戯社
2) 森　正明（2000）祭の組織とスポーツクラブ組織に関する研究―博多祇園山笠の事例―，体育研究第34号
3) 荒井貞光（2003）クラブ文化が人を育てる―学校，地域を再生するクラブ論―，大修館書店
4) 森　正明（2005）祭の組織とスポーツクラブ組織に関する研究（その2）体育研究第39号

問　題

(1) 一般的に関わりがある祭りについて、スポーツのチームとクラブという視点から検討したことを述べなさい。

(2) 課外活動の学校スポーツ、地域のスポーツクラブについて、今後の理想を祭りを参考にしながら考えを述べなさい。

（森　正明）

第3節　美とスポーツ

【概　要】
　「美しい」という感覚は、日常生活のどこかで感じ得たことがあるだろう。例えば、花を見て美しいと感じるようなことである。その感覚と同じようにスポーツをみて「美しい」と感じることはできるのだろうか。また、スポーツにおける芸術は成立するのだろうか。「美」という主観的感覚が、スポーツの客観的評価にどう反映するか考察を深めたい。

1. スポーツと美

■ 美とは

　「美」とは何かという問いには、さまざまな見解がある。「美」に対して多くの見解があるのは、美という概念が「客観的にも主観的にもその意味が多岐にわたっている[1]」からである。（図7-3-1）

　人間の理念にも「美」は、重要な関わりを示している。たとえば、人は、理想理念として「真善美」を掲げている。「美」は私たちの生活に欠かせない存在であり[2]、「美」の考えや感じ方は、人の数だけ存在する。「美」は、非常に大きな範囲で考え、感じられる極めて主観的なものである。

　「美」の概念が広義であることは避けられない事実だが、ここで示す「美」は、「その瞬間に表出する快いもの」としたい。（図7-3-2）例えば、フェアプレイは、スポーツマンシップ（行動）として持つべき精神であり、本節で示すスポーツの美ではない。スポーツにおいて表出される美とは、何か

図7-3-1

美の概念は、主観的、客観的にも多岐にわたる。

図7-3-2

本節の示す美の概念は、その瞬間に表出する快いものとしたい。

第7章　スポーツと文化

を本節で考察していく。

2 スポーツ美

「美」が広い領域で考えられたのは、ギリシャ語の $\kappa\alpha\lambda o\varsigma$ （カロス）、ラテン語の pulcher（プルケル）、beatus（ベアトゥス）のように近代ヨーロッパ語の「美しい」と「良い」や「ふさわしい」などの意味と密接に結びつきながら、感覚的または精神的な「快さ」を対象に表現した言葉である[3]。美は、「快さ」と密接な関係があるといえるが、これはスポーツの美でも共通するところがある。

スポーツの美は、それぞれのスポーツに必要な動きに適しているときに美を感じる。スポーツに適している動きは、そのスポーツの技術美と大きく関わっている[4]。スポーツは、身体的競争要因の競技意思によって美しさが表出するものであり、そこには、感動や美意識といった美的現象、技術美を表出させている[5]。

スポーツは、そのスポーツに適した動き、勝利するためのプレイに重きをおいているため、多くのスポーツが、意図的に美しいプレイを目指しているわけではない。スポーツの美は、プレイ中にいつの間にか表出されるものなのである。

3 スポーツと技術美

スポーツは、個人の潜在的に保有する身体的素質や技術が高く評価される。技術とは、何かを完成するための手段（方法、道具）の意味がある[6]。例えば、サッカーの技術は、ボールをコントロールしながらドリブルをすることが挙げられる。ボールをコントロールする技術は、サッカーの勝敗の要である得点（ゴール）を得るために欠かせない手段である。サッカーの場合、ゴールという明確な目的があっての技術になるが、芸

392

第3節　美とスポーツ

術的評価があるスポーツの場合はどうだろうか。

　たとえば、新体操の技術は、身体的柔軟性と手具を巧みに扱うことになる。具体的には、Y字バランスの場合、YよりもIのように脚を頭の近くまで上げなければ難度認定されにくく、もし難度が認定されたとしても減点が生じる。新体操で高く評価されるためには、過度な柔軟性、いわば過度な技術が必要になる。

　スポーツにとって技術とは、スポーツを成立させるための手段を意味している。各スポーツの技術の解釈が誤って実施されれば、そのスポーツの意義が失われる。たとえば、新体操の技術は、過度な柔軟性がなくとも新体操として成立するはずだが、今や新体操は、過度な柔軟性がなければ新体操として成立しなくなっている。過剰なまでに柔軟性を求めた新体操の技術は、もはや純粋に美しいとはいえない部分がある。スポーツに欠かせない技術の解釈を誤ることは、スポーツが本来目指す美しさを損ねることになる。

4 スポーツと美を問う

　スポーツと美、芸術の研究では、「スポーツは美である」が「スポーツは芸術ではない」と示されることが大半である。『スポーツは芸術ではない[7]』と示す代表的な研究者は、ベストである。このベストの見解に反論するのが、ワーツである。ワーツは、『スポーツにおける美的創造[8]』があるとし、スポーツには芸術的側面が存在することを示している。「スポーツは芸術なのか否か」の研究は、ベストとワーツの論争を手がかりになされてきた。2人の論争は、スポーツと美、芸術の研究をするときに欠かせない文献である。

　スポーツは芸術なのか否かの検討をする多くの研究者は、ベストの「スポーツは芸術ではない」という見解に同調しているが、スポーツの中には、芸術的評価

393

第7章　スポーツと文化

が得点に関係しているスポーツがある。芸術的評価が
あるスポーツには、果たして芸術的側面がないといえ
るだろうか。スポーツには美があるが、芸術はないと
いう見解が正しいかを次のスポーツと芸術で検討した
い。

2. スポーツと芸術

■1 芸術とは

　芸術は、仕業という広い意味で捉えることができ、
「技術的な困難を克服し常に現状を超え出てゆこうと
する精神の冒険性に根ざし、美的コミュニケーション
を指向する活動である[9]。」

　芸術には、文学、音楽、美術、演劇などがある。こ
れらの芸術は、美と密接な関係があり、美しい言葉、
美しい音、美しい作品、美しい表現などの美しさによっ
て芸術を引き立てている。ただし、現代美術になると
必ずしも「美」が存在するとは限らない。例えば、汚
れたトイレの便器が芸術作品であると認定されれば、
芸術として扱われる。芸術にも必ずしも「美」と「芸
術」が結びつくわけではないが、スポーツと美が密接
に関係していることは、前項の「スポーツと美」でも
述べた通りである。

　芸術の多くは、「美」が欠かせない役割を果たし
ており、芸術と美の関係が深いことはいうまでもな
い。芸術の本質は、「人間に本質的に内属するその本
性[10]」によって表出されることになる。人間が本質
的に感じる芸術には、美と技術が前提として規定され
る[11]。スポーツにとっても美と技術は、欠かせない
ものである。芸術の本質とスポーツは、共通して美と
技術が含まれている。スポーツと芸術は、この2つの
共通する規定からも何らかの関わりがあることがうか
がえる。

第3節　美とスポーツ

■2 芸術的評価があるスポーツ

　芸術は、さまざまな領域に存在するが、演劇や舞台芸術は、スポーツに近い芸術である。演劇や舞台芸術は、絵画や彫刻などとは異なり動く芸術にあたる。動くといった点においては、スポーツも同じである。その他、演劇や舞台芸術の特徴としては、作品を作り上げ、観客の前で演じることになる。演じるといった点においては、スポーツの中でも芸術的評価があるスポーツに限り共通していえる。

　スポーツと芸術は、必ずしも結びつくものではないが、何かしらの関わりがあるだろう。たとえば井上[12]は、スポーツの中でも武道に特化し、スポーツと芸術についてスポーツ社会学の視点から検討している。また、滝沢[13]は、『競技・芸術・人生』の結びつきがあるとしている。特に、人生があっての最善の競技・最美の芸術であることを述べている。

　スポーツと芸術には、「美」との関係があることになるが、美しいからといってすべてのスポーツで芸術が表出するわけではない。スポーツと芸術は、スポーツにおける技術美の追求がなされた美的コミュニケーションを指向する活動がなされていなければならない。つまり、技術を自ら美しく見せようとするスポーツでなければ、スポーツに芸術は表出しないといえる。その代表的なスポーツとしては、スポーツの勝敗に芸術的評価がある新体操やフィギュアスケートなどになる。

3. まとめ

■1 スポーツとしての芸術

　「スポーツは美」、「スポーツは芸術」といった論争は、「芸術と美の間の区別の意義を認めないことによって混乱させられている[14]。」

第7章　スポーツと文化

スポーツには、確かに美が存在する。「スポーツと美」は、スポーツに欠かせないものであり、ルールを抜きにしても合致するものがある。一方で、「スポーツと芸術」は必ずしも合致するわけではない。芸術的評価があるスポーツにおいても「スポーツと芸術」は、等しい関係ではないだろう。

スポーツと芸術の関係を読み解くには、「スポーツと芸術」ではなく「スポーツとしての芸術」を考察することが必要である。スポーツと芸術の関係が同等の関係ではなく、スポーツの中に芸術が存在すると定義することによって「スポーツに芸術」が存在することを明らかにできる。「スポーツ」と「芸術」は、"and"の関係ではなく"in"の関係によって、これまで関わりがないとされていた「スポーツ」と「芸術」に何かしらの関係があることを示すことができる（図7-3-3）。

図7-3-3

スポーツの美は、表出されたときに起こる。スポーツと美は"and"の関係になるが、スポーツとしての芸術は"and"ではなく"in"の関係によって生み出されるのである。

2 スポーツとしての芸術が存在する条件

スポーツは、客観的判断によって勝敗を定めることが必要であるが、芸術は測れないものであり、それをスポーツの評価の対象としていること自体が難しい問題といえよう。しかし、スポーツにはルールがある。ルールは、各スポーツの指針であり、歴史的側面でもある。ルールに芸術的評価があるのであれば、芸術的評価があるスポーツのそれぞれの芸術が何かを徹底的に問い続けることが必要であり、スポーツとしての芸術が存在する条件になる（図7-3-4）。

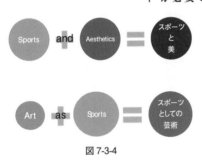

図7-3-4

スポーツと美は対等な関係であるが、スポーツと芸術は、スポーツの中に芸術が存在するため、対等な関係ではない。スポーツに芸術を表出するには、スポーツとしての芸術と示すのが適切である。

第3節 美とスポーツ

引 用 文 献

1) 勝部篤美（1972）スポーツの美学 杏林書院 19
2) 今道友信（1989）講座美学第1巻 東京大学出版会 1
3)，11) 鯉淵年祐（1897）美学事典 増補版 弘文堂 145
4) 体育原理研究会（1976）スポーツの美学論 不昧堂出版 11-12
5) 体育原理研究会（1976）スポーツ美学論 不昧堂出版 11
6) 下中弘（1995）哲学辞典 平凡社 301
7) Best David（1985）Sport Is Not Art. William J. Morgan, Klaus V. Meier, Human Kinetics Publishers, Champaign.
8) Wertz Spencer K.（1985）Aesthetic Creativity in Sport. Vanderwerken David L., Wertz Spencer K., Texas Christian University Press, Fort Worth.
9) 佐々木健一（2013）美学辞典 東京大学出版会 31
10) 今道友信（1989）講座美学第4巻 東京大学出版会 18
12) 井上俊（2000）スポーツと芸術の社会学 世界思想社
13) 滝沢克己（1961）競技・芸術・人生 内田老鶴園
14) Best David（1988）The Aesthetic in Sport. William J. Morgan, Klaus V. Meier, Human Kinetics Publishers, Champaign. 477.

問　題

(1) スポーツの美とスポーツの芸術の違いを説明しなさい。

(2) 一般的な芸術とスポーツで表出される芸術の違いを説明しなさい。

（浦谷　郁子）

第7章　スポーツと文化

第4節　競技化とスポーツの行方

【概　要】

　スポーツは様々な起源、歴史的な流れがあり、今に至っていると考えられるが、各種目の歴史、特に球技を中心に概観しながら、近年話題になっているeスポーツまで、追いかけていく。なお、本節においては各競技連盟や協会の公式HP、ブリタニカ百科事典を基礎資料としつつ、周辺領域の情報を合わせて整理した。

1. ラグビーとサッカー

　フットボールと聞いて、頭に思い浮かぶのはどのスポーツだろうか。普通はサッカーとなるが、人によってはラグビーをイメージする人もいるだろう。現在のサッカーの歴史はイギリスで1863年、フットボール協会（Football Association）設立と統一ルール作成から始まった[1]とされ、その後の世界的発展はご存知の通りであろう。協会が結成される以前はフットボールといっても、ドリブルによってボールをゴールに運ぶドリブリング系と、手で主に運ぶハンドリング系が混在しており、ルール統一のため会合に参加した各アマチュアフットボールクラブ代表者の意見は分かれた。結果、多数派が手でボールを持つことを厳しく制限するルールを支持し、今のサッカーが始まった。この時、少数派となり決別する形で協会を離脱したハンドリング派のメンバーらが、遅れる形で1871年に結成したのがラグビーフットボールユニオン（RFU）であった[1]。その後発展し1900年パリオリンピック種目採用、1987年からワールドカップも開催されるようになり、サッカーワールドカップ、オリンピックと合わせて世界3大スポーツイベントとまで表現されるに至った。

第4節　競技化とスポーツの行方

2. クリケット

　クリケットはイギリスの国技で、野球の原型といわれる球技である。13世紀に羊飼いの遊びとして始まったこのスポーツは、17世紀以降、イギリスが全世界に領土を拡大したのに伴い、オーストラリア、インド、南アフリカなど、全イギリス植民地に広まった。1975年からはワールドカップ（W杯）も開催され、現在球技としての競技人口はサッカーに次いで世界第2位（日本クリケット協会調べ）にまで達したとされているが、日本国内においての競技人口は少なく、現在オリンピック種目としては採用されていない。特にインド、パキスタン、スリランカ、バングラデシュなどの南アジア諸国では、圧倒的な人気を誇り、トップ選手の年収総額は30億円を超える。11名ずつの2チームが交互に攻守交代して、ボールをバットで打ち合い、得点を競う競技であり、最初の規則が整えられたのは18世紀初頭とされている。

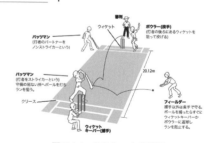

図7-4-1　クリケットの概要

日本クリケット協会HPより引用

3. 野球（ベースボール）

　現代の野球はアイルランドで始まったボールゲームである、ラウンダーズ（図7-4-2）とクリケットが混合して始まったとされている。

　アメリカのアレクサンダー・カートライトが、1839年にニッカーボッカズというチームを作り、1845年にルールを制定。その後、野球はプロスポーツ団体として世界で初めて設立された競技となった。1850年野球選手協会（NABBP）が生まれ、ナショナル

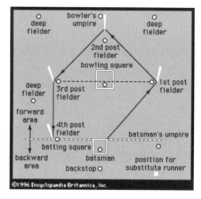

図7-4-2　ラウンダーズ

Encyclopædia Britannica. より引用

第7章　スポーツと文化

リーグが1876年より開始。日本では1872年に紹介され、韓国や台湾にも普及していった。1878年、キューバに野球を紹介したことからカリブ全地域に伝わり、さらにオーストラリア、ニュージーランド、南太平洋でも1888年と1889年に大会が開かれ、同じく1889年イタリアにも競技が紹介され、19世紀終わりに世界選手権がイギリスで行われることになった。20世紀以降、野球競技はより国際的になり、リーグの組織化が進み、1922年オランダ、1934年オーストラリア、1936年日本、1938年プエルトリコ、1945年ベネズエラとメキシコ、1948年イタリアの野球リーグがそれぞれ発足した。アメリカ国内においては国民的スポーツとして親しまれ、ベーブ・ルースに代表されるような、国民的スポーツヒーローを何人も生み出して今に至っている。

4. ラクロス

ラクロスはもともと北米インディアンの間で実施されていた格闘技であったと伝えられている。インディアンたちは、1メートル前後の棒を操りながら、木や鹿皮に鹿の毛をつめたボールを追うことによって、部族同士の戦いや狩りに必要な体力を訓練していたが、一方で部族間の共有意識を高めあい、交流するためのレクリエーションとしても実施され、さらには宗教的な意味合いでプレイされることもあった[2]。

当時のラクロスは1チームが100人以上、多い時には1000人以上で実施されていた。木や岩などがゴールとして使用され、ゲームで利用するフィールドはゴールとゴールの間が数キロに及ぶこともあったとされている。当時の先住民が実施するラクロスの

図7-4-3　Ball Play（ラクロス）
George Catlin 作

Smithsonian American Art Museum HPより引用

第4節　競技化とスポーツの行方

様子を観察し、記録として残したのは、17世紀半ばのフランス人開拓者たちであった。

ラクロスと名付けたのはフランス人宣教師であり、インディアンの使用していたスティックが、カトリック司教が使用する杖（la crosse）に似ていたことから命名されたとされている。

アメリカ独立戦争後、キリスト教に改宗してカナダへ移住したインディアンたちによって、ルールなどが規定されるようになり、ラクロスは部族を訓練するゲームから、スポーツへと変化を遂げていく。その後1860年にはカナダの国技となり、クラブチームや大学のチームも徐々に増加、イギリス、さらにアメリカ、オーストラリアなどに普及して、1904年と1908年の夏季オリンピックでプレイされ、現在に至っている。

図7-4-4　北アメリカの先住民のラクロス選手
Ball Players（ラクロス）　George Catlin 作

Smithsonian American Art Museum HPより引用

5. バスケットボール

競技の起源は、1891年、アメリカのマサチューセッツ州のYMCA（Young Men's Christian Association）講師のジェームズ・ネイスミス博士が、ゴールとして桃を入れる籠を取り入れたことに始まるとされている。彼の考案した競技は1年後、YMCA会報にも紹介され、すぐに全国に広がり、やがて海外にも普及していった。アメリカの大学でも1892年からプレイが行われたが、しばらくYMCAも大学も双方が独自のルール運営をしていたため、異なる団体所属間がプレイしようとするとルールの違いが生じ問題となっていた。そこで1915年、大学、アマチュアアスレチックユニオン、YMCAの3者が合同ルール委員会を設定し、1936年には名称変更してアメリカ・カナダ唯一のアマチュアルール作成機関であるNational

図7-4-5　バスケットボールの父、ジェームズ・ネイスミス

Wikimedia Commonsより引用

第7章　スポーツと文化

Basketball Committee（NBC）となり1979年に至るまで、今日のバスケットボールを形作った。アメリカでは1949年にNBAが結成され、メディアが結びついてプロの試合が実施されるようになった。この約40年後に、バスケットボール界の神とまでいわれることになるマイケル・ジョーダンが活躍し、世界中にその名を轟かせることになる。

6. バレーボール

　1895年、アメリカのマサチューセッツ州YMCAの体育主事、ウィリアム・G・モーガンによって考案された。これは、バスケットボールを年配の大人がプレイするには激し過ぎたため、適度な運動量の屋内スポーツとして設計されたことに始まる。モーガンは、当初テニスをヒントに考案したこのスポーツを「ミントネット」と呼んだが、彼が1897年にYMCA北米競技リーグ公式ハンドブックを発行するまでには「バレーボール」と名を変えて広めることとなった。すぐに男女ともに全米の学校、レクリエーション、軍隊、その他でプレイされて親しまれ、その後、他国に紹介されていった。1916年には、YMCAとNCAA（全米体育協会）の共同でルールが制定され、大学でも広く普及していくことになった。

　第1次世界大戦後にヨーロッパから各国に普及し、1947年国際バレーボール連盟FIVBが創設された。6人制がオリンピック競技として採用され、1964年東京オリンピック競技大会から実施された。これ以降、現在に至るまで6人制が世界の主流となっている。

7. アメリカンフットボール

　アメリカンフットボールはラグビーをもとに発展したスポーツである。1860年代からカナダやアメリ

*1
彼の功績は、1880年、ラグビーの15人制から11人制への人数変更、1881年、フィールドサイズを縮小し、5ヤードごとにラインを引いて100ヤードのフィールドでプレイを争う形式に変更、1882年、3回の攻撃で5ヤード前進できない場合に明確に攻撃側と守備側が交代する、ラグビーの攻防と決定的に異なるルールを採用。1883年、トライ（タッチダウン）での点数、トライ（タッチダウン）後のキックの点数、フィールドゴールの点数、守備側が攻撃側最後方のトライエリアでボール保持者を防御（タックル）できた場合の得点化（セーフティ）のルール化。ほかにも彼の提案でルール化されたものがあるが、そのほとんどが現行ルールの礎になっている。

402

第4節 競技化とスポーツの行方

の大学においてラグビールール方式でプレイされていた中で、1876年、全米大学アメリカンフットボール協会が発足、この時、エール大学の代表として会議にも参加していたウォルターC,キャンプ*1がラグビーとは異なるルールを提唱し、ルールが今日の形へ劇的に変化していったことから、後に彼は「アメリカンフットボールの父」と呼ばれるようになる。1896年には全米の大学がアメリカンフットボールについて協議、カンファレンス（リーグ）が組織されて競技が発展したが、1905年、18人の死者と159人の重傷者を出したことで、時のセオドア・ルーズベルト大統領が安全にプレイできるような斬新な改革がない限り、禁止令を出すことを発表した。そこで62大学の代表委員が集まり、安全策等を議論する機会*2が設けられ、さらなるルール改正や用具の検討が実施された。その結果、ラグビーと異なる、前方へのパスをルール上許可し、ヘルメットなどの防具を装着してプレイするルール等の整備がなされ、アメリカンフットボールとしてさらに発展、認知されるきっかけとなった。1920年にプロ組織が発足、1922年NFL（National Football League）の名称で現在に至っている。世界的にはマイナースポーツであるが、経済的にはサッカーで有名なスペインリーグの5倍を超える収入を稼ぎ出す世界最大のプロスポーツリーグとなっている。

8. フィールド（陸上）ホッケーとアイスホッケー

　ホッケーに類似した競技が存在していたことは、紀元前の古代エジプトから、エチオピア、南米のインディアンなどにおいて、記録が残っており、原型は古くからあったことが明らかになっている。近代スポーツとしてのホッケーは、イギリスのクリケット選手たちが、試合のできない冬場の代替スポーツとして始めたのが

*2
今日、我が国で「日本版NCAA（一般社団法人大学スポーツ協会【UNIVAS】）」という言葉を目にする機会があるが、このNCAAはNational Collegiate Atheletic Association」（全米大学体育協会）の略称であり、左記の死亡・重症リスクへの安全対策をきっかけに結成されることになったことが起源である。このような歴史的経緯から、NCAAルール委員会は現在全米大学スポーツの大半を統括し、大学生アスリートの安全対策、学業支援、学内外スポーツ振興を充実させる重要な役割を担っている。日本の大学スポーツも、安全対策、学業の両立、地域振興などの課題を解消すべく、スポーツ庁主導により一部実現の方向性で検討が進んでいるところである。

第7章　スポーツと文化

図7-4-6　ホッケーを描いた紀元前510年の
レリーフ（ギリシャ）
アテネ　国立考古学博物館にて　筆者撮影

最初である。1871年にロンドン・クリケットクラブによって考案され、1886年にはロンドンで協会が発足した。それまでさまざまなクラブが、独自のルールで試合を行っていたが、この協会発足を機に、統一ルールのもとで競技が行われるようになった。その後、イギリスの私立学校に定着、1908年はオリンピック種目に採用され、さらにヨーロッパ中に普及していった。特にインドのイギリス植民地において盛んに実施され、現在はインド、パキスタンで人気がある。

　アイスホッケーのルールは1879年にカナダのマギル大学の学生によって作られ、競技リーグが創設された。アメリカではエール大学とジョン・ホプキンス大学が1890年代にアイスホッケーを採用したのが始まりである。国際アイスホッケー連盟は1908年にヨーロッパを起点に設立され、現在に至っている。

9. eスポーツ（エレクトロニック・スポーツ）

　eスポーツ（esports）とは、「エレクトロニック・スポーツ」の略で、広義には、電子機器を用いて行う娯楽、競技、スポーツ全般を指す言葉であり、コンピューターゲーム、ビデオゲームを使ったスポーツ競技として、一般社団法人日本eスポーツ連合が定義している。歴史的には、1980年代のコンピューターゲーム登場後、1990年代後半頃から、欧米において賞金のかかった大規模ゲームイベントが開催されてプレイヤーがプロ化し、「eスポーツ」という単語が使われ浸透していったとされている。近年のオリンピックにおいて、過去開催実績のあるゴルフとラグビーを除き、新種目として採用されたのは自転車競技のBMXやス

第4節　競技化とスポーツの行方

キーのハーフパイプ、スロープスタイル、スノーボードのビッグエアがあるが、eスポーツは若者を取り込みたい国際オリンピック委員会（IOC）も注目しており、2024年パリ五輪での追加競技としての採用も取りざたされる。すでに2018年アジア大会では公開競技としてeスポーツが初めて採用された。

　身体運動を伴う遊戯・競争を「スポーツ」と総称する中で、マウス、キーボード、専用コントローラーを操作して争うeスポーツを「スポーツ」と定義すべきかといった問題が指摘されている[3]。しかしながらオリンピックでは射撃、アーチェリー、カーリングのような道具を主に用いるスポーツ種目がすでに採用されているため、eスポーツをスポーツ化しようとする動きは今後加速化すると考えられる。しかしながら、ゲーム＝スポーツと容認しようとしない文化・社会的背景も国内外で存在するため、議論はまだ続いていくだろう。

参 考 文 献

1) 松井良明（2015）球技の誕生，人はなぜスポーツをするのか，平凡社.
2) 日本ラクロス協会監修 （1994）女子プレーヤーのためのはじめてのラクロス，山海堂.
3) eスポーツ産業に関する調査研究報告書（2018）総務省情報流通行政局情報流通振興課.

問　題

(1) 各球技の歴史を概観した際に、統一化や競技化に寄与したものは主にどのようなものであったか説明しなさい。

(2) eスポーツの特徴と、スポーツ種目採用に至る問題点について説明しなさい。

（村井　剛）

第7章　スポーツと文化

第5節　武道とスポーツ

【概　要】

　武道は、日本固有の文化として不動の地位にあるかのように見える。しかし、その誕生は新しく、変遷においても様々な紆余曲折がある。また、スポーツというカテゴリーで発展する中では様々な問題も生じている。以下に、日本にける武道の位置づけを概観していくとともに、日本でも馴染みのある中国武術である太極拳についても言及する。

*1
日本国内を統括する各武道連盟との連絡融和を図り、かつ各武道を奨励して、その精神を高揚すると共に健全な国民の育成に努め、世界の平和と福祉に貢献することを目的に1977年4月23日に発足した。

*2
日本においては明治維新から太平洋戦争終結までとするのが通説。

*3
武士階層に発達した道徳で、儒教とくに朱子学に基づいて確立された。武士の行動規範。

*4
天神真楊流・起倒流などの柔術を修め、後に講道館柔道を創始する。東京大学を卒業し、学習院教頭、東京高等師範学校長などを歴任した教育者で、IOC委員、大日本体育協会初代会長を務めるなど、柔道の普及に限らず、日本の体育・

1. 武道とは？

　日本武道協議会*1は、「武道」を「武士道の伝統に由来する日本で体系化された武技の修錬による心技一如の運動文化で、心技体を一体として鍛え、人格を磨き、道徳心を高め、礼節を尊重する態度を養う、人間形成の道であり、柔道、剣道、弓道、相撲、空手道、合気道、少林寺拳法、なぎなた、銃剣道の総称を言う（2014年2月1日制定）」と定義する。「武道」という言葉は、『武道伝来記』（井原西鶴）や『武道初心集』（大道寺友山）など、江戸時代の書物にも見られるように、近代*2以前から存在した。しかし、それらは「武士道」*3と類義に使われることが多い。また、列挙された武道も、従来は「術」として、柔術、剣術、弓術など、単にそれぞれの戦闘技法の総称であった。このような戦闘技術の修錬に、武士道あるいは人間形成の道としての教育的価値を付与することで誕生したのが「武道」である。これには講道館柔道を創始した嘉納治五郎*4の影響が大きい。嘉納は、古流の柔「術」を攻撃防御の技術の練習を通じて人間形成を図る「道」として意図的に柔「道」と改めた。このような嘉納の思想と柔道の成立意図が、他の武術に波及することによって、

第5節 武道とスポーツ

「武道」という概念が、近代、特に明治後期～大正期
に発明された。

2. 時代の中で浮沈する武術・武道

　戦国の世において武術は様々な形で発展し、やがて
技術体系、教習体系、伝授方法などが整備され、流派
をなして隆盛を極めた。太平の世となった江戸時代に
おいても、尚武・質実剛健の気風は色濃く、藩士やそ
の子弟の教育の柱として、各藩の藩校や幕府の講武所
などを中心にそれらの諸流武術が講じられた[5]。し
かし、そのような地位は明治の文明開化によって著し
く脅かされる。1866年の講武所廃止、1871年の廃藩
置県による藩校の廃止、また近代教育に即した諸令に
よって、武術は前近代的なものとして社会的に排除さ
れた。一方で、近代教育として体操や西洋式スポーツ
が移入される。

　再び撃剣（剣術）や柔術が教育の俎上にのぼるの
は1911年のことである。これは1894年の日清戦争、
1904年の日露戦争を受け、白兵戦における戦闘能力
の重要性が再評価されたことなどによる。そして、大
正、昭和初期と戦時色が次第に強くなると、武道がス
ポーツに代わり、やがては武道が学校教育の第一線に
上がることになった。しかし、1945年、日本が敗戦
を迎えると、武道は戦時下において軍国主義に加担し
たとの評価から教育・課外活動で全面的に禁止される。
戦後、武道は生き残りをかけて思想的な背景を切り離
し、競技種目として西洋化、スポーツ化していくこと
を余儀なくされた[6]。

3. スポーツとしての武道

　武道がスポーツとして発展していく過程では、常に
本質論的なジレンマがある。例えば、ルールを備え、

スポーツ振興において先駆的
な役割を果たした。

＊5
江戸後期には、武術修練と
講義を結びつけた教育がなさ
れ、武道誕生の萌芽が見受け
られる。

＊6
スポーツ化のプロセスや統一
性がその後の普及形態・発展
形態を大きく左右していく。

第7章　スポーツと文化

＊7
柔道の試合において、対戦者がそれぞれ青と白の柔道着を着用する問題。従来、両者とも白い道着を着用していた。1988年にヨーロッパでカラー道着が考案されたが、白い道着の伝統と含意を尊重して日本は否定的な立場を取った。国際的には約10年で容認、日本では導入まで30年近い議論が行われた。

安全性を担保するということは、本来、戦いにおいて有効な「相手の意表を突き、最も危険な場所を攻撃する」といった戦闘の合理性と矛盾するからである。また、国際化（普及）においてもジレンマを抱える。例えば、カラー柔道着の問題がある＊7。日本は導入に反対の立場を取ったが、この流れが覆ることはなかった。現在、204の国と地域に広く普及した柔道において、創始国であったとしても国際柔道連盟における日本の議決権は1でしかないからだ。

多くの武道が、スポーツとして親しまれていることに異論はない。しかし、文化として考えた時、どのような姿が良いのか、我々は見識を持って考えなければならいだろう。

（中谷　康司）

4. 中国の国技「中国武術・太極拳」

相撲は日本の国技であるが、中国の国技は「中国武術」であり、日本では"中国武術・太極拳"という名称で広く普及している。いわゆる「中国武術」とは総称で、「太極拳」はそのうちの一種類であり、中国武術は現在131種類が認定されている。

さて、「中国といえば？」という質問で、「太極拳」を思い浮かべる人もいることだろう。太極拳といえば、早朝の公園で老人が健康のための体操として取り組むというイメージも強いかもしれない。しかし、そのような健康的な側面は太極拳のほんの一面であり、中国に存在する多数の拳法と同じように、太極拳の本質もまた、いかにして身をかわすかという技術の結合であり武術である。そして何よりも、陰陽哲学を身体で表す、具現化された理論でもある。

第5節　武道とスポーツ

5. 中国武術の礼節

　武術の役割とは、ただ敵を打ち負かすことだけではないということを、日本で育った人たちには理解しやすい考え方なのではないだろうか。空手や柔道、剣道といった日本の伝統武術のように中国武術でもまた、その技術だけでなく儒教を源流とする「思想」を重んじる。よって、武術に取り組むということは、単に肉体だけでなく、その精神をも鍛えるということなのだ。中国武術で儒教の思想性が重んじられる例として「抱拳礼」を挙げることができよう。抱拳礼とは古来より中国で行われる挨拶、所作の１つであり、右手で拳を作り、左の掌でその拳を体の正面で包むようにして相手に見せることで、「よろしく」や「おめでとう」などの意味を持つ。武術における抱拳礼は、武道の礼儀として相手に「自分は武器を持たない」と示す意図が加わったために起こったものである。

　抱拳礼が行われることが少なくなった現代中国でもなお、武術の世界では抱拳礼の文化は残っており、演武時や練習前に師匠や採点者に向かって抱拳礼を行う。その際の抱拳礼は、お互いに仲間であるという表現でもあり、または武力を意味する右手の拳を左の掌で包み隠すことによって、相手への謙虚な姿勢を示すという意味を持ち、そういった意識を折々に持ちながら鍛錬することによって肉体だけでなく自ずと儒教的な思考を養うことも目的とする。

6. 武術の思想「陰と陽」

　「凡是必有合」……この世のすべてのものは必ずや対になるものだ。中国には伝統的に「陰陽」という、表と裏、昼と夜、男と女といった、物事を二元論的にとらえる思想が根付いている。それは現代中国にもい

第7章　スポーツと文化

たるところに文化として残っているものであり、例えば中国人は縁起を担ぐというような意味で、贈り物やお土産等は奇数個を避け陰と陽を表す2つ、または偶数個持っていくことが多い。古来中国で浸透している陰陽思想は防御と攻撃を陰と陽に見立てるといった、「陰陽平衡」が特にそれを示す。武術における裏と表は、守りと攻めであり、中国武術の技術体系にも大きく影響を与え応用されている。攻撃に偏りすぎてもスタミナを消費しすぎて、相手の攻撃に対する防御がおろそかになり大きなダメージを受けてしまう。かといって防御ばかりに偏ってしまっても相手を倒すことはできず、ダメージを蓄積してしまうばかりである。防御と攻撃がバランスよく調和のとれた状態、それが陰陽平衡であり、最も理想とされる。

　また「以柔為貴」は、力をもって勝負するのではなく、技をもって勝負せよということを意味する。これが、体の大きな人が必ずしも有利になるとは限らない状況を生み出す。

　攻と防だけでなく、柔と剛も陰陽として二元的に例えられ説明される。「柔をもって貴しと為す」、「柔よく剛を制す」というような考え方は中国、日本問わず尊重される。長い年月をかけ育ち、年輪の詰まった牢固たる巨木であろうともなぎ倒してしまうほどの突風の中、か細くあまりに頼りない幹をもつ竹が、倒れることなく無事であることがある。それは、剛なるものは確かに力強いけれど、それ以上の力にさらされると撃ち負けてしまうのだが、しなやかさを持つ柔のものは、柔軟にしなることによって力を上手く受け流してしまうからである。

7. 中国武術技術の特徴

　中国の武器は、特に戦闘用には作られていない、日

常品の流用である。棒は運搬のためのもので、鈀（熊手の一種）は畑を耕すための道具であった。中国武術は徒手のみならず、多種多様な武器を用いて戦う。しかし、中国武術のどの武器もが、戦うために開発されたのではなく、もともとは日常生活にあるものが武器として用いられるようになっていったのだ。武器として代表的な剣は、元は物や食材を切るものであったし、少林拳をはじめ古来武器として使われてきた棒は、モノを運搬するための道具が源流である。日本でも有名な西遊記の登場人物、沙悟浄の持つ、先端が三日月形の降魔の宝杖と呼ばれる武器は、物を運んだり、道端の雑草を刈り取る農具がモデルであるし、猪八戒の持つ釘鈀と呼ばれる武器は畑や田を耕す馬鍬がモデルであって、いずれの武器も原形は農具である。

　また、「暗」という武器は、日本でいうところの手裏剣である。武士ではなく忍者の持つものとして日本では考えられているが、中国の特徴的な武器として「暗器」と呼ばれる暗殺用の武器がある。いにしえの中国での挨拶は、前述の抱拳礼であり、西洋の握手や日本のお辞儀といった文化はなかった。もし古代中国で、握手を願うように相手に手を差し出す動作をしてしまうと、袖の下に隠したスプリング式に飛ばす手裏剣を相手に向けてしまう動作と錯覚され、失礼にあたる。さらには、逆に相手から暗器で攻撃されてしまうという危機感を抱かせられることになる。また日本のような、お辞儀をするように相手に頭を下げるような動作は、襟から背中にかけて隠している剣が露呈してしまうことになり、これも失礼に当たってしまう。

図 7-5-1

8. 武術の多面性

　太極拳は、そのゆったりとした動きゆえに健康体操として見られがちである。しかし、れっきとした武術

第7章　スポーツと文化

である。ゆったり動くのは、想定される相手を細かく分析しているからで、相手が早く動くようになれば自分もそれに応じて早い動きをする必要がある。では相手がナイフをついてきた時はどう守ればいいだろうか？　ゆったりとした動きで練ってきた洗練された身のこなしを、瞬時に素早く行うことで、相手には何が起きているのかわからないほどの一瞬の間に倒せるようになれるということである。

実際のところ現代は、特に日本では太極拳を武術として学んでいる人は1割いればよい方であるかもしれない。ほぼ全体、ほとんどの太極拳愛好者は、健康体操として親しんでいる。

9. 太極拳の目的

太極拳は武術であるがゆえに、その運動量は決して少なくはないし、簡単なものでもない。太極拳を行う前に何よりもまず、体の硬い人には柔軟体操が必要だし、姿勢の悪い人には姿勢矯正の運動が必要である。太極拳運動はあまり激しく行わず、ゆっくりとした有酸素運動である。頭から手足の指先までゆっくり動かす全身運動であり、呼吸は自ずと深くなる。特別な筋肉トレーニングを行わなくても、きちんと「立つ・歩く」ことで、日常に必要な筋肉を鍛錬することができる。身体の内面の感覚を高めていくことにより、内臓から強くなって真の強い身体になっていく。少しの努力を日々無理なく続けることで変わっていくのだ。

日本とは少しだけ変わった中国の健康法についても言及したい。健康の3つの柱として①食事②睡眠③運動が挙げられる。まず食事だが、腹七分目に抑えるということは日本でも普及している考え方だが、日本と違う点は、中国では朝食の質を重視することが健康にとって大事であるということだ。例えると朝食こそが

図7-5-2

金メダルであり、昼食はその次の銀メダル、夕食は銅メダルどころか鉄である。

次に睡眠であるが、現代の日本社会では難しいが、働きと休養の比率は4対6を理想とする。また、睡眠の一番価値のある時間を23時から1時とし、そこに深い眠りについていることを推奨する。

最後に運動だが、中国では食事をした後に散歩をする習慣があり、今でも中国では老人が夕食後の散歩を楽しむ風景を見ることができる。運動を始めるときはいきなり激しい運動をするのではなく、準備運動やストレッチなどの軽い運動から始め、全身の筋肉を使った運動や呼吸を合わせた運動に移行するなど、段階を踏んで運動の負荷を上げていくことが理想的だ。普段運動らしい運動ができない人でも、ふろ上がりなどのストレッチを習慣的に行うことによって全身がリラックスし血行も良くする。

10. まとめ

中国武術は中国の国技として、多面的な効果を持ち、その機能も多く様々だ。護身や健康法として己の体を鍛錬したり、また鑑賞の対象として演武を楽しんだり、さらには競技種目のひとつでもある。中国武術を習うことで、身体の健康面はもちろんのこと、さらには精神面も健康的に鍛錬される。中国武術では、文も武も両方兼ね備えた「武徳」の高い人となることが、最も高みの世界である。鍛錬の積み重ねは、人を人間として成長させていくことに、とても効果的だ。

いわゆる「健康」という言葉は、『易経』の中の「健体康心」（健やかな体、康らかな心）がその語源だといわれている。これもある種、健全な身体には健全な精神が宿ることを意味しているかもしれない。日本では文武両道が一種の美徳とされ、学生の多くが学校な

413

第 7 章　スポーツと文化

どで学問の傍らにスポーツに取り組む。身心の良いバランス関係を保ちながら、文と武が相乗効果で互いに高め合っていくことが可能だ。武術を学ぶ時、最初は型を習うことから入っていくが、地道に鍛錬を継続してある一定の段階に達していくと、自己の目的意識を再確認できたり、己の弱さと対峙できたり、徐々に自己の内面と向き合って内観が深まっていく。そういった意識活動と比例して、安定した身体がつくられていく。自己をより成長させるそのひとつの手段が「中国武術」を学ぶことだ。

引用文献

井上俊（2004）　武道の誕生，吉川弘文館：pp.1-195

国際武道大学附属武道・スポーツ科学研究所（2013）　武道論集Ⅰ—武道の歴史とその精神（増補版），国際武道大学附属武道・スポーツ科学研究所：pp.1-216

杉山重利（2002）　武道論十五講，不昧堂出版：pp.1-156

問　題

(1) 日本の武道の歴史を概観し、武道の今後の発展について論じなさい。

(2) 日本の武道と中国武術の類似点について論じなさい。

（張　成忠）

ドイツにおける「みんなのスポーツ」

　「ドイツオリンピックスポーツ連盟（der Deutsche Olympische Sportbund ＝ DOSB）」には、およそ9万のクラブが加盟し、その会員数は2700万人にのぼる。ドイツ国民の3人に1人が何らかのスポーツクラブに所属し、スポーツを楽しんでいる[1]。ドイツは、「『みんなのスポーツ』の王国」である。これは、およそ200年前に「総合型または地域密着型スポーツクラブ」が産声をあげ、成長してきた姿である。

　ヤーン（Jahn：1778-1852年）は「体操の父（Turnvater）」として知られている[2]。またドイツでは、地方自治体や地区ごとにスポーツクラブ（Sportverein）があり、老若男女が定期的かつ継続的にスポーツに親しんでいる。実は、この「地域ごとの同好会（Verein）」を組織したのもヤーンだったのである[3]。1800年代初頭のフランスとの関係から、ドイツ人を鼓舞しようとしたことが発端だった。200年以上前、ヤーンは、活動の現場では「平行棒（Barren）」という器械を創設しながら、同好会を組織することを通じて体操・スポーツ活動を地域に定着させた。すなわち、「体操の父ヤーン」は「スポーツクラブの父」でもあるのだ。ここで使う「体操」という語は、"Turnen（トゥルネン）"の翻訳だが、「体操競技」や「器械運動」に限定すべきではない。陸上競技的な運動のみならずボールゲームほかの多彩な運動も含め、スポーツ全般を指す広い意味で捉えるべきである。

　1950年代末から、ヨーロッパ諸国でスポーツ振興活動が興る。中でもドイツの「スポーツの第2の道（Zweiter Weg des Sports）」と「ゴールデン・プラン（Goldener Plan）」は、世界的に注目される。「スポーツの第2の道」は、1959年に決議された行動計画である[4]。競技スポーツ中心から転換し、「みんなのスポーツ」、つまり「スポーツ・フォー・オール（Sport für Alle）」を目指した。その背景には、戦後復興を果たしたドイツでは、余暇時間が増加し、国民の仕事からの解放と遊びやスポーツの欲求に応える必要性の高まりがあった。この「みんなのスポーツ」の運営母体がヤーンによる「体操クラブ（Turnverein）」であることは、あらためていうまでもない。そして、日々の活動を充実させるため、スポーツ環境というハード面の不足・不備を解消しようと企図しかつ実行する。これが「ゴールデン・プラン」というスポーツのインフラ整備である[5]。市町村や地区の人口規模や山岳か海浜かという地理的条件などを考慮した施設設備の建設計画とその実行である。「施設づくり」という発想は、第2次大戦後に新たに生まれたものではない。実は、「ワイマール共

和国（1919-1933年）」時代にさかのぼることができる。しかし、ナチス時代に突入したため、ワイマール共和国の「黄金計画（ゴールデン・プラン）」は文字通り計画に留まってしまった。とはいえ、当時「国民一人一人の心と体の健全さを確保するためには3㎡が必要」としたことは、まさに先見的だったのである。そして、再統一直後の1992年、「ゴールデン・プラン・オスト（東）」という旧東ドイツ地区のためのスポーツインフラ整備が始まった[6]。

「スポーツ・フォー・オール」と「ゴールデン・プラン」は、ドイツスポーツの太い2本柱である。つまり、理念やかけ声（ソフト）のみでは不充分で、スポーツ振興の具現化には、体育館やプールなど施設設備（ハード）の充実が不可欠だということである。戦争、政治体制や社会の移り変わりとともに数十年の時を隔てながらも、「黄金計画」を現実のものとすることは、長期的展望に長けたドイツ人ならではといえよう。さらにまた、「残業しない」、「オンとオフをはっきり切り換える」というライフスタイルに現れる「ドイツ人気質（かたぎ）」も見逃せない。

さて、「ドイツ体操連盟（Deutscher Turnerbund ＝ DTB）」が管轄する「ドイツ体操祭（Deutsches Turnfest）」を例に、生涯スポーツの実態を管見する。体操祭の歴史は古く、初回は1860年、日本は幕末の頃だった。以来、1938年までに18回開かれた。第2次大戦後は1948年から復活した。いわゆる冷戦下の2つのドイツ時代、それぞれに開催されてきた。社会体制がまるで違っていたにもかかわらず、「身体運動活動あるいはスポーツへの肯定的姿勢」は不変・普遍だった。西ドイツ（ドイツ連邦共和国）がスポーツ振興を謳えば、東ドイツ（ドイツ民主共和国）は西側に対する国威発揚的な役割をスポーツに担わせた。しかしながら、その発現形態は前史を踏襲する「体操祭」という全国規模の大運動会あるいはスポーツフェスティヴァルだった。約40年間（1948-1987年）に西ドイツでは9回、東ドイツでは8回行われた。そしてドイツ統一の1990年から、ほぼ4年ごとに8回開催されている。

表1　2017年第43回ドイツ体操祭の概要（ドイツ体操祭HPより筆者作成）

項目	内容	備考
参加者（人）	80,000	男性30%　女性70%
ヘルパー（人）	7,000	
外国からの参加者（人）	3,500	11か国
ワークショップ参加者（人）	16,000	
イヴェント観客（人）	825,500	開会式／競技／ショー／その他
競技（人）	50,000	
展示出品／パートナー／スポンサー（社）	150	

コラム

　2017年初夏、通算43回目の体操祭がベルリンで行われた。体操祭がとても規模の大きな催しであることが、資料（表1）からイメージできよう。既述のように体操系（体操競技・新体操・トランポリンなど）はもちろんだが、陸上競技種目やボールゲームなどスポーツ全般が行われている。例えば、「ヤーン9種競技（Jahn-9-Kampf）」は、ドイツ特有の複合競技である。体操と陸上と水泳からそれぞれ3つを実施し、合計9種目の結果を総合する。また、野外の芝生フィールドで行う「ファウストバル（Faustball）」という競技もある。バレーボールに似たボールゲームだが、コートは広い。両手のオーバーハンドパスはなく、必ず拳でボールを打つ。レシーブもトスもアタックもボールをワンバウンドさせてよいのだ。

　競技によって異なるが、参加資格は11ないしは13歳以上、上限はない。2017年には、「91歳の女性選手が競技していた（ギネス記録）」。多世代にわたるのは参加者だけではない。孫が祖父母を応援する（または逆）など観客の年齢層も幅広い（写真1）。

　体操祭の特徴は、競技と娯楽が同居していることである。トップアスリートたちのシビアな選手権大会も、30歳以上は5歳毎で自己主張がもっぱら

写真1　孫と一緒の表彰式
（撮影：筆者）

と言えるホビーアスリートの競技会も行われる。トップアスリートは多かれ少なかれプロフェッショナルであるが、ほとんどのホビーアスリートたちは、学業／職業のかたわらスポーツをしている。例えば、経済学や文学を専攻する学生、または美容院や銀行で働く社会人が試合に出て来る。加えて、定年退職後のシニアないしシルバー世代も少なくない。街中のいたるところでは、観客が気軽に参加できるイヴェントも開かれる。スポーツグッズの見本市では、大きな器械器具から身に着けるようなものに至るまでが展示され、試してみることもできる。関係者や中高年はそれなりのホテルに滞在するが、若者たちは学校に寝泊まりする。正式にオーガナイズされた宿泊制度である。ベルリン市内の166の学校を42000人が利用した。その際の朝食消費量は資料の通りである（表2）。競技やイヴェントのみならず、宿泊においても「新たな出会い」と「コミュニケーション」の機会を提供する体操祭である。

ドイツ体操祭は、スポーツにおける「生活の質（Quality of Life）」を投射している。つまり、日常生活の中にスポーツがしっかりと根づいていることの現れが「体操祭」なのである。別言すれば、「職住接近」、「残業のない働き方」、「近所に存在するスポーツクラブ（地域密着型の登記社団）」の頂点に体操祭があるということである。「職住接近」は、自宅から学校や勤務先まで、片道ほぼ１時間圏内であることを指す。「残業なし」は、日本の国家的な案件「働き方改革」につながるが、ずっと以前からドイツ人は基本的に残業しない。終業時刻ぴったりには仕事場を出る！日本人からみると、凄い行為である。そして決定的なのは、200年も昔から近所にスポーツクラブがあり、幼い頃から週に２度くらい遊びにスポーツに汗するのである。さて、"Tokyo2020"を契機として、我々日本人のスポーツライフの「質」が少しはドイツに近づけるだろうか。

表2　42000人の学校宿泊者の朝食消費量
（ドイツ体操祭HPより筆者作成）

食品（単位）	量
パン（個）	375,000
パン（枚）	250,000
バター（kg）	3,750
マーガリン（kg）	750
ハム（枚）	625,000
チーズ（枚）	375,000
チーズ（kg）	1,500
シリアル（kg）	10,000
フルーツ（個）	250,000
牛乳（ℓ）	45,000
コーヒー（kg）	1,500
紅茶（袋）	125,000
ココア（kg）	1,250
ノンシュガータブレット（個）	125,000
ヨーグルト（kg）	125,000
はちみつ（kg）	1,250
ジャム（kg）	6,250

表1および2：
http : //www.dtb-online.de/portal/turnen/geraetturnen/news-archiv/detailansicht/article/ein-fest-der-superlative.html

参 考 文 献

1) ブロイヤー（黒須充　監訳）(2010) ドイツに学ぶスポーツクラブの発展と社会公益性, 創文企画, 14-15.
2) 最新スポーツ科学事典 (2006) ヤーン, 平凡社, 128.
3) 金子明友 (1974) 体操競技のコーチング, 大修館書店, 9.
4) Sportwissenschaftliches Lexikon (7. Aufl. 2003), 663.
5) Sportlexikon (1971), 187-188. および DOG (2. Aufl. 1962), Der Goldene Plan in den Gemeinden.
6) DSB (1992), Goldener Plan Ost.

（市場　俊之）

長期的アスリート育成について
~カナダの事例~

エキスパートになるために必要な時間「1万時間の法則」

　2008 年、Outlier という著書のなかで、作家 Malcolm Gladwell によって「1万時間の法則」が紹介された。モーツァルトやビートルズといった音楽家、また、ビルゲイツなどコンピュータプログラマー、さらには、学術、スポーツで活躍する一流の人々の事例を挙げ、その分野でトップになるためには、たくさんの練習が必要で、そのためにかかる時間が1万時間である、という話だ。この本は、全米で発売からたった3か月のうちに100万部を突破するベストセラーとなり、「1万時間の法則」というとても覚えやすく、人々に浸透しやすい魅力を持ったフレーズは、やがて、独り歩きを始めてしまう。最初の「超競争的な分野のトップになるために1万時間かかる」が「何かの達人になるために1万時間かかる」になり、それが、「何かが得意になるためには1万時間かかる」になり、そして「何かを習得するのに1万時間かかる」へと変わってしまったのである。実は、この1万時間という練習に費やすべき時間は、Outlier のなかでも引用されている、K. Anders Ericsson 博士らによる1993年に発表された研究が理論のもとになっている。この研究は、プロのスポーツ選手、世界的な音楽家、チェスの名人など、超競争の激しい分野の、超成績の良い人ばかりを調査して行われた。博士は、これらの分野でトップに達するために、どのくらいの時間がかかるのかを調べ、おおよその数字として1万という時間にたどり着いた。これは Gladwell 氏が述べていることと一致する。しかし、Ericsson 博士の主張は、時間をかけさえすればよいというものではなく、計画的な練習がより重要で、目的をもって練習することができれば、何の分野であれ、時間をかければかけるほど、生まれ持った才能の影響を上回るほどの上達が期待できる、というものだ。さらに博士は、計画的で目的のある練習で一番大切なのは、長期的な目標を達成するためにたくさんの小さなステップを積み重ねていくことである、と述べている。

長期的アスリート育成 (Long Term Athlete Development: LTAD) について

　さて、一流のアスリートを育成していくには、長期にわたる計画的な指導が重要で、上述の Ericsson 博士によれば「生まれつきの才能」だけで超一流になった人は

いない。では、「長期にわたる、計画的な指導」とはどのようなものなのだろうか。
ここでは、個別具体的な方法論を述べることはできないが、カナダのMSO（複合
的スポーツ支援組織）「Sport for Life Society」の長期的アスリート育成（LTAD）
の事例からヒントを得たいと思う。このプログラムコンセプトはカナダのみならず
50か国以上の国々において30種類以上のスポーツで採用されている。LTADは、
すべての子どもたちに、健康維持のための身体活動に生涯にわたって関わることが
できるチャンス、あるいは、意欲とタレントがある子どもたちについては、競技で
の成功を収めるチャンス、を与えるために、人としての発達段階において何をする
ことが必要なのかという基本的な問いに答えてくれている。

　7つの発展的なステージからなるこのプログラムは、子どもおよび青年の、身体的、
心理的、感情的、認知的発達に基づいていて、各ステージは、アスリート育成の様々
な要点を反映している。

　はじめの3つのステージ、「アクティブスタート（Active Start）」、「ファン・ダ
メンタルス（FUN-damentals）」、「鍛えることを学ぶ（Learn to Train）」、は、こ
れに続く、「鍛えるためにトレーニングをする（Train to Train）」、「競うために鍛
える（Train to Compete）」、「勝つために鍛える（Train to Win）」といった競技に
おける卓越を目指す表彰台への道筋や、さらにその先にある、生涯にわたって身体
活動との関わりを維持するための「生涯アクティブ（Active for Life）」ステージに
も影響を及ぼす、「フィジカルリテラシー（Physical Literacy）」の基礎を育む、重
要な育成の入り口であると位置づけられている。

　「フィジカルリテラシー」は、国内では「身体の賢さ」などと訳され、以前は運
動神経が良い悪いと表現されるような、巧みさや、運動における要領の良さ、また、
その基盤となる基本的運動スキルと考えられていることが多かった。しかし、カナ
ダのLTADでの定義からすると、この解釈は一部分にしかすぎず、生涯にわたる
身体活動への参加に価値を見出し、また、その責任を負う、「動機づけ」、「自信」、「身
体的能力」、「知識」および「理解」の5つが合わさった複合的な概念として捉えら
れている。7つのステージすべてにおいて考慮されるべき要因として、これ以外に
も「専門化の時期」、「年齢」、「トレーナビリティー」など、全部で10項目が挙げら
れているが、「フィジカルリテラシー」が、最も中心的なものととらえられている。
その背景には、LTAD自体が、競技者の育成にとどまらず、生涯にわたって、スポー
ツと関わり続けるために、表彰台を目指す競技から、生涯にわたって競技と関わり
続けることや、生涯にわたって健康を維持すること、あるいは身体活動指導者への

道筋などを示し、生涯にわたってスポーツと関わることを到達点として掲げていることからも伺い知ることができる。そのためには、特に、上述した入り口の3ステージにおいては、安全な環境で楽しみ、遊びをたくさん取り入れ、身体活動との関わりを持続したいというポジティブな態度を育むことが指導現場に求められていることの1つである。また、運動に関する文化的な背景を知り、子どもたちがコミュニティーに溶け込むことを促すことも重要である。また、バラエティー豊かな活動に触れ、自尊心や自信を育むことも忘れてはいけない。

　エキスパートになるためには時間がかかる、また、長きにわたって、スポーツと関わるためには、段階に応じた適切な指導が重要である。目先の結果だけにとらわれることなく、自分自身の意思で、継続的に身体活動と関ることができる子どもたちの育成は、長寿国日本においても大切な課題といえる。

参考文献

Malcolm Gladwell（2008）Outlier. Little. Brown and Company, Colombus.

K. Anders Ericsson, Ralf Th. Krampe, and Clemens Tesch-Romer（1993）The Role of Deliberate Practice in the Acquisition of Expert Performance.
Psychological Review. Vol.100. No. 3, 363-406

Sport for Life Society（2018）Long-term Athlete Development.
http://sportforlife. ca/qualitysport/long-term-athlete-development/（参照日 2019 年 1 月 14 日）

Balyi, Istvan et. al.（2013）Long-term Athlete Development. Human Kinetics, Champaign.

（高村　直成）

第8章
安全なスポーツ実践に向けて

第1節　ウォーミングアップとクールダウン

---

1. はじめに

　「ウォーミングアップ（準備運動）」と「クールダウン（整理運動）」は、運動を安全で、継続的に行う上で重要なものである。誰もがその重要性を知ってはいるものの、その効果や正しい方法を理解しているだろうか。ウォーミングアップの仕方によって、試合当日の自己記録が良くも悪くもなり、クールダウンの方法によって、疲労が蓄積してしまい、スポーツ障害を起こしてしまうケースがある。ウォーミングアップとクーリングダウンは、運動の効果やパフォーマンスを最大限に引き出すことに加え、怪我や障害のリスクを軽減する。時間がないと省いてしまわずに、運動プログラムやトレーニングの一環として考えたい。

2. ウォーミングアップ

　ウォーミングアップは主運動[*1]を行うために身体的・心理的準備をするものである。ウォーミングアップは言葉の通り、体温を上げて身体を温める「warm: ウォーム（温める）」、心拍数を上げる、血流を増やす、精神的高揚の「up: アップ（上げる）」と表現できる。筋や関節を温めることで関節可動域が広くなり、心拍数や血流を徐々に上げることで心臓や肺への負担を下げることができる。同時に、主運動への心の準備ができるといえる。ウォームアップの一般的な方法

〔キーワード〕
・ウォーミングアップ
・ダイナミックストレッチング(動的ストレッチング)
・スタティックストレッチング(静的ストレッチ)

[*1]
主運動:
運動をトータルして考えた場合に、メインとなるもの。
ダイナミックストレッチング (動的ストレッチング):
動きの中で関節をいろいろな方向に動かすことで、関節可動域を広げるストレッチ。サッカーのブラジル体操はこれにあたる。
スタティックストレッチング (静的ストレッチ):
反動を使わずに、筋肉をゆっくり伸ばすストレッチ方法。ボブ・アンダーソンが提唱した。

第8章　安全なスポーツ実践に向けて

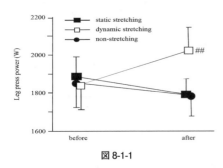

図 8-1-1
静的ストレッチングと動的ストレッチング及びストレッチングなしの処置間におけるレッグプレスパワーの平均値推移の比較（山口太一ら 2004）

〔キーワード〕
・ウォーミングアップの効果

＊2　伸張反射：
筋を伸ばそうとするとその筋が収縮しようとする反応。

＊3　副交感神経優位：
副交感神経は脳幹と脊髄下部から伸びており、リラックスさせる指令を与える。

＊4　肉離れ：
筋の引き伸ばしや急激な収縮で筋線維が断裂して起こる。特に疲労しているときに起こりやすい。

＊5　中枢神経系：
中枢神経系は脳と脊髄にあり、脳は脳幹（延髄、橋、中脳）、小脳、間脳、大脳からなる。

は、低強度の有酸素運動＋ダイナミックストレッチを10分程度かけて行い[1]、身体および筋温を漸進的に高める。以前は、ウォーミングアップとしてスタティックストレッチが多く取り入れられていた。しかし、近年ウォーミングアップでスタティックストレッチを部位ごとに時間をかけて行うと、筋の伸張反射＊2を抑制してしまい、最大筋力が出せずにパフォーマンスが低下するという報告がなされるようになった[2]。さらに、副交感神経＊3が優位に働くマイナス面も指摘されている。この場合、部位ごとに短時間（30秒未満程度）で行うような注意がなされる[3)4)5)6]。

1 ウォーミングアップの効果

① 体温（筋温）を上昇させる
身体や筋肉を大きく可動させることにより、体温（筋温）が上がる。それにより血管が拡張し、酸素の供給もスムーズに行えるようになる。

② 関節可動域を広くする
筋温が上昇することで筋や腱が柔らかくなり関節可動域が広くなる。その結果、より身体が動かしやすくなり、運動中の過度な伸展やねじれによる肉離れ＊4および筋断裂などの傷害を防ぐことにつながる。

③ 神経の伝達を促進する
神経が情報を伝達する速度は体温の増加に比例して速くなる。ウォーミングアップで身体を動かすことにより中枢神経＊5の興奮を引き起こし、素早く反応ができるような身体の準備をしてゆくことになる。また、筋温が上がることで反応速度も速くなる。

④ 心拍数と呼吸数を徐々に増加させる

第1節　ウォーミングアップとクールダウン

ウォーキングなどの軽い全身運動から始めることで、心拍数や呼吸数を徐々に上げることができる。そのために、心臓や肺などに急激な負担を与えずに主運動が行える。このことにより、運動開始時に乳酸*6の蓄積をおこすことを軽減することができる。

　⑤　心の準備をする

ウォーミングアップによって、徐々に体温・筋温は上昇し、心拍数・呼吸数は増加する。それに伴い交感神経活動も高まる。身体と同様に、これから行う主運動のイメージを作りながら心の準備もできてくる。さらに、精神的にゆとりを持って主運動に臨むことができる。

■2 ウォーミングアップの種類と方法

・ウォーミングアップの種類

　①　主要部位の軽いほぐし

手首・足首回し。腕回し、肩甲骨ほぐし。腰回し、上肢の屈曲・伸展や回旋。膝の屈曲・伸展など、主運動で使う部位をほぐす。

　②　有酸素運動による全身運動

ウォーキング・ジョギング・ランニング・バイクなどで、筋温・呼吸循環を高める。

　③　ストレッチング

・スタティックストレッチング

（30秒程度の筋が伸びきらない範囲で関節可動域を広げる）

・ダイナミックストレッチング

（肩甲骨周りや股関節周りを動かしながら各部位の可動域を広げる）

　④　専門性のある動き

専門的な動作に類似する要素（動作の方向・姿勢・代謝系・筋の活動様式・関節可動域など）を考慮して

〔キーワード〕
・ウォーミングアップの種類

＊6　乳酸:
運動で酸素が不足すると体内には乳酸という代謝産物が発生する。乳酸の発生と体内の蓄積は運動の強さがある程度以上になると、急激に増加する。

第8章 安全なスポーツ実践に向けて

*7 ブラジル体操：ジョギングをしながら、リズムよく足を回したり、開いたりすることで、関節の可動域を広げる体操のこと。日本ではサッカーのヤンマーディーゼル（現セレッソ大阪）が初めて導入し、チームが飛躍したことから広く伝えられた。

選択されたドリル。例えばサッカーにおけるブラジル体操*7 など。

　⑤ マッサージ
　体温・筋温を温める方法としてマッサージや温かいシャワー・ホットパックやジェルなどを使用する。

ウォーミングアップの実施例
a. 一般的なウォーミングアップ

低強度の有酸素運動
＋
ダイナミックストレッチング（10分程度で行う）

※気温や年齢・スポーツ習慣・種目によって異なる。例えば、気温が低い環境下では、少し時間をかけて筋温を上げる。さらに、小学生など低年齢の子どもには、遊びの要素を含んだものにする（歩きだけの鬼ごっこなど）。

b. 専門的なウォーミングアップ

①のウォーミングアップ後、
専門的な動作をとり入れたドリルを行う。
（種目にあった動作の方向・姿勢・代謝系・筋の活動様式・関節可動域）

c. 競技動作によるウォーミングアップ

①+②のウォーミングアップ後、
競技動作と同じ動きを行い、準備を完了させる。
（野球であればキャッチボールなど）

　木村繁（2013）「ウォームアップ・クールダウンをおろそかにしてはいけない」参照

3. クールダウン

　クールダウンは整理運動とも呼ばれ、運動後の体調を整えるために行われる低強度の運動を指す。クールダウンは文字通り、上昇した、体温、筋温、血流量、心拍数、呼吸数、精神的高揚などを「down：ダウン

第1節 ウォーミングアップとクールダウン

（落とす）」「cool：クール（冷やす）」と表現できる。
主運動中は、筋肉に大量の血液が送り出されている。激しい運動直後の急激な身体活動停止は、ミルキングアクション[*8]が行われず、酸素負債[*9]による息切れやめまい・吐き気をまねきかねない。めまい・吐き気は、運動直後の筋肉に溜まる大量の血液が心臓に戻らず、脳が一時的な貧血状態に陥るために起こる。激しい運動後に、肺や心臓に負担がかからないように徐々にペースダウンをすることは注意しなければならないひとつとなる。また、運動後の様々なクールダウンの方法によっては、筋肉痛[*10]の軽減がおき、筋肉中の老廃物が除去できるとされる。すなわち、安全に運動を継続させていくためには、クールダウンの効果を理解し、正しい方法で実践することが重要である。

〔キーワード〕
・クールダウンの効果

[*8] ミルキングアクション：下半身の血液は重力に逆らって心臓へ戻される。この助けが、下半身の筋収縮・弛緩となる。このはたらきが牛のミルク絞りと似ていることから、このように呼ばれる。

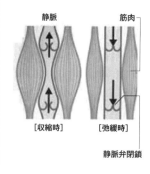

1 クールダウンの効果

① 疲労物質の除去と回復

主運動後に軽い運動を行うことで、筋肉中の疲労物質の除去が早まる。長い間、乳酸の蓄積が疲労の原因と考えられてきた。近年、乳酸生成の過程で発生する水素イオンにより、筋肉内が酸性に傾くことが、疲労の原因と考えられるようになった[7]。

② 運動後の血圧急低下の防止

主運動後に運動強度を徐々に落とし、運動を穏やかに終了することで、心拍数や一回拍出量[*11]の急激な減少を抑えることができ、急激な血圧の低下を抑制することができる。

③ 過換気[*12]の抑制

運動後は、筋によるエネルギー代謝と換気量が不均等になり、二酸化炭素が過剰に排出される。主運動後、

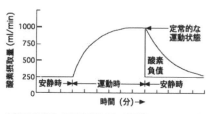

図8-1-2 酸素負債の模式図

[*9] 酸素負債：
運動を急劇にやめたときに起こるハアハアとなる状態で、酸素が足りなかった分の負債分として起こるもの。

第8章　安全なスポーツ実践に向けて

〔キーワード〕
・クールダウンの種類

*10　筋肉痛：
筋肉の収縮の繰り返しや強い収縮によって、筋細胞にダメージが生じる。電解質が発痛物質を発生させて痛みが生じる。

*11　一回拍出量：
心臓は収縮と弛緩を繰り返すことで血液を全身に送る。1回の収縮により血管内に送り出される血液量。

*12　過換気：
息を激しく吸ったり吐いたりする過呼吸の状態となり、血液が正常よりもアルカリ性となることで、様々な症状が起こる。

*13　副交感神経：
自律神経には交感神経と副交感神経がある。副交感神経が活発になると、心臓の働きは抑制され、消化器や泌尿器系は促進される。

クールダウンに当たる軽い運動を行うことにより、代謝と換気のバランスが保て、過換気を抑制できる。

④ 副交感神経優位
スタティックストレッチングやマッサージで筋肉をほぐすことにより、神経系では自律神経の副交感神経[*13]が優位な状態になる。これにより、心臓のはたらきは抑制され消化器系や泌尿器系は促進される[8]。

2 クールダウンの種類と方法

① 軽いウォーキング・ジョギング

運動後に軽いウォーキングやジョギングを用いて、身体全体に回っている血液を徐々に落ち着かせることで、心臓など循環器官への負担を軽減し、脳へ充分な血液を確保できる。このときの運動強度は低強度で漸進的に行うことが望まれる。

② ストレッチ

クールダウンのストレッチングとしては、ダイナミックストレッチングからスタティックストレッチングへ移行するのが一般的である。ストレッチで筋肉をほぐすことは、血流を確保し、筋肉疲労物質を排出しやすい状態にする。また、疲労から回復を早めること以外に、副交感神経を優位にさせ、心身ともにリラックスする効果もある[11]。交感神経優位な状態で運動を終了してしまうと、運動後に食欲の減少や、泌尿器系に影響をもたらす場合がある[8]。

③ マッサージ・アイシング
筋肉疲労のケアにマッサージは有効となる。アイシ

第1節　ウォーミングアップとクールダウン

ングは、筋肉が熱を持っている場合に筋肉や関節部の炎症を抑えるために行う。クールダウンのためであれば、運動後は疲労物質を流れやすくするために血流を促さなければならないのに「冷やす」行為で血流を悪化させて良いのだろうかと思いがちである。しかし、血管は冷やされた温度を元へ戻そうと作用が働き、血流が一気に増える。これにより、特定の筋肉の疲労物質の蓄積を防ぐことができるのである。疲労除去のためのアイシングは、運動直後30分内に行うのが効果的とされている[7]。

4. おわりに

近年、スポーツ科学の進歩により、ウォーミングアップやクールダウンの方法も変わりつつある。たとえばチームスポーツであっても、さまざまな方法の中から、個人個人に合った方法を選ぶ傾向にある[14]。そのためにも、自己の身体に対する理解は重要となっている。

クールダウンの流れ

低強度の有酸素運動
ジョギング・バイクなど（5分程度）
↓
ダイナミックストレッチング
↓
スタティックストレッチング
↓
競技者などは、必要に応じて、
マッサージ・アイシングさらに
栄養補給

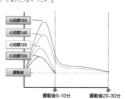

主運動後の心拍数変化

林直亨　「一過性の運動中及び運動後の自律神経活動に及ぼす運動強度の影響」体力科学（1995）参照

図 8-1-3[10]

下半身（下肢）

ももの後ろ（ハムストリング）　　ふくらはぎ（腓腹筋）

ももの前（大腿四頭筋）　　お尻（大殿筋）

上半身（上肢）

胸部（大胸筋）　　背部（広背筋など）

肩関節後ろ（三角筋後部）　　二の腕（上腕三頭筋）

図 8-1-4　スタティックストレッチングの実例
（クールダウン）

引用文献

1) 木村繁（2013）ウォームアップ・クールダウンをおろそかにしてはいけない．NSCA JAPN. Vol.20No3.
2) 山口太一・石井好次郎（2007）運動前のストレッチがパフォーマンスに及ぼす影響について―近年のストレッチング研究の結果を元に―。Creative Stretching, 5.
3) Alter, M.: J. Sports Stretch. Chamaign, Il・Human Kinetics.（1997）

第8章　安全なスポーツ実践に向けて

4) Rubini, E, C, Costa, AL, and Gomes, P. S: Theeffects of stretching on strength performance. Sport Med（2007）

5) Smith, C. A. The Warm-up procedure: tostretch or not to stretch. Abrief review. J. Orthop. Sportsphys. Ther（1994）

6) 山口太一ら（2004）静的ストレッチは等張性筋活動時の発揮パワーを低下させるか. 体力科学 53（6）日本体力医学会

7) 佐久間和彦（監修）（2017）運動・からだ図鑑スポーツトレーニングの基本と新理論. マイナビ出版.

8) 朝山正己・彼末一之・三木健寿編著（2008）イラスト運動生理学. 東京教学社.

9) 林直亨（1995）一過性の運動中および運動後の自律神経系活動に及ぼす運動強度の影響. 体力科学 44.

10) 市橋則明（1991）筋疲労回復におけるストレッチングの効果—筋電図の周波数解析による検討. 運動生理 6（4）.

11) 秋吉奏穂, 石橋秀幸（2017）伝統打破の勇気を要したウォーミングアップの改善とその効果. Training Journal. No444

問　題

(1) ウォーミングアップの効果を挙げなさい.

(2) クールダウンの効果を挙げなさい.

（古木　宏子）

第2節　熱中症の予防と対応

【概　要】
　熱中症とは、高温多湿な環境で活動を行うことより、体内の熱産出と熱放散のバランスが崩れて、体温が著しく上昇した状態をいう。高温多湿環境であれば激しい運動でなくとも発生しうる。最悪の場合、多臓器不全となり、死にいたる可能性がある病気である。

1. 熱中症の原因とその種類

　熱中症は、症状から3段階（Ⅰ度、Ⅱ度、Ⅲ度）に分けられる。Ⅰ度は、初期段階であり、顔面の紅潮や大量の発汗、ぼーっとする、こむら返りといった症状が見られる。進行したⅡ度においては、全身の倦怠感や嘔吐、頭痛、軽い意識障害が見られる。さらに進行すると、最終的にはⅢ度となり、発汗の停止、高体温（40℃前後）、意識障害となる[1]。

　体温調整に関係する気象条件は、気温、湿度、風速、放射熱（日射、反射、輻射など）がある。気温が高い、湿度が高い、風が弱い、日射・輻射が強いという条件は、いずれも体からの熱放散を妨げるため、熱中症の発生リスクを増加させる。特に、小児と高齢者は、体温調節機能が弱いため、熱中症になりやすい。

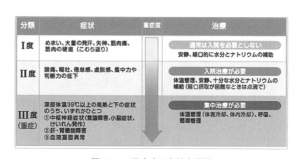

図 8-2-1　熱中症の危険と予防

（出典：日本神経救急学会）

2. 熱中症の危険と予防

　熱中症において最も大切なことは、発症させないた

第8章　安全なスポーツ実践に向けて

めの予防である。予防のためには、個人因子と環境因子を考えなければならない。その説明の前に、熱中症がどんな時に発生し、どんな危険があるのかを実例を挙げて紹介する。

　　——事故が起きたのは17日午前。男児を含む1年生計112人は午前10時ごろ、毎年恒例の虫捕りの校外学習のため、約1キロ離れた和合公園へ歩き出した。学校によると、学校敷地内の気温は32度だった。
　途中で男児は「疲れた」と訴え、他の児童から遅れがちになったが、約20分の道のりを歩き続けた。
　公園は日陰が少なく、市内の気温は午前11時には33・4度まで上昇。最高35度以上が予想される「高温注意情報」が出されていることは学校も把握していた。だが「これまで校外学習で大きな問題は起きておらず、中止する判断はできなかった」。
　公園で30分ほど虫捕りや遊具遊びをした後、学校に戻る途中、男児は再び「疲れた」と訴えた。担任の女性教諭は男児と手をつなぎ、午前11時半ごろ学校に戻った。
　教室にエアコンはなく、天井の扇風機4台を回した。学校が後に測ると室温は37度に上っていた。
　教室では担任が男児を見守っていたが、唇がみるみる紫色になり、午前11時50分ごろ意識を失った。まもなく病院に運ばれたが、午後0時56分に死亡が確認された。
　男児のほか、女児3人が不調を訴え、1人は午後になって嘔吐（おうと）した。——（朝日新聞デジタル2018年7月19日記事[2]引用）

　いたたまれない事件であるが、この事件の一番の問題は、高温注意情報が出ていたのにもかかわらず、公

第2節　熱中症の予防と対応

園へ行くことを決定した学校と適切な対処ができなかった教員の認識のなさである。

私たちは、高温状態では、1時間程度の軽い運動であっても致命的になりうることを理解しなければならない。そのためにも「予防」が大切である。

個人因子では、体調不良（寝不足、二日酔い）や低栄養状態（朝食を抜く）、持病（糖尿病、心臓病）がリスクを高め、環境因子では、高温、多湿、風が弱い、日射輻射が強いとリスクが高くなる。日本では、これら環境面を考慮した熱中症リスク指標として「**暑さ指数（WBGT: Wet Bulb Globe Temperature）**」[*1] が推奨されている。

日本体育協会から発表されている「熱中症予防のための運動指針」によると「暑さ指標」が28℃を超えると厳重警戒レベルとなる。これは「気温」の31℃に匹敵する。

つまり、熱中症とは環境因子と個人因子が混在した病気であり、一概に「気温が高いから」発生するものではない。

スポーツ中は無理をさせないことが大切であり、こまめな水分補給や休息、状況によっては活動の中止も考慮に入れなければならない。

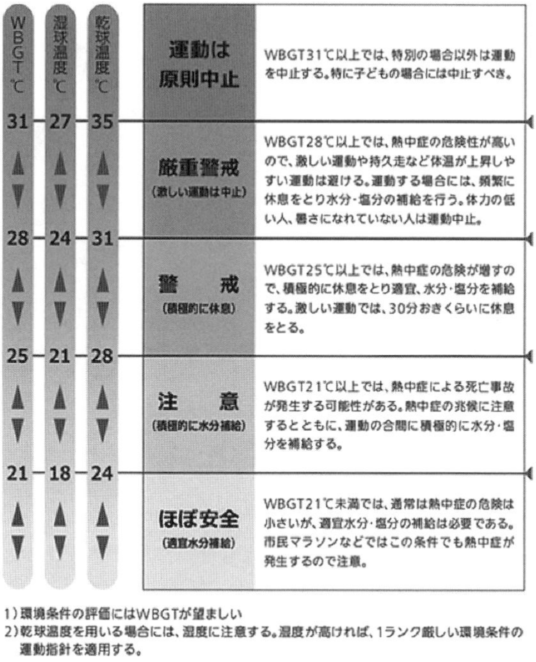

*1
近年では、情報番組などにおいてもWBGTの値に応じた注意情報が発表されているため、参考にされたい。
屋外のWBGTは、0.7×湿球温度 +0.2×黒球温度 +0.1×乾球温度で算出される。単位は℃である。

WBGT℃	湿球温度℃	乾球温度℃		
31	27	35	運動は原則中止	WBGT31℃以上では、特別の場合以外は運動を中止する。特に子どもの場合には中止すべき。
28	24	31	厳重警戒（激しい運動は中止）	WBGT28℃以上では、熱中症の危険性が高いので、激しい運動や持久走など体温が上昇しやすい運動は避ける。運動する場合には、頻繁に休息をとり水分・塩分の補給を行う。体力の低い人、暑さになれていない人は運動中止。
25	21	28	警戒（積極的に休息）	WBGT25℃以上では、熱中症の危険が増すので、積極的に休息をとり適宜、水分・塩分を補給する。激しい運動では、30分おきくらいに休息をとる。
21	18	24	注意（積極的に水分補給）	WBGT21℃以上では、熱中症による死亡事故が発生する可能性がある。熱中症の兆候に注意するとともに、運動の合間に積極的に水分・塩分を補給する。
			ほぼ安全（適宜水分補給）	WBGT21℃未満では、通常は熱中症の危険は小さいが、適宜水分・塩分の補給は必要である。市民マラソンなどではこの条件でも熱中症が発生するので注意。

1）環境条件の評価にはWBGTが望ましい
2）乾球温度を用いる場合には、湿度に注意する。湿度が高ければ、1ランク厳しい環境条件の運動指針を適用する。

図 8-2-2[3]

433

第8章　安全なスポーツ実践に向けて

*2
経口補水液はスポーツドリンクよりもより体内の電解質濃度に近く調整されているため、吸収が速やかである。

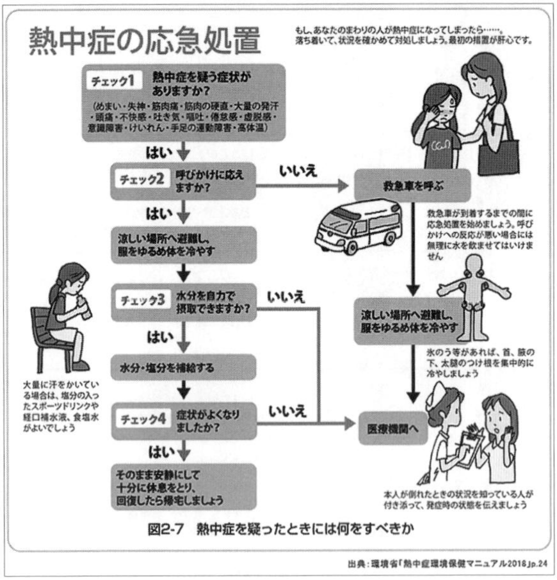

3. 熱中症の対応

熱中症の症状が見られた際の対応アルゴリズムを次頁に載せているので参考にされたい。

意識がある場合は、涼しい日陰に運び、衣服をゆるめて寝かす。クーラーの効いた室内に運ぶとなお良い。この段階で意識がないときは、Ⅲ度の熱中症が疑われるので早急に救急車を要請するために119番通報する。

体温を下げるために、水をかけてうちわ等で仰ぐ。この際、気化熱により熱を逃がすため、霧吹きにより水をかけると良いが、ない場合は濡れたタオルで体表を拭き、仰ぐ、を繰り返す。

意識があり、吐き気がなければ、自分で冷えた飲み物を飲んでもらう。しかし、水だと電解質（塩分）が補充できないので、スポーツドリンクまたは、**経口補水液***2 を飲ませる方が良い。

スポーツの場合、クーラーボックスなどに氷や冷えたドリンクがあると思われるので、首や両足の付け根、両脇などの太い血管の冷却を行う。

図 8-2-3 [4]

第2節　熱中症の予防と対応

引 用 文 献

1）日本救急医学会（2015）熱中症診療ガイドライン 2015
2）朝日デジタル（2018）熱中症で小 1 死亡、校長「判断甘かった」　遺族に謝罪
  https://www.asahi.com/articles/ASL7L36T7L7LOIPE00C.html
3）日本体育協会 熱中症予防のための運動指針
  http://www.japan-sports.or.jp/medicine/heatstroke/tabid922.html
4）環境省　熱中症の対処方法（応急処置）
  http://www.wbgt.env.go.jp/heatillness_checksheet.php

問　題

（1）熱中症の分類を説明しなさい。

（2）熱中症の応急処置アルゴリズム（手順）を説明しなさい。

（小峯　力）

第8章　安全なスポーツ実践に向けて

第3節　スポーツ障害の予防とテーピング

【概　要】

　ここではスポーツによって引き起こされる外傷＝「けが」と障害の基礎知識を解説する。まずは、概念や発症要因を理解することが大切である。その上で、予防や処置についても理解していく必要がある。具体的には発症率が高いとされている足関節捻挫や大腿部の肉離れを取り上げて、それらの特徴や予防法（テーピングなど）を紹介する。

1.　スポーツ障害とは？

　スポーツ外傷とは単発の外力によって組織が損傷することをいう。一般的には「けが」と呼ばれている。筋では筋断裂である肉離れ、腱では腱断裂であるアキレス腱断裂、靭帯では靭帯損傷である膝の前十字靭帯損傷がそれぞれの代表した「けが」に相当する。それ以外で特殊なものとしては脳しんとうなどがある。

　靭帯損傷の場合、通常、損傷された組織は修復過程として炎症期・修復期・改変期を経て、徐々に正常な組織の修復が完成される。注意すべきは炎症期において強い痛みがある場合である。まずは安静をしっかり保ち（患部の保護）、炎症を増悪させないようにすることが大切である。

　一方、スポーツ障害とは、筋・腱・靭帯などの軟部組織に軽微な外傷が繰り返されることによって生じる損傷のことをいう。慢性的に発症する炎症と考えることもできる。筋では使い過ぎによる**テニス肘**[*1]、腱では手関節の腱鞘炎（**ド・ケルバン病など**）[*2]、靭帯では足関節外側靭帯損傷（慢性の足関節捻挫）が挙げられる。

　また、持続的に過度の力が加わることにより組織で

[*1]　テニス肘
　（tennis elbow）
上腕骨の外側上顆にある前腕伸筋群の付着部の炎症
肘の外側に疼痛。

[*2]　ド・ケルバン病
　（de quervain's disease）
手関節の母指橈側部位による狭窄性の腱鞘炎。

第3節　スポーツ障害の予防とテーピング

は虚血による壊死などが生じて、炎症反応が起こる。痛みとなって身体に現れた反応を無視して過度な運動を続けると組織の損傷がより悪化する。度重なる組織損傷は障害の悪循環を引き起こして治癒を遅らせる原因となる。

　広義の意味の分類としてスポーツ外傷の「傷」とスポーツ障害の「害」を合わせたスポーツ傷害という用語が使われることもある。

表 8-3-1　スポーツ外傷と障害の違い

	原因となる外力	発症	創	予後
外傷（けが）	1回の大きな力	急性	開放性 非開放性	通常
障害（故障）	反復する小さな力	慢性	非開放性	慢性化 治りにくい

文献 1) 小出清一，福林徹，河野一郎編（2000）スポーツ指導者のためのスポーツ医学，南江堂

2. スポーツ障害発生の原因と予防法

　原因として最も多いとされるのは使い過ぎによるものが挙げられるが、外因性と内因性の2つに分けることもできる[2]。

　外因性としては、練習頻度や時間、練習内容や方法といった練習環境の不備が引き起こすものが考えられる。練習量の過多やトレーニング方法の誤りは正しいフォームでのパフォーマンスを低下させだけでなく、重篤なスポーツ障害を引き起こす可能性がある。指導者は練習前後のウォームアップやクーリングダウンなどを含めた選手のコンディショニングに十分配慮しながらコーチングをする必要がある。また、不適切な練習用具（ラケットやシューズなど）の使用も障害の原

437

第8章 安全なスポーツ実践に向けて

*3　骨アライメント
骨配列、骨の並び。人体の構造上において本来、骨があるべき位置にあること。骨アライメント異常で起こる代表的なスポーツ傷害はO脚、偏平足など。

*4　タイトネステスト
（tightness test）
筋の柔軟性を評価するテスト。一般的には柔軟性が低下すると傷害に発生する可能が高い。

*5　関節弛緩性テスト
（looseness test）
上下肢6関節＋脊椎の7関節の可動域が正常かどうかを確認するテスト。

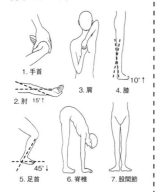

図8-3-1　関節弛緩性テスト

文献1）　小出清一，福林徹，河野一郎編（2000）スポーツ指導者のためのスポーツ医学，南江堂 一部変更

因となる。

　内因性としては、年齢、性別、個人の身体的特徴（解剖学的特徴を含む）である筋の柔軟性、関節の弛緩性（柔軟性）、**骨アライメント***3異常などが挙げられる。

　両者すべての要因となるものを排除することや変更することは大変難しい。しかし、不良な用具の使用、不十分な筋力、コンディショニングやトレーニングの誤りなどの諸問題を少しでも解決することは障害予防のために必要なことである。

　加えて以下の点を補足する。

1　メディカルチェックの重要性

　筋肉の柔軟性の欠如は「障害」に直結するといえる。そのためにも**タイトネステスト***4（tightness -test）などでしっかりと柔軟性を把握しておく必要がある。

　また、関節においては過度な弛緩性も「障害」につながるリスクがある。**関節弛緩性テスト***5（looseness-test）などで現状を把握しておく必要がある。これにより潜在的な傷害・障害因子の認識が選手本人にあれば、予防とへの動機づけになる。結果としてケガを回避するトレーニングにつながる。

2　年齢と性別

　成長期では筋や骨の成長が個人によって異なる。骨においては、男女で少し異なるが、ピークが小学校の高学年や高校生の選手にも多い。単なる年齢で成長を判断するのではなく、骨年齢や**成長速度曲線***6から個々に判断する必要がある。これらを念頭に置いてスポーツ指導者は適切な運動強度でのトレーニングや練習を実施して、スポーツ障害の初期症状をできるだけ早くみつけられるようにすることが求められる。

　中高年においても筋や骨の老化の程度は人によって

第3節　スポーツ障害の予防とテーピング

大幅に異なる場合が多い。まずは、自己の体力を把握しておく必要がある。特に女性は閉経を含む更年期障害や**骨粗鬆症**[7]の発症が考えられるので注意が必要である。具体的には体力や筋力を定期的にチェックして現在の身体能力の推移を知っておくべきである。実際にスポーツをする際には十分にウォーミングアップを行い、当日の調子や健康状態を確認することが大切である。

　また、動きやすい服装や足に適合したシューズを準備してから運動することも中高年では大切である。転倒予防や身の周りにある小さな「けが」を避ける工夫となる。

　性差においては特に女性は男性と比較して骨格は小さく、体型も異なる。同じスポーツ種目を行っていれば、男女差なく同じスポーツ障害が発生するはずである。しかし、実際の傷害調査や統計で見ると女性では膝や足関節の靭帯損傷が多い。原因と考えられているのは女性の下肢にある関節の制動機構が弱く、過度に関節が柔らかい人が多いことにある。また、体組成に関して、女性は男性と比べて脂肪の占める割合が多く、身体を支持・保護する役割とされる筋肉量が少ない。このことが傷害発生の一因になるともいわれている。

　年齢とともに性別による身体的な特徴にも注意する必要がある。

3. 足関節捻挫（内反捻挫）の場合

　最も頻度の高いスポーツ外傷といわれる足関節捻挫は何らかの原因により足関節が内反を強制されて起こる（図8-3-2参照）。足部の外側にある靭帯（前距腓靭帯、後距腓靭帯、踵腓靭帯）は強いストレスを受けることで損傷される。足の裏が強く内側にひねられると足の甲は下を向いてしまう。これを「内返し」の肢位とい

関節弛緩性の陽性基準
① 手・指関節：母指が前腕につく
② 肘関節：15°以上過伸展する
③ 肩関節：背中で指がつかめる
④ 膝関節：10°以上過伸展する
⑤ 足関節：しゃがみこみ動作で45°以上背屈可
⑥ 脊椎：前屈して手のひらが床につく
⑦ 股関節：立位で外旋して足先が180°以上開く

＊6　成長速度曲線
年齢別で身長がいつどのくらい伸びるかを知る目安となるグラフ。女子は小学校高学年から中学生くらい（11〜13歳）で成長速度のピークを迎える。一方、男子は中学生から高校生(13〜15歳)でピークになる。

＊7　骨粗鬆症
（osteoporosis）
骨量の減少と骨組織の構造変化により、骨が脆くなり骨折などのリスクが高まった状態のことをいう。男女ともに発症するが、男性に比べて、多くは閉経後の女性である。

第8章　安全なスポーツ実践に向けて

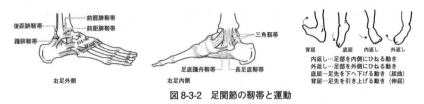

図 8-3-2　足関節の靱帯と運動

文献 3）市川宣恭編（2003）スポーツ指導者のためのスポーツ外傷・障害　改訂第 2 版，南江堂　一部改変

い、外側の靱帯にはかなりの負担がかかる。スポーツでの発生機序としては、方向転換やジャンプからの着地動作時に発生する場合が多い。その時に「ブチッ！」という雑音を感じることもある。

I 症状と処置

急性の症状は損傷した靱帯の周辺に疼痛[*8]や圧痛がある。また、強い腫れや血腫を伴うこともある。重症の場合は足関節の不安定性が見られる。症状から重症度が I から III に分けられる。

I 度（軽度）では靱帯の一部が瞬間的に引き伸ばされた状態になるものの機能的な損失はないため、痛みや腫れは軽度である。適切な応急処置が行われれば特に医療機関での治療は必要としない。約 1 週間での競技復帰が目安となる。

II 度（中等度）では靱帯の部分断裂があるため、外果周辺に強い痛みと腫れがある。足関節の不安定性が少し見られるが十分なリハビリを続けることによって約 6 週間で競技復帰が可能となる。

III 度（重症度）は靱帯の完全断裂であり、外果周辺の痛みや腫れも非常に強いものとなる。場合によっては内果周辺にまでも痛みや腫れが出現することもある。また、明らかな足関節には不安定性が出現するため、観血的な治療となる手術を選択しなければいけない場合がある。

*8　疼痛（pain）
一般的に使われる「痛み」を表す医療用語。通常は神経の末端からの刺激により起こる。打撲や擦り傷の外傷だけでなく、頭痛やしびれなどの感覚的な痛みも疼痛になる。

第3節　スポーツ障害の予防とテーピング

表8-3-2　足関節捻挫の損傷度

重症度	損傷の程度	痛み	腫脹	関節の不安定性	治療期間
Ⅰ度（軽度）	靭帯の過伸展 機能的損失は少ない	軽度	軽度	なし	1週間程度
Ⅱ度（中等度）	靭帯の部分断裂 機能的損失あり	強い	さまざま	あり	2～6週間
Ⅲ度（重度）	靭帯の完全断裂 機能的損失が大きい	強い	強い	あり （著明な不安定性）	2～3ヵ月

文献4）小林寛和（1993）足関節捻挫（保存療法）. 臨床スポーツ医学 10　361-372　より　一部改変

　まずは原則、**RICE 処置**[*9]をする。圧痛部にはU字パッドを当てて足関節の固定をテーピングで行う。重症の場合はギプス固定や手術を行うこともある。軽度の場合でも初期の固定はとても重要とされており、足関節の制動機能を最小限にする役割があるからである。初期の処置や対応が疎かになると、何度も捻挫を繰り返す「クセ」になってしまう可能性がある。重症度Ⅲの場合、断裂した靭帯を縫合する手術を行う場合もある。再発を繰り返して靭帯が弱くなっていると縫合できないので、その場合は靭帯再建手術が必要となる。

▌2　予防とテーピング

　予防としては内因性や外因性による因子を限りなく排除することではあるが、完全に予防することは不可能である。そこで推奨されているのが**足関節周囲の筋力強化**[*10]（ストレッチを含む）やバランスボードを利用したバランス訓練などである。これらを予防トレーニングとして行うことで足関節周囲筋や深部感覚の再教育となり、足関節を効率よく働かせるようになる。将来の捻挫予防のために大切なリハビリであるので、十分に時間を費やして行う必要がある。

[*9] RICE 処置
Rest（安静）、Icing（冷却）、Compression（圧迫）、Elevation（挙上）を基本とする応急処置の原則。
安静にするとは無理やりに動かさずにそのままの状態を維持することも意味する。
冷却、圧迫、挙上は腫れを抑える効果がある。圧迫では強すぎないように適度に圧迫する。挙上では患部を心臓より高い位置に上げておくとより効果的に腫れを抑えることができる。
外傷時の RICE 処置を迅速に行うことはその後の治療やリハビリ方針を決める重要な対応といっても過言ではない。

[*10] 足関節周囲の筋力強化
足関節のはたらきに関わる前脛骨筋と腓骨筋を強化する。特に足関節内反を制動する腓骨筋群の筋力低下が著しいので、しっかりと強化する。具体的にはチューブなどを用いてトレーニングする。
また、足関節の可動域制限は背屈に生じる。
背屈制限があれば、運動時は十分に膝を曲げることができなくなる。そこから膝関節の外傷発生につながるので十分に注意しながら下腿三頭筋をストレッチすることも大切である。

第8章　安全なスポーツ実践に向けて

　足関節捻挫（内反捻挫）の再発予防を目的とした代表的なテーピングは図8-3-3に示す。

　再発予防のテーピングは患部の腫れが消失した後、日常生活における患部の保護や関節可動域訓練中となるリハビリ期、また、スポーツ復帰後の再発を防止することを目的としている。主に38mm幅の非伸縮テープを使用する。

　テーピングの方法としてはアンカーテープとサポートテープの2つがある。

　アンカーテープは固定・支持しようとする関節に上下、あるいは左右に貼るテープである。一般には固定

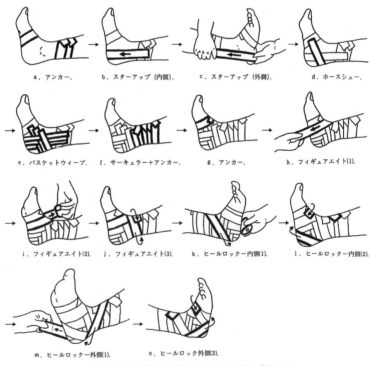

a．アンカー．　　b．スターアップ（内側）．　　c．スターアップ（外側）．　　d．ホースシュー．

e．バスケットウィーブ．　　f．サーキュラー＋アンカー．　　g．アンカー．　　h．フィギュアエイト(1)．

i．フィギュアエイト(2)．　　j．フィギュアエイト(3)．　　k．ヒールロック−内側(1)．　　l．ヒールロック−内側(2)．

m．ヒールロック−外側(1)．　　n．ヒールロック外側(2)．

図8-3-3　足関節捻挫再発予防のテーピング巻き方

文献5）臨床スポーツ医学編集委員会編（1997）スポーツ外傷・障害の理学療法，南江堂　一部改変

第3節　スポーツ障害の予防とテーピング

するサポートテープの巻き始めと巻き終わりがその位置に貼られる。

サポートテープは本体のテーピングの役割である関節や筋を固定・支持する目的で貼るテープのことである。仕上がりの形から名付けられたフィギュアエイトテープやXサポートテープが代表的なものである。

このほか、足関節では特有のサポートテープとしてスターアップテープとホースシューテープがある。

スターアップテープは足関節の内反・外反を制限する目的で貼る。ホースシューテープはスターアップテープを固定する目的で馬蹄型に貼る。足関節の左右の横ぶれを抑える効果がある（図8-3-3参照）。

また、踵部の内反・外反を制限する目的でヒールロックテープも行う。踵部をしっかりと固定することにより足関節全体の安定性を確保する。

4.　大腿部の肉離れの場合

大腿部は大きな筋群に囲まれている。膝を伸ばす（伸展）ときに働く大腿四頭筋や膝を曲げる（屈曲）ときに働くハムストリングスなどである。ダッシュやトップスピードでのターンを行うスポーツ動作で強い収縮力を発揮すると筋線維の断裂や筋膜の損傷が起こる。これを肉離れという。好発部位は競技種目によって異なる。バレーボールやバスケットボールでは大腿四頭筋に多く、陸上競技やサッカーではハムストリングスに多い。発症の可能性が高くなる要因としては筋の疲労、筋力のアンバランス、技術の未熟さなどが関係すると考えられている。

肉離れは、応急処置やリハビリが不十分であるとその後、痛みや違和感が残る。再発の危険性も十分にあるので注意が必要である。

第8章　安全なスポーツ実践に向けて

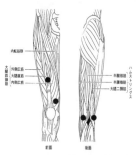

図 8-3-4　大腿部の筋（右側）
●＝好発損傷部位

文献1）小出清一，福林徹，河野一郎編（2000）スポーツ指導者のためのスポーツ医学，南江堂一部改変

1 症状と処置

主な症状としては圧痛、運動時痛、腫脹、発赤がある。筋の損傷の程度により、3つに分類される[5]。

Ⅰ度損傷（軽度）では、わずかに圧痛があり、患部の陥凹は触れない。歩行は可能で、受傷後のRICE処置以後は競技に復帰できる。

Ⅱ度損傷（中度）では、圧痛と内出血を認めることが多い。患部の陥凹は、触れることがある。歩行は困難で、受傷後のRICE処置以後はリハビリ（1〜3ヵ月）を経ての競技復帰となる。

Ⅲ度損傷（重度）では、強い圧痛があり、内出血を認め、患部の陥凹は、はっきりと触れることができる。この場合、筋断裂の可能性もあるため手術適応となることも多い。もちろん歩行は不可で、受傷後のRICE処置以後は十分な期間のリハビリ（3〜10ヵ月）を経ての競技復帰となる。

2 予防

大腿部の肉離れの予防には危険因子を最小限にすることである。中でも筋力のアンバランスと筋の柔軟性不足を調整することが大切である。具体的には大腿四頭筋とハムストリングスの筋力差を適正に調整することである。一般的には膝屈曲筋力（ハムストリングスの筋力）は膝伸展筋力（大腿四頭筋の筋力）の50〜60％が必要といわれている。50％を下回る場合にはハムストリングスを筋力強化する必要がある。

また、筋の柔軟性を高めるには、運動前後の適度なストレッチを習慣化することが大切である。その他の危険因子としては筋の疲労、神経筋の協調性不足、ウォーミングアップ不足、トレーニング不足、技術の未熟さ（誤ったフォームの習得）、外気温（低温 or 高温）などが考えられている。

第3節　スポーツ障害の予防とテーピング

　予防のテーピングに関しては適応するタイミングや目的は損傷度合いによって異なるが、I度損傷の場合が多い。

　基本的には患部の保護を目的とするため、テーピングに頼って無理に運動をすることは避ける。ここではハムストリングスの肉離れのテーピング例を図8-3-5に示す。ハムストリングス全体を圧迫することにより、筋の緊張や痛みの軽減を促す目的で行う。38mm幅の非伸縮テープと75mmの伸縮テープを使用する。

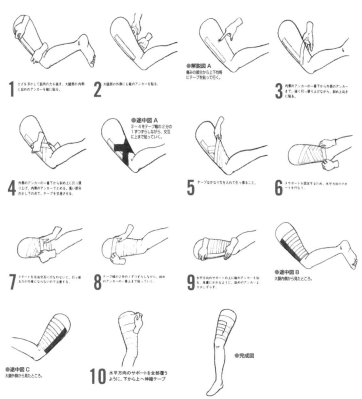

図8-3-5　大腿部のテーピング（ハムストリングスの肉離れ）

文献6）鹿倉二郎（1990）イラスト版　ザ・テーピング，日本文芸社　一部改変

第8章 安全なスポーツ実践に向けて

引用文献

1) 小出清一・福林徹・河野一郎編（2000）スポーツ指導者のためのスポーツ医学，南江堂．
2) 平井千貴・八田倫子・鈴木岳（2000）テキスト版 アスレティックトレーニング，ブックハウス HD．
3) 市川宣恭編（2003）スポーツ指導者のためのスポーツ外傷・障害 改訂第2版，南江堂．
4) 小林寛和（1993）足関節捻挫（保存療法），臨床スポーツ医学10臨時増刊号，361-372．
5) 臨床スポーツ医学編集委員会編（1997）スポーツ外傷・障害の理学療法，南江堂．
6) 鹿倉二郎（1990）イラスト版 ザ・テーピング，日本文芸社．

問　題

(1) スポーツ外傷と障害の違いを示して、それぞれの注意すべき点を説明しなさい。

(2) 足関節捻挫の特徴と予防について説明しなさい。

(辻内　智樹)

第4節　救急救命と応急処置

【概　要】

　心停止とは、何らかの内外的要因により心臓の機能が停止することをいう。心停止となる多くは、「心室細動（しんしつさいどう）」という心臓の動きが原因である。心臓は4つの部屋に区切られているが、その中でも脳を含む全身に血液を拍出するのが左心室であり、体中に血液を拍出するために大きな筋肉を有する。何らかの内外的要因により心室細動が誘発されると心臓がけいれんのように細かく震えた状態となる。この際に心臓から拍出される血液の量は皆無である。心室細動はどんな年代であっても発生する危険がある。運動中では、脱水による電解質の異常、熱中症、**心臓振盪**[*1]（しんぞうしんとう）などが考えられる。ひとたび心室細動が発生すると自己回復することはなく、放っておけば死は免れられない。自動体外式除細動器（AED:automated external defibrillator）は、この不整な心臓のリズムに電気刺激を加えて正常な拍動に戻す器具である。しかし、AEDだけでは不十分である。なぜならば、AEDは血液循環を補助する器具ではないので、血流を発生させるためには胸骨圧迫が必要である。世間ではAEDがあれば大丈夫のような誤解があるが、胸骨圧迫とAEDとの併用が正解であるので、胸骨圧迫を練習しておくべきである。できれば人工呼吸も練習しておくと最善である。

1. 心停止判断と一次救命処置の意義

　一次救命処置とは、心肺蘇生（胸骨圧迫・人工呼吸）とAEDを組み合わせた救急救命処置をいう。一次救命処置を実施するためには、まず心停止を判断しなければならない。しかし、心停止を認識することは思うより容易ではない。その理由は呼吸をしているように見間違える「死戦期呼吸（しせんきこきゅう）」といわれる動きがしばしば見られるからである。死戦期呼吸とは、しゃくりあげるような途切れ途切れの口の動きや小鼻をひくひくと動かす動きであり、心停止後の間もない時期に見られる。心停止全体に対して40%ほどに見られる報告もあり、この動きがある

[*1]
心臓は電気的刺激により筋収縮を周期的に行っている。その中で、外部刺激に弱い瞬間が存在する。その瞬間に、ボールなどが胸部中央に当たると心室細動が誘発される。心臓振盪は比較的弱い力で誘発されるため、注意が必要である。

第8章　安全なスポーツ実践に向けて

*2
蘇生のガイドラインは日本蘇生協議会（JRC: Japan Resuscitation Council）により5年ごとに改定される。現在はJRC蘇生ガイドライン2015が最新である。そのため、最新の知識を取り入れることが大切である。

と心停止か否かの判断を迷い、心肺蘇生法の着手が遅くなる。**心停止発生から蘇生率（心拍再開、社会復帰）は急激に減少し、何もせずに10分も経過すると助かる見込みはほとんどなくなってしまう。**つまり、救急車の到着を待っていてはほとんどの命は助からない現実がある。私たち一般市民が、救急車が到着するより前に、いち早く適切な心肺蘇生法を行うことが必要である。現在、国内の蘇生に関わる**指針**[*2]において心停止となった人を救命するために重要な**救命の連鎖**（chain of survival）の概念[1]について以下の4つが提示されている。①心停止の予防、②心停止の早期認識と通報、③一次救命処置（心肺蘇生とAED）、④二次救命処置と心拍再開後の集中治療。特に一般市民に求められる重要な項目は、心停止になる可能性がある病気や不慮の事故を未然に防ぐための予防と、心停止に直面した際に早期にそれを認識し、救急車を要請すること。さらに後節において解説する一次救命処置の実施にある。

2.　生命活動とエネルギー

　私たちを含む生物の多くは、細胞を最小単位とし、それらが結合し、臓器（脳、心臓、腎臓、肝臓等）を構成し、さらに臓器が集合し、体が作り上げられている。細胞が活動するためには、エネルギーが不可欠である。そのエネルギーとはATP（adenosine triphosphate：アデノシン三リン酸）といわれる物質である。ATPは各細胞内にあるミトコンドリアにより生成されるが、その生成に必要な物質が糖（グルコース）と酸素である。ミトコンドリアは酸素がないと効率よく糖からエネルギーを作ることができない。体内に酸素を取り込むことを呼吸といい、肺で取り込まれた酸素は心臓のポンプ機能により血液に乗って、すみ

第4節 救急救命と応急処置

ずみの細胞に運搬されている[2]。そして、細胞から二酸化炭素を受け取った血液は肺において二酸化炭素を体内に吐き出し、また酸素を取り込む。この呼吸と血液循環を補うのが心肺蘇生法である。このメカニズムを知ることによって、人工呼吸、胸骨圧迫の必要性が明確となり、その成果が実践でも活かされる。

3. 一次救命処置の手技

本節では、一次救命処置の流れを解説する。アルゴリズムを記載しているので、解説を照らしてみると理解が深まると思われるので参考にされたい。

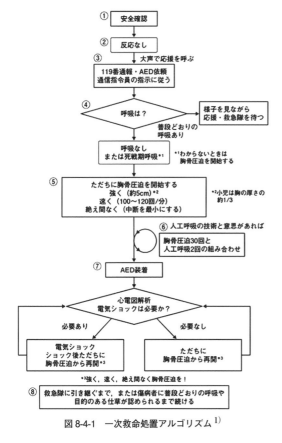

図8-4-1　一次救命処置アルゴリズム[1]

第8章　安全なスポーツ実践に向けて

■1■ 安全確認

　倒れている人を見つけたら、すぐ駆けつけたくなるかもしれない。しかし、倒れている場所は安全な場所だろうか？　自分の身は安全だろうか？　自らを危険にさらすことのないように、まずは周囲を見渡し危険なことがないかを確認する。また、倒れている人が出血している場合は、直接血液に触れると、感染症などにかかる可能性がある。ゴミ手袋などがない場合はビニール手袋などを着用し、直接触れないようする。

■2■ 反応の確認

　安全が確認された後、倒れている人に反応があるかを確認するため、声をかけながらやさしく肩をたたく。目的のあるしぐさがなければ、「反応なし」と判断する。この時点で救急車が必要な状態なので、周りの人に大声で助けを求め、救急車要請のため119番通報とともに、AEDを持ってきてもらうように依頼する。周りに人がいない場合は、自分で119番通報を行い、すぐ近くにAEDがあることがわかっていれば取りに行って戻ってくる。通報をする際は、消防の通信指令員から住所と目標物を聞かれるので、確認するようにする。

■3■ 呼吸の観察

　次に、呼吸の観察を行う。先述のように心停止後間もない人では、呼吸をしているように見間違える死戦期呼吸が見られる場合がある。そのため、倒れている人の胸とお腹を注視し、「普段通り」の呼吸─規則的な上下運動─をしているかを確認する。「普段通り」の呼吸がなければ、心停止と見なしすぐに胸骨圧迫を開始する。

第4節　救急救命と応急処置

▐4▐ 胸骨圧迫

　胸骨圧迫を行う際のキーワードは「強く」、「早く」、「絶え間なく」である。圧迫する部位は「**胸の真ん中**」にある硬い胸骨である。圧迫するにはまず、片方の手の付け根を胸の真ん中に置き、もう一方の手を上に重ね、両肘を伸ばし垂直に押せる**態勢**を取る。圧迫の深さは約5cm胸が沈むようにする。このためにはある程度の力が必要である。しかし、圧迫ばかりを意識すれば圧迫したままとなってしまうため、心臓のポンプを意識して圧迫した分、胸の圧迫を解除する[2]。

　圧迫のテンポは1分間に100〜120回[2]。遅すぎても早すぎても良くない。電子メトロノームなどを活用するとテンポを維持できる。救急隊が到着してから胸骨圧迫を交代するまで圧迫を中断せずに続ける。胸骨圧迫を1人で継続することは困難である。疲れを感じたらすぐに他の人と交代するようにする。この時もできるだけ圧迫を中断する時間を作らないようにする。

▐5▐ AEDの使用

　AEDを持ってきたら、すぐにAEDの電源を入れる。この際も胸骨圧迫は継続する。自分1人しかいない場合はAEDの装着を優先する。AEDからの音声で指示が流れるので、それに従って操作する。倒れている人の胸をはだき、**電極パッド**[*3]をパッド表面のイラストに従い、右鎖骨の下と左脇腹の下（肋骨の下側）の肌に直接密着するように貼る。

　パッドを装着するとAEDは自動的に心電図の解析を開始する。AEDから「解析中」の音声が流れたら胸骨圧迫を中断し、倒れている人から離れる。AEDが心室細動を感知すると電気ショックの音声指示をする。誰も倒れている人に触れていないことを確認して、電気ショックボタンを押す。電気ショック完了後、胸

*3
電極パッドを装着する際、運動中は特に汗や水が胸部にないことを確認する。水分があるとパッドが肌に密着しないため、パッドの装着部の水分をタオル等で拭き取る。ほかにも貼り薬がある場合は剝がし、薬液を拭き取る。パッドを貼る場所、電気の通り道に何もないようにすることが重要である。

第8章　安全なスポーツ実践に向けて

骨圧迫再開の音声指示に従い再開する。

　心室細動以外の心電図の場合、AEDは電気ショックの音声指示をしない。その場合は胸骨圧迫再開を指示される。

6　人工呼吸

　心臓が原因で心停止におちいった際には、体内に多くの酸素がまだ残っている。しかし、心停止から数分経過すると体内の酸素は枯渇する。また、窒息や溺水などが原因の場合は、体内の酸素不足により心停止となるため、人工呼吸を行うことが重要である。

　人工呼吸を行うには、まず**気道確保**を行う。胸骨圧迫を行った姿勢のまま、頭部側の手で倒れている人の額を抑え、もう片方の手の指先を倒れている人のあご先の硬い骨にあてがい、上に引き上げる。

　気道確保の姿勢のまま額に当てた手の指で鼻をつまみ、鼻から空気が漏れないようにする。

　口を大きく開け、倒れている人の口を覆う。1秒かけて胸が少し膨らむ程度息を吹き込む。口を一度離し、胸が下がったら、もう一度同じように吹き込む。

　人工呼吸を実施する際は胸骨圧迫と人工呼吸を30対2で繰り返す。人工呼吸は入っても入らなくても1度に2回までとする。

　嘔吐物や出血がある場合には、無理に人工呼吸を行わず、胸骨圧迫を優先する。**感染予防具**＊4を持っている場合は、使用する。

＊4
人工呼吸の際の感染防止のため、フェイスシールドやポケットマスクなどが市販されているため、携帯しておくと役立つ。

452

第4節　救急救命と応急処置

引 用 文 献
1) 日本蘇生協議会（2016）JRC 蘇生ガイドライン 2015　医学書院
2) 日本ライフセービング協会（2016）心肺蘇生法教本　大修館書店

問　題

（1）胸骨圧迫と AED の役割について説明しなさい。

（2）心肺蘇生法の手順について説明しなさい。

（小峯　力）

第8章　安全なスポーツ実践に向けて

第5節　スポーツ事故の法的責任

【概　要】

　スポーツ活動中の接触、衝突、あるいは施設や用具のトラブル等によって、プレイヤーの生命・身体に危険が及んでしまうことがある。細心の注意を払って行動したとしても、事故を完全になくすことはできないのがスポーツに関わる者にとって悩ましいところである。スポーツをする以上は、誰もがスポーツ事故の加害者にも被害者にもなりうるということを念頭に置く必要があるだろう。ここでは、不幸にしてスポーツ中に死傷事故が発生した場合、加害者にはどのような法的責任があるのか、またどのような場合に法的責任を負うことになるのかについて考えていく。

1.　スポーツ特性とスポーツ事故

　ボクシングは対戦相手と殴り合いをする競技である。また、ラグビーやアメリカンフットボールでは、試合中に激しいタックルが繰り返される。日常生活において人を殴ったり体をぶつけて相手を倒したりするのは、当然ながら許されない行為である。しかし、スポーツでは何故、それが許容されるのか。それは、一般的には、日常のさまざまな束縛から解放されて自由に伸び伸びと活動するのがスポーツの本質であり、また、そうすることにその意義や価値があるため、法が必要以上にスポーツに介入すべきではないと考えられているからである。

　この点についてスポーツ法学では、「スポーツがそのルールに則って行われる限りにおいては、プレイヤーの行為は『正当行為』[1]にあたるため、あるいは、プレイヤーはあらかじめルールの範囲内で『危険の同意』『危険の引き受け』をしているため、それが法規範に反する違法な行為には該当しない[2]」と説明する。つまり、ルールやフェアプレイ精神に則ってプレ

*1　刑法35条（正当行為）
法令又は正当な業務による行為は、罰しない。

*2　違法性阻却
違法と推定される行為について、特別の事情があるために違法性がないとすること。法令による行為や正当防衛・緊急避難など。

第5節　スポーツ事故の法的責任

イしていれば、そこには違法性がなく、それによって生じた結果（事故）についてプレイヤーが法的責任を問われることはない。逆にいえば、加害者が法的責任を負わなくてはならないのは、スポーツルールを逸脱した危険行為を働いて相手に重大な結果を発生させた場合、ということになる。

2. スポーツ事故はどこで起きるのか

　スポーツ事故の法的責任について考えるとき、それが単独での自損の場合を除き、どのような人と人（あるいは組織・団体）との関係のなかで発生したものなのかを整理する必要がある。図8-5-1は、プレイヤーがスポーツ活動を通して接点を持つ可能性のある人や組織・団体について概念図化したものである。これから明らかなように、スポーツ事故は、プレイヤー同士の間でのみ発生するとは限らず、ここに示されたすべての関係性のなかで発生し、そして場合によっては事後に法的な紛争へと発展していく。たとえば、用品メーカーとプレイヤーとの間では、用具の設計・製造における欠陥など、製造物責任（PL）法に関わる事案が発生する可能性がある。また、たとえば草野球で打者が打ち込んだファールボールによって観客（見物人）が負傷したといったような場合、ファールを打った打者に問題があったのか、それとも打球を注視していなかった観客（見物人）に問題があったのか、あるいは、野球場の施設管理に何らかの問題があってファールボールが観客（見物人）にあたりやすい状況になっていたのかなど、三者それぞれの注意義務が問われる事案へと発展する可能性がある。しかし、実際に裁判となるのは、主として次の3つの関係性のなかでの事案が多い[*3]。

*3
森[1]は、体育・スポーツ事故の発生原因を1.教師・指導者の過失によるもの、2.施設・設備に原因があるもの、3.本人の過失、4.避けることができないもの、に分類し、このうち1〜3までが責任追及の対象となりうるとの見解を示している。

第8章　安全なスポーツ実践に向けて

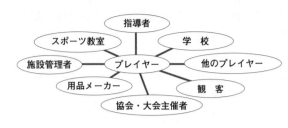

図 8-5-1　プレイヤーとそのステークホルダー

○**指導者（教師およびその使用者としての学校）とプレイヤー（生徒）との関係**…［一般的義務］指導者である教師は、それが不可抗力による場合は別として、指導上の注意義務違反による場合には、事故で生じた怪我や損害について法的責任を負う。他方、プレイヤーである生徒は自身による注意を尽くすとともに、教師による安全指導や注意を守って行動しなければ法的に保護されない。

○**プレイヤーとプレイヤーとの関係**…［一般的義務］互いにプレイヤーは、ルールやマナーを守り、他のプレイヤーに危険が及ばないよう注意して行動しなければならない。これが守られていなければそのプレイヤーは法的に保護されない。

○**施設管理者とプレイヤーとの関係**…［一般的義務］施設管理者は、その施設が本来備えるべき安全性を保っているかを点検し、使用者（プレイヤー）が施設の不備に起因する危険に巻き込まれることのないよう適切に管理しなければならない。用具管理者についてもこれと同じである。他方、プレイヤーが施設や用具を自分で改造あるいは加工したり、本来の使用目的や方法と違ったやり方でそれを使用した場合には、プレイヤー自身がその責任を持たなければならない。

第5節　スポーツ事故の法的責任

3.　法的責任の種類

　スポーツ事故が起きると、①民事上の責任、②刑事上の責任、③行政上の責任を問われる場合がある。ここでは、民事責任と刑事責任のふたつについて概説する。

■1　民事責任

　民事責任は、損害の填補を金銭の支払によって行うものである。事故が発生し、相手に謝罪したくらいでは済まないような場合に、加害者は被害者の受けた損害を金銭によって弁償しなくてはならない。損害賠償金は、あくまでも被害者の損害の填補が目的であり、刑事責任における罰金刑とは別である。

　スポーツ事故に関わる民事責任には、民法の債務不履行責任[*4]、不法行為責任[*5]、土地工作物責任[*6]、などがある。

■2　刑事責任

　刑事責任は、刑罰法規に定められた違法で有責な行為について国家が刑罰（罰金、禁錮、懲役など）を科すものである。事故による被害が生じた場合、その原因をつくった人（加害者）は刑事責任を負うことがある。

　犯罪の成立要件は、次の3つである。①構成要件該当性…ある行為が刑法の規定する犯罪行為に該当すること、②違法性…ある行為が法に違反すること。構成要件に該当する行為は、通常、違法性を備えているが、例外的に正当防衛などで違法性が阻却される場合がある、③責任…簡単にいうと行為者に責任能力があること。たとえば心神喪失者などが犯罪をしてもその責任が阻却される。

[*4]　民法415条
（債務不履行責任）
債務者がその債務の本旨に従った履行をしないときは、債権者は、これによって生じた損害の賠償を請求することができる。債務者の責めに帰すべき事由によって履行をすることができなくなったときも、同様とする。

[*5]　民法709条
（不法行為責任）
故意又は過失によって他人の権利又は法律上保護される利益を侵害した者は、これによって生じた損害を賠償する責任を負う。

[*6]　民法717条の1
（土地工作物責任）
土地の工作物の設置又は保存に瑕疵があることによって他人に損害を生じたときは、その工作物の占有者は、被害者に対してその損害を賠償する責任を負う。ただし、占有者が損害の発生を防止するのに必要な注意をしたときは、所有者がその損害を賠償しなければならない。

第8章　安全なスポーツ実践に向けて

＊7　刑法211条
（業務上過失致死傷罪）
業務上必要な注意を怠り、よって人を死傷させた者は、5年以下の懲役若しくは禁錮又は100万円以下の罰金に処する。重大な過失により人を死傷させた者も、同様とする。

＊8
刑罰を科せられたからといって、民事責任が消滅するわけではなく、逆に刑罰を科せられなかったとしても民事責任を負う場合がある。[2]

　スポーツ事故で刑事責任が問題とされるのは、主に死亡や重傷などの重大事故において業務上過失致死傷罪＊7が問われる場合である。

▌3▐ 刑事責任と民事責任

　加害者に注意義務違反（過失）があって非難の程度が高い場合には刑事責任を問われる傾向があり、刑事責任が生じるような場合には、たいてい民事責任も生じる＊8。また、刑事責任が問われないような比較的被害の程度が少ない場合であっても、民事責任が問われる可能性がある（図8-5-2）。

事　故		
死　亡・傷　害・障　害		
道　義　的　責　任		
民　事　責　任		刑　事　責　任
・民事訴訟が提起 ・損害賠償責任が発生		・刑罰法規の要件に該当 ・故意、過失と認定 ・違法性が認定
免責事由	紛争処置	
・不可抗力 ・違法性が 　不成立	・示談	

図8-5-2　事故と責任

（文献3）より引用）

4. 民事責任

　民事責任としては、①債務不履行責任、②不法行為責任、③土地工作物責任などが主なものである。

▌1▐ 債務不履行

　債務不履行責任は、当事者間において、債務者が約

第5節　スポーツ事故の法的責任

束通りに債務を果さなかった場合、債務者が負う責任のことである。したがって、債務不履行責任が問題となるのは、基本的には当事者間に契約関係が存在する場合である。

スポーツは、学校教育として実施される場合や社会教育として実施される場合などさまざまであるが、学校の場合には、生徒側が授業料を支払って授業を受ける契約（在学契約）が結ばれているし、スポーツクラブなど民間団体等による社会教育の場合には、参加者が指導費を支払って受講する契約が結ばれていることが多い。こうした契約関係にあって、学校や民間団体等は、生徒や参加者に教育プログラムを提供する義務を負うだけでなく、その過程における生徒や参加者の安全を確保する付随義務（安全配慮義務）についても信義則上負っているものとされる。

つまり、スポーツ事故が発生した場合、その実施・運営母体である学校や民間団体等は、十分に安全配慮義務を果たしていなかったことを理由に、債務不履行による損害賠償責任を問われる場合がある。なお、この場合、教員や指導者は履行補助者であり、賠償責任の主体はあくまでも学校の設置者や民間団体の事業者である。

これに対して、プレイヤー同士の事故の場合には、当事者間に契約が結ばれていることは通常ないので、次に説明する不法行為を問われることとなる。

■2■ 不法行為

不法行為責任は、故意や過失によって他人に損害を与えた場合に、加害者が被害者に対して負う損害賠償責任のことであり、債務不履行の場合のような契約関係の存在を前提としない。不法行為で損害賠償が発生するのは、私たちが日常生活を行うにあたって負って

第8章　安全なスポーツ実践に向けて

＊9
4 **1** で述べた通り、指導
者とプレイヤーとの間にはた
いてい契約が存在しているた
め、指導者に安全配慮義務
違反があった場合には、本来
的には、その契約を前提とし
た債務不履行責任が追及され
るはずである。しかしながら、
4 **4** で述べるような理由か
ら、指導者に対して不法行為
責任を追及することも可能で
ある。

＊10　民法715条の1
（使用者等の責任）
ある事業のために他人を使用
する者は、被用者がその事業
の執行について第三者に加え
た損害を賠償する責任を負う。
ただし、使用者が被用者の選
任及びその事業の監督につい
て相当の注意をしたとき、又
は相当の注意をしても損害が
生ずべきであったときは、こ
の限りでない。

＊11　国賠法1条の1
（公務員の不法行為）
国又は公共団体の公権力の行
使に当る公務員が、その職務
を行うについて、故意又は過
失によって違法に他人に損害
を加えたときは、国又は公共
団体が、これを賠償する責に
任ずる。

いる他人の生命、身体、その他の権利を侵害しないよ
うにすべきという一般的な義務違反に基づくものであ
る。

　不法行為の成立要件には、①故意・過失、②違法性、
③損害の発生、④因果関係、⑤責任能力、がある。
　①故意とは「わざと」ということであり、過失とは
「不注意で」（注意義務違反）ということである。②の
違法性とは、他人の権利を侵害することであり、③そ
うした損害が実際に発生し、④加害行為と損害との間
に因果関係があり、⑤加害者に自分の行為が違法であ
ると判断できる能力（12歳程度）が必要である。
　スポーツでは、過失による事故が多いので、プレイ
ヤーにしろ、指導者＊9にしろ、それぞれの立場にお
いて何が過失（注意義務違反）にあたるのかをしっか
り押さえておくことが重要である。なお、指導者や教
師の過失がもとで損害が発生した場合、その使用者（雇
用主）に対しても損害賠償を請求できる＊10。指導者
個人や教員個人に賠償を求めても、補償能力がなく被
害者が十分に救済されないことから使用者責任を同時
に求める場合が多い。
　なお、不法行為を行った者が公務員である場合には、
国家賠償法＊11に基づいて損害賠償の請求がされるこ
とになる。

３　土地工作物責任

　不法行為制度は、一般的不法行為（前項）と特殊的
不法行為に大別される。土地工作物責任（本項）は特
殊的不法行為のひとつである。土地の工作物の設置ま
たは保存に瑕疵があることによって他人に損害を生じ
させたときは、その工作物の占有者は、被害者に対し
てその損害を賠償する責任を負う。工作物の設置また
は保存の瑕疵とは、土地の工作物が通常備えるべき安

第5節 スポーツ事故の法的責任

全性を欠いている場合である。安全性を欠いているかどうかの判断は、その工作物の設置された場所的環境、工作物の用途、利用状況等の諸般の事情を考慮して行われるべきとされる。

プール、鉄棒、スキー場コースなどのスポーツ施設は「土地の工作物」にあたり、その管理者は原則として「占有者」に該当するため、スポーツ施設管理者は事故の際、その損害を賠償する責任を負う。なお、占有者が損害の発生の防止に必要な注意をしたときは、所有者がその損害を賠償しなければならない。

▉4▉ 予見義務と結果回避義務

前述したように、安全配慮義務は、もともと契約責任（債務不履行）を問う訴訟で用いられてきた概念であるが、内容的には不法行為責任の過失（注意義務違反）を判断するのと変わりがない。結局、債務不履行が認められる場合には、不法行為責任も認められることになる[12]。

安全配慮義務や注意義務の内容は、具体的には、予見義務（危険な結果を予見すべき義務）、および結果回避義務（危険な結果を回避する義務）のふたつである。それらは“予測力”、“対処行動”と言葉を置き換えても良いだろう。通常なら予測できたにもかかわらず“予測力”を働かせてそれをしなかった場合、通常なら危険回避できたはずのことにそのための“対処行動”をとらなかった場合、これらのどちらかに該当すれば、安全配慮義務違反や注意義務違反があったと判断される。

なお、こうした義務が果たされていたかどうかは、おおよそ次のような基準に従って各事案において個別具体的に判断されることになる。

*12
裁判所は、ひとつの行為が、債務不履行と不法行為によるふたつの請求権を発生させるときは、請求者は任意にどちらかを選択できるという「請求権競合説」を採っている。そのため、実質的に両者の境界は非常に交錯したものとなっている。

第8章　安全なスポーツ実践に向けて

＊13
損害賠償請求の際に、請求者
（被害者）の側にも過失があっ
たときに裁判所がその過失を
考慮して賠償額を減額するこ
と（民法 418、722 条 2 項）。

＊14　刑法 211 条
（業務上過失致死傷罪）
業務上必要な注意を怠り、よっ
て人を死傷させた者は、5 年
以下の懲役若しくは禁錮又は
100 万円以下の罰金に処する。
重大な過失により人を死傷さ
せた者も、同様とする。

＊15　刑法 209 条
（過失傷害罪）
過失により人を傷害した者は、
30 万円以下の罰金又は科料に
処する。
前項の罪は、告訴がなければ
公訴を提起することができな
い。

＊16　刑法 210 条
（過失致死罪）
過失により人を死亡させた者
は、50 万円以下の罰金に処す
る。

```
          安全配慮義務の程度
初心者      ＞      上級者
子ども      ＞      社会人
競　技      ＞      レクリエーション
基　本      ＜      高度な技
天候良      ＜      天候悪
出典：日本体育協会「スポーツと法」（一部改変）
```

5　過失相殺

　加害者と被害者の双方に過失がある場合には、過失
相殺＊13 が認められることになる。

5.　刑事責任

　スポーツ事故で刑事責任が問われるのは、前述した
ように、主に重傷や死亡などの重大事故の場合である。
　犯罪には、犯罪と知りながらあえてそれをする「故
意犯」と、不注意によって犯罪をおかしてしまう「過
失犯」とがある。指導場面では、指導者の体罰による
暴行・傷害などの故意犯が全くないわけではないが、
業務上過失致死傷罪＊14 が問題とされる場合がほとん
どである。また、プレイヤー同士の傷害事故でも、故
意犯である傷害罪ではなく、（暴行傷害の意思なく相
手を怪我させる）過失傷害罪＊15 が適用される場合が
ほとんどである。
　ところで、業務上過失致死傷罪は、一定の業務に従
事する者が業務上必要な注意を怠ったことにより人を
死傷させた場合に成立する犯罪であり、過失傷害罪や
過失致死罪＊16 の加重類型にあたる。一定の業務に従
事する者には、通常人とは違った特別の注意が課せら
れていると解されるため、これに違反すると重く罰せ

第5節　スポーツ事故の法的責任

られることになるわけである。スポーツ指導や施設管理をすることは（たとえボランティアであったとしても）、「業務」にあたると解されるので、指導責任や管理責任が問われる事故においては、指導者や施設管理者に業務上過失致死傷罪が問われることになる。

また、過失傷害罪や業務上過失致死傷罪等における過失とは、簡単にいえば行為者の不注意のことであり、刑法の要求している注意義務に違反することである。注意義務は、通常、「予見義務」と「結果回避義務」とに分けて考えられているため、指導者・施設管理者は、予見義務と結果回避義務とを尽くして指導・管理にあたることが重要である（民事責任の過失の場合と同じように考える）。

なお、犯罪に関わるすべての事案が裁判にかけられるわけではなく、法廷で裁かれるのは、検察官によって起訴された事案のみである。比較的被害が小さい場合には起訴されないこともあるが、重傷・死亡などの重大事故では起訴される可能性が高い。

6.　トピックス

■1■　免責同意

免責同意とは、プレイヤーが「スポーツ活動中に事故にあっても、主催者や指導者の責任を一切問いません」等の文言が明示された書面に署名し、損害賠償請求権等を放棄することに同意することである。

これについて、スポーツ活動には危険な内容が含まれるため、プレイヤーは、活動に際してある程度の危険を承知（危険の同意や引き受け）しているとみなすこともでき、そのような場合には「違法性阻却」によって指導者の法的責任を問えないとする考えが一部にある。しかしながら、人間の生命・身体などの重大な法益について、あらかじめ一切の責任を放棄すると

463

第8章　安全なスポーツ実践に向けて

*17　民法90条
（公序良俗）
公の秩序又は善良の風俗に反する事項を目的とする法律行為は、無効とする。

いう内容の契約は、公序良俗*17に反し無効であると解するのが一般的であり、免責同意書があることを理由に、主催者や指導者が一切の責任を免れることはできない。

2　プレイ中の反則による重大事故

前述したようにプレイ中の反則によって重大事故が発生した場合、それが加害者の故意によるものかどうか判断するのは非常に困難である。したがって、刑事上は、暴行罪（刑法208条）や傷害罪（刑法204条）でなく、過失傷害罪（刑法209条）や過失致死罪（刑法210条）が適用される場合が多い。民事では不法行為責任が問われることとなる。

3　体罰やハラスメント

体罰やしごきは、暴行罪（刑法208条）や傷害罪（刑法204条）となることがある。

セクハラは、身体接触をともなう場合には、強制性交等罪（刑法177条）や強制わいせつ罪（刑法176条）、あるいは傷害罪や暴行罪が成立する可能性がある。また、身体接触がない場合でも、名誉毀損罪、侮辱罪となることがある。

いずれの場合も、民事上は不法行為責任あるいは債務不履行責任が問われることとなる。

4　落雷事故・熱中症

落雷事故は、単に不可抗力ではなく具体的に予見可能であったと判断されることがある[2]こと、また、熱中症事故をめぐっても指導者の刑事責任が追及されるケースが多くなっていること[3]などが報告されている。その背景には、急速な科学技術の発達によって以前よりも雷の予測がしやすくなってきたこと、医学

雷探知機（携帯型）
1万円程度で市販されており、屋外でのスポーツ活動に威力を発揮する。

464

第5節　スポーツ事故の法的責任

的知見の広がりによって熱中症は予防可能であると考えるのが一般的になってきたことなどがある。これらの点は、これからのスポーツ事故訴訟における判断に影響力を持ってくるものと思われる。

引用文献

1）森浩寿（2015）「体育・スポーツ事故と体育教師の法的責任」体育科教育 2015 年 6 月号
2）諏訪伸夫（2017）「スポーツ事故発生時の法的責任」体育の科学 vol67 No.2
3）菅原哲朗（2005）「スポーツ法危機管理学」エイデル研究所

問　題

（1）意図的な反則によって相手プレイヤーを負傷させた場合、反則を働いたプレイヤーはどのような法的責任を負わされる可能性がありますか。

（2）予見義務と結果回避義務について説明しなさい。

（布目　靖則）

ストレッチによる柔軟性向上
―日常生活でストレッチを意識する意味―

1 ストレッチ・柔軟

　ストレッチの目的は、関節の可動域をよくすることであり、筋肉を緩め、血行などをよくすることで日常生活をよりよく過ごすことやパフォーマンス向上を目指している。ストレッチによる効果は、日常・非日常生活においても重要な役割を果たすが、多くの人が誤ったストレッチやそもそもストレッチを日頃していない。特に二十代前後は、身体のほとんどの成長が最大に達する時期であり、身体の転換期でもあるため、積極的なストレッチが必要だが、学校教育の体育実技がなくなり、その機会が減ってしまうことが懸念される。

　柔軟性の低下は、二十代に限らず、小学生や幼児教育でもいわれている。柔軟性が失われた要因としては、日常生活において柔軟性がなくともできることが増えたからであろう。例えば、トイレは洋式のものが主流となり、しゃがまずともトイレをすることが可能になった。日常生活においてしゃがむ行為が減り、足首が硬くなっているのではなかろうか。

　足首の柔軟性を確かめるには、① かかと同士をつけ　② 腕を肩の位置まであげ③ かかとを地面につけたまましゃがむことが基本姿勢になる。基本姿勢に加えて、腕の位置を万歳まであげることができれば、足首の柔軟性があるといえる。さらに、背中側で手と手をとることができれば足首の柔軟性が非常に高いことになる。柔軟性は、ストレッチをしなければ硬くなり、実施すれば柔らかくなる。われわれは、日常生活で積極的にストレッチができるような行動を心がける必要がある。

2 正しいストレッチ

　上記に示したように、文明の発達によって日常生活において運動をしなくとも生活ができるようになった。例えば、食べ物は収穫するのではなく、買うことができる。明らかに日常生活において運動量が減っている。運動量が減っているからこそ、日常生活での運動を考え、行動する必要がある。例えば、ゴミを拾う時にかかとを浮かさずにしゃがむことによって足首のストレッチが期待できる。他にも伸びの運動は、ぜひ実施してほしい。伸びの運動は、腕を真上に上げて伸びる運動である。比較的、簡単かつ手軽にできるストレッチであり、日常生活で鍛えにくい背中を鍛える運動にもなる。日常生活の些細な動きにストレッチを取り入れれば、無理に時間

を設けずとも様々なストレッチができる。

　ストレッチは、スポーツ前にするイメージがあるが、スポーツ後にする方が重要である。もちろん、スポーツをする前にストレッチをすることは、身体を目覚めさせる役割を果たすため必要であるが、寒い時期や場所では筋が縮んでいるため、その状態のままストレッチをすることは逆に危険を伴う。ストレッチは、体があたたかく、筋が緩んでいる時にすることがストレッチの効果を高め、目的を果たす。寒い時期や場所でストレッチをする場合、足振り運動や軽いランニングなど身体をあたためてからストレッチをする必要がある。

　スポーツ後のストレッチは、怪我の防止や疲労回復につながる。疲労回復効果があるということは、正しい休息につながる。正しい休息は、日常生活をおくる上でもパフォーマンス向上につながる。クールダウンの時間は、15 ～ 20 分、もしくはそれ以上の時間を使って実施してほしい。体調やその日の運動強度によって時間は変更するべきであるが、徐々に緩やかなストレッチにすることが大切である。徐々に緩やかにとは、運動直後に座り込むのではなく、立位でできるストレッチからはじめるといったことである。

3　まとめ

　多くのアスリートは、激しい運動によって怪我を抱えている。柔軟性が競技特性である新体操も怪我は耐えないが、新体操は過度な柔軟性による身体的ダメージが問題視されている。この問題解決には、ストレッチ方法というよりもルールに問題があるが、アスリートこそ正しいストレッチを習得してほしい。

　柔軟性は人それぞれであるが、ストレッチをしなければ、歳を追うごとに体が硬くなる。日常の中でストレッチをするように心がけてほしい。さらに、ストレッチは、無理に実施するものではない。無理にストレッチをすると筋、骨への負担がかかる。ストレッチをするときは、気持ちが良く、少しの負荷がかかる程度のものにするべきである。その時、時間や日にちをかけてゆっくり丁寧に実施することも守ってストレッチをし、柔軟性向上を目指してほしい。

（浦谷　郁子）

参 考 文 献

1) 運動不足で筋繊維減る『読売新聞』くらし（2016 年 12 月 29 日木曜日）朝刊, 12 版　26

2) 浦谷郁子（2012）新体操の採点規則批判　柔軟性に関する内容を中心に　日本体育大学紀要. 第 41 巻第 2 号 117-123

スポーツ事故の分析

1 事故分析の意義

　スポーツにつきまとうさまざまな危険を"潜在危険"あるいは"内在危険"と呼ぶ。スポーツ活動中の事故を防ぐには、プレイヤーや指導者はじめスポーツに関わる人たちが、こうした潜在（内在）危険について事前によく理解しておくことが不可欠である。なぜなら人は、未知のもの（危険）に対して一つひとつ予測を働かせ、先回りして回避行動をとることはできないからである。

　事故分析は、実際の事例から、①その活動にともなう潜在（内在）危険を明らかにし、②事故発生の背景・要因・傾向などについて探り、③どう対処したらそれらの危険を避けることができたかを検討することによって、同種事故の再発防止に役立てていこうとするものである。実例から帰納的に得られるさまざまな知見は、スポーツの安全管理においてのみならず、安全教育においても極めて有用な情報源となりうるものである。分析手法としては、下表に示す通り、大別して2つのタイプがある。

表　事故分析の手法

タイプ	主な資料収集元	特　徴
統計的分析 （量的）	新聞記事や年報、報告書など	事故者の属性や事故の発生傾向などをマクロ的に把握
事例的分析 （質的）	判例やインタビュー、実況見分など	事故の発生要因や発生機序などをミクロ的に究明

2 事故分析に必要な情報の収集・記録

　事例的に分析するにせよ統計的にそれをするにせよ、まず始めに取り掛からなくてはならないのは、関係各方面からできるだけたくさんの情報（資料）を収集することである。次に、これら情報を整理・分類してデータベース化する作業に入っていくわけだが、この段階では以下に示す項目をしっかりと押さえておく必要がある。とりわけ"事故態様（その事故がどのように発生したか）"は、データの核心部にあたるため、正確かつできるだけ詳細に記録するよう努めなくてはならない。

・スポーツ種目

468

・事故者属性（性別・年齢・経験値・技術値・体調など）

・発生日時および場所

・事故の結果（死亡 or 障害 or 受傷の程度および部位）

・外的条件1（天候・気温などの自然条件）

・外的条件2（施設・用具などの人工条件）

・指導者あり／なし（学校活動 or 地域活動 or 民間スクールなど）

・事故態様（発生時の状況をできるだけ詳しく）

・その他、特記事項

■3 事故分析の実例＝「スノースポーツ死亡事故の分析」から＝

　ここでは、筆者が専門とするスノースポーツ（スキーやスノーボード）での事故分析を紹介する。スノースポーツ事故に関しては、全国スキー安全対策協議会が長年にわたり、スキー場での"傷害事故"について分析をし、その結果を公表してきている[1]。しかしながら、"死亡事故"については、これまでそれがなされてこなかった。そこで、新聞（地方紙を含む）、業界誌、判例、法律事務所から得た情報等をもとに、死亡事故に関するデータベースを筆者らが独自に作成し、分析することにした[2]。主な結果は次の通りである（☞は統計的分析、◎は事例的分析から）。

☞スキーヤー、ボーダーとも死亡事故の80%以上は男性が引き起こしたものであった。

☞スキーヤーでは少年（10歳代前半）や中高年（50歳代前半や60歳代後半）における死亡事故の発生が目立ち、ボーダーでは20歳代に集中していた。

◎事故は次に示す14態様に類型化することができた。これらは、スノースポーツに潜在（内在）する"生命を脅かしかねない深刻な危険（因子）"と解釈できる。

① 転　倒

② 対物（立木などの自然物に）衝突

③ 対物（支柱・降雪機・建物などの人工物に）衝突

④ 対人（スキーヤー・スノーボーダー・その他と）衝突

⑤ 転落（沢・貯水池・水路等）

⑥ 転落（駐車場・道路等）

⑦ 転落（コース外・ツリーウェル・ツリーホール等）

⑧ ジャンプ・着地失敗

⑨ 雪　崩

469

⑩ 深雪・新雪にはまる
⑪ エッジによる動脈切断
⑫ 圧雪車・雪上車・スノーモービル事故
⑬ リフト事故
⑭ その他（心臓発作・持病など）

☞ 近年の動向を探るため、直近 10 年間（05/06 シーズン から 14/15 シーズン）の事例について上記 14 態様の発生頻度を集計したところ、スキーでは「対物（自然物）衝突」、「対人衝突」、「転落」の順に、スノーボードでは「対物（自然物）衝突」、「転倒」、「深雪・新雪にはまる」の順に死亡事故が多かった。

◎スキー、ボードとも対物衝突では、コース脇の立木にぶつかるケースが目立った

◎スキーの対人衝突事故では、高齢者が関係するケースが目立った

◎ボードの転倒事故では、初心者が緩斜面で逆エッジをとられるケースが目立った

◎近年、ボーダーが深雪にはまって窒息死するケースが増加傾向にある

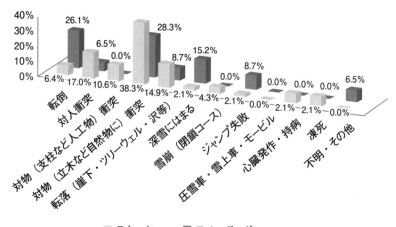

図　直近 10 年の死亡事故態様別発生率（スキーヤーとボーダーの対比）

4 「事故分析＝安全管理と安全教育の"生みの親"」

　事故分析によって得られた知見は、前述したように事故を減らすための安全管理や安全教育へ還元されてこそ、その真価を発揮するものである。前節の結果から一

コラム

　例を挙げれば、「スキーでは少年や中高年の死亡事故が多い」ことから、少年層の理解力に合った安全教材の開発を進めたり、中高年層に受け入れられやすい安全指導の方法を検討したりするなどの対策を講じていくことである（図参照）。

図　ピクトグラムを用いた安全教材（例）

◀スキーヤー、スノーボーダーとも立木衝突によって、頭部、頸部、胸部などに強い衝撃を受けて致命傷に至るケースが多い。しかし、立木の危険はそれだけではない。幹の周囲にツリーウェルと呼ばれる大きな穴があいているのを知っているだろうか。近年、ここにはまって窒息死する事故も少なくない。
　左図は、①ピクトグラム（絵文字）を用いることにより、スキー場における危険を（たとえ未経験者であったとしても）視覚で具体的にイメージできるようにし、②子どもにもわかるよう平易で簡潔な解説文を付した「安全教材」である。ピクトグラムによって示された危険（場面）は、実際に発生した事故の分析から帰納的に得たものなので、スキーヤーやスノーボーダーにとっては現実感のあるものとなる。

　安全なスポーツの実践に向け、各種目において広く事故分析がなされ、それぞれの現場でより充実した安全対策（安全管理・安全教育）が推進されていくことが望まれる。他方、0（ゼロ）から事故のデータベースを組み上げるには多くの時間と労力を要することから、場合によっては、「学校事故事例検索データベース」[3]など既存のデータベースを利用したり補完したりすることによって分析をスタートさせてみるのもよいかもしれない。

（布目　靖則）

参考文献
1) 全国スキー安全対策協議会「スキー場傷害報告書」
   http://www.nikokyo.or.jp/safety-snow/
2) 布目靖則（2016）「死亡事故の実態」（全日本スキー連盟編「日本スキー教程安全編」
   スキージャーナル社）
3) 日本スポーツ振興センター「学校事故事例検索データベース」
   https://www.jpnsport.go.jp/anzen/Tabid/822/Default.aspx

あ と が き

　本書は中央大学保健体育研究所の 40 周年記念企画の一環として、本学学生を中心とする大学生向けテキストとして編集しました。

　中央大学の健康・スポーツに関する基礎教育は、今まで各学部の要請に基づき、それぞれの学部で独自に展開されてまいりました。本テキストをまとめるに当たっては、複数学部で使用することを目途として、本学の授業、研究等に様々な形で関わってくださっている多くの先生方のお力をお借りしました。ご執筆の労をとってくださいました皆様に、改めて感謝申し上げます。同時に学部の垣根を超えて編集作業を共にしましたことは、私共にとりましても皆様との意見交換等の貴重な機会となりました。

　本書は大学生の基礎教育を目的として編集されましたので、内容はご執筆の先生方の専門領域にまで入り込んだものではありませんが、コラムや側注など随所に保健体育研究所の研究成果も含まれており、さまざまな興味、視点からお読みいただけるものと思います。

　学際的なスポーツ・健康科学の領域から、生理学、医学、心理学、社会学など様々な立場から 50 講、コラムも含めると相応に読み応えのある内容にすることができたかと思います。

　教科書的な内容だけでなく、コラムにはタイムリーな話題や実学的な話題、また本学ご出身のアスリートのコメントなども掲載させて頂きました。

　体育・健康・運動に関わる情報収集のみならず、競技スポーツ・観るスポーツ・生涯スポーツの実践に至るまで、幅広い用途にご活用いただけたら幸いです。

中央大学保健体育研究所　所長・編著者　加納 樹里　（文学部教授）

索　引

AED　*447-448, 450-453*

AIDS　*128-130*

ASE　*54*

ATP　*163, 197, 209, 448*

BMI　*111*

BPSD　*88-89*

DNA　*116-121*

eSports（エレクトロニック・スポーツ）　*5, 404*

e スポーツ　*27, 398, 404-405*

gender identity　*126*

GHQ　*19*

Gender Dysphoria　*126*

HIV　*128-129*

ICF　*82*

IOC　*272-277, 281, 288, 304, 312, 331, 333-334, 336-337,350, 354-355, 359, 363-364, 404*

IWGA（国際ワールドゲームズ協会）　*337*

JOC（日本オリンピック委員会）　*274, 359*

LSD（Long Slow Distance）　*99, 215*

MCI　*86*

NAOC　*350-353*

PTSD　*135*

QOL　*81, 147*

sexual orientation　*126*

Sexually Transmitted Diseases　*127*

Sport for Tomorrow　*288-289, 290-292*

toto　*295, 311, 343*

WBGT　*433*

WHO　*64, 77-82, 85*

ア　行

アイソキネティック・トレーニング　*211*

アイソトーニック・トレーニング　*210, 211*

アイソメトリック・トレーニング　*209-213*

アウトドアスポーツ　*72-76, 302, 324, 354*

アセトアルデヒド　*93-94*

アセトアルデヒド脱水素酵素　*93*

暑さ指数　*433*

アヘン　*97*

アメリカンフットボール　*41, 373-374, 384, 402-403, 454*

アライメント　*256, 438*

アルコール依存症　*95*

アルツハイマー型認知症　*90*

安静心拍数　*172*

安全管理　*468, 470-471*

安全教育　*468, 470-471*

安全教材　*471*

安全指導　*456, 471*

安全配慮義務　*459, 460-462*

アンチ・ドーピング　*289, 362-369*

アンチエイジング　*148*

アンフェタミン　*96*

生きる力　*21, 59, 64-65, 75*

意識障害　*89, 95, 431*

意識水準　*101-102*

意識性の原則　*204*

異常酩酊　*94*

一次救命処置　*447-449*

一汁三菜　　*111*
遺伝病　　*120-121*
イメージトレーニング　　*231-232, 235*
インターバル・トレーニング　　*216-217*
インバウンド　　*76, 320-323*
ウェルニック脳症　　*95*
ウェルネス運動　　*78-79*
ウォーミングアップ　　*423-426, 429,*
　　439, 444
ウォーミングアップの効果　　*424*
ウォーミングアップの種類　　*425*
うつ病　　*87-88, 131, 133, 136-137*
運動エネルギー　　*240-241*
運動神経　　*162, 176, 266, 420*
エアロビクス　　*220*
エイズ　　*128-129*
衛星　　*295*
壊死　　*95, 437*
エストロゲン　　*125*
エネルギーバランス　　*111, 155*
黄体ホルモン　　*125*
オリンピック・ムーブメント　　*68, 332-*
　　333
オリンピック休戦　　*336-337*
オリンピック憲章　　*68, 273-274, 276-*
　　277, 354-355
オリンピックムーブメンツアジェンタ 21
　　354-355
オリンピックムーブメント　　*355, 369*

カ　行

外果　　*237, 440*
海馬　　*90, 180*
回避行動　　*468*
可逆性の原理　　*203-204*
覚醒剤　　*96-97*
瑕疵　　*457, 460*
過失　　*455, 457-459, 460-461, 462-464*
ガス交換　　*169-170*

下腿三頭筋　　*238, 441*
学校事故事例検索データベース　　*471*
ガバナンス　　*343*
過負荷の原理　　*202, 205-207, 211*
仮面浪人　　*140*
環境にやさしいオリンピック　　*350*
環境保全　　*79, 276, 350, 353, 355-356,*
　　359-360
記憶障害　　*87-88, 90*
危険　　*11, 14, 74, 96, 171, 210, 227, 367,*
　　408, 431-432, 443-444, 447, 450, 454-
　　456, 461, 463, 467-469, 471
危険の同意　　*454, 463*
危険の引き受け　　*454*
気道確保　　*452*
気分障害　　*136-137*
急速眼球運動　　*102, 104*
救命の連鎖　　*448*
胸骨圧迫　　*447, 449-453*
胸式呼吸　　*169*
業務上過失致死傷罪　　*458, 462-463*
虚血性心疾患　　*113*
禁止物質リスト　　*363-364*
筋パワー　　*163, 168, 212, 261*
クールダウンの効果　　*426-430*
クールダウンの種類　　*428*
クラミジア感染症　　*127*
クリケット　　*40, 399, 403-404*
グリコーゲン　　*156, 163, 197, 205*
グリコーゲンローディング　　*156, 205*
グルコース　　*156, 448*
刑事責任　　*96, 457-458, 462, 464*
結果回避義務　　*461, 463, 465*
健康寿命　　*6, 23, 83, 86, 147*
健康政策　　*79, 317*
健康増進（ヘルスプロモーション）
　　79-81
健康日本 21　　*83*
腱鞘炎　　*436*

索　引

見当識障害　*88, 90, 94-95, 97*
倹約表現型仮設　*113*
抗重力筋　*104, 237*
抗酸化ビタミン　*112*
後天性免疫不全症候群　*128*
行動睡眠　*101*
行動体力　*195-196, 201*
合理的配慮　*142*
高齢化社会　*85, 277*
高齢化率　*85-86*
コーチの語源　*246*
コーディネーション　*197, 266-269*
ゴールデンエイジ　*267-269*
コカイン　*98*
国威発揚　*332-333, 416*
国際スキー連盟（FIS）　*351*
国際生活機能分類　*82, 84*
国民栄養調査　*112, 115*
国立公園の第一種特別地域　*352*
孤食　*112-113*
古代エジプト　*11, 403*
古代オリンピック　*11, 13, 271-272*
古代ギリシャ　*3, 11-15, 272, 336, 363*
古代文明　*9*
個別性の原則　*204*
コミュニケーションスキル　*52, 61*
コルサコフ症候群　*95, 97*
ゴルフ場　*72, 295, 302, 356-358*

サ　行

サーカディアンリズム　*105*
最大酸素摂取量（V̇O₂max）　*62, 173,*
　　203, 263-264
最適情動レベル　*233-234*
支えるスポーツ　*318, 361*
サッカー　*10-11, 33-34, 42, 52-54, 58,*
　　62, 70, 72, 167, 191, 204, 232, 241, 258,
　　266, 283-284, 286, 295, 299-300, 302,
　　321, 343, 347, 360, 363, 372, 384, 392,

　　398-399, 403, 423, 426, 443
札幌冬季五輪　*349*
サルコペニア　*86-87, 148*
三大栄養素　*111*
ジェンダーマイノリティー　*126*
ジェントルマンシップ　*39-40*
しごき　*464*
自己効力感　*73, 143, 152, 188, 190*
事故の再発防止　*468*
事故分析　*468-471*
施設管理者　*456, 461, 463*
死戦期呼吸　*447, 450*
自然との共生　*350, 352*
自然保護　*349, 351*
持続可能な開発　*355, 360*
自尊感情の高まり　*183*
失語　*88*
失認　*88*
自動体外式除細動器　*447*
脂肪燃焼　*155, 214*
社会人基礎力　*59-60, 63-66*
集合的効力感　*52-53*
重心線　*237-239*
集団凝集性　*53, 58*
障害者差別解消法　*142*
障害のある学生　*142*
常染色体　*120-121*
状態不安　*185*
情動コントロール　*233-234*
小脳　*176-177, 180, 424*
消費エネルギー　*155*
食育基本法　*110, 115*
食事摂取基準　*115, 155, 157*
食物繊維　*112*
食料自給率　*114-115*
徐波睡眠　*104*
自律神経系　*132, 176, 430*
人格的意義　*4*
神経細胞（ニューロン）　*176*

神経伝達物質　　*96, 136, 176-177*

人工呼吸　　*447, 449, 452*

心室細動　　*447, 451-452*

心身症　　*133, 138*

心身両面の健康（ウェルネス）　　*6*

心臓振盪　　*447*

身体依存　　*95, 98*

新体力テスト　　*198-199, 201*

心停止　　*447-448, 450, 452*

心的外傷後ストレス障害　　*135*

シンナー　　*98*

心肺蘇生　　*447-449, 453*

睡眠段階　　*102-104*

スキーリゾート　　*322-323, 328*

スキャモンの発育曲線　　*145*

スタジアム　　*294, 297-300, 303, 314,
320, 333, 354-355*

スタティックストレッチング　　*423, 425,
428-429*

スチューデント・アパシー　　*139-140*

ストレス　　*6, 59-60, 62, 65, 74, 82, 87,
131-136, 138, 142, 155, 170, 183-185,
188-189, 195, 197-198, 207, 225, 227-
228, 258, 264, 439*

ストレッサー　　*131-132, 134, 184-185,
187*

ストレッチ・ショートニングサイクル
221-222

頭脳（マインド）スポーツ　　*5, 7*

スノースポーツ　　*469*

スペシャルオリンピックス　　*279-280,
282, 292*

スポーツ・ナショナリズム　　*333*

スポーツ・フォー・オール（Sport für
Alle）　　*415-416*

スポーツ基本法　　*35-36, 284, 289, 312,
319, 362, 368, 379*

スポーツクラブ（Sportverein）　　*415*

スポーツコミッション　　*296, 301*

スポーツ産業　　*294-295, 298, 319-320,
327, 374*

スポーツ事故　　*454-455, 457-459, 462,
465, 468-469*

スポーツ市場　　*298, 320*

スポーツ心理学　　*227*

スポーツ庁　　*24, 75, 201, 284, 298-299,
312-313, 319-320, 327, 364-365, 368,
372-375, 379-380, 403*

スポーツツーリズム　　*75-76, 296, 302-
303, 317-322, 324-329*

スポーツの政治利用　　*330*

スポーツ法学　　*454*

スポーツマネジメント　　*294*

スポーツマンシップ　　*37, 39-40, 42-44,
391*

スポーツ中立機構　　*367*

スポーツ未来開拓会議　　*319-320*

スマート・ベニュー　　*299, 303*

する・みる・ささえる　　*379-381, 383*

するスポーツ　　*294-295, 318, 361*

生活習慣病　　*83, 106,108, 110, 113, 214,
220*

生活の質　　*80-81, 83, 86, 145, 147, 356,
381, 418*

聖火リレー　　*333-334*

性感染症　　*127-129*

性器ヘルペスウイルス感染症　　*130*

性指向　　*126*

精神的要素　　*59, 195-196*

性染色体　　*120, 123-125*

成長ホルモン　　*156*

聖なる休戦（エケケイリア）　　*336*

性のあり方　　*126*

生物学的性　　*126*

性別違和　　*126-127*

性ホルモン　　*124-125*

世界アンチ・ドーピング機構　　*362,
364*

セクシュアリティー　*126, 130*
赤筋と白筋　*162, 168*
摂取エネルギー　*155*
セルフトーク　*229-230, 233*
尖形コンジローマ　*129*
潜在危険　*468*
染色体　*94, 117-118, 120-121, 123-125*
漸進性の原則　*204-205, 207*
全面性の原則　*230*
せん妄　*89, 95-97*
総合型地域スポーツクラブ　*340-348,*
　381, 389
ソーシャルフットボール　*280, 283*
損害賠償　*457-460, 462-463*

タ　行

体育　*1, 3, 8, 12, 14-24, 27, 29, 31, 35-*
　36, 65, 110, 198-199, 201, 213, 236,
　311-312, 345-346, 368, 455, 465
体温調整　*431*
大学生活の過ごし方　*139, 142-144*
体重のリバウンド　*155*
体術　*16*
体性神経系　*176*
体操　*11, 16-18, 21, 150-151, 407-408,*
　415
大腿四頭筋　*222, 429, 443-444*
体内時計　*105, 107-108, 114*
ダイナミックストレッチング　*423,*
　425-426, 428-429
大脳皮質　*104, 177-181*
大脳辺縁系　*177, 180*
体罰　*371-372, 462, 464*
大麻　*98*
第四次産業革命　*27*
代理戦争　*335*
体力　*8, 21, 23-24, 52, 54, 59, 62-63,*
　65-66, 70, 111, 145-146, 149-150, 170,
　184-188, 192-193, 195, 197 201, 203-

　205, 266-267, 269, 400, 439
「体力」定義の歴史　*197-198*
体力の8要素　*200*
体力の意義　*195*
ダウン症候群　*120*
多種目・多世代・多目的　*379, 381*
脱フェアプレイ　*41-43*
単純酩酊　*94, 96*
チームビルディング　*52-53, 55, 58*
遅筋と速筋　*163*
注意義務　*455-456, 461, 463*
中枢神経系　*114, 136, 175-177, 424*
超回復の概念　*253*
超回復の原理　*205*
朝食欠食　*110-111, 113, 115*
低出生体重児　*113*
データベース　*365, 468-469, 471*
適応障害　*134*
テニス肘　*436*
デフリンピック競技大会　*281*
伝令RNA　*118*
ドイツ体操祭（Deutsches Turnfest）
　306, 416
'20東京五輪・パラリンピック　*319*
統合失調症　*87, 997, 131, 136*
糖質ダイエット　*155*
等尺性収縮　*166*
等速性収縮　*167*
等張性収縮　*166*
特異性の原理　*202, 207*
特性不安　*185-186*
トライアスロン　*263, 304, 325-326, 338*
トランスジェンダー　*126*
トレーニングの原理　*202, 207*

ナ　行

内在危険　*468*
長野オリンピック組織委員会　*351*
ナチス・ドイツ　*331, 333-334*

ニコチン　*99*
ニセコ町　*322-323, 328*
日没症候群　*90*
日本アンチ・ドーピング機構（JADA）
　289
日本スポーツツーリズム推進機構　*303,*
　317, 319
日本スポーツ振興センター（JSC）　*289*
乳酸性閾値　*216*
人間発達の生態学　*139-140, 144*
人間力　*59-63, 65-66*
妊娠　*96, 125*
認知症　*86-92*
認知症カフェ　*91*
認知症サポーター　*91*
熱中症　*158-159, 431-435, 447, 464-*
　465
脳幹　*169, 176-178, 180-181, 424*
脳しんとう　*436*
脳波睡眠　*102*
ノーマライゼーション　*81*

ハ　行

梅毒　*129*
パウダースノー　*75, 322*
白馬村　*322-323*
バスケットボール　*30, 41, 52, 298, 371,*
　376, 401-402, 443
長谷川式簡易知能評価スケール　*89*
発育発達　*145-146, 195, 267, 344*
バックカントリー　*73, 323*
ハムストリングス　*443-445*
パラ・ドーピング　*363*
パラリンピック競技大会　*278, 280,*
　291, 372
バレーボール　*10, 30, 41, 242, 389, 402,*
　417, 443
反復性の原則　*264*
判例　*468-469*

ピエール・ド・クーベルタン　*272*
ヒト免疫不全ウイルス　*128*
病的酩酊　*94-95*
日和見感染症　*128*
平昌冬季五輪　*330*
疲労回復　*108, 150, 155, 467*
ピンポン外交　*337*
フェアプレイ　*37-44, 273, 275, 362,*
　391, 454
フェアプレイ精神　*454*
フォロワーシップ　*45, 49-51, 188*
不可抗力　*456, 458, 464*
複雑酩酊　*94, 96*
腹式呼吸　*169*
フットボール　*11, 38, 41, 279, 280, 283,*
　298, 373-374, 384, 389, 398, 402-403,
　454
不定愁訴　*113*
プライオメトリックエクササイズ
　221-222, 225-226
プライオメトリック・トレーニング
　212
プライマリー・ヘルスケア　*79*
フラッシュバック　*97*
フレイル　*86-87, 92*
プロパガンダ　*332*
平均寿命　*6, 83, 86, 151, 341*
ベニス映画祭　*332*
ヘルスツーリズム　*317*
ベルリン五輪　*331-332, 335*
ボイコット問題　*335-336*
防衛体力　*195-197*
冒険教育　*53-55, 75*
法的責任　*454-457, 463, 465*
北緯 38 度線　*330*
保健　*16, 18-20, 22-24*
保健体育　*16, 20-22, 29, 142-144, 149,*
　152, 193
ポジティブ・ヘルス　*341*

索　　引

ホッケー　　10, 298, 301-302, 330, 403-404

ボランティア　　75, 139, 141, 151, 296, 318, 324-326, 463

マ　行

マジック・マッシュルーム　　99

末梢神経系　　176

マナー　　31, 39, 63-64, 113, 456

マリファナ　　98

ミニメンタルステイト検査　　89

観るスポーツ　　297, 318

みるスポーツ　　294-295, 361

民事責任　　457-458, 463

民族の祭典　　332

みんなのスポーツ　　35, 415

酩酊　　94-96, 98

メガ・スポーツイベント　　354-355

メダル競争　　335

メタンフェタミン　　96

メッセンジャーRNA　　118

免責同意　　463-464

目標心拍数　　218

モスクワ五輪　　335

モノ消費　　320

ヤ　行

野球　　26, 41, 70, 72, 168, 221, 236, 240-241, 290, 295, 298, 302, 372, 376, 399-400

野菜摂取量　　112

遊戯（パイディア）　　3

遊戯（プレイ）　　3

ユダヤ人　　332, 334

養生法　　16, 18

余暇活動　　62, 149, 318

予見義務　　461, 463, 465

ラ　行

ラグビー　　9, 52, 232, 294, 318, 336, 375-376, 384, 398, 402-404, 454

落雷事故　　464

ラクロス　　9, 400-401, 405

ラジオ体操　　333

リーダーシップ　　45-46, 48-51, 53-54, 61, 64, 188, 247

リゾート法　　355-357, 361

離脱症状　　95-99

旅行収支　　320-321

リレハンメル冬季大会　　336

淋菌感染症　　128

ルール　　4, 30-31, 37-38, 41, 44, 63-64, 275, 279, 287, 321, 323, 365, 367, 373-375, 378, 382, 384-385, 396, 398-399, 401-404, 407, 454-456, 467

レジリエンス　　62-65, 135, 138

ロサンゼルス五輪　　276, 335

ワ　行

ワールドゲームズ　　337-378

和食　　111, 115

執筆者紹介（執筆順）

【編著者】

村井　剛　中央大学法学部准教授　第1章、第2章、第7章　編集
（第2章第2節、第4章第4節、第7章第4節、コラム）

加納　樹里　中央大学文学部教授　第4章、第5章　編集
（第4章第2節、第5章第4節・第9節）

宮崎　伸一　中央大学法学部教授　第3章　編集
（第3章第1節～3節・第6節～8節）

布目　靖則　中央大学文学部教授　第6章、第8章　編集
（第6章第5節・第6節・第8節、第8章第5節、コラム）

高村　直成　中央大学経済学部准教授　コラム　編集
（第2章第3節、第3章第10節、コラム）

【執筆者】

市場　俊之　中央大学商学部教授　（第1章第1節、第7章第1節、コラム）

及川　佑介　東京女子体育大学体育学部准教授
（第1章第2節）

青木　清隆　中央大学経済学部准教授　（第1章第3節）

福ヶ迫　善彦　流通経済大学スポーツ健康科学部教授
（第1章第4節）

浦谷　郁子　中央大学法学部助教　（第2章第1節、第7章第3節、コラム）

塩見　哲大　中京大学体育研究所　（第2章第4節）

永嶋　秀敏　中央大学文学部兼任講師　（第3章第4節）

笹原　千穂子　明星大学教育学部准教授　（第3章第5節、コラム）

都筑　学　中央大学文学部教授　（第3章第9節）

中谷　康司　中央大学経済学部助教　（第4章第3節、第7章第5節）

長澤　純一　日本大学文理学部教授　（第4章第1節、第5章第3節）

古木　宏子　中央大学文学部兼任講師　（第5章第1節、第8章第1節）

佐藤　創　中央大学法学部兼任講師　（第5章第2節）

内藤　貴司　中央大学法学部兼任講師　（第5章第5節、コラム）

伴　元裕　中央大学保健体育研究所客員研究員
（第5章第6節）

辻内　智樹　中央大学保健体育研究所客員研究員
（第5章第7節、第8章第3節）

高橋　雄介　中央大学理工学部教授　（第5章第8節）

千田　健太　日本スポーツ振興センター　（第6章第1節、コラム）

田中　暢子　桐蔭横浜大学スポーツ健康政策学部教授
（第6章第2節、コラム）

小林　勉	中央大学総合政策学部教授	（第6章第3節・第7節）
小山 さなえ	山梨学院大学スポーツ科学部教授	
		（第6章第4節）
室伏　由佳	順天堂大学スポーツ健康科学部講師	
		（第6章第9節）
森　正明	中央大学文学部教授	（第7章第2節、コラム）
張　成忠	中央大学文学部兼任講師	（第7章第5節）
小峯　力	中央大学理工学部教授	（第8章第2節・第4節）
山田　雅之	九州工業大学教養教育院准教授	
		（コラム）
森谷　暢	中央大学商学部准教授	（コラム）
成瀬　和弥	筑波大学体育系助教	（コラム）
武田　作郁	中央大学保健体育研究所客員研究員	
		（コラム）
杉山　翔一	中央大学法学部兼任講師	（コラム）
中村　憲剛	川崎フロンターレ	（コラム）
飯塚　翔太	ミズノトラッククラブ	（コラム）
今井　博幸	中央大学スキー部監督	（コラム）
岩貞　和明	株式会社Jリーグメディアプロモーション	
	プロモーション事業部	（コラム）

健康スポーツ 50 講

2019 年 3 月 29 日　初版第 1 刷発行
2021 年 3 月 30 日　初版第 2 刷発行

編　者	中央大学保健体育研究所
発行者	松本雄一郎
発行所	中央大学出版部
	〒 192-0393　東京都八王子市東中野 742-1
	電話：042-674-2351　FAX：042-674-2354
	https://www2.chuo-u.ac.jp/up/
印刷・製本	恵友印刷株式会社

Ⓒ Go Murai, 2019, Printed in Japan
ISBN 978-4-8057-6191-5

本書の無断複写は、著作権法上での例外を除き、禁じられています。
複写される場合は、その都度、当発行所の許諾を得てください。

学籍番号 _____　　氏名 _____

授業受講記録表（提出用または学習記録用として）

授業月日	授業内容	感想・記録・考察など
／		
／		
／		
／		
／		

学籍番号 _____　　　　氏名 _____

授業受講記録表（提出用または学習記録用として）

授業月日	授業内容	感想・記録・考察など
／		
／		
／		
／		
／		

学籍番号 _____　　　　氏名 _____

授業受講記録表（提出用または学習記録用として）

授業月日	授業内容	感想・記録・考察など
／		
／		
／		
／		
／		

学籍番号　　　　　　　　　　　氏名

レポート 1 【　　　　　　　　　　　　　　　　】

担当教員　　　　　　　　　　　　　　　　　　　　年　　月　　日

必要な場合は裏面へ記入

学籍番号 _____ 氏名 _____

レポート 2 【_____】

担当教員 _____ _____ 年 ___ 月 ___ 日

必要な場合は裏面へ記入

学籍番号 _____　　氏名 _____

レポート 3 【　　　　　　　　　　　　　　　　　】

担当教員 _____　　_____　年　　月　　日

必要な場合は裏面へ記入

学籍番号 _____ 氏名 _____

レポート 4 【 _____ 】

担当教員 _____　　　　_____ 年　　月　　日

| |
| |
| |
| |
| |
| |
| |
| |
| |
| |
| |
| |
| |
| |
| |
| |
| |
| |
| |
| |

必要な場合は裏面へ記入

学籍番号 　　　　　　　　　　　　氏名

レポート 5 【　　　　　　　　　　　　　　　　】

担当教員 　　　　　　　　　　　　　　　　　　年　　月　　日

必要な場合は裏面へ記入

学籍番号　　　　　　　　　　氏名

レポート 6 【　　　　　　　　　　　　　　　　】

担当教員　　　　　　　　　　　　　　　　　年　　月　　日

必要な場合は裏面へ記入